权威 · 前沿 · 原创

皮书系列为
"十二五"国家重点图书出版规划项目

服务外包蓝皮书

BLUE BOOK OF
SERVICE OUTSOURCING

中国服务外包产业发展报告
（2012~2013）

CHINA SERVICE OUTSOURCING INDUSTRY DEVELOPMENT
REPORT (2012-2013)

主　编／王晓红　李　皓
副主编／刘英奎　陈小兵

社会科学文献出版社
SOCIAL SCIENCES ACADEMIC PRESS (CHINA)

图书在版编目（CIP）数据

中国服务外包产业发展报告. 2012～2013/王晓红，李皓主编.
—北京：社会科学文献出版社，2013.2
（服务外包蓝皮书）
ISBN 978 - 7 - 5097 - 4246 - 4

Ⅰ.①中… Ⅱ.①王… ②李… Ⅲ.①服务业 - 对外承包 -
研究报告 - 中国 - 2012～2013 Ⅳ.①F719

中国版本图书馆 CIP 数据核字（2013）第 018030 号

服务外包蓝皮书
中国服务外包产业发展报告（2012～2013）

主　　编/王晓红　李　皓
副 主 编/刘英奎　陈小兵

出 版 人/谢寿光
出 版 者/社会科学文献出版社
地　　址/北京市西城区北三环中路甲29号院3号楼华龙大厦
邮政编码/100029

责任部门/经济与管理出版中心（010）59367226　　　责任编辑/王玉山
电子信箱/caijingbu@ ssap. cn　　　　　　　　　　　责任校对/李　腊
项目统筹/恽　薇　蔡莎莎　　　　　　　　　　　　　责任印制/岳　阳
经　　销/社会科学文献出版社市场营销中心（010）59367081　59367089
读者服务/读者服务中心（010）59367028

印　　装/北京季蜂印刷有限公司
开　　本/787mm×1092mm　1/16　　　　　　　　　印　　张/28.5
版　　次/2013年2月第1版　　　　　　　　　　　　字　　数/464千字
印　　次/2013年2月第1次印刷
书　　号/ISBN 978 - 7 - 5097 - 4246 - 4
定　　价/89.00元

服务外包蓝皮书编委会

摘　要

本书是国内第一部服务外包蓝皮书，针对当前中国国际服务外包产业（以离岸业务为重点）发展的重大理论问题和现实问题，从宏观层面、理论层面、政策层面和操作层面进行研究，将为推动服务外包产业发展提供理论指导和政策依据，为服务外包示范城市、区域发展提供经验，为服务外包企业、服务机构等微观主体制定发展战略提供依据。

全书由总报告、专题篇、行业篇、区域篇、国际经验篇、国内案例篇六部分组成。

总报告介绍了本书的写作背景、意义、框架、特色、创新以及研究方法等内容。专题篇阐述了国际服务外包的定义、边界及产生发展、经济效应及影响因素；分析了全球及中国的服务外包产业发展现状、特点与趋势；设计了中国服务外包国际竞争力评价指标体系，并对中国服务外包产业的国际竞争力进行了评估；论述了全球服务外包战略转型新趋势及我国的政策选择；总结了我国服务外包人才队伍培训的主要经验、存在的问题并提出了政策建议，重点剖析了成都市服务外包人才现状及培养举措；论证了人力资本与离岸服务外包产业发展的相关性。

行业篇深入分析了软件和信息服务外包、金融服务外包、通信服务外包、企业人力资源外包、动漫外包、客户服务外包六大行业的国际发展趋势，总结了我国的发展现状、特征、存在的问题，提出了相应的政策建议。区域篇重点介绍了 21 个示范城市中的北京、大连、苏州、成都、合肥、西安、济南 7 个城市的服务外包产业发展概况，分析了其竞争优势、面临的机遇与挑战，提出了未来发展思路、重点任务与政策措施。

国际经验篇选取国际服务外包发展成就较大、特色鲜明的爱尔兰、印度、俄罗斯、巴西、菲律宾作为研究标本，重点分析了其服务外包产业发展特征、趋势以及所采取的政策措施。国内案例篇以苏州、大连、中关村产业园区为研究对象，着重介绍了各园区服务外包产业发展的概况与历程，总结了各自的特色与经验。

Abstract

This book-the first domestic service outsourcing blue book-makes a research, in view of the theoretical and practical issues in the development of current Chinese international service outsourcing industry (focus on the offshore business), from the macro level, academic level, policy level and operation level, will provide academic guidance and policy basis for promoting the service outsourcing industry development, will provide experience for the service outsourcing demonstration city, regional development, will provide a basis for the service outsourcing enterprises, service organizations such as microcosmic main body in making development strategy.

The book is divided into six parts: the General Report, Special Subject Chapter, Industry Chapter, Region Chapter, International Experience Chapter, the domestic case Chapter.

The General Report describes the book's writing background, significance, framework, characteristics, innovation and research methods. Special Chapter elaborates definition, boundary and formation, development, economic effects and influencing factors of international service outsourcing; analyzes status, characteristics and trends of global and China service outsourcing industry development; designs the evaluation index system of China service outsourcing international competitiveness; and makes an assessment on China service outsourcing industry's international competitiveness; discusses strategy transformation new trend and policy selection of the global service outsourcing in China; summarizes talent training experience, problems and policy in China's service outsourcing and puts forward suggestions, focuses on analysis of the talent present situation and training initiatives in Chengdu City Service Outsourcing; proves development association . between human capital and offshore service outsourcing industry.

Industry Chapter is of in-depth analysis of international development trends in the following six industries: the software and the information service outsourcing, the financial services outsourcing, the communication service outsourcing, the enterprise human resources outsourcing, and customer service outsourcing, summerizes China's development status, characteristics, existing problems, puts forward the corresponding policy suggestions. Regional Chapter mainly introduces 7 city of 21 demonstrative city about the service outsourcing industry development: Dalian, Beijing, Suzhou, Chengdu, Hefei, Xi'an, Ji'nan; analyzes its competitive advantage, opportunity and challenge, puts forward the development ideas, the task and policy measure in the future.

The International Experience Chapter selects such countries of greater achievements, distinctive characteristics in the development of international service outsourcing as research object: Ireland, India, Russia, Brazil, Philippines, focuses on the analysis of the development of service outsourcing industry characteristics, trends and policy measures. The Case Chapter regards Suzhou, Dalian, Zhongguancun Industrial Park as the research object, emphatically introduces the park service outsourcing industry development situation and course, summarizes their respective characteristic and experience.

序

　　近年来，服务外包作为新兴服务业取得了快速增长，我国已经成为世界第二大离岸外包目的地，因此，加强对服务外包产业的深入系统研究十分必要。《中国服务外包产业发展报告（2012～2013）》是第一部反映我国服务外包产业的蓝皮书。它将系统、全面、动态地展示和记载中国服务外包产业的发展历程、产业动态，探讨服务外包产业的理论前沿问题，介绍世界各国服务外包产业发展政策、重要经验和做法，为我国服务外包产业的持续健康发展发挥积极作用。

　　全书有以下几个特点。

　　第一，研究的指导性和应用性。蓝皮书针对当前国际服务外包产业发展的重大理论和现实问题，从宏观层面、微观层面及理论层面、政策层面、操作层面进行研究，将为推动中国服务外包产业发展提供理论指导和政策依据，为服务外包示范城市、区域发展提供经验，为服务外包企业、服务机构等微观主体制定发展战略提供借鉴。

　　第二，内容的全面性和前瞻性。蓝皮书框架结构完整清晰。其内容由专题研究、重点行业研究、区域发展研究、国际比较研究、案例研究五个主要部分构成。基本做到：专题研究突出重大问题，行业研究突出重点，区域发展研究突出代表性，案例研究突出示范效应，国际比较研究特色鲜明。

　　在专题研究中，系统分析了全球服务外包发展现状和趋势，分析了中国国际服务外包发展现状和趋势，分析了中国承接国际服务外包的竞争力，分析评价了现阶段中国服务外包的产业政策，分析并提出了我国服务外包人才队伍及培训的现状及对策。同时，开展了人力资源与离岸服务外包的相关性研究，以及国际服务外包边界、产生和发展的理论研究。在行业研究中，着重研究了软件与信息服务外包、金融服务外包、通信服务外包、人力资源服务外包、动漫外包、客户服务外包等，这些行业都是近年来我国服务外包发展快、增长强劲、潜力大的领域。在区域研究中，重点对北京、大连、苏州、成都、合肥、西安、济南等部分服务外包示范城市发展经验进行探讨和总结，这些示范城市各具特色，对其他城市发展服务外包具有重要的借鉴意义。苏州工业园和中关村软件园是我国服务外包聚集程度高、规模效益好的园区，其经验对于我国服务外包园区发展具有重要示范价值。在国际比较研究中，着重研究了印度、爱尔兰、俄罗斯、巴西、加拿大、菲律宾等主要服务外包承接国家的发展趋势和促进政策，这些对于我们跟踪世界形势具有重要参考价值。

第三，专家团队的权威性和广泛性。担任蓝皮书顾问的同志大多是我国长期从事经济工作的领导干部和资深专家，编委会的同志由来自中央和服务外包示范城市的数十位著名专家组成，这些同志有的在政府岗位从事服务外包行业主管工作，有的在高校、科研机构长期从事服务外包理论研究工作，有的在企业第一线从事实际工作，从理论和实际层面积累了大量丰富的经验，对行业发展有着深刻的理解，他们的研究成果具有较强的权威性。

总之，蓝皮书对于政府部门、企业、大专院校、科研院所、行业协会及其他服务机构推动服务外包产业发展具有重要的参考价值，也是从事服务外包研究和工作的专家学者、企业家的必要参考读本。

目 录

BⅠ 总报告

B.1 总报告 …………………………………………………… 001

 一 背景及意义 ……………………………………… 001

 二 主要内容与框架 ………………………………… 005

 三 主要特色与创新 ………………………………… 012

BⅡ 专题篇

B.2 国际服务外包的定义、边界及产生和发展 …………… 014

B.3 全球服务外包产业发展现状与趋势分析 ……………… 029

B.4 中国国际服务外包发展现状与趋势分析 ……………… 047

B.5 中国承接国际服务外包竞争力的研究 ………………… 062

B.6 全球服务外包战略转型新趋势及我国的政策选择 …… 084

B.7 我国服务外包人才队伍及培训的现状及对策

  ——对苏州、成都、合肥服务外包人才队伍和

  专业化培训情况的调查 ………………………… 103

B.8 人力资本与离岸服务外包产业发展相关性研究 ……… 119

BⅢ 行业篇

B.9 中国软件和信息服务外包的发展 ……………………… 137

B.10 国际金融服务外包发展趋势及我国的战略选择 …………… 162

B.11 中国通信服务外包产业发展研究 …………… 184

B.12 我国发展企业人力资源外包的研究 …………… 204

B.13 中国动漫外包：发展演进及政策建议 …………… 216

B.14 客户服务外包发展的现状、问题与建议 …………… 231

B IV 区域篇

B.15 北京市服务外包产业的发展现状与趋势 …………… 246

B.16 大连市软件和信息技术服务业发展研究 …………… 262

B.17 苏州市服务外包发展的特点、问题与对策 …………… 291

B.18 成都市服务外包产业发展的现状与未来 …………… 299

B.19 附录：成都市服务外包人才队伍建设初探 …………… 316

B.20 合肥市服务外包产业发展的现状与思考 …………… 329

B.21 西安市服务外包产业发展的成就及其政策措施 …………… 338

B.22 济南市软件出口发展研究 …………… 350

B V 国际经验篇

B.23 爱尔兰、印度、俄罗斯发展服务外包比较研究 …………… 364

B.24 巴西服务外包业发展研究 …………… 395

B.25 菲律宾服务外包业发展研究 …………… 401

B VI 国内案例篇

B.26 苏州工业园区服务外包发展的经验和启示 …………… 407

B.27 大连高新区及相关园区软件和服务外包发展现状研究 …………… 415

B.28 中关村软件园促进 IT 服务外包发展的实践探索 …………… 430

皮书数据库阅读**使用指南**

CONTENTS

B I   The General Report

B.1   The General Report   / 001

    1. The book's Writing Background and Significance   / 001

    2. The Main Contents and Framework   / 005

    3. The Main Chracteristics and Innovation   / 012

B II   The Special Subject

B.2   International Service Outsourcing Definition, Boundary and
Production and Development   / 014

B.3   Global Service Outsourcing Industry Development
Status and Trend Analysis   / 029

B.4   China International Service Outsourcing Development
Status and trend analysis   / 047

B.5   Competitiveness Study of China's Undertaking International
Service Outsourcing   / 062

B.6   Global Service Outsourcing New Trend in Strategic
Transformation and Policy selection in China   / 084

B.7   China Service Outsourcing Talent Team and Training
Status and Strategy   / 103

B.8   Correlation Study on Human Capital and Offshore Service
       Outsourcing Development   / 119

B Ⅲ   Industry

B.9   Chinese Software and Information Service Outsourcing
       Development   / 137

B.10   International Financial Service Outsourcing Development
       Trend and China Strategic Choice   / 162

B.11   China Communications Services Outsourcing Industry
       Development Research   / 184

B.12   The Development Research of China's Enterprise Human
       Resources Outsourcing   / 204

B.13   Chinese Animation Outsourcing: Evolution and Policy Suggestions   / 216

B.14   Customer Service Outsourcing Development Status,
       Problems and Suggestions   / 231

B Ⅳ   Regional Papers

B.15   Beijing Service Outsourcing Industry Development Status and Trends   /246

B.16   Dalian Software and Information Technology Service Industry
       Development Research   / 262

B.17   Suzhou City Service Outsourcing Development Characteristics,
       Problems and Countermeasures   / 291

B.18   Chengdu City Service Outsourcing Industry Development
       Status and the Future   / 299

B.19   Appendix: The Construction of Service Outsourcing Talents in Chengdu   / 316

Ⅰ.20   Hefei Service Outsourcing Industry Development Status and
       Refletion   / 329

Ⅰ.21   Xi'an Service Outsourcing Industry Development
       Achievements and its Policies and Measures   / 338

Ⅰ.22   Ji'nan Software Export Development Research   / 350

Ⅰ V   International Experience

Ⅰ.23   The Service Outsourcing Development Comparative Study in
       Ireland, India, the Russian   / 364

Ⅰ.24   Brazil Service Outsourcing Industry Development Research   / 395

Ⅰ.25   Philippines Service Outsourcing Industry Development Research / 401

Ⅰ Ⅵ   The Domestic Case

Ⅰ.26   Suzhou industrial park service outsourcing development
       experience and inspiration   / 407

Ⅰ.27   The Software and Service Outsourcing Development Status
       Research in Dalian Hi-tech Zone and its Park   / 415

Ⅰ.28   Zhongguancun Software Park Practice and Exploration to
       Promote IT Service Outs ourcing Development   / 430

总 报 告

The General Report

B.1
总报告

王晓红　刘英奎

摘　要：

本文概述了本书写作的背景和意义：服务外包成为世界经济复苏的新动力、国际竞争的新领域，发展服务外包成为我国转方式、调结构的重要抓手，我国服务外包与国际先进水平相比仍存在较大差距，应建立完善适应国情、对接国际的服务外包政策框架体系；介绍了全书的框架和主要内容。本研究报告的主要特色和创新点：一是作为国内第一部服务外包产业发展蓝皮书，实现了理论体系的创建与创新；二是大量鲜活案例分析和经验的总结，对于服务外包产业发展具有重要指导作用；三是研究方法有诸多创新；四是读者对象具有广泛性。

关键词：

服务外包　框架体系　创新

一　背景及意义

大力发展服务外包，是促进我国产业结构调整和发展方式转变的需要，是我国开放型经济战略的需要，也是提高服务业发展质量和开放水平的需要。随着信息技术的深入发展，离岸服务外包作为全球服务业转移的重要方式在经济发展中的作用日益重要。根据联合国贸发会议估计，未来5~10年全球服务外包市场将以30%~40%的速度递增，呈现出强劲的发展态势。如何充分把握这一历史契机，加快产业结构转型升级，实现服务业的大发展，为高端人才创造更多就业机会，已成为我国目前亟待解决的问题。

（一）服务外包成为世界经济复苏的新动力、国际竞争的新领域

20世纪90年代以来，跨国公司把制造价值链中的服务环节，从发达国家转移到工资成本低、劳动力密集的新兴发展中国家或地区。进入21世纪，全球服务外包产业获得了快速发展，尤其是金融危机爆发后，在全球经济增长总体放缓的趋势下，信息技术全球外包服务市场迅速成长并扩散到更多领域，国际服务外包逆势增长，成为世界经济走出危机、复苏发展的新引擎。IDC数据显示，2009年全球IT服务外包市场总额为5885亿美元，业务流程外包市场总额达2214亿美元。外包产业链延伸和价值链升级，发展空间巨大、前景广阔。更为重要的是，服务外包将孕育催生新一轮产业组织形式、商业模式和管理的全方位变革。服务外包日益被作为一种新的经营战略和商业模式引领世界产业与管理革命潮流，成为决定各国服务业和整体产业链优化重组的关键。

服务外包成为国际竞争的新领域。由于服务外包蕴含的增长潜力巨大及其在国际间产业转移和产业结构升级中所发挥的重要作用，不少国家已将其作为重要的国家战略加以实施。服务外包成为后危机时代国际竞争新的热点。印度十分重视服务外包产业的政策扶持，确立了"信息技术大国"目标，将软件及其服务外包作为战略重点，大力加强服务外包高端人才培养和技术标准认证工作，大力开拓国内服务外包市场。目前，印度服务外包高端化趋势明显，许多外包企业具备承接高端大型项目的能力，知识流程外包开始成为印度服务外包日益重要的领域，KPO业务收入占全球业务的近70%。爱尔兰在促进政策、基础设施、法律环境等方面进一步完善，加大了税收优惠、财政补贴。巴西政府制定了一系列发展政策，IT企业享受10%与雇用劳动力有关的税收减免，中央和地方政府给予设备和基础设施的税费减免。为鼓励电信自由发展，菲律

宾政府启动了"投资优先计划",将服务外包纳入优先发展产业计划,制定了一系列优惠政策。从事服务外包的企业在任何区域或经营场所均可向政府申请成为经济特区,享受优惠政策。

(二)发展服务外包成为我国转方式、调结构的重要抓手

1. 服务外包成为我国经济发展的新亮点

在国家政策的推动下,我国服务外包实现了快速增长,产业发展规模和质量都得到很大提升,已经成为经济增长、结构升级、带动就业的新引擎。2009~2011年,尽管受世界金融危机的影响,全球服务外包出现波动,但我国国际服务外包仍然保持了快速的增长态势。目前,我国已经成为国际服务外包的主要承接国,离岸外包列全球第二位,仅次于印度。2011年我国承接离岸外包协议金额326.2亿美元,比2006年增长近16倍,同比增长64.5%,比上年提高30个百分点,执行金额238.3亿美元,同比增长65.0%,比上年提高22个百分点。截至2011年底,全国服务外包企业达到16939家,从业人员318.2万人,其中大学以上学历223.2万人,占总数的70.1%。

2. 服务外包成为推动区域协调发展的新动力

目前,我国服务外包产业发展呈现明显的集群化态势,逐步形成了以示范城市带动非示范城市,区域中心城市带动周边区域联动发展的格局。以北京、上海、大连、广州、深圳、成都、西安、苏州、济南等城市为重点的核心区域,服务外包业务开始逐渐向周边区域扩散和辐射,形成协作发展的局面。在示范城市的辐射带动下,"十二五"时期,许多有条件的城市通过制定服务外包产业发展专项规划及鼓励政策,积极推动服务外包产业发展,推动当地产业结构转型升级。

3. 服务外包推动我国服务业从低端向高端发展

近年来,除软件信息技术服务外包持续增长外,许多服务外包新兴领域得到了较快发展,服务外包从低端业务向高端业务领域拓展延伸的趋势明显。咨询、整体解决方案、数据分析、数据挖掘处理、软件设计、研发、工业设计、动漫等高附加值、高技术含量的服务外包业务比重不断上升。以金融服务外包、财务外包、物流服务外包、人力资源外包、客户服务外包等为重点的

BPO 业务，以生物医药研发外包、产品研发设计外包、动漫外包等为重点的 KPO 高端领域逐步形成规模，成为我国服务外包产业未来的发展趋势。这些领域的增长，将有力地促进我国服务业的转型升级和开放发展，与此同时，也为制造业的转型升级提供了强有力的支撑。

（三）我国服务外包与国际先进水平相比仍存在较大差距

总体上看，我国服务外包仍处于起步阶段，在产业规模、发展质量上，与印度存在很大差距，要赶超国际服务外包先进水平，需要付出艰苦努力。一是产业整体规模小，企业总体实力较弱，以中小外包企业为主，缺乏综合化、专业化、规模化、国际化、品牌化的服务供应商；二是产业融合度较低，制造业与服务业的融合互动不足，许多制造业的自我服务还没有剥离，没有形成良好的专业化分工机制，影响了服务外包产业规模；三是市场发育不完善，服务外包产业要素市场缺乏，产业发展平台和载体不健全，交易机制不完善，知识产权保护体系有待加强；四是服务外包在全球价值链中主要处于低端位置，多数企业从事低端外包业务，多数企业全球整合资源能力不强，经营理念、管理及商业模式没有与国际接轨，阻碍服务外包产业的升级。

（四）建立完善适应国情、对接国际的服务外包政策框架体系

近年来，国家出台了一系列有关政策，基本形成了我国国际服务外包政策体系框架，但仍然不能适应快速发展的服务外包产业需要。为此，进一步借鉴国际经验，适应国内服务外包发展的新形势，使服务外包产业政策更具有广泛性、引导性、应用性和可操作性，更加系统化、规范化和制度化，让政策能够惠及更多的服务外包企业，让服务外包企业能够最大化地享受到政策带来的发展机遇和成长空间，将是未来服务外包政策的调整重点。

目前，我国的服务外包政策对产业的引导和扶持作用还不够明显。一是扶持政策仅局限于 21 个示范城市，其他城市和地区难以享受；二是主要集中于ITO，许多 BPO、KPO 领域的企业很难享受到相关优惠政策；三是政策扶持目标以支持离岸为主，使得绝大多数以在岸业务为主的服务外包企业难以享受到优惠政策；四是财税支持政策没有细化、不到位；五是人才培育和专业培训政

策支持力度不够。

为此，需要进一步把握后危机时代世界产业结构大调整、大变革和服务全球化的新趋势、新潮流，加强对全球化下服务外包战略定位的认识，紧密结合国内产业转型升级和经济结构战略性调整的需要，加强对服务外包的理论研究和宣传推广，确定战略定位，谋划长远规划，为我国服务外包产业的大发展营造良好的制度环境。

二 主要内容与框架

本书主要研究内容包括：服务外包的有关前沿理论，全球服务外包的发展趋势，主要国家服务外包发展趋势、促进政策，其中着重研究中国国际服务外包总体发展趋势、重点行业发展、重点区域发展，中国服务外包发展政策，以及服务外包园区的成功案例。

（一）专题篇

本部分侧重宏观层面和理论层面，对国际服务外包的有关理论，全球服务外包的发展特征与趋势，中国国际服务外包的发展现状、特点与趋势，中国国际服务外包的国际竞争力，中国服务外包的政策选择及人才队伍建设等基础性、全局性、战略性问题进行系统阐述。

《国际服务外包的定义、边界及产生和发展》，解释了服务外包的概念与分类，界定了服务外包的产业边界，厘清了国际服务外包的内容和范围，分析了国际服务外包的基本理论、产生根源、发展历程及经济效应、影响因素，为对国际服务外包进行深入研究奠定了基础。

《全球服务外包产业发展现状与趋势分析》，对全球软件与服务外包发展规模和模式，欧美日韩等区域市场结构、离岸业务的模式与特征进行了深入分析；从发包方、接包方、业务模式创新等角度预测了全球服务外包的发展趋势。

《中国国际服务外包发展现状与趋势分析》，描述了中国国际服务外包的产业规模、业务构成、业务来源等，总结了国际服务外包发展的特点，分析了软件与信息服务外包、金融服务外包、电信服务外包、生物医药外包等重点行业的优势，预测了"十二五"时期中国国际服务外包发展目标和发展趋势。

《中国承接国际服务外包竞争力的研究》，选取了服务外包产业水平、服务外包成本优势、国内服务业发展基础、产业对外开放水平、高等教育人才供给、信息通信水平、基础设施环境、政策环境等八个指标，建立了国际服务外包竞争力评价指标体系，并依据这一指标体系对我国国际服务外包竞争力进行了分析与评估。

《全球服务外包战略转型新趋势及我国的政策选择》，对全球服务外包战略转型新特点、新趋势，我国服务外包的多元化、高端化发展趋势进行了系统、深入的研究，分析了我国服务外包政策存在的不足，提出了实施"大外包战略"的建议。

《我国服务外包人才队伍及培训的现状及对策》，总结了苏州、成都、合肥等城市服务外包人才培养经验，分析了我国服务外包人才培训存在的问题，提出了相应的政策建议：加大对服务外包培训的财政补贴；创新服务外包人才培训模式；加强服务外包培训公共服务平台建设；加强服务外包培训的组织规划、管理和宣传工作；强化服务外包高级人才引进优惠政策。

《人力资本与离岸服务外包产业发展相关性研究》，着重研究人力资本与离岸服务外包产业发展的相关性，并构建模型进行实证检验；提出充分发挥政府"指挥棒"作用，充分发挥企业、高校、社会培训机构的主体作用，加强政企校合作与沟通，探索离岸服务外包人才新型培养模式等措施，促进我国人力资本提升与离岸服务外包产业发展。

（二）行业篇

中国国际服务外包发展起步于信息技术外包（ITO），ITO占总规模的比重在60%以上，但随着中国服务外包企业服务能力的提高，业务流程外包（BPO）和知识流程外包（KPO）出现较快增长态势。从行业角度看，中国在软件与信息服务外包、金融服务外包、通信服务外包、生物医药服务外包等领域已形成一定的优势，市场发展初具规模。本篇选取了软件与信息服务外包、金融服务外包、通信服务外包、企业人力资源外包、动漫外包、客户服务外包六大领域，反映了中国服务外包发展的现状、特点与趋势。

《中国软件和信息服务外包的发展》，描述了软件和信息服务外包的概念、统计口径、全球市场特点与发展前景，分析了中国软件和信息服务外包的发展现状和企业特点，并提出了政策建议：把握信息技术升级带来的新机遇，培育具有国际竞争力的大型软件外包企业，提高企业自主创新能力，积极制定并完善相关标准。

《国际金融服务外包发展趋势及我国的战略选择》，描述了国际金融服务外包的现状与趋势，指出：目前中国金融服务外包发展处于初级阶段，增长快，潜力大；布局呈现在岸为主、离岸为辅，离岸外包以日韩为主、欧美为辅的特征；发展格局为承接国内外金融机构 IT 外包为主、BPO 为辅，低端业务为主、高端业务为辅，银行外包为主、证券保险外包为辅；跨国金融机构和大型服务外包公司成为重要推动力量；本土金融外包服务提供商规模较小，市场竞争力有待增强。同时，提出了中国发展金融服务外包的战略选择。

《中国通信服务外包产业发展研究》，描述了国内外通信服务外包的发展状况；预测了我国通信服务外包的未来发展趋势：通信服务外包市场呈快速增长态势，新兴产业将提速通信技术服务外包发展，新兴服务外包模式不断涌现，服务外包出现在岸与离岸混合化趋势，通信服务外包对人才需求旺盛；提出了我国通信服务外包的政策建议：增设国际通信业务出入口局，进一步加大电信业务的开放程度，降低国际通信业务资费，建立完善的代维外包资格认证体系，加强对服务外包风险的控制。

《我国发展企业人力资源外包的研究》，系统研究了企业人力资源外包的内涵、范围及理论渊源，描述了国内外人力资源外包的现状及发展趋势，分析了企业人力资源外包的优越性与风险。同时提出政策建议：外包企业一方面要不断提高自身的核心竞争力，保持其在核心业务上的竞争优势；另一方面要高度重视人力资源外包风险，强化风险防范意识，建立完善的风险预警机制，采取有效的风险规避措施，保证人力资源外包成功实施。

《中国动漫外包：发展演进及政策建议》，回顾了全球动漫外包产业的形成与发展及中国动漫外包产业发展现状与主要历程，分析了中国动漫产业外包的模式、主要特征、存在的主要问题与挑战。同时提出了政策建议：制定正确的产业政策目标，完善市场机制，营造适宜动漫外包发展的生态环境。

《客户服务外包发展的现状、问题与建议》，分析了印度、菲律宾、美国等呼叫中心服务外包接包国、发包国的国际潮流，研究了我国客户服务外包发展现状和未来的前景，指出了我国呼叫中心等客户服务外包存在的问题，提出了扶持政策建议。

（三）区域篇

与对外开放进程、区域经济发展水平、地区资源禀赋相适应，我国服务外包产业发展呈现"东高西低"的总体格局。2011年，包括江苏、上海、广东、北京、浙江、辽宁、山东、天津、福建等省市在内的东部地区离岸合同执行额合计208.6亿美元，占全国离岸合同执行总额的87.5%。近年来，服务外包逐步向中西部地区扩展。特别是2008年金融危机之后，中西部地区服务外包呈现高速发展态势。同时，我国服务外包产业发展又具有城市集聚的特点，截至2011年底，21个服务外包示范城市承接离岸服务外包合同执行金额达219亿美元，占全国承接离岸服务外包合同执行金额总额的91.9%。本书选取了北京、苏州、大连、济南、成都、合肥、西安展开研究，其中既有东部地区的代表，也有中西部地区的典范。

《北京市服务外包产业的发展现状与趋势》，总结了北京市服务外包发展的特色。北京服务外包产业凭借独特的市场、人才、技术、基础设施等综合优势，规模大，层次高，实力强，始终位居全国服务外包领军城市地位。离岸服务外包业务持续强劲增长，KPO增长迅猛，业务来源国呈现集中化态势，产业集聚日益加速、辐射效应明显；预测了北京服务外包产业发展趋势：强化全球化布局，探寻高端发展路径；加大政府扶持力度，完善产业促进体系；发挥行业组织作用，积极推动打造北京服务外包品牌。

《大连市软件和信息技术服务业发展研究》，深入分析了大连市软件和信息技术服务业发展状况，大连高新区软件和服务外包产业各项指标位居全国前列，形成了科技部命名的全国唯一的创新型软件产业集群。提出了大连软件和信息技术服务业发展的目标与思路：打造千亿产业集群，确保产业高速增长，提升创新能力、再造发展优势，实施人才工程、打造人才高地，加快重点园区建设，着力打造国内一流的服务外包产业成长环境。

《苏州市服务外包发展的特点、问题与对策》，分析了苏州服务外包发展的特点、优势，提出了苏州服务外包发展思路及对策建议：抓好服务外包"十二五"发展规划的实施工作；加强服务外包投资促进工作；扎实推进服务外包人才引进和培养工程；打造各具特色服务外包载体。

《成都市服务外包产业发展的现状与未来》，总结了成都服务外包产业发展的特点。服务外包企业聚集明显，产业发展迅速，区域发展格局逐步形成，行业协会的桥梁和纽带作用明显。提出了推动成都服务外包产业可持续发展的若干政策措施：坚持制度创新，为产业持续发展提供机制保障；坚持政策创新，始终着力于引导企业做大做强；坚持服务创新，为产业链提供要素保障；坚持业务创新，构建成都服务外包的发展模式。

《合肥市服务外包产业发展的现状与思考》，分析了合肥服务外包发展的现状，提出了促进合肥服务外包产业发展的若干思考。合肥是我国中部地区服务外包重要城市。合肥依托人力资源丰富、区位交通便利、商务成本低廉、投资环境优良四大优势，建设"一个城市，四个中心"，重点发展"七大领域"，紧紧抓住"五个抓手"，努力打造跨国公司外包转移的首选目的地、具有鲜明特色和国内一流水平的服务外包示范城市。

《西安市服务外包产业发展的成就及其政策措施》，分析了西安发展服务外包的比较优势、发展特点、服务外包示范园区的基本情况，以及推进产业发展的政策措施。制定了总体目标：努力将西安建设成为国际知名的服务外包交付中心、中国服务外包研发中心、中国服务外包专业人才培训中心以及服务外包创新发展领先区，使之成为具有国际门户和资源配置功能的国家服务外包示范城市，并提出了今后的重点发展领域和重点任务。

《济南市软件出口发展研究》，介绍了济南市服务外包发展情况，分析了济南市发展软件服务外包和软件出口的政策措施、主要优势和发展潜能，提出了"十二五"规划发展目标、主要措施，按照"一、三、五、七、九"的整体发展思路，加快推进软件出口发展，到"十二五"末，将济南市打造成为山东和环渤海经济圈软件出口产业发展的龙头和亚洲知名的软件出口基地之一。

（四）国际经验篇

爱尔兰凭借其独特的地理位置优势和人才优势，成为欧洲 ICT 产品和服务外包中心。被称为"凯尔特虎"的爱尔兰，在加入欧盟之前还只是一个以农业和畜牧业为主的经济落后国家，通过大力发展软件和服务外包产业，经济实现了突飞猛进的发展，获得"欧洲软件之都"、"新硅谷"、"软件王国"、"欧洲高科技中心"等称誉，软件年销售收入总额超过 240 亿欧元，出口产品和服务总额达 230 亿欧元以上。爱尔兰的经验是：提供优惠的税收政策和产业补贴，创造良好的法制环境，大力吸引外资，重视开发区建设，重视人才培养，实施产学联动。

印度是离岸服务外包最重要的承接国，被 Gartner 称为"离岸外包服务的无冕之王"。印度发展服务外包的经验：首先，培育高素质人力资源的发达的高等教育技术教育体系。印度拥有超过 270 所大学和 2400 所职业学校，每年毕业 200 万计算机专业毕业生。其次，制定严格的知识产权保护法律法规。印度版权法被认为是世界上最严格、最接近国际惯例的版权法之一，这不仅使印度软件产品源源出口到美国，更大大提高了西方跨国软件企业到印度投资设厂及建立软件研发机构的意愿。最后，制定了比较完善的产业园区政策，行业协会发挥了积极的作用。

俄罗斯是服务外包发展的新兴国家。与印度等国家相比，俄罗斯以近岸外包和 IT 技术外包为特色，在高端软件研发领域更具优势。俄罗斯每年有大约 25 万受过 IT 专业高等教育的人才进入市场。工资低廉，使俄罗斯人才竞争拥有巨大潜力。每千人中软件开发人员的数量排名世界第一，科学家和工程师数量排名第三，遥遥领先印度和中国。俄罗斯 IT 相关服务公司主要分为三大类：一是系统集成商；二是为西方客户提供软件开发服务的企业，这些西方客户包括美国、西欧、德国（包括其他德语国家）以及斯堪的纳维亚半岛国家；三是跨国公司研发中心和科学研究机构。俄罗斯良好的经济环境、训练有素的技术人员、出色的教育机构、深厚的技术底蕴，是吸引跨国公司设立研发中心的重要因素。

巴西服务外包使其成为南美最具竞争力的地区之一。2011 年其服务外包产值超过 50 亿美元。巴西除了拥有区位优势、接近美国和欧洲的时区、西方文化优势、完善的基础设施、低成本的劳动力之外，政府对技术产业部门的投资支持力度也很大。如，巴西政府制定并实施的新生产发展政策规定，IT 企业将享受 10% 与雇用劳动力有关的税收减免。中央和地方政府给予设备和基础设施领域的税费减免、税费激励及其他激励政策，使巴西成为极富吸引力的服务外包热土。

菲律宾是亚洲服务外包目的地之一。菲律宾依靠高素质的英语人才和先进的信息技术通信设施，其服务外包产业成为发展最快的行业之一。2010 年菲律宾的服务外包业收入年增长 26%，总额达 89 亿美元。其中份额最大的呼叫中心业务年增长 21%，收入总额达 61 亿美元，已超过印度成为呼叫中心行业的领头羊。菲政府预计服务外包业总产值到 2016 年将达到 250 亿美元，提供 130 万个直接就业机会和 300 万个间接就业机会。菲律宾服务外包产业竞争力主要来自以下几个方面：广泛的英语普及，包容的文化，低廉的人力成本，积极的政策扶持等。

（五）国内案例篇

本部分重点选取苏州工业园、大连高新区、中关村软件园三个服务外包规模大、发展速度快、集聚效应好、创新能力强的园区进行研究，其成功经验供其他园区相互交流、学习和借鉴。

苏州工业园区着力打造"中国模式服务外包第一园"的品牌。其主要做法是：搭建外包载体和公共服务平台；引进优质外包及共享服务项目；壮大外包企业；完善地方配套政策。园区服务外包产业的发展经历了四个阶段：学习借鉴、自发起步阶段（1994～2000 年）；孵化培育、扶持成长阶段（2001～2005 年）；先行先试、快速崛起阶段（2006～2009 年）；转型升级、做强做特阶段（2010 年）。主要经验是：制造与服务联动发展，离岸与在岸同步开拓，人才与产业共同发展，政府与企业共同推进。

大连高新区软件和服务外包业走在全国前列，先后获得国家软件出口基地、国家创新型软件产业集群等荣誉称号。大连已经形成了以旅顺南路软件产业带为中心协同发展的产业布局。该部分重点对大连软件园、腾飞软件园、天地软件园等发展经验进行总结探讨，对大连市将要形成的"一带（旅顺南路软件产业带）一城（大连生态科技城）多区（金州新区、保税区、沙河口区、中山区、西岗区）"的软件产业发展布局进行了展望。

中关村软件园作为中国服务外包的发祥地，其软件服务外包产业规模一直保持全国领先地位。目前中关村软件园已经成为中国服务外包市场交易中心；产业高端要素集聚，龙头企业引领发展，国际化步伐加快，全球服务交付能力大幅提升，成为外包人才培养中心。其发展经验是：筑巢引凤，引领规模化发展；建设研发基地，拓展总部基地，推进高端创新；完善服务体系，推进产业政策落实，搭建市场平台，优化企业环境。中关村软件园将打造成全国服务外包的总部基地、市场交易中心和高端咨询中心。

三　主要特色与创新

（一）作为国内第一部服务外包产业发展蓝皮书，实现了理论体系的创建与创新

服务外包作为新兴产业，不少理论问题仍在探索之中，学科建设尚处于起步阶段。本书在写作中整合了国内一流的行业研究力量，搭建了专业化研究平台，建立了较为完整的中国服务外包蓝皮书理论体系，实现了理论体系创新，在国内尚属首次。

本书各部分研究，力图溯根求源，从基本概念、基本原理入手，探求其理论发展脉络；研究各行业或区域服务外包的产生、发展、特点、趋势、存在的问题、实施的产业政策等，力求塑造服务外包产业发展的完整链条。目的是使读者通过此书了解我国服务外包产业的来龙去脉、发展全貌及未来走势。各部分之间存在严密的逻辑关系。同时，每个专题又都是一个完整的模块，可自成体系，独立成篇。

（二）本书大量鲜活案例分析和经验的总结，对于服务外包产业发展具有重要指导作用

本书作者多数是在服务外包领域研究多年，具有较深造诣的资深专家。他

们分别来自中央、各省区市政府主管部门，来自国际国内著名研究机构或高等院校，来自服务外包行业协会或企业一线，既有深厚的理论功底，又有丰富的实践经验；不仅熟悉国内服务外包产业发展状况，也了解全球服务外包发展趋势，使本书理论和实践达到较好的结合。

（三）研究方法的创新

本书综合运用了各种研究方法，并将实证分析与规范分析相结合，定性分析与定量分析相结合，国际经验借鉴与国内案例分析相结合。尤其是本书选取了具有典型意义、各具特色的成功国家案例和经验，以国际化视野、开放的心态进行总结，选取了成功的国内城市、园区案例和经验，这都增强了本书的应用性和操作性。

（四）读者对象的广泛性

当前，全球服务外包产业正如初升的朝阳，蓬勃而起。本书编纂的目的在于为服务外包理论研究工作者和实际工作者提供行业发展状况、基础数据，预测未来发展走势等基础性、前瞻性、可操作性的理论，从而为进一步推动中国服务外包产业的深入发展搭桥铺路，鸣锣开道。本书的读者对象适用于各类从事服务外包研究和实际工作的政府部门、企业、大专院校、科研院所、行业协会及其他服务机构的相关人员。既可以作为高校及各类服务外包培训机构的教材或教学参考书，也可以作为服务外包理论研究人员的基础读本和工具书。

同时，我们更希望有越来越多的专家学者能融入蓝皮书的研究团队中来，共同为促进中国服务外包产业发展、提升国际竞争力建言献策。

由于时间较短、水平所限，本书仍存在许多缺点和不足，敬请同行批评指正。

B.2

国际服务外包的定义、边界及产生和发展

陈 进 吴俣潼*

摘 要:

本文解释了外包、服务外包的概念与分类,界定了服务外包的产业边界,厘清了国际服务外包的内容和范围,分析了国际服务外包的基本理论、产生根源、发展历程及经济效应、影响因素,为对国际服务外包进行深入研究奠定了基础。

关键词:

外包 服务外包 国际服务外包

一 服务外包的定义和分类

(一)服务外包的不同定义

外包(Outsourcing, Outside Resourcing Using)是企业将一些非核心的业务

---

* 陈进、吴俣潼,对外经济贸易大学。

通过合同方式，分包给国内外其他具有相对优势的企业。外包的实质就是企业整合或者利用外部具有比较优势的专业化资源，利用自身的核心竞争力在企业内部管理上达到降低成本、提高生产效率和资金运用效率的目的一种经济活动。

服务外包（Service Outsourcing）有别于制造外包，其外包的内容为无形的服务。服务外包是当今世界新一轮产业革命性转移中不可逆转的必然趋势，随着服务外包产业的壮大，对服务外包的定义出现了不同的解释方法，并且其内涵伴随着信息产业等相关产业的不断发展而越发深刻和不断外延。表1是全球三大咨询公司对服务外包的定义。

表1　三大咨询公司对服务外包的定义

咨询公司	服　务　外　包　定　义
GARTNER公司	GARTNER公司按IT服务提供商与最终用户所使用的主要购买方法不同将IT服务市场分为：离散式服务和外包（服务外包）。服务外包又可以分为：IT外包（ITO）和业务流程外包（BPO）
IDC公司	IDC公司认为IT服务市场由三个子市场构成：IT外包市场（ITO）、咨询及系统集成市场（C&SI）以及技术产品支持市场（TPS）。IT外包（ITO）市场和主要业务外包（BPO）市场共同组成了服务外包市场
毕博管理咨询公司	服务外包就是指企业为了将其有限的资源专注于核心竞争力，以信息技术为依托，利用外部专业服务商的知识劳动力，来完成原本应由企业内部来完成的工作，从而达到提高效率、降低成本、提升企业对市场环境迅速应变能力并优化企业核心竞争力的一种管理模式

总结来看，服务外包的概念可以从如下几个角度进行定义：

从企业经营管理角度，服务外包是指企业以价值链管理为基础将其非核心的业务内容通过合同的方式发包给本企业之外的在岸或离岸的服务提供商，利用其人力资源、信息资源等相对的资源优势来提高企业生产要素和资源配置效率以达到降低成本、提高效率、充分发挥自身核心竞争力、增强应变能力的生产组织模式；从国际贸易角度，服务外包是一种新型的服务贸易形式，是一国企业将服务商品的非关键部分通过外部资源转让给国外公司承担的一种经营方式；从技术进步角度，服务外包是一种技术创新，尤其是技术开发与支持和其他服务活动的外包。这种创新使生产商可以使生产过程实现地理上的分离；从国际分工角度，服务外包是生产业务和工作机会向外部供货商的重新分配，是国际产品内分工的一种形式。

简要来说，国际服务外包是指企业将自己的非核心服务性业务外包给另一个国家的服务提供商的行为。

（二）服务外包的分类

按照承包国和发包国的国界将外包划分为在岸外包和离岸外包。离岸外包是指承包国和发包国不在同一个国家或地区，也是通常所说的国际外包；在岸外包表示发包方和承接方为同一国家或地区。

在岸外包（Onshore Outsourcing），即将企业的业务外包给在相同国家的外国企业或个人来完成。离岸外包（Offshore Outsourcing），即将企业的业务外包给在其他国家的企业或个人来完成。

二 国际服务外包的产业边界

（一）服务外包产业边界的不同定义

关于服务外包的产业边界，各个部门有不同的定义。

1. 科技部定义

科技部重点关注作为高新技术产业中的软件产业，将服务外包的产业边界定义为"具有独立知识产权和著作权的软件产品"，纳入高新技术的软件产品包含：操作系统、数据库系统、中间件和具有独立知识产权及著作权的应用系统（软件包）产品。

2. 原信息产业部定义

原信息产业部与印度软件和服务业企业行业协会（NASSCOM）的定义相近，将服务外包的产业定义为软件与信息服务业。分类如下：

（1）基础软件：操作系统、数据库、中间件；

（2）应用软件：通用应用软件、行业应用及系统集成（政府、金融、通信、制造业、商业、能源、教育、旅游服务、交通运输、其他行业应用软件）；

（3）嵌入式软件：嵌入式系统软件、嵌入式应用软件、镶入式系统集成；

（4）软件技术服务：软件售后服务、软件咨询、数据处理、软件测试、软件培训、IT 服务管理、业务流程外包（BPO）、其他服务；

（5）互联网信息服务：网络游戏运营、网络出版服务、数字影音服务、数字动漫服务、移动增值服务、电子商务运营、网络综合门户、网络信息检索、网络介入运营；

（6）IC 设计。

（二）服务外包产业边界的划分

服务外包的产业边界具有广义和狭义之分。

从广义上讲，"outsourcing"一词的原意是外部资源。广义的服务外包包括利用组织外部资源来完成的服务贸易。世界贸易组织对服务贸易有一个部门的分类目录，将服务贸易分为商业服务、电信服务、建筑与工程服务、分销服务、教育服务、环境服务、金融服务、健康与医疗服务、旅游与旅行服务、物流服务、体育服务和娱乐服务 12 个大类，155 个分部门。所以，凡是利用组织外部资源来完成的以上服务均在服务外包的产业边界内。

从狭义上讲，服务外包是借助外部资源完成对本机构的 IT 服务以及基于 IT 平台的业务流程服务外包和知识流程外包，服务可以以资料的方式进行交付。

三　国际服务外包的内容和范围

根据服务外包内容，服务外包可以分为以下三类：ITO（Information Technology outsourcing）信息技术外包，BPO（Business Process outsourcing）业务流程外包和 KPO（Knowledge Process outsourcing）知识流程外包。

（一）信息技术外包

ITO 信息技术外包主要为客户解决系统操作、系统应用及提供基础技术服务，其更多涉及专业的技术产品和技术服务。

ITO 信息技术外包主要包括软件研发及外包、信息技术研发服务外包、信息系统运营和维护外包（见表 2）。

表 2 信息技术外包分类及适用业务范围

1. 软件研发及外包

类别	适用业务范围
软件研发及开发服务	用于政府管理、医疗卫生和教育等公共服务行业,制造业,金融、商贸、物流、媒体、电信等企业,为用户的运营、生产和管理等方面提供软件开发和测试等内容服务
软件技术服务	软件咨询、维护、培训、测试等技术性服务

2. 信息技术研发服务外包

类别	适用业务范围
集成电路设计	集成电路产品设计以及相关技术支持服务等
电子商务平台	为电子贸易服务提供信息平台等
系统测试平台	为软件和集成电路的开发运用提供测试平台
供应链管理	为企业提供供应链管理平台

3. 信息系统运营和维护外包

类别	适用业务范围
信息系统运营和维护服务	客户内部信息系统集成、网络管理、桌面管理与维护服务;资讯工程、地理信息系统、远程维护等信息系统应用服务
基础信息技术服务	基础信息技术管理平台整合等基础信息技术服务(IT 基础设施管理、数据中心、托管中心、安全服务、通信服务等)

（二）业务流程外包

BPO 主要是关于企业的业务流程,外包企业可以委托外部企业解决企业运营中的部分业务流程。

BPO 业务流程外包主要包括企业业务流程设计及企业内部数据库管理和供应链管理等（见表 3）。

表 3 业务流程外包分类及适用业务范围

类别	适 用 范 围
客户中心服务	为企业提供产品营销、客户服务和售后服务
企业业务流程设计服务	为客户企业提供内部管理、业务运作等流程设计服务
企业内部数据库管理服务	为客户企业提供后台管理,人力资源管理,财务、审计与税务管理,金融支付服务,医疗数据及其他内部管理业务的数据分析、数据挖掘、数据管理、数据使用的服务;承接客户专业数据处理、分析和整合服务

续表

类别	适　用　范　围
企业运营数据库服务	为客户企业提供技术研发服务,为企业经营、销售、产品售后服务提供应用客户分析、数据库管理等服务。主要包括金融服务业务、政务与教育业务、制造业务和生命科学、零售和批发与运输业务、卫生保健业务、通信与公共事业业务、呼叫中心等
企业供应链管理数据库服务	为客户提供采购、物流的整体方案设计及数据库服务

（三）知识流程外包

KPO 主要是高技术含量的知识外包业务，一般是附加值更高、处于价值链上游的国际服务外包业务中的知识外包。

随着知识产权保护和管理的不断完善，KPO 得到了迅速的发展。KPO 的适用业务范围如表 4 所示。

表 4　KPO 的适用业务范围

适　用　范　围
具有知识产权的研究开发、品牌设计、系统设计、产品设计等,医药和生物技术研发与测试、产品技术研发、工业设计,数据挖掘和分析、动漫及网游设计研发,教育方法及课件研发,工程设计和系统实施方法等

四　国际服务外包的产生和发展

（一）国际服务外包的相关理论

对于服务外包理论的研究，还没有形成系统的理论框架。比较传统的相关理论是交易成本理论、比较优势理论和劳动分工理论。近年来，资源基础理论和资源依赖理论、关系观理论、核心竞争理论和价值链理论等也常用于与外包有关的说明研究。

1. 交易成本与比较优势理论

外包交易成本的发生原因主要有以下几个方面：协商与执行合同的成本、

寻找可信赖的供货商的搜寻成本以及在合同执行期间协调交换的协调成本。如果在合同执行过程中，因为供货商的不确定性或投机行为等因素造成市场失灵等情况，外包交易的成本明显要比组织内部执行高出很多。由于不同国家和经济体内不同类型人力资源相对稀缺度和相对价格不同，在技术和其他条件许可情况下，把不同服务内容拆分到它们所需要的人力资源相对价格比较低的国家进行，能够节省业务成本。由于人力资源要素相对价格在发展水平不同国家之间差异较大，比较优势效应在离岸服务外包领域表现得最为显著。

李嘉图的比较优势理论是在亚当·斯密的绝对成本理论的基础上发展起来的。根据比较优势原理，如果一国与别国相比有相对优势并实行专业化生产，无论与别国相比是否有绝对优势，它总可以通过贸易获利。外包支付的生产成本的比较优势与信息技术外包的程度呈正相关，如果外部企业拥有生产某项业务的比较优势，企业将此业务外包是更有利的选择。

2. 产品内国际分工理论

从 18 世纪 60 年代逐渐形成国际分工至今的二百多年时间里，国际分工经历了由产业间国际分工到产业内国际分工，再到产品内国际分工不断深化的过程。产品内分工是指产品生产过程包含的不同工序和区段，在空间上分散地展开到不同国家和经济体进行，它是一种以工序和区段作为基本对象的国际生产分工形态，表现为特定产品的跨国性生产链条和体系。

3. 劳动分工理论

亚当·斯密因其在《国富论》中创立古典学派而被人称为自由市场经济之父。他在其著作中详细阐述了劳动分工对提高生产率的好处，即劳动分工能使每个劳动者的熟练程度提高，能节省工作转换时间并且通过发明很多机械来简化和减少劳动的复杂性。服务外包也是社会分工和产业化运作的一部分延伸，企业将自己不擅长的部分劳动交由其他熟悉工序的承包商，以达到简化管理的复杂性的目的，从而有助于提高承包商专业化的生产率。

4. 资源基础理论

资源基础理论认为，公司是一个由有形资产和无形资源组合起来的独特的整体。这些资产和资源的有效组合能够创造出公司的竞争优势。企业和组织应该对与竞争优势无关的资源，尽量以外包方式加以考虑，并应该策略性地专注于那些能产生竞争优势的资源。创造出竞争优势的资源必须具备一定的条件，包括资源的价值，资源的稀缺性，资源的可复制性和资源的系统性。

5. 资源依赖理论

针对资源基础理论主要强调企业内部资源的局限性，资源依赖理论强调企业通过获取和控制外部资源而获得自身利益的重要性。资源依赖理论认为组织与其周边环境中的其他组织密切相关，组织的成功和生存依赖于周边组织向其提供必需的资源，而企业为了自身发展战略的需要，在某种程度上会依赖于这些外部资源。企业如果不能自我供给资源，就会依赖于外部资源，通过外包从外部环境获得生产所需的关键资源。而企业对外部资源的依赖程度取决于资源对该企业赢利模式和战略管理等因素的影响程度，以及其他资源对该资源的替代程度和转换成本。

6. 关系观理论

在资源基础理论的基础上，关系观认为企业间的关系对于企业的竞争力也有重要作用，外包的成功率与发包企业和承包商之间的双赢关系有关。通过外包，发包企业和承包商能够建立其有价值的特别的关系，发包企业能够通过这种关系来进行学习创新，还可以降低交易成本。

7. 核心竞争力理论

企业不可能把所涉及的所有业务都发展为具有核心竞争力的业务。按照C. K. 普拉哈拉德和加里·哈默尔的核心竞争力理论，企业应将其有限的资源用到培养和保护其核心竞争力、生产核心产品上，而将某些相对本企业是非核心产品或对核心竞争力培养贡献不大的业务，通过合同交给第三方完成。这样企业就可实现对内、外部资源的整合，而将自己有限的内部资源集中在核心业务上，从而在市场竞争中获得长久的竞争优势。

8. 价值链理论

迈克尔·波特提出的价值链理论认为，一系列互不相同但又相互关联的增值活动形成企业创造价值的过程，此过程构成了所谓的"价值体系"。在价值链中，作为价值链的组成环节，每一项经营管理活动都是相互联系、互相影响的。迈克尔·波特还认为，每一个环节运作的质量都将能直接影响到其他环节，能对价值链整体造成致命的损伤和对价值体系产生深远的影响。所以，企业把某个薄弱环节外包给专业企业来做，既提高了价值链活动的质量，使整条价值链增值，还能使价值体系免受薄弱环节的负面影响。

在经济全球化背景下，企业获取资源、配置资源、参与市场竞争的方式已经打破了地理区域和行业领域的限制，企业要面对国际竞争，必须在价值链上选择具有相对优势的战略环节作为企业的核心能力，而把不具备竞争优势的业务环节外包出去，交由最好的专业公司去做。这样，企业能凭借较少的内部资源，产出更大的价值，提高企业资源的利用效率；同时，企业组织结构的调整和精简，能提高组织管理的柔性、高效性和对环境变化反应的敏捷性，极大地增强企业的竞争能力。全球价值链理论为服务外包的快速发展提供了重要理论依据。

（二）国际服务外包的产生

1. 经济动机

降低企业成本是服务外包的内在动力。通过服务外包，企业能够精简机构设置，减少非核心业务的投入，从而实现成本最小化和利润最大化。服务外包得到了发达国家的广泛采用，特别是2009年金融危机以来，成本问题更为突出，服务外包也有所增长。

发达国家的企业把一部分非核心业务外包给发展中国家企业的最直接的原因，就是两类国家之间的工资成本的显著差别，外包成为现代企业发展的一种通用手段。发展中国家通过服务外包可以解决劳动力就业问题、增加劳动收入，也能使国家增加税收、企业取得利润，同时还能提高技术和管理水平。服务外包使发包方与承包方均受益，这种模式在近十年得到了迅速发展。

2. 战略动机

提高企业核心竞争力是服务外包的外在动力。在激烈的市场竞争下，增强核心竞争力的需要使企业加强构建核心技术、突出核心业务。这种发展战略驱动企业外包自己的非核心业务、专注于自己擅长的业务，通过服务外包来保持企业的核心竞争力。在市场全球化的环境下，许多发包方从寻找单一供货商向寻找整体解决方案供货商转变。企业此时采取外包的动机更多为战略动机。

3. 技术原因

信息技术的发展奠定了服务外包的发展基础。以电子计算机为代表的现代信息技术日新月异地发展为服务外包奠定了坚实的技术基础和提供了有力的技术支撑。通过普遍应用的互联网技术，使全球范围内的沟通变得非常容易，它不仅使服务变得可以交易，还大大降低了跨国企业间的交易成本和风险，极大地改变了经济运行方式和企业管理模式，从而使服务外包成为一种应用得越来越广的交易方式。

有些企业内部缺乏相应的技术人才，通过离岸外包可以利用国外专业公司的人力资源来提高自己的业务服务水平。

4. 外部原因

服务贸易全球化推进了服务外包的发展。由于服务业涉及各国社会、文化、安全等各方面的问题，并且服务产业对各国的经济发展具有战略意义，所以一直存在较高的进入壁垒。长期以来，服务贸易没有被作为独立的产业贸易来对待，而是被作为商品贸易的附属行为。

信息技术的飞速发展及其在服务部门的广泛应用，使越来越多的服务可以通过信息技术来实现、保存和传送，特别是作为中间投入的服务，如金融服务、人力资源服务及计算机和信息与其他商务流程服务等，可以使得服务类似于商品实现贸易来往，跨出国界，实现离岸外包。

近年来服务贸易发展迅速，国际上多边贸易框架和双边贸易框架的签订，大大减少了服务的国际供应的障碍，降低了国际服务贸易的成本，使服务贸易进入全球化时代，从而极大地推进了服务外包的发展。

（三）国际服务外包的发展过程

20 世纪 70 年代以来，企业开始尝试部分业务的外包，企业的技术服务已经成为外包的对象；到 20 世纪 80 年代，会计服务、票据处理以及订单输入都逐渐成为外包的对象。

20 世纪 90 年代以来，世界进入新一轮制造业跨国产业转移历程，跨国公司进一步把制造价值链中的服务环节，例如战略咨询与管理、研究开发、产品设计、金融保险服务等从服务业比较发达的国家转移到工资成本比较低、熟练劳动力相对比较密集的新兴发展中国家或地区，如印度、中国和爱尔兰等。

2000 年以后，率先实施离岸服务外包模式的跨国公司取得的显著成就带来的示范效应，全球经济增长放缓给企业造成巨大的成本压力成为外包服务飞速发展的引擎。信息技术全球外包服务市场迅速成长起来，成为离岸服务外包的重要内容，并扩散到更多领域。

综上，国际服务外包发展经历了四个阶段（见表4）。

表4　服务外包发展经历的四个阶段

阶段	时期	发展出发点	特　点
萌芽阶段	20世纪70年代	英国的私有化浪潮	企业管理思想变革引发外包需求业务流程重构
发展阶段	20世纪80年代	企业结构调整	外包作为符合时代需要的组织方式获得重大发展，核心竞争力等战略思想流行
普及阶段	20世纪90年代以后	信息技术迅速发展	基于IT的服务外包开始凸现，逐步成为外包的主要领域。外包开始涉及企业几乎所有职能
深入阶段	现在	后金融危机时代	降低成本、提高核心竞争力、扩大经济规模。外包将向广度和深度两个方向发展，流程外包、知识外包将得到快速发展

纵观全球服务外包的发展历程可以看出，未来国际服务外包市场的长期发展潜力较大，国际服务外包市场呈扩大化、高级化和多元化趋势。ITO 在全球离岸市场中占据主导地位，全球离岸服务外包逐步向 BPO 和 KPO 拓展。同时，属于跨国公司总部服务功能的研发服务外包的趋势正在增强，服务外包正向纵深产业链发展。

五　国际服务外包的经济效应

（一）技术溢出效应

国际服务外包的技术溢出效应，主要是指在国际服务外包的合作过程中，发达国家的企业和发展中国家的企业签订服务外包契约，根据契约的要求，发达国家企业可以专注从事本企业的核心业务，通过服务外包获得非核心的服务支持；发达国家企业出于产品质量的考虑，把发展中国家企业作为服务环节供货商的同时，会给发展中国家的承包企业提供技术标准和资金与人力等诸多方面的支持。发达国家企业的产品技术、管理经验和研究开发以及相关知识资源，非自愿地对承包的发展中国家扩散而引发发展中国家技术和生产力水平的提高，但发达国家企业无法获取其中的全部收益。这种外部经济性的存在，使国际服务外包行为对发展中国家的社会收益增大。

在开放经济条件下，国际服务外包的技术外溢效应可以通过技术示范、产业关联、产业聚集以及企业间员工流动等管道实现。通过技术溢出，国际服务外包可以使发展中国家企业的技术水准、组织效率和管理技能不断提高，进而促进发展中国家整体经济增长。技术溢出对承包国的正向效应的大小要受承包国的贸易开放程度、市场环境、人力资本存量和国内外技术差距等因素的制约。承包国的贸易开放程度越高、市场环境越完善、人力资本存量越多，国际服务外包的技术外溢效应就越大。在具有一定的技术吸收能力的基础上，当承包国与外包国的技术差距水平保持在一个适度的范围内时，承包国获得的技术外溢效应就越大，其技术进步也就越快。

（二）就业效应

国际服务外包促进承包国的就业增加，一是由于发包国的服务工作直接转移到承包国，为承包国提供新的就业岗位，引起承包国就业数量增加。二是承接的国际服务外包通过带动承包国服务业的技术提升，创造更多的知识型劳动力就业机会。所以承接国际服务外包除了具有直接扩大就业作用之外，还间接地通过收入乘数、产业关联、技术进步和人才结构等更广泛程度上促进承包国知识型劳动者的就业水平，改善就业结构，提高承包国知识性人才的就业率，同时提高服务业劳动生产率。

（三）经济增长效应

国际服务外包本质上也是一种国际服务贸易。如果外包出去的服务是以服务中间投入品的形式进入其他产品的生产过程，那么服务外包就会像一种节省投入的技术进步那样提高劳动生产率；如果服务外包是向最终消费者提供一种新产品或者是以更低的价格提供一种产品，那么发包国的消费者直接从承包国购买廉价的服务，福利水平得到提高。而且，服务外包承包国工人收入提高，购买力增强，对商品和服务的需求增大，也将有助于发达国家的出口增长和经济的繁荣。

（四）产业分工效益

国际服务外包的发展推动了产业价值链中的信息服务、金融服务、研发服务、物流服务、人力资源服务、财务法律等专业服务从服务流程中分化出来，催生大量第三方服务企业，导致服务分工更加细化和深化，服务水平不断提高，从而既提高了整体经济效率，也带动了服务产业本身的飞速发展，为产业结构提升和实现增长方式的转变提供了强大的动力。

六 国际服务外包的影响因素

（一）承包国的环境因素

1. 经济规模

承包方所在国家的经济规模大小关系到发包方的外包风险和外包收益。服务外包发包方在选择理想的离岸金融服务外包目的地时，通常会选择经济规模较大、发展水平较高的国家和地区。因为一国的经济规模越大、经济实力越强，这个国家或地区在外包市场就越具有吸引力。

2. 服务业发展水平

离岸服务外包产业的发展壮大，需要服务业特别是现代服务业水平的提高为其提供良好的产业环境。服务业内部各行业的整体协调发展，将会对离岸外包产业的发展产生有利的"技术溢出效应"，为其承接离岸服务外包的持续发展提供有力的支持。服务业发展水平越高，服务外包企业开展服务外包的能力越强，该国承包企业承接外包业务活动就越加有利、提供的技术水准和服务质量也就越高，而服务提供商的综合能力素质也就越强；另外，承包国服务业发展水平越高，服务业市场规模也就越大，发包方就越有可能找到所需要的承包商，降低离岸外包活动的交易成本。

3. 服务业开放程度

服务业的开放程度对离岸服务外包的发展有着重要的影响。有些国家或地区为了保护本国幼稚产业免受国外竞争者的冲击，对某些服务行业实行部分开放或禁止开放的政策，这些政策会对该国离岸服务外包产业的发展构成政策障碍，不利于该国承接离岸服务外包全球竞争能力的提高。服务业的开放程度影响着承接离岸外包规模的大小。服务业越开放，与外界联系的就越密切，发包商对该国也就越了解，发包商选择该国实施离岸外包的热情也就越高，该国承接离岸服务外包的机会也就越大。

4. 法律健全程度

服务业开放程度的高低与该国法律体系是否健全具有密切相关的联系，一个国家法律健全程度越高，合同制度环境越完善，其服务业的开放程度也就越高。

5. 语言和文化的相似性

在服务外包过程中，为了保证外包项目的质量、进度都能比较满足自身的要求，发包方与承包方需要实时沟通来了解项目进展状况。为了保证离岸服务外包合同双方沟通的有效性，需要承包方能够保证一定数量和质量的与发包方沟通无障碍的人才。两国或者地区语言文化差距的大小，将会对跨国发包商的离岸区位选择构成影响，两国或地区的语言文化差距过大，不利于双方成功交易的达成。因此，为保障活动的顺利开展、减少不必要的额外成本（信息交流成本、管理成本等）支出，发包方在选择合作伙伴的时候需要充分考虑两国或地区间语言文化差距的影响，所以承包国在语言文化方面与目标客户越接近，就越有可能将发包方的外包业务锁定在该国进行。

（二）承包国的生产能力

由于离岸服务外包的高科技性和高知识含量的特点，信息技术发展水平决定生产能力成为影响服务外包的因素。承包国与发包国的信息技术发展水平只有保持在合理的差距之内，才有利于承包国的服务提供商与发包国的服务需求方更好地实现技术、知识的对接，才有利于承包国承接更多来自欧、美、日等发达国家的外包服务。

（三）经济成本因素

由于降低成本是离岸服务外包的主要驱动因素，而劳动力成本占据了离岸服务外包生产成本的大部分，因此对于发包方来说，劳动力成本是进行离岸外包区位选择的重要考虑因素。劳动力成本的高低影响着一个国家或地区承接离岸服务外包能力的大小，对于离岸外包承包国而言，如果拥有大量低成本的服务外包劳动力资源，就会在承接离岸服务外包的众多国家中更具有竞争能力。

B.3
全球服务外包产业发展现状与趋势分析

IDC 国际数据公司

摘　要：

　　对全球软件与服务外包发展规模和模式，欧美日韩等区域市场结构、离岸业务的模式与特征进行了深入分析；从发包方、接包方、业务模式创新等角度预测了全球服务外包的发展趋势。

关键词：

　　全球服务外包　　全球软件产业　　全球离岸外包

一　全球软件与服务外包发展现状

（一）全球软件与服务外包市场保持稳定增长，离岸市场规模不断扩大

全球软件产业和全球服务外包产业发展路径（见图1和图2）

全球软件与服务外包市场在未来5年将维持稳定增长态势，其中软件市场较IT服务与BPO服务市场增长快。2011～2015年CAGR为5.4%，2011～2020年CAGR为4.7%。其中，全球软件市场规模增速较快，2011～2015年复合增长率为6.2%。IT服务市场占整体市场的48%左右，而软件市场占整体市场的比例将从2011年的27.2%增长到2015年的28.3%。2011年全球软件市场经历反弹，以云计算、移动互联网和社交网络等领域的应用为代表的新技术将会促进新商业模式的诞生，从而给全球软件市场的发展带来机遇和挑战。整体市场规模及增长详见图3。

1960	1970	1980	1990	2000	2010	2015

过去 （1960~1980）	现在 （1981~2010）	未来 （2011~2015）
·初期IT服务以硬件导向为主 ·开始软件测试和维护外包 ·数据处理服务为早期BPO服务商提供的主要服务 ·根据全球合同与跨国公司的客户签订合作协议 ·有能力管理离岸关系的公司开始尝试将非核心业务外包给其他国家的第三方服务商	·企业终端用户对于服务外包的接受度开始提高 ·涌现出各种服务外包供应商，市场准入壁垒低 ·系统集成服务快速发展，ERP被迅速接受 ·各国政府均出台积极政策支持服务外包产业发展 ·市场仍然相对分散，低端服务产品市场激烈竞争 ·全球产业链重组，服务业出现国际化加速转移趋势 ·离岸服务提供商开始建立战略联盟及全球离岸交付中心，强化本地化交付能力	·各接包国比较优势形成，国际离岸外包服务市场进入专业化分工和协作阶段 ·基于云平台一对多交付模式得到发展，主要体现在BPO基于SaaS平台，软件外包基于PaaS平台，基础设施服务基于IaaS平台 ·在云外包模式下，IT与业务服务的交付高度结合，形成供应链结构

图1 全球服务外包产业发展路径

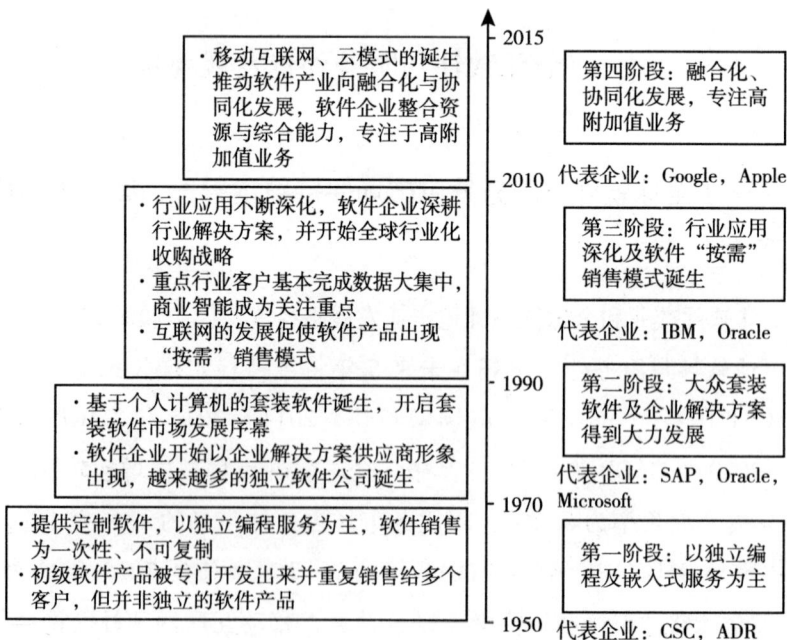

时间	发展阶段说明	阶段
2015	·移动互联网、云模式的诞生推动软件产业向融合化与协同化发展，软件企业整合资源与综合能力，专注于高附加值业务	第四阶段：融合化、协同化发展，专注高附加值业务 代表企业：Google，Apple
2010	·行业应用不断深化，软件企业深耕行业解决方案，并开始全球行业化收购战略 ·重点行业客户基本完成数据大集中，商业智能成为关注重点 ·互联网的发展促使软件产品出现"按需"销售模式	第三阶段：行业应用深化及软件"按需"销售模式诞生 代表企业：IBM，Oracle
1990	·基于个人计算机的套装软件诞生，开启套装软件市场发展序幕 ·软件企业开始以企业解决方案供应商形象出现，越来越多的独立软件公司诞生	第二阶段：大众套装软件及企业解决方案得到大力发展 代表企业：SAP，Oracle，Microsoft
1970 1950	·提供定制软件，以独立编程服务为主，软件销售为一次性、不可复制 ·初级软件产品被专门开发出来并重复销售给多个客户，但并非独立的软件产品	第一阶段：以独立编程及嵌入式服务为主 代表企业：CSC，ADR

图2 全球软件产业发展路径

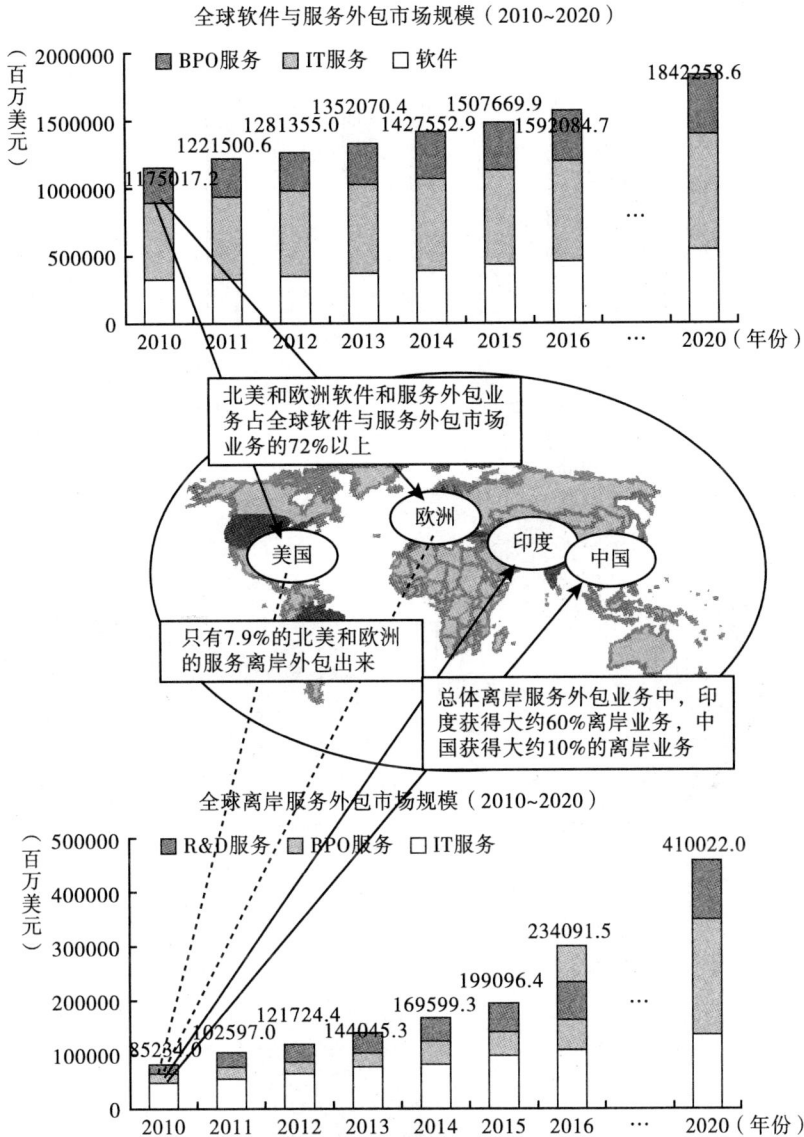

图3 全球软件及服务外包市预测

（二）全球软件产业经过多年发展，主要形成以美国、日本、印度和爱尔兰为代表的四大模式

全球软件产业经过多年发展，主要形成以美国、日本、印度、爱尔兰等国为主的国际软件产业分工体系（见图5）。软件产业链上游主要包括操作系统、

全球软件与服务外包市场规模（2010~2020）

2011年IT服务市场分类

2011年BPO服务市场分类

2011年软件市场分类

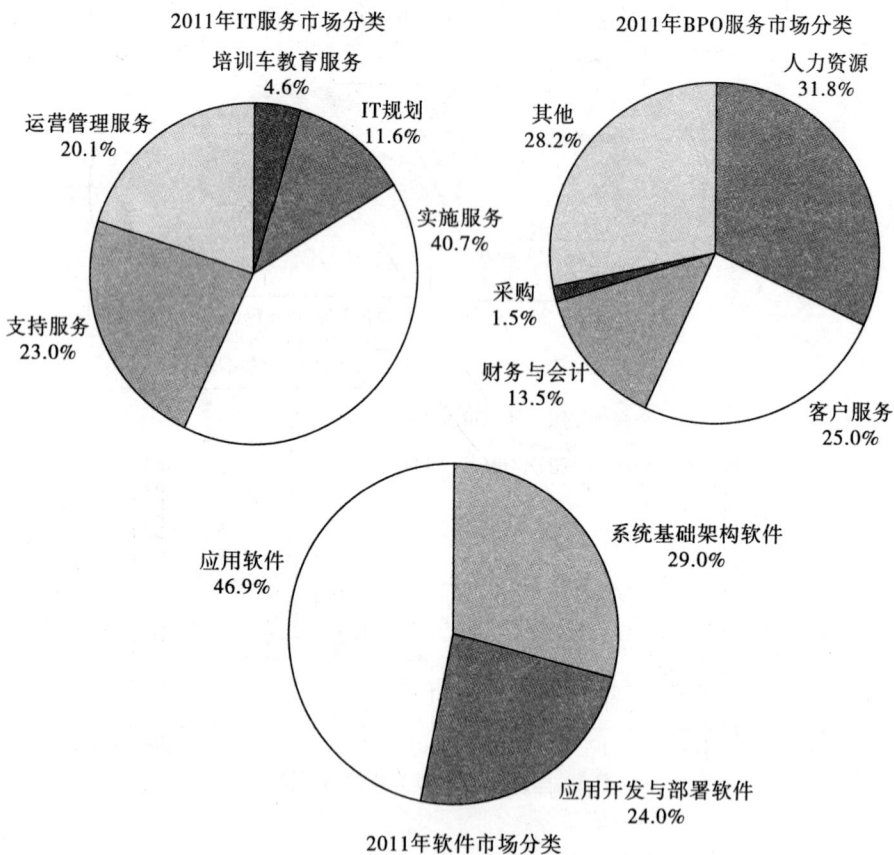

图4　全球软件及服务外包市场细分

数据库等基础平台软件的开发；产业链中游主要包括一些子模块开发和独立嵌入式软件开发；产业链下游包括应用类软件开发（如ERP等），详细分类见图4。

模式	技术与服务领导型 “美国模式”	嵌入式系统开发型 “日本模式”	国际加工服务型 “印度模式”	生产本地化型 “爱尔兰模式”
生产要素	· 人才数量多，高端人才集中，人才结构合理，外部资金雄厚，基础设施齐全，知识产权、专利数、高校数、培训机构都处于世界领先地位	· 人才数量一般，人才结构一般，外部资金雄厚，基础设施齐全，知识产权、专利数、高校数、培训机构都处于世界比较领先地位	· 人才数量多，人才结构优，外部资金雄厚，基础设施齐全，高校、知识产权、专利数、培训机构都处于世界一流地位	· 人才数量较少但主要集中在高端知识型人才方面，人才结构一般，外部资金雄厚，基础设施齐全，高校处于世界一流水平，知识产权、专利数、培训机构都处于世界一般地位
国内需求市场	· 国内国际需求巨大	· 国内国际需求巨大	· 国内需求不旺盛，主要依靠出口	· 国内需求不旺盛，主要依靠出口
相关和支持产业的表现	· 美国在计算机产业，通信产业，互联网产业均名列前茅，传统产业对软件的需求旺盛	· 日本在消费电子产品类，通信产业名列前茅，传统产业对软件的需求逐步增加	· 印度国内的半导体产业，家电产业，互联网产业，传统产业等均发展较弱	· 传统产业规模小，产业支撑较弱
企业战略和同业竞争	· 全球领先软件企业大多在美国，产业内的企业竞争激烈，企业创新能力强，拥有领先的技术储备、制定产业标准的能力、门类齐全的软件产品和完善的服务体系，开发国际市场并制定标准； · 目标市场：全球； · 产业链定位：全产业链覆盖； · 价值链定位：以产品化环节为核心，逐渐将生产和分销环节外包给其他国家	· 主要依附硬件产业，定制开发 · 目标市场：本国； · 产业链定位：应用（服务于硬件产业，没有完整的软件产业链）； · 价值链定位：以产品环节为核心，　逐渐将生产外包给其他国家	· 主要集中在企业和行业应用软件、外包软件的开发、企业竞争能力和管理能力，并与美国企业保持密切的联系； · 目标市场：国外； · 产业链定位：没有国内完整的产业链； · 价值链定位：生产环节，成为欧美的软件工厂	· 主要提供转口贸易加中高端技术小型软件开发，成为美国公司进入欧洲市场的门户和集散地，强调面向国际化的软件产品的系统化服务，将美国商业软件欧洲化； · 目标市场：国外； · 产业链定位：没有国内完整的产业链； · 价值链定位：分销环节，成为美国产品进入欧洲的分销基地

图 5　全球软件产业的四大模式

（三）全球离岸服务外包市场规模不断增长，其中全球离岸 BPO 服务和离岸设计研发服务市场复合增长率相对较快

1. 全球离岸外包市场现状

全球服务外包市场规模保持平稳增长（见图 6 和表 1），其中，离岸外包市场发展迅速。从市场结构来看，全球服务外包业务正逐渐从"最基础的技术层面的外包业务"转向"高层次的服务流程外包业务"。R&D 服务未来增速最快，且保持高位增长。BPO 总体继续保持高于 IT 的增速增长，设计研发服务将呈现快速发展趋势。金融危机后，美国和欧洲都有限制离岸外包的势头，以保证本国的就业。

图6　全球离岸服务外包市场规模（2010~2020）

资料来源：IDC，2012。

表1　全球离岸服务外包市场增长率

单位：百万美元

	2011 年市场规模	2011 年比例（%）	2011~2015 年复合增长率(%)	2020 年比例（%）	2011~2020 年复合增长率(%)
IT 服务	54166.6	52.8	16.0	46.4	15.0
BPO 服务	22964.8	22.4	17.9	23.0	17.0
R&D 服务	25465.6	24.8	22.2	30.7	19.4
总计	102597.0	100.0	18.0	100.0	16.6

资料来源：IDC，2012。

2. 驱动因素

发展中国家作为接包国其基础设施条件与科技配套能力在稳步提高。离岸服务外包业务范围的拓宽，扩大了全球服务外包的市场规模。IT 服务以前是软件开发，BPO 以前基本上都是呼叫中心；现在拓宽到了新的领域，比如设计研发、数据中心服务等。市场分工的专业化促进了外包的发展。市场竞争日益激烈，对成本的追求和资源的有效利用驱动引进新的技术，促进了外包的发展，比如云计算。

（四）从市场区域构成来看，美国是最主要的发包国且未来五年市场增速较西欧和日韩要快

美国是世界上最大的软件生产国和出口国，已经形成完整的产业链，成为国际离岸服务外包产业的主要源头。得益于其经济基础与科技实力，美国长期处于全球离岸服务外包市场的领先地位，来自美国的离岸业务量占全球离岸服务外包市场规模 62% 以上的比例。由于对成本的追求和社会分工的细化，其业务的外包可以很好地降低成本，使资源得到合理利用，因此西欧和其他地区也日渐扩大了服务外包的业务量，2011~2020 年 CAGR 将保持在 17% 左右（见图 7）。

日本和美国离岸外包项目层次和项目规模受两国文化和做事方式的影响，例如：日本文化一向以严谨著称，所以日本的外包业务大多是对接包方依赖性较弱的应用软件开发外包，其合同期较短，比较容易转移回国内，而欧美文化中的自由创新性思想较多，因此欧美企业则往往将更为重要的研发部分外包出去，外包订单的期限也更长，构建更具战略性的合作。

企业竞争力的快速实现需要 IT 的推动，但 IT 能力并非是大多数企业的核心竞争力，因此 IT 服务外包较容易实现，规模也比较大。

研发外包则涉及企业的核心竞争能力，前期不易释放，但该类服务将会更明显地加速企业对市场的反应速度，提供更具创新和成本优势的产品。在高新科技领域，设计研发服务活动成本高，风险大，即使对一些在资金和技术上实力雄厚的跨国公司而言，单独进行研发也往往力不从心，因此设计研发服务的外包可以有效地整合全球资金和知识资源。

美国离岸服务外包市场，2011~2015 年 CAGR 为 18.9%，2011~2020 年 CAGR 为 17.0%（见图 8）。美国本土的运营成本高，影响产品的市场竞争力，

图7 全球离岸服务外包市场规模（2010～2020）

资料来源：IDC，2012。

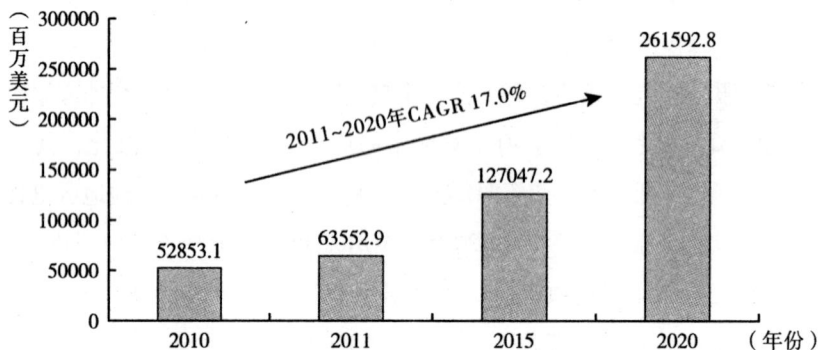

图8 美国离岸外包服务市场规模（2010～2020）

资料来源：IDC，2012。

离岸外包方式可有效降低成本，提升企业竞争力；美国呈现技术人口老龄化趋势，虽然目前遇到就业压力的问题，但预计未来技术领域的人才缺口将扩大，离岸资源能很好地解决这一问题；通过离岸外包实现市场分工的细化，使企业将注意力集中在核心竞争力的提升上。接包企业应着重加强设计研发能力，接、发包企业逐渐实现更为紧密的合作，实现共赢。美国发包业务的构成见图9。

西欧离岸服务外包市场，2011～2015年CAGR为17.2%，2011～2020年CAGR为16.5%（见图10）。西欧发达国家的运营成本也处于较高水平，影响了产品的价格竞争力，利用离岸外包模式可有效降低运营成本；西欧各国的国土面积相对较小，人口已经处于老龄化阶段，劳动力资源缺乏，离岸资源为其提供了庞大的人员

2011年美国发包业务构成

R&D服务
22.3%

BPO服务
21.6%

IT服务
56.1%

资料来源：IDC，2012。

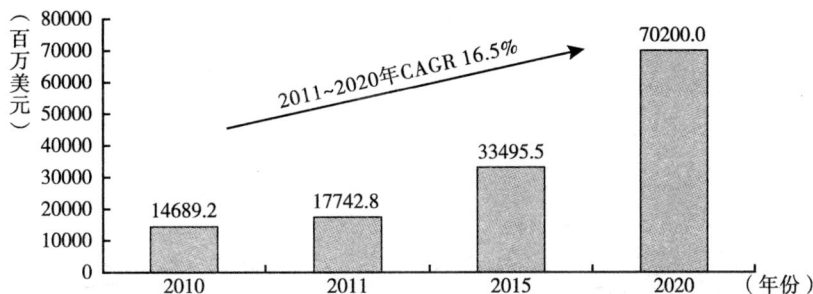

2015年美国发包业务构成

R&D服务
26.3%

BPO服务
21.6%

IT服务
52.1%

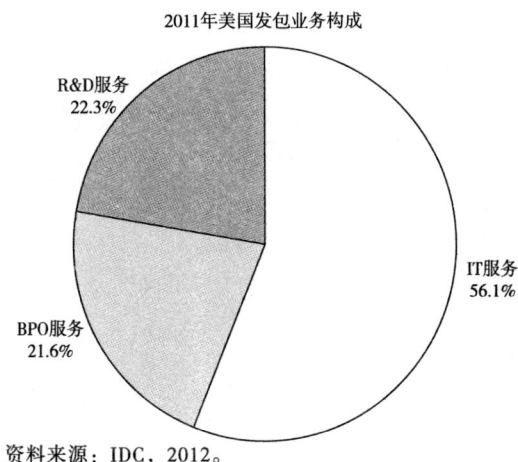

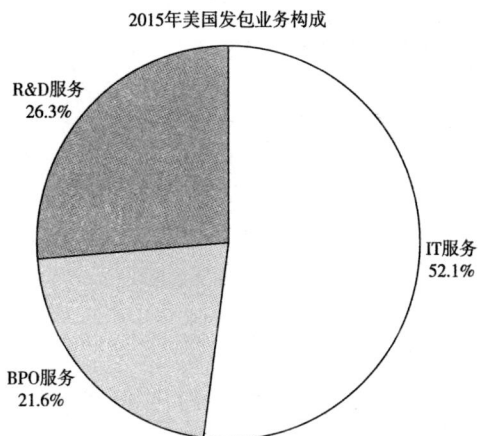

图9　美国发包业务的构成

资料来源：IDC，2012。

（百万美元）

2011~2020年CAGR 16.5%

70200.0

33495.5

14689.2　17742.8

2010　2011　2015　2020　（年份）

图10　西欧离岸外包服务市场规模（2010~2020）

资料来源：IDC，2012。

补充；欧盟的成立加强了欧洲各国之间的联系，欧盟成员之间业务往来频繁，分工逐渐细化，近岸外包发展迅速；发展中国家劳动力的知识技能水平不断提高，与西欧文化融合度不断加强，其离岸外包市场不可忽视。西欧发包业务的构成见图11。

2011年西欧发包业务构成

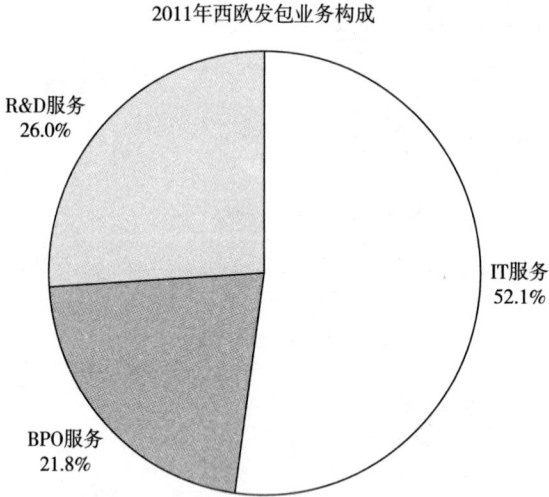

R&D服务
26.0%

IT服务
52.1%

BPO服务
21.8%

资料来源：IDC，2012。

2015年西欧发包业务构成

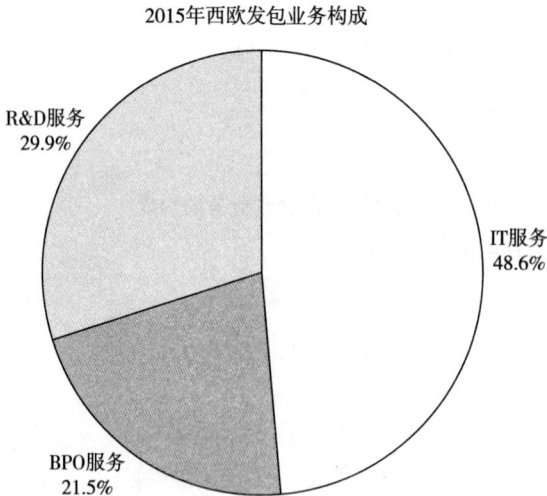

R&D服务
29.9%

IT服务
48.6%

BPO服务
21.5%

资料来源：IDC，2012。

图11　西欧发包业务的构成

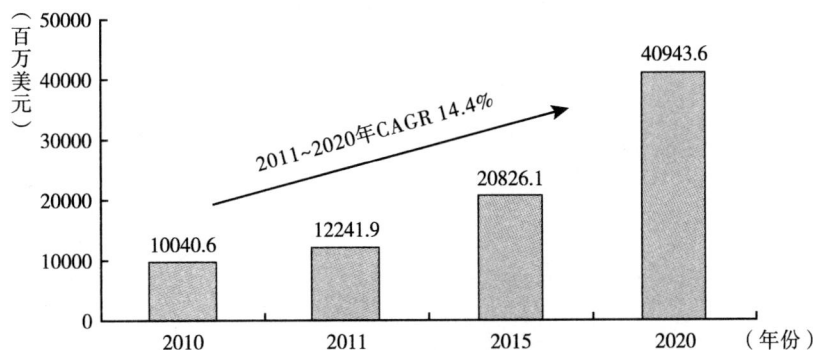

图 12 日韩离岸外包服务市场规模（2012~2020）

资料来源：IDC，2012。

日韩离岸服务外包市场，2011~2015 年 CAGR 为 14.2%，2011~2020 年 CAGR 为 14.4%（见图 12）。长期来看，日韩的国力仍呈现上升态势，对离岸服务的市场需求仍将保持较高增长；日韩国土面积小，劳动力和自然资源缺乏，离岸市场能够提供丰富的劳动力和丰富的自然资源；日韩地处亚洲，接近中国、东南亚等国，交通和通信的便利，地域文化的相似性，有利于其将业务外包给这些发展中国家。日韩发包业务的构成见图 13。

（五）离岸业务的模式与特征

欧美的离岸业务特征是大公司主要通过跨国公司的分公司"搭桥"；中小企业发包商则可以直接合作，或者通过欧美的行业协会进行长期合作。

日韩外包的特征是以总承包商为核心，海外的厂商处于产业链下游，业务来源间接来自日韩的 IT 服务商，很难直接从最终用户处接单。

日本外包的特殊性在于：海外厂商难以进入日本的总承包商序列。日本总承包商不是控制某行业的外包项目，而是控制客户资源，这需要他们完全了解用户的业务细节，并与客户有良好的信任关系；日本最终用户大多难以将自己的需求严格表述出来，需要总承包商根据客户的业务特点，边与客户沟通，边进行系统的咨询、策划、设计。这需要总承包商具备深厚的行业知识与业务咨询能力；由于最终用户对总承包方依赖性强，需要总承包方具备足够的资金基础、抗风险能力和在日本本地承担法律责任的能力。

2011年日韩发包业务构成

R&D服务
36.1%

IT服务
31.1%

BPO服务
32.8%

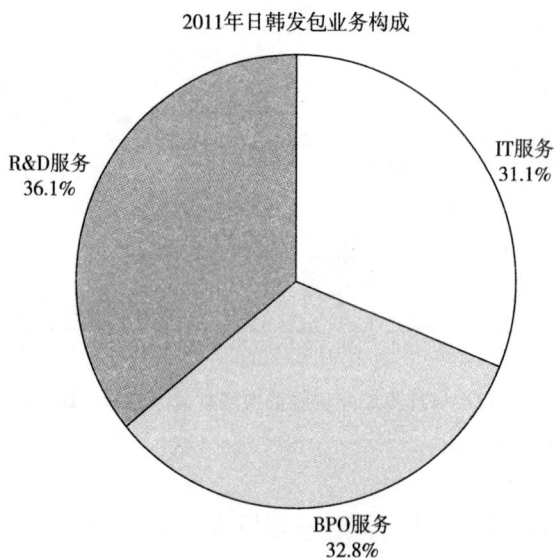

资料来源：IDC，2012。

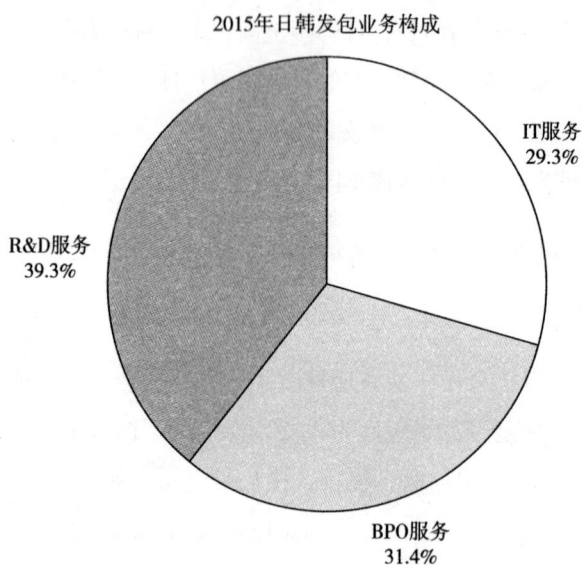

2015年日韩发包业务构成

IT服务
29.3%

R&D服务
39.3%

BPO服务
31.4%

资料来源：IDC，2012。

图13　日韩发包业务的构成

　　日本外包规模和项目层次难以迅速提升。日本的分级开发体系使上游承包企业必须向下游承包企业提供详细的作业指示文件，这为详细设计和代码转换的离岸外包提供了有利的条件，但同时也局限了海外项目的技术含量；IT

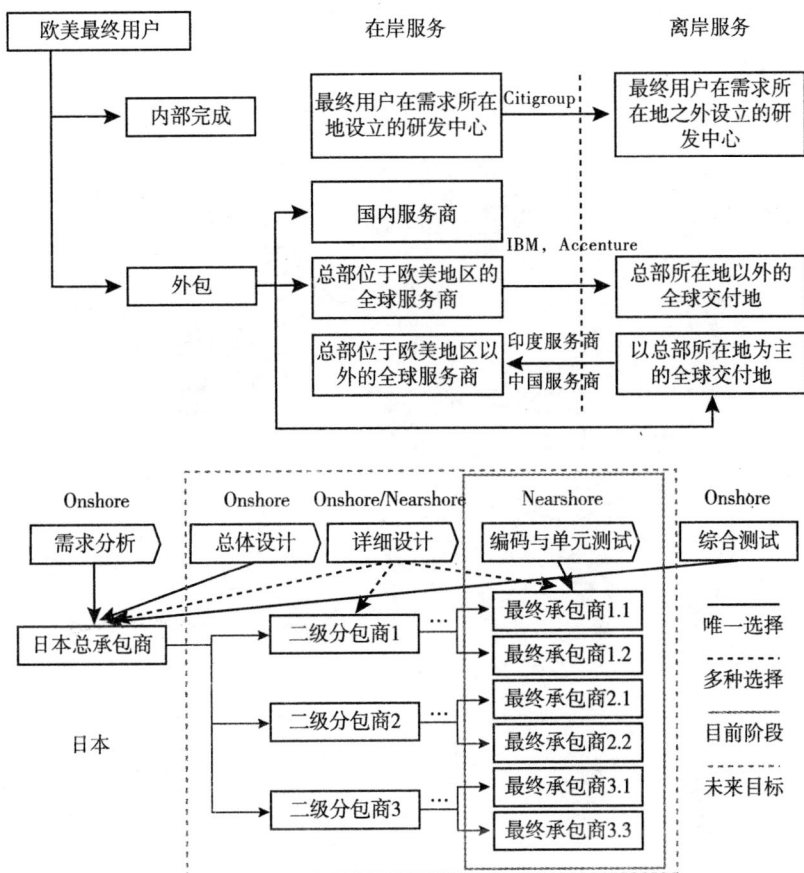

图14 欧美及日本的外包模式

服务和 BPO 一般是完全分开的项目，IT 服务以代码转换为主，BPO 以数据处理为主，难以接触企业的核心需求。具体外包模式详见图14。

二 全球软件与服务外包发展趋势

（一）接包方方面，基于市场、文化、资源优势和对于产业转移机会的把握，多个国家和地区已经初步形成了各自的外包业务特点

印度、加拿大、中国、爱尔兰、墨西哥成为全球五大最具吸引力的离岸外

包项目接包地（见图 15）。

1. 印度

大力发展离岸外包服务是印度重要的国家战略，且已形成完整产业链。

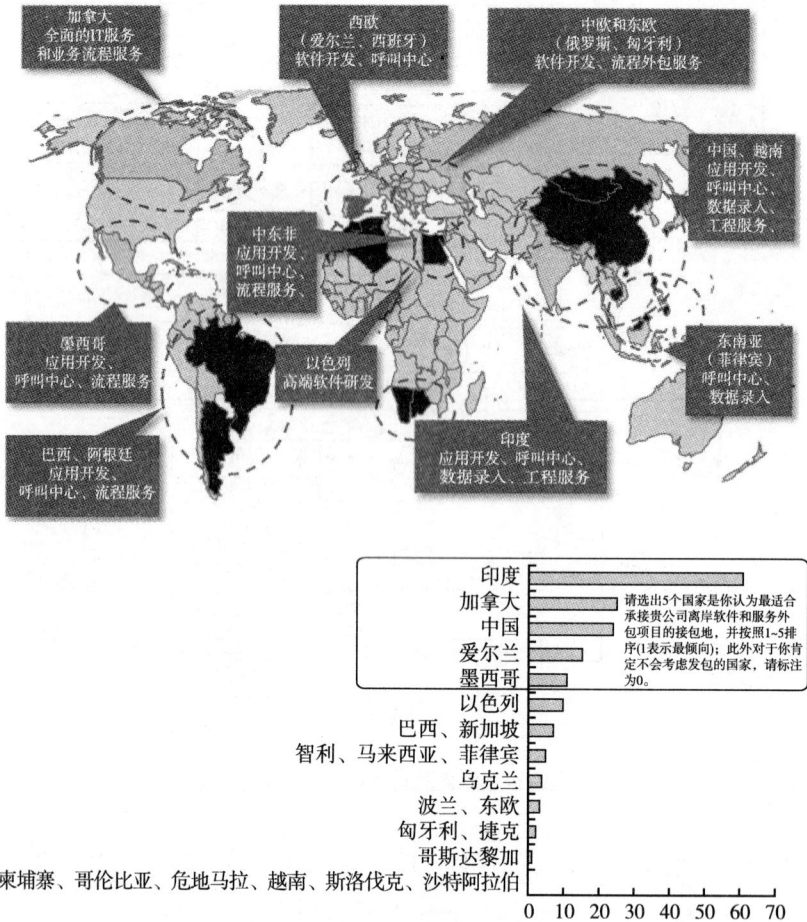

图 15　接包国选择倾向性

印度大多数软件出口企业集中在班加罗尔、孟买、马德拉斯、新德里和海得拉巴，产业聚集效应使印度的软件和服务外包企业在业务上降低了交易成本，发挥出协同效应；印度重视项目管理和质量保障体系建设，重点关注系统的软件开发流程和软件质量保证，是世界上获得质量认证软件企业最多的国家。

2. 加拿大

加拿大经济上受美国影响较大，美国转移工作到加拿大没有法律障碍，因此加拿大在承接来自美国的离岸项目时会有较强竞争力；加拿大位于北美洲北半部，受益于地域优势且与英语语言背景国家文化差别较小，对于吸收来自英语系国家的呼叫中心业务非常有帮助；加拿大在 IT 技术方面有较强的竞争力，在高端离岸服务方面有自身独特的优势。

3. 中国

随着中国政府对 2006 年启动的"千百十"工程的深入实施，目前中国已有 22 个城市获批成为服务外包示范城市。政府从税收政策、人才培训、财政补贴等多方面对示范城市给予大力支持，助力各城市积极发展服务外包产业。除了充沛的人力供给、有竞争力的成本优势外，中国吸引海外发包商的关键是巨大的、极具潜力的内需市场。

4. 爱尔兰

爱尔兰本国人口较少、传统产业规模小、市场需求优先，因此很早就把软件出口和外包作为支柱产业。同时，爱尔兰重视根据本国软件人力资源特点发展中间件产品和软件开发；爱尔兰软件业十分重视软件质量保证和能力成熟度标准，并具有强有力的法律体系；基础设施水平优良，爱尔兰是全球通信最发达的地区之一，且有着畅通的物流管道和先进的国际性实验室，适合承接高端领域的服务外包。

5. 墨西哥

墨西哥与美国和拉美国家文化与语言相近，对于美国、西班牙的客户有较大吸引力；墨西哥位于北美洲南部，紧邻美国，两国几乎零时差的环境也成为吸引美国客户的重要因素。而且墨西哥政府大力发展近岸外包，使得美国成为墨西哥软件与服务外包产业的主要客户来源。

（二）欧美国家将面临来自新兴经济体与日俱增的竞争压力，同时欧美国家的贸易保护主义政策也将会对发包到上述国家的离岸外包业务造成一定的负面影响

世界银行官方数据显示，2010 年发达经济体的 GDP 增长 2.4 万亿美元，而中等收入经济体则是 3.3 万亿美元。2010 年世界上经济增速最快的前 10 个

经济体中有 7 个都是新兴国家——中国、巴西、印度、俄罗斯、韩国、印度尼西亚以及墨西哥。一方面国内良好的经济环境为新兴国家开拓国际外包市场奠定基础;另一方面,随着新兴国家经济形势好转,全球技术人才资源开始"回流",从而为离岸外包业务提供了有力保障。

在欧美整体经济复苏缓慢的背景下,贸易保护主义出现抬头信号。自全球金融危机与欧债危机爆发以来,欧美国内经济复苏乏力,企图将其国内矛盾转嫁到其他国家,欧美采取反倾销反补贴措施,限制他国服务与产品输入,欧美还管制适销其服务与产品进入部分国家,并将一些贸易便利措施排除适用于部分国家。与此同时,全球"与美元看齐"的国际货币体系,对拥有大量美元资产的新兴国家(如金砖四国)经济的正常有序发展造成了极大的威胁。由于美元的不稳定,中国的外储安全堪忧;俄罗斯和南非由于是大宗商品出口国,因此受制于美国不稳定所带来的大宗商品价格大幅波动的影响;而印度、巴西以及中国更是面临着低息美元不断贬值而带来的热钱的冲击,尤其印度在资本账户开放的情况下,压力更大。

综上所述,欧美国家一方面将面临来自新兴经济体与日俱增的竞争压力,另一方面欧美国家的贸易保护主义政策也将对发包到上述国家的离岸外包业务起到一定的负面影响。

(三)除了现有外包模式以外,新的创新模式将不断涌现,随着云平台的引入,未来的软件与服务外包交付模式将更多依赖云平台,把握住云模式的地区和企业将在新的一轮竞争中脱颖而出

在经济复苏的背景下,IT 在企业业务和竞争能力方面所起的作用开始重新成为关注的焦点,而云计算也是推动这一趋势的关键因素。目前,大多数 IT 工作都可以通过云模型以基础架构、平台和"应用即服务"的形式得以实现。随着云服务交付模式的日趋成熟,更高层面的工作(包括业务流程、咨询、设计和管理)也将实现云服务交付模式。

除了现有外包模式以外,新的创新模式将不断涌现,随着云平台的引入,未来的软件与服务外包交付模式将更多依赖云平台,把握住云模式的地区和企业将在新的一轮竞争中脱颖而出。企业和个人采用云计算的动因见图 16。

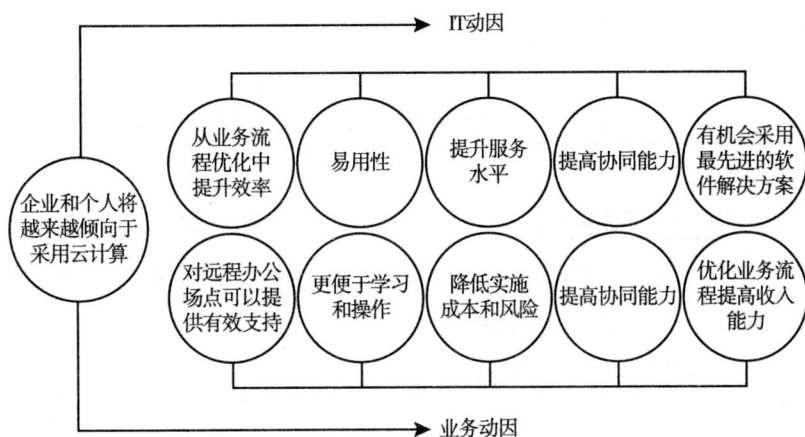

图16　采用云计算的动因

（四）软件产业未来将向着融合化趋势发展，主要体现在软件与硬件的融合及软件与服务的融合上

1. 软件与硬件的融合

基于软件和终端的整合实现企业的产业链竞争优势。当前，随着新兴产业、新兴业态的不断涌现和发展，原有产业边界被全面打破，产业竞争已从企业竞争演进到产业链竞争，IT 跨国公司纷纷提出了新的发展战略，力图整合与重构产业链，提升基于软件和终端的整合能力，率先确立竞争优势。产业链整合是将促进传统的终端设备制造、软件开发、数字内容提供等产业环节进行重新组织，构建纵向一体化的产业链体系。通过产业链整合，能提高企业运作效能，提升企业的全面竞争优势。

企业对全面 IT 解决方案的偏好促进了软件与硬件的融合。越来越多的企业不断寻求全面 IT 解决方案，以期在顺应外部环境发展的同时，满足企业内部整合 IT 资源、促进业务增长及控制企业成本的需求。基于软硬件整合的产品和解决方案将有助于企业实现内部 IT 资源高效整合。

2. 软件与服务的融合

当前，服务化已成为软件产业发展的基本趋势，而商业模式创新是实现和推动软件产业服务化的重要途径和手段。云计算是软件产业服务化的集中体现，其本质就是面向服务的商业模式创新。它改变了 IT 资源交付和使用模式，用户能够通过网络随时随地获得所需的服务。基于云计算的硬设备、基础软件、开发工具、应用软件、信息服务等新产品、新业态不断涌现，产业格局正在发生巨大变化。

在企业为新应用平台投入巨资并进行全方位应用之前，SaaS 由于初始投资较低，还可以充当企业的试金石。新兴市场中的企业在 IT 前期投入和旧版本系统方面的顾虑较少，企业倾向使用 SaaS。

企业正在考虑将硬件和软件维护开支转向 SaaS，这样可以将许可证、托管和管理费合并为单一的租用费，从而形成一种高性价比的替代方案。

（五）发包商对接包商的行业能力要求越来越强，越来越多的接包商集中精力在特定的行业积累专业知识

随着外包模式的不断成熟，外包涵盖的职能和领域不断拓展和细分，除已经被广泛接受的功能维度划分外，基于行业划分的专业服务日益受到关注。企业对于 IT 的期望已不仅仅停留在技术和产品层面，而是希望通过对 IT 的投资驱动业务增长，带来创新的动力，因此未来基于细分行业的外包战略是建立差异化竞争优势的不二选择，越来越多的厂商集中精力在特定的行业积累专业知识，研发解决方案，以期在日益激烈的竞争中建立核心竞争力。

行业化的研发外包尤为重要，接包商必须强化行业知识。研发外包是未来离岸外包市场增速最快的市场，且具有高技术含量、高附加值、专业化等特点，对于接包商在细分子市场的行业经验要求较高。在未来技术不断创新与应用需求日益细化的双重推动下，接包商必须强化自身提供行业化研发外包的能力。

随着各行业用户业务与 IT 系统依赖度的升高，用户越来越看重 IT 服务商对于自身所在行业的经验与服务能力。行业用户将越来越多地委托第三方供货商提供产品创新与管理职能的服务。

B.4
中国国际服务外包发展现状与趋势分析

李庭辉*

摘　要：

　　本文描述了中国国际服务外包的产业规模、业务构成、业务来源等，总结了国际服务外包发展的特点，分析了软件与信息服务外包、金融服务外包、电信服务外包、生物医药外包等重点行业的优势，预测了"十二五"时期中国国际服务外包发展目标和发展趋势。

关键词：

　　中国国际服务外包

21 世纪初特别是 2006 年以来，在国家政策的推动下，中国国际服务外包实现了快速增长，产业发展规模和质量都得到很大提升。截至 2011 年底，全国服务外包企业达到 16939 家，从业人员 318.2 万人，其中大学以上学历 223.2 万人，占总数的 70.1%；2011 年全国实现离岸服务外包执行金额 238.3 亿美元，比 2006 年增长近 16 倍。中国正在向国际服务外包大国迈进。

一　中国国际服务外包发展概况

（一）产业规模

2009 年至 2011 年，尽管受世界金融危机的影响，全球服务外包发展出现了波动，但中国国际服务外包仍然保持了较高的增长态势。根据中华人民共和

---

　* 李庭辉，中国服务外包研究中心。

国商务部公布的统计资料，2009 年中国承接离岸外包协议金额 147.7 亿美元，同比增长 153.9%，执行金额 100.9 亿美元，同比增长 151.9%；2010 年中国承接离岸外包协议金额 198.3 亿美元，同比增长 34.3%，执行金额 144.5 亿美元，同比增长 43.1%；2011 年，中国承接离岸外包协议金额 326.2 亿美元，同比增长 64.5%，比上年提高 30.2 个百分点，执行金额 238.3 亿美元，同比增长 65.0%，比上年提高 21.9 个百分点（详见表1）。

表1　2009～2011 年中国承接国际服务外包情况

指标 \ 年份	2009	2010	2011
离岸外包协议金额(亿美元)	147.7	198.3	326.2
同比增长(%)	153.9	34.3	64.5
离岸外包执行金额(亿美元)	100.9	144.5	238.3
同比增长(%)	151.9	43.1	65.0

资料来源：中华人民共和国商务部。

从最近三年中国国际服务外包运行轨迹看，中国承接国际服务外包业务经历了从高速增长回落再加快发展的过程，这一方面说明中国国际服务外包发展离不开世界经济发展的大背景，另一方面也说明随着中国服务外包产业发展环境的改善，企业承接国际服务外包业务能力在增强。随着离岸服务外包的快速增长，我国服务外包产业国际市场份额进一步扩大，2011 年我国承接国际服务外包业务量占全球的比重达到23.2%，比2010 年提高6.3 个百分点。

（二）业务构成

中国国际服务外包发展起步于信息技术外包（ITO），信息技术外包业务规模占产业总规模的比重在60%以上，但随着中国服务外包企业服务能力的提高，业务流程外包（BPO）和知识流程外包（KPO）出现较快增长态势。2011 年，全国承接服务外包执行金额（含离岸外包和在岸外包）总额为323.9 亿美元，其中信息技术外包（ITO）执行金额为 197.8 亿美元，同比增长 53.5%，所占比重为 61.1%；业务流程外包（BPO）执行金额为 48.7 亿美元，同比增长 22.1%，所占比重为 15.0%；知识流程外包（KPO）执行金额为 77.2 亿美元，同比增长 214.7%，所占比重为 23.8%（见表 2）。这一数据结构说明，目前中国承接国际服务外包业务仍然是处于以信息技术外包（ITO）为主阶段，但是业务流程外包（BPO）和知识流程外包（KPO）业务增长速度加快，发展潜力巨大。

表 2　2011 年全国服务外包业务构成

合同类别	协议金额（万美元）	同比增长（%）	执行金额（万美元）	同比增长（%）
信息技术外包（ITO）	2649727	56.00	1978006	53.46
业务流程外包（BPO）	699467	21.88	487474	22.11
知识流程外包（KPO）	1122316	172.63	772197	214.74
其　他	1760	-96.86	930	-98.00
总　计	4473270	63.25	3238607	63.57

资料来源：中华人民共和国商务部。

（三）业务来源

中国承接的国际服务外包业务，主要来源于美欧日等国市场。2011 年，我国内地承接来自美国、欧盟、日本和中国香港等国家和地区的离岸外包合同执行金额达 164.3 亿美元，占我国内地离岸外包合同执行总额的 50.7%，其中来自美国的外包业务规模最大，全年执行金额达到 61.3 亿美元，来自日本市场的业务量增长率有所下滑，这同目前国际服务外包市场结构是一致的。中国服务外包研究中心发布的《中国服务外包发展报告 2012》显示："从 2011 年整体发包规模来看，美国、欧洲、日本、韩国仍是主要的发包区域。美国仍然是最大的发包市场，美国的经济复苏和因金融危机而抑制延迟的服务需求开始启动，带来了发包市场扩张机遇。由于主权债务危机的影响，使得欧洲等主要发包市场的经济复苏呈现放缓态势，对服务外包产业的发展带来一定影响。"

中国承接国际服务外包业务来源，是由当今世界经济格局所决定的。在新一轮世界产业结构调整中，随着信息技术的发展，欧美日等发达国家将占用劳动力资源较多、附加值较低的低端服务业务以外包形式向外转移，而将高端服务业务留在国内，以保持其竞争优势地位，中国、印度等亚洲以及东欧等教育发达、人力资源丰富但成本较低的发展中国家，则是服务业转移的承接国，这一趋势短期内不会改变。

二 中国国际服务外包发展特点

（一）示范城市引领中国国际服务外包发展

为了推动中国国际服务外包产业的发展，2006～2010 年中国政府先后批准了北京、天津、上海、重庆、大连、深圳、广州、武汉、哈尔滨、成都、南京、西安、济南、杭州、合肥、南昌、长沙、大庆、苏州、无锡、厦门等 21 个城市为中国服务外包产业发展示范城市，国家以财政税收等优惠政策支持推动示范城市国际服务外包的发展。截至 2011 年底，21 个服务外包示范城市共有服务外包企业 12417 家，从业人员 242 万人，分别占全国的 73.3% 和 76.1%；承接离岸服务外包合同执行金额达 219.0 亿美元，占全国承接离岸服务外包合同执行金额总额的 91.9%。其中上海承接离岸外包合同执行金额超过 30 亿美元，北京、无锡、南京、苏州承接离岸外包合同执行金额分别在 20 亿～25 亿美元之间，杭州、广州、深圳、大连等示范城市承接离岸外包合同执行金额分别在 10 亿～19 亿美元之间，上述 9 个示范城市承接离岸外包合同执行金额合计为 178.8 亿美元，占示范城市执行总金额的 81.6%。示范城市已经成为引领我国国际服务外包发展的核心力量。

在示范城市的示范带动下，部分非示范城市国际服务外包也快速发展。中国服务外包研究中心发布的《中国服务外包发展报告 2012》显示："据不完全统计，目前已经有宁波、青岛、沈阳、长春、郑州、洛阳、马鞍山、昆明、乌鲁木齐等众多城市积极推动服务外包产业发展。"根据宁波市和青岛市商务局的统计资料，2011 年宁波承接离岸服务外包合同金额达 3.8 亿美元，完成离岸服务外包执行金额 2.8 亿美元；青岛承接离岸服务外包合同金额达 4.4 亿美元，完成离岸服务外包执行金额 3.2 亿美元。

（二）东部地区是我国国际服务外包发展重点区域

东部地区是我国对外开放的重点地区，从基础设施、产业基础到人力资源条件，东部地区都具有先行发展国际服务外包的优势条件，从全国范围看，东部地区是目前我国国际服务外包发展重点区域。2011 年，包括江苏、上海、广东、北京、浙江、辽宁、山东、天津、福建等省市在内的东部地区离岸合同执行金额合计 208.6 亿美元，占全国离岸合同执行总额的 87.5%；其中，江苏、上海、广东、北京、浙江五省市承接离岸服务外包合同执行金额达 177.8 亿美元，占全国离岸合同执行总额的 74.6%，是中国国际服务外包发展的重中之重。但是，随着东部地区商务成本的提高，服务外包发展重点区域将逐步向中西部地区扩展。

（三）中西部地区国际服务外包发展速度加快

中西部地区发展国际服务外包虽然比东部地区起步晚，但是，由于中西部地区拥有丰富的人力资源，商务成本相对较低，而且随着经济发展和对外开放的扩大，其与东部地区发展差距在逐步缩小，国际服务外包发展速度在加快。2011 年江西、四川、重庆、陕西、安徽等省市承接离岸服务外包合同执行金额同比增速分别为 132.8%、81.5%、510.9%、102.4%、340.9%，平均增速是东部地区的 2 倍多，发展潜力较大。其中，江西和四川承接离岸服务外包合同执行金额分别达到 6.75 亿美元和 4.68 亿美元，超过部分沿海省市。

（四）我国国际服务外包企业以中型企业为主

2011 年我国离岸外包合同执行金额超过 1 亿美元的大型企业共 22 家，占全国企业总数的 0.1%，离岸外包合同执行金额占全国的 16.4%，企业规模迅速壮大。离岸外包合同执行金额超过 1000 万美元的企业增长较快，北京离岸业务执行金额超过千万美元的企业达 53 家，比 2010 年增加 18 家，其中有 4 家企业离岸业务额超过 1 亿美元，有 5 家企业入选全国服务外包领军企业，人员规模都在万人以上；天津离岸服务外包业务执行金额超过千万美元的企业达 7 家，合计占全市离岸业务执行总额的 69%，其中 2 家企业业务超过 5000 万美元；上海离岸服务外包业务执行金额超过千万美元以上的企业达 55 家，其中有 2 家企业的业务执行金额超过 1 亿美元；深圳离岸服务外包合同执行金额超千万美元的有 24 家，执行合同总金额占全市离岸服务外包合同执行金额的79.1%；南京服务外包执行金额在千万美元以上的企业达 79 家，较上年增加 29家，79 家企业实现执行金额 34 亿美元，占全市服务外包合同执行金额的 80% 以上；杭州离岸服务外包合同执行金额 1000 万美元以上的服务外包企业有 24 家，离岸执行金额共 15.7 亿美元，占全市离岸服务外包合同执行总额的 77.2%。

根据商务部公布的资料，占全国 51.2% 的离岸外包合同执行金额由占全国企业数量 2.9% 的中型服务外包企业完成；除大型企业完成的离岸外包合同执行金额以外，余下的 32.4% 离岸外包合同执行额由占全国企业数 97% 的小企业完成。总体而言，中国服务外包企业规模及其执行能力与印度企业相比，还有一定差距。

（五）产业逐步升级，高端业务增长

随着我国经济结构的调整升级，服务外包也逐步从低端业务向高端业务拓展。各地利用科研教育和人力资源的优势，在保持传统的 ITO 业务快速增长的同时，积极拓展 BPO、KPO 业务，离岸服务外包业务逐步由价值链低端向高端延伸，工程设计、医药研发、产业咨询、解决方案设计、软件与信息系统架构设计、金融后台服务等高附加值、高技术含量的业务比重不断上升。2011 年全国 BPO、KPO 业务执行金额分别比上一年增长 22.1% 和214.7%，这两项业务在全部业务中占比由 2010 的 32.6% 上升为 38.4%。多个示范城市如天津、广州、哈尔滨、南京、杭州、苏州、无锡等 KPO 业务占比超过了 20%。天津以医药研发、工程设计为主要内容的 KPO 发展迅速，占 2011 年全市离岸业务额比重的 40%，金融后台服务、跨国公司共享服务中心等 BPO 业务也迅速增长，占全市离岸业务比重的 28%，同时推动 ITO 业务向软件研发设计、整体解决方案设计、咨询等高附加值环节发展；广州2011 年离岸外包执行金额中，BPO 业务占 31.1%，以工业设计和技术服务为重点的 KPO 业务占 38.0%；杭州 2011 年 KPO 业务离岸执行金额达到 6.2亿美元，占总执行金额的 30.3%；大连服务外包产业已完成了从简单代码编写向金融后台服务、行业解决方案等高端复杂业务的跨越，特别是在物流、自动控制等领域技术和管理均已达到国际水平。

（六）发挥比较优势发展特色产业

各示范城市紧密结合当地产业基础的实际情况，发挥地方比较优势，发展符合自身特色的服务外包产业，为当地服务外包产业的长远发展奠定了良好的基础。如上海围绕建设"四个中心"的重要战略部署，除发展软件和信息技术服务外包外，重点发展金融服务外包、供应链管理服务外包、人力资源服务外包、医药研发服务外包和创意设计服务外包，并探索发展数据处理服务外包；天津围绕优势支柱产业，与制造业联动发展，重点发展科技研发、共享服务中心、信息服务等与生产密切相关的服务外包业务；大连抓住"两化融合"、"三网融合"、文化产业发展的契机，着力推进网络、动漫、设计、云计算等新兴产业发展；深圳利用毗邻香港的独特地理位置，加强深港澳合作，大力推动物流、金融行业的服务外包发展；广州发挥制造业和服务业发达优势，重点扶持金融服务外包、工业设计研发外包、旅游会展服务外包、商务服务外包；哈尔滨发挥装备制造业发达的优势，重点发展装备制造业整体解决方案服务外包业务；成都依托良好的产业基础和发展环境，重点发展软件外包、工程设计研发外包、生物医药研发外包、移动互联网信息服务等；南京发挥电子通信和生物医药产业发展优势，重点发展通信电子、电力电气和生物医药研发等行业的外包业务；杭州依托其现有产业基础重点推进通信研发和金融服务外包的发展；大庆依托油田开发技术优势和产业基础，发展石油工程技术服务外包特色业务；苏州根据现有产业基础积极发展以软件研发外包、集成电路设计外包、生物医药研发外包、影视动漫创意外包、物联网信息服务等为重点的高端服务外包业务；厦门根据现有产业基础，充分利用和中国台湾地区的经济联系，重点培育电子、机械、航运物流、旅游会展、金融与商务等服务外包业务。

（七）中国国际服务外包发展行业优势

目前，中国在软件与信息服务外包、金融服务外包、通信服务外包、生物医药服务外包领域已形成一定的优势，市场发展初具规模。

1. 软件与信息服务外包快速发展

近年来，我国软件与信息服务外包迅速发展，产业规模不断扩大，行业收入不断增加，对经济增长的贡献不断增强。以东软、浙大网新等为代表的龙头企业相继涌现，营业收入超过 10 亿元。软件与信息服务外包企业有效地整合优势资源，优化产品结构，推进品牌的国际化战略，国际竞争力不断提高。软件与信息服务外包产业呈集聚发展态势，以 21 个服务外包示范城市为重点，形成了中国软件与信息服务外包产业五大集群——环渤海集群、长三角集群、珠三角集群、中西部集群和东北集群，其中大连、北京、上海、杭州、成都、南京、无锡、苏州等示范城市是软件与信息服务外包发展的领先城市。但随着一线城市的人力成本及商务成本的上升，软件接包企业相继将低附加值业务转移至二、三线城市。转移的方式有两种：一种是在二、三线城市设立分支机构；另一种是在二、三线城市寻找长期合作伙伴。国内不少中小企业组成企业联盟，作为大型外包企业的下游企业，获取软件外包的转包和分包业务。

2. 电信服务外包处于优势

电信运营商的重组与转型、3G 网络以及物联网、云计算等新技术的开发与运用、新型服务项目拓展等，推动了电信服务业的大力发展，促使电信服务外包市场和规模扩张迅速，并且保持持续增长态势。2009 年中国的电信服务外包市场规模达到了 451.4 亿元，比 2008 年的 351.0 亿元增长 28.6%，比 2003 年的 198.1 亿元增长 127.9%。2003～2009 年，中国电信服务外包市场规模年均增长达到 14.7%。电信服务外包在众多服务外包行业中处于优势地位，并且呈现出广阔的发展前景。

3. 金融服务外包持续增长

目前，中国金融服务外包主要集中在银行业外包和保险业外包两个领域。银行业外包业务主要集中在信息技术外包、灾难备份外包、银行卡外包和客户服务外包四个方面；保险业外包业务主要集中在信息技术外包、理赔勘察外包、营销业务外包等几个方面。

中国金融服务外包主要集中在以下三类城市：一是战略地位显著的城市，包括北京、上海两地，作为金融机构最为集中的两个城市，其发展金融业服务外包具有得天独厚的优势；二是地缘优势明显的城市，包括大连、深圳、广州、天津、昆山、杭州等，借助自身的产业氛围，承接核心城市的金融业务溢出效应；三是成本优势凸显的城市，如成都、重庆、西安、武汉、长沙等地，以低廉的人力成本及商务成本吸引金融服务外包业务转移。

4. 生物医药外包初具规模

"十一五"期间国家发展和改革委员会选择产业基础好、创新能力强、市场化水平高、开放性强的地区，分批建设了国家生物产业基地和国家高技术产业基地，先后认定了石家庄、深圳、长沙、北京、上海、广州、武汉、昆明、青岛、成都、重庆等12个国家生物产业基地，以及西安、天津、泰州、通化、德州、郑州、南宁、哈尔滨、杭州、南昌等10个生物产业领域国家高技术产业基地，为我国生物医药服务外包产业发展奠定了良好的基础。

目前国内合同研究机构（Contract Research Organization，CRO）市场发展迅速。2009年我国医药外包服务市场规模为85亿美元，2010年约为100亿美元，年均增长率保持在20%左右。由于人才资源丰富、基础设施完善和政府政策支持，目前中国已超过印度成为亚洲医药研发外包首选之地，生物医药外包初具规模，主要呈现出如下特征：一是发包市场主要来自国际市场；二是海外留学人员创立的企业在市场中表现活跃；三是国内CRO企业规模偏小，处于产业链的低端，很多CRO企业成为国外企业的加工厂，开展中高端业务外包的企业不多；四是化学合成研究具有优势，临床外包业务规模不大。

三 中国国际服务外包发展趋势

（一）"十二五"发展目标

我国国际服务外包发展趋势，既取决于现有的发展基础和资源优势，也取决于国际国内经济结构调整而形成的新的市场需求。由商务部委托中国服务外包研究中心组织编制的《中国国际服务外包产业"十二五"发展规划》，对未来几年我国服务外包行业发展问题提出的发展目标是：紧紧围绕转变经济发展方式与产业优化升级的新要求，针对国家重点支持发展的现代服务业和战略性新兴产业，立足我国国际服务外包发展的客观实际，鼓励发展具有高知识含量、高附加值、高创新性的信息技术服务外包（ITO）、业务流程服务外包（BPO）和知识流程服务外包（KPO）。

1. 巩固提升优势领域

坚持做大规模、做强实力、加强集聚、扩张优势，进一步夯实现有优势行业发展基础，着力提升产业发展能级，力争在软件服务外包、IT基础设施服务外包、金融服务外包、通信服务外包、医药研发服务外包等领域实现较大发展。

2. 重点突破关键领域

坚持以市场需求为导向，以自主创新为核心，聚焦我国国际服务外包产业关键领域，力争在文化创意服务外包、制造业服务外包、商务服务外包、物流服务外包以及云计算等领域实现较大突破。

3. 积极培育新兴领域

紧紧把握全球服务外包产业发展的新动向和新趋势，着力培育技术和安全要求高、行业成长性好、国际上已经发展成熟、国内发展潜力巨大的医疗服务外包、公共服务外包等领域。

"十二五"规划提出的国际服务外包发展目标，是基于对我国服务外包各个行业发展基础的准确把握和市场发展趋势的科学判断，具有一定的前瞻性和可行性，是未来五年中国服务外包各行业发展的基本目标。

（二）总体发展趋势

1. 发展势头将进一步加快

"十二五"期间，随着中国转变经济发展方式步伐的加快，将会有更多的城市将发展服务外包产业作为推进产业升级的重要途径与抓手。在示范城市的启发与带动下，许多非示范城市将发展服务外包产业作为推动本地产业升级、转变经济发展方式的重要途径和抓手。各地政府通过制定服务外包产业发展专项规划及其鼓励政策，积极推动服务外包产业发展。东部沿海地区的江苏、浙江两省除南京、杭州、无锡、苏州4个示范城市外，非示范城市宁波、常州、南通、镇江、扬州、金华、衢州、嘉兴等城市服务外包产业有加速发展态势。

中西部城市马鞍山、芜湖、郑州、洛阳、昆明、乌鲁木齐等,其服务外包产业均有加快发展态势。

但是,大部分非示范城市受地理位置、产业基础和对外开放程度限制,其服务外包发展将以间接离岸外包(离岸外包转包业务)和在岸外包为主要业务来源。非示范城市将继续与沿海示范城市紧密合作,以其低廉的服务成本承接示范城市的转移业务,通过示范城市接包、非示范城市交付的商业模式,实现合作共赢。同时,随着国内产业细分释放出更多的在岸外包业务,非示范城市特别是中西部城市将成为承接在岸服务外包业务发展的重要基地。

2. 区域联动呈集群化发展

在政策的推动下,中国服务外包发展将呈现示范城市带动非示范城市、核心区域带动周边区域协同发展的趋势。以北京、上海、广州为重点的服务外包产业发展的核心区域,将进一步带动周边区域服务外包产业的协同发展。核心区域由于其在产业基础、政策、资金、人才等方面的优势,在服务外包产业发展中承担着产业集聚和业务集散的作用。随着这些核心区域商务成本的不断上升,以及区域经济一体化的推进,城市之间经济交流不断扩大,核心区域的服务外包业务开始逐渐向周边区域扩散和转移,带动周边区域服务外包产业发展。京津冀、长三角和珠三角等区域服务外包产业的发展,将以北京、上海、广州等地为核心,逐渐向周边区域扩散,形成区域联动协作发展的局面。

以南昌、成都、重庆、西安等示范城市为核心的中西部区域,由于其具有丰富的人力资源、低廉的商务成本、不断改善的产业发展环境优势,将会成为中国国际服务外包产业发展极具潜力的区域。这些示范城市的服务外包产业在进一步加快发展的同时,将会带动周边城市服务外包产业的快速发展。

3. 示范城市呈差异化发展

各示范城市结合自身产业结构基础和比较优势,走差异化发展道路的趋势明显。如长三角的服务外包产业布局中,苏州已初步形成软件设计、动漫创意、研发设计、生物医药、金融数据处理和物流供应链管理等六大服务外包产业集群,苏州昆山花桥借助上海建设国际金融中心的契机,利用毗邻上海的地理位置优势,大力发展金融服务外包,打造金融后台服务基地;无锡服务外包已形成以软件研发外包、集成电路设计外包、生物医药研发外包、影视动漫创意外包、物联网信息服务外包等高端业务为主的发展格局;南京大力发展通信电子、电力电气、工业设计和生物医药研发等领域的服务外包。

4. 从低端领域向高端领域发展

随着服务外包新兴行业的发展,中国服务外包将从低端业务领域向高端业务领域拓展延伸,产业咨询、软件与信息系统架构设计、研发服务外包等高附加值、高技术含量的业务比重不断上升,以金融服务外包、通信服务外包、研发外包等为重点的 BPO、KPO 高端领域将成为中国服务外包产业发展重点。

(三)重点行业发展趋势

1. 软件与信息服务外包将继续得到发展

作为服务外包的基础性行业,软件与信息服务外包将会继续得到发展,这是由国内外巨大的市场需求和我国有着丰富的软件开发和服务人力资源所决定的。根据印度 Nasscom 2011 年度报告预测,2011 年世界 IT 支出预计将增长4%,IT 服务预计增长约 3.5%,2012 年预计增长 4.5%,2010~2012 年 IT 外包将以约 4.3% 的年复合增长率增长,离岸外包的增长速度则很可能是它的 2 倍,达到约 8.5%;国内随着技术进步和经济结构调整,IT 服务需求也会大幅度增长。因此,软件服务外包将会继续得到发展。当然,随着沿海地区人工成本和商务成本的提升,部分软件和信息服务外包业务将会向中西部地区转移,软件和信息服务外包的交付方式会发生变化,一线城市接单,二、三线城市交付。目前,在我国中西部二、三线城市如西安、成都、重庆乃至郑州、洛阳,都拥有大量的软件和信息服务外包企业,它们和沿海示范城市企业连手,承接境内外发包企业的软件外包业务。

2. 生物医药研发服务外包将进一步发展

中国生物医药研发服务外包目前虽然还处于起步阶段,在产业链也还处于低端,但是,由于中国拥有较雄厚的生物医药研发实力以及政府的高度重视,生物医药研发服务外包将会在未来几年得到进一步发展。目前,我国已经形成了上海、北京、南京、天津、广州等实力雄厚的生物医药研发基地,其中上海最为引人注目。被誉为"张江药谷"的上海张江生物医药研发基地,集聚了一大批实力较强的生物医药企业,形成了生物医药产业集群发展的雏形,成为国内生物医药研发机构最集中、创新实力最强、新药创制成果最突出的标志性区域。上海市先后认定张江生物医药基地为上海市研发外包基地、上海市首批服务外包专业园区。目前，"张江药谷"已成为我国创新药物研发数最多，以美国、欧盟为目标的国际新药研发注册最多的园区之一。"张江药谷"成为国内外生物医药领域专业 CRO 机构集聚度最高、承接研发外包业务最活跃的园区之一，集聚了 CRO 企业 40 多家，外包模式以离岸外包为主，业务面基本覆盖了产业链的全过程，重点集中在临床前研发服务，在化合物合成筛选、提取与工艺研发、临床前药理毒理研究等方面具有较强的实力。

3. 文化创意服务外包将得到突破性发展

以承接动漫设计制作为主体的文化创意服务外包行业将获得突破性的发展。目前，从沿海示范城市的上海、杭州、深圳、无锡，到中西部示范城市的长沙、成都，甚至非示范城市的洛阳，都集聚了许多动漫创意设计企业，其中杭州共拥有 2 个国家级的动画产业基地、3 个国家级的动画教学基地，有 200 多家在册动漫企业，从业人员超过 2 万人；长沙拥有 55 家动漫游戏企业和 300 余家动漫工作室，动漫原创人员近 3000 人，动漫相关从业人员 3 万多人。这些动漫设计企业一方面承接来自国外包括好莱坞大片等影视的后期制作业务，同时也在积极设计开发拥有自主品牌的文化影视产品。我国已形成了上海、杭州、长沙、深圳、成都等几大动漫生产基地，我国文化创意服务外包产业在未来几年将得到突破性发展。

4. 金融服务、通信服务、研发设计服务外包将成为重点领域

金融服务外包在中国方兴未艾。随着中国金融市场的进一步对外开放和中国金融改革的逐步深化，金融服务外包将会拥有更广阔的市场空间，其中在岸服务外包的市场空间将会更大，金融服务外包将继软件服务外包之后成为我国服务外包的又一个重点领域。当然，应该清醒地认识到，目前我国金融服务外包无论发展规模还是发展水平，均远远落后于印度，中国在金融服务外包人才的培养和知识产权的保护等方面还需要做许多工作。

随着通信技术的发展，中国的通信服务外包也有广阔的市场前景。广阔的市场需求和拥有丰富且素质较高的人力资源，是中国通信服务外包发展的最基本的条件，未来几年以呼叫中心为主要业务内容的通信服务外包将会更快地发展。我们已经注意到，地处中西部连接部的三线城市洛阳，以成本和地缘优势吸引了中国移动的关注，其规划建设了拥有 20000 个坐席的呼叫中心，承接上海、北京、广州、深圳等地的外包业务溢出，开展中高端呼叫中心业务，如电话调研、电话营销、客户咨询、技术支持、数据挖掘、客户管理等业务；中国平安也已经将资料录入中心从上海迁到洛阳。今后通信服务外包包括呼叫中心业务地域分布格局是：沿海城市高端服务业务，中西部城市基础性服务业务。

以工业设计为重点的研发设计服务外包也将成为中国服务外包的重点领域。中国拥有众多的研发设计院所、成千上万的科研人员以及每年数百万的大学毕业生、研究生，这是研发设计服务外包的资源基础。随着科研体制改革的深化，大部分机构和人员都将成为研发设计服务提供商。早在 10 多年前，许多世界跨国公司已经看到中国这方面的比较优势，纷纷在中国设立了研发中心，利用中国廉价而优质的智力资源，进行新产品、新技术的开发。

（四）相关政策建议

中国国际服务外包健康持续发展，固然主要取决于市场需求和服务企业的基本能力，但政府的扶持与推动仍然十分重要，因此，提出如下政策建议：

1. 加强对行业发展趋势研究

政府要加强对服务外包各个行业发展趋势的深入研究，了解重点行业发展面临的困难与瓶颈，采取有针对性的扶持措施，推动重点行业的发展。

2. 改变政策扶持方式，发挥政策扶持效应

从理论上讲，目前国家对国际服务外包发展的政策扶持已经非常优惠，但在实践上实施效果并不理想，许多服务外包企业没有享受到政策优惠，政策扶持没有发挥应有效应。主要原因是政策门槛太高：一是只限于离岸外包业务；二是局限于国家示范城市企业，而大量在岸外包业务和非示范城市服务外包企业被排除在外。这是传统的开放政策思路使然，即政策向涉外业务和部分地区开放倾斜。中国加入 WTO 以后，传统的向区域部门倾斜的开放政策思路已被全方位开放思路所取代，服务外包政策思路也应相应调整，由向部分地区倾斜向向重点行业倾斜转变，从重点扶持离岸服务外包向支持在岸服务外包拓展。

3. 加快制度创新步伐，为服务外包产业发展创造宽松的制度环境

"十一五"期间，中央就提出了推进经济结构调整，加快服务经济发展的战略思想，但结构调整步伐缓慢，其中一个主要原因是服务经济发展的制度环境包括市场准入、监管、税收制度改革滞后。因此，加快服务经济发展的当务之急是改善服务经济发展的制度环境。服务外包产业发展也是如此。目前，中央政府已经将改善服务业制度环境重点是服务业税收制度改革提到议事日程，服务外包产业发展将会获得一个更加宽松的制度环境。

参考文献

1. 中国服务外包研究中心：《中国服务外包发展报告 2007》，上海交通大学出版社，2008。
2. 中国服务外包研究中心：《中国服务外包发展报告 2010～2011》，上海交通大学出版社，2011。
3. 中国服务外包研究中心：《中国服务外包发展报告 2012》，中国商务出版社，2012。
4. 李庭辉：《中国服务外包行业发展现状与趋势分析》，《中国服务外包杂志》2011年第9期。
5. 尚庆琛、杨梅、李庭辉：《中国发展服务外包的优劣势与发展方向分析》，《中国服务外包杂志》2011年第4期。

B.5

中国承接国际服务外包竞争力的研究

王晓红　李 珏*

摘　要：

本文选取了服务外包产业水平、服务外包成本优势、国内服务业发展基础、产业对外开放水平、高等教育人才供给、信息通信水平、基础设施环境、政策环境等八个指标，建立了国际服务外包竞争力评价指标体系，并依据这一指标体系对我国国际服务外包竞争力进行了分析与评估。

关键词：

中国国际服务外包　国际竞争力

一　引言

自从 20 世纪 90 年代末，印度软件业外包开国际服务外包之先河之后，服务外包这一新兴服务业便在全球悄然兴起，并日益受到世界各国的广泛重视。就广义的服务外包而言，通常是指企业、政府等部门把原来属于自我服务的业务以合同方式委托给专业服务提供商的一种经营模式。就目前可纳入统计口径的服务外包产业而言，则主要是指企业（发包商）将基于信息技术的信息服务、业务流程、知识流程等服务外包给服务提供者（接包商），以降低成本、优化产业链，提升核心竞争力。按照产业链划分，通常分为信息技术外包（ITO）、业务流程外包（BPO）、知识流程外包（KPO）。ITO 是服务外包的基础，随着 IT 服务需求不断扩大，交付方式逐步成熟，以及发包企业对信息服务需求范围在业务流程领域的快速拓展，服务外包的范围逐步拓展

---

* 王晓红、李珏，国家发改委宏观经济研究院、北京工商大学。

到 BPO 领域。KPO 则是 BPO 业务高端的延伸发展，其核心是通过提供专业知识为客户创造价值，具有高附加值、高利润率的特点。按照地理区位划分，通常将服务外包分为国内（在岸）服务外包和国际（离岸）服务外包。国内服务外包指发包商和接包商来自同一国家，服务外包活动在境内完成；国际服务外包则指发包商和接包商来自不同的国家，服务外包活动通常跨境完成。由于劳动力成本差异，发包商通常来自欧洲、美国和日本等发达地区和国家，供货商则来自劳动力成本较低的国家。本文主要针对国际服务外包进行研究。

服务外包产生的主要原因，是基于全球信息技术的蓬勃发展和新一轮跨国公司服务业的离岸转移。服务外包的发展则是一次新的产业革命，它使经济全球化在信息技术时代产生了又一次历史性发展，推动了信息技术主导下全球产业结构的重大调整，推动了国际分工的又一次深化和世界经济格局的重构；推动了企业经营方式和管理理念的重大创新变革，带来了人类劳动生产率的又一次提高；催生了新的服务形态，带来了全球服务业的又一次大开放和大发展，历史意义重大。

金融危机以来，无论是发达国家还是新兴经济体，都已经把服务外包作为新经济增长的引擎，推动国内产业结构调整，扩大知识群体就业，推动更大范围、更高层次、更广阔领域参与全球经济分工的主要方式。从发展趋势来看，全球服务外包将呈现持续增长趋势，离岸市场仍有巨大增长空间；从产业链和价值链来看，全球服务外包市场以 ITO 为主导，BPO、KPO 市场发展迅速，服务外包价值链由低端向高端攀升；从分工格局来看，目前，美国、欧盟、日本作为全球主要的发包国家，中国、印度、俄罗斯、巴西、爱尔兰等新兴经济体作为主要接包国家的基本格局已经形成，其中发包方以美国为主，承接方以印度为主，接包市场多元化趋势明显。总之，服务外包使发达国家和发展中国家共享全球化收益。

目前，中国已经成为仅次于印度的全球第二大离岸服务外包承接国。发挥人力资源优势、成本优势、体制环境优势，成为全球服务外包产业大国，对于我国调整国内产业结构、加快发展服务业、促进大学生就业、提高对外开放水平，提升国际分工地位，在新一轮全球化中赢得新的发展机遇具有重要意义。

本文以此为背景，对中国承接服务外包竞争力问题展开研究。

二 文献综述

国际竞争力是经济全球化条件下决定竞争成败的关键因素，通常包括国家竞争力、产业竞争力、企业竞争力和产品竞争力。其中，产业国际竞争力能够反映一国或区域在世界经济体系中的规模、技术、贸易、投资和国际分工地位的基本格局，是决定其整体竞争力水平的关键。瑞士洛桑管理开发学院（IMD）1997 年在《国际竞争力年鉴》中指出，国际竞争力是指一国在其特有的经济与社会结构里，依靠自然资源禀赋以创造附加价值，或者着重于改善国内经济环境条件以吸引国外投资，或者依靠国内内部型经济和发展国际型经济，以创造并提高附加价值、增加一国财富的能力。迈克尔·波特（Michael Porter）认为：国际竞争力就是产业竞争力，是指一国特定产业通过在国际市场上销售产品及提供服务所反映出来的竞争能力。

目前，中外学术界对于承接国际服务外包竞争力的决定因素尚没有一致性结论。Apte 和 Mason（1995）将影响离岸服务外包目的地选择的主要因素归纳为政治、经济、法律、文化等多个方面，即接包国的政治环境是否稳定、政府对市场交易的态度如何、相关法律体系尤其是知识产权保护是否完善、沟通与协作是否困难；等等。Grossman 和 Helpman（2002）强调，一国服务市场规模、服务业发展程度、基础设施以及技术水准等是吸引服务外包业务的主要条件。Zhonghua Qu 和 Brocklehurst（2003）通过对中印两国承接服务外包的研究发现，交易成本和生产成本是企业进行外包目的地选择时的两个重要考虑，中国较高的交易成本是中国承接服务外包竞争力弱于印度的重要原因之一。

赵萍（2006）认为，稳定的政治环境、快速增长的国内经济、完善的交通设施、丰富且低廉的人力成本、优越的招商引资环境等条件支撑着中国服务外包产业的竞争力。对外经贸大学国际经济研究院课题组（2007）基于企业层面对中国服务外包产业进行了分析，得出的结论是，服务外包竞争力优势不仅体现在成本上，还体现在客户互动技能、地理吸引力、广博的行业知识积累、流程管理与流程再造技能，以及交付方法等其他更为复杂的因素上，而在这些因素中，中国服务外包企业缺乏明显的竞争力优势。杨青、杜芸（2008）借助波特的钻石理论模型，从生产要素、需求条件、相关产业支撑、公司战略与企业结构等四个方面，对影响我国服务外包产业竞争力因素进行分析。鄂丽丽（2008）从发包方角度进行研究，把服务外包竞争力的影响因素归结为外生、催化、商业环境三个方面。认为，中国发展服务外包的优势有：政府的政策支持、完善的交通、通信等基础设施、大批受过高等教育、低成本的劳动力、对东北亚地区良好的区位优势和文化兼容性等。孙晓琴（2008）采用因子分析法对影响服务外包的诸因素进行甄选，通过对全国 17 个服务外包示范城市的竞争力进行评价，认为，跨国企业选择外包承接地，更多关注的是企业国际化程度和经营质量。任利成、王刊良（2008）融合了竞争力、价值链等理论，构建了服务外包企业竞争力和产业附加值模型，该模型反映了服务外包企业竞争力和产业附加值的基本规律，主要包括四个阶段，第一阶段：发达国家利用国际资源降低成本、提高战略能力，首先将劳动密集型的支持性业务外包，劳动密集、知识技术含量低使 ITO 便于在发展中国家引入；第二阶段：信息技术发展为离岸外包创造了基础和条件，欧美日等国家的企业逐渐开始将 IT 业务流程外包到拥有较强信息技术能力、劳动力成本较低的地区；第三阶段：印度等承接国逐渐提升 ITO 的知识含量，从专业代工编程、测试服务发展到参与客户整个软件开发的全过程，包括需求分析、系统设计、软件编码过程等，产品及服务的知识含量、附加值不断提升；第四阶段：自主知识产权成为 IT 产业的持久竞争力，高附加值产品和服务表现为具有自主知识产权的软件产品，以及与外包企业核心业务嵌入较深的高端服务、知识密集的系统集成、专业咨询等业务。

三　选取有关指标的说明

我们认为，服务外包产业的国际竞争力与以下条件关系密切。

1. 服务外包产业水平

产业规模是产业竞争力的综合体现，总量越大、市场占有率越高，说明产业竞争优势越明显。这项指标本文选取"离岸服务外包合同执行金额、服务外包企业数量、服务外包从业人员数量"来反映，其中，"离岸服务外包合同执行金额"反映跨境承接国际服务外包的总体规模。

2. 服务外包成本优势

成本优势是承接国的主要竞争优势之一。服务外包是智力密集和人力资本密集型产业，人力资本投入占比最高，因此，服务外包的成本优势主要取决于人力成本。由于不同国家人力资源稀缺程度和价格不同，在技术和其他条件许可的情况下，把不同服务活动拆分到人力资源价格相对较低的国家进行，能够通过节省成本获得比较利益。国际服务外包承接地大多为发展中国家，主要是由于与发达国家工资水平的差距仍然很大，并且会持续较长的时期，有明显的人力成本优势。此外，房租成本、通信成本、商务成本、生活成本、信息安全成本等也都是影响因素。这项指标本文选取"工资水平"来反映。

3. 国内服务业发展基础

国内服务业为国际服务外包提供产业环境、人力资本，为服务外包产业提供最为直接的生态环境，呈现双向因果关系，促进了两者的互动共生。尤其是软件信息技术、金融服务、商务服务、文化创意、现代物流、研发设计等生产性服务业与服务外包关系尤为密切。这项指标本文选取"服务业增加值、服务业占 GDP 比重"来反映。

4. 产业对外开放水平

国际服务外包是跨国公司服务业离岸转移的主要方式，以制造业和服务业为市场支撑，充分组合国际资源。因此，一国开放型经济水平、国际化程度的高低，与服务外包产业发展有正向关系。利用外资水平较高、国际贸易发达、开放环境较好、国际知名度和影响力较高的国家，通常有利于配置国际资源，形成承接优势。这项指标本文选取"实际利用外资金额、服务业实际利用外资金额"来反映。

5. 高等教育人才供给

服务外包主要取决于对智力密集型人才的需求，大学生是服务外包产业的主要就业群体。因此，一国的高等教育资源丰裕程度、学科结构多元化程度、大学生数量对于服务外包有十分密切的关系。这项指标本文选取"高校毕业生数量"来反映。

6. 信息通信水平

由于服务外包业务主要通过互联网进行，良好的通信基础设施、高速宽带互联网、大容量的数据备份中心等技术支持是关键因素。这项指标本文选取"长途电话交换机容量、长途光缆线路长度、互联网宽带接入埠、互联网普及率"来反映。

7. 基础设施环境

较完善的交通基础设施、稳定的电力供应和宜居的生活环境是服务外包产业发展的必要条件。由于业务交易和服务人员跨境频繁，交通十分重要。服务外包从业人员以知识群体为主，对于城市环境、配套功能、生活质量、文化品位等软性环境要求较高。这项指标本文选取"城市化率、国际国内航线机场"来反映。

8. 政策环境

一国的产业政策，如，税收政策、财政补贴、招商引资措施等，对于承接服务外包也产生重要影响。但政策环境指标难以量化，所以，我们不作为计量参数。

四 中国服务外包国际竞争力的分析

（一）离岸外包总量居世界第二位，但企业质量差距明显

"十一五"以来，中国服务外包产业的整体规模、企业数量、从业人员数量都大幅度增长。2011 年，企业承接服务外包合同执行金额 323.9 亿美元，同比增长 63.6%，其中，承接国际（离岸）服务外包合同执行金额 238.3 亿美元，同比增长 65%，比上年提高 22 个百分点，相当于 2007 年的 11.4 倍，占全球的 23.2%，比上年提高 6.3 个百分点，成为仅次于印度的第二大离岸服务外包承接国。2011 年，全国服务外包企业 16000 家，相当于 2007 年的 9.2 倍；从业人员 318 万人，相当于 2007 年的 7.4 倍（见表 1、图 1）。

表 1 2007～2011 年我国服务外包企业数量、从业人数、离岸合同执行金额

年份	服务外包企业数量（家）	服务外包从业人员（万人）	离岸合同执行金额（亿美元）	离岸合同执行金额年均增长率(%)
2007	1731	42.7	20.94	—
2008	3301	52.7	46.9	123.97
2009	8948	212	101	115.35

续表

年份	服务外包企业数量（家）	服务外包从业人员（万人）	离岸合同执行金额（亿美元）	离岸合同执行金额年均增长率(%)
2010	12706	232.8	144.5	43.07
2011	16000	318	238.3	64.91

资料来源：IDC。

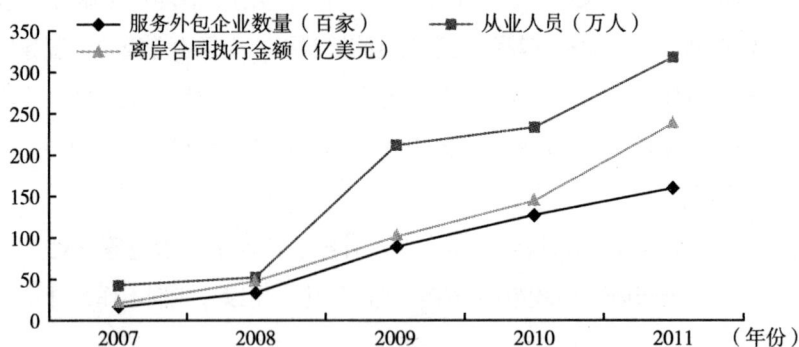

图1　2007～2011年我国服务外包企业数量、从业人数、离岸合同执行金额

与印度相比，中国服务外包企业在规模、质量上存在较大差距。印度的大多数软件公司都通过了ISO9000国际质量与CMMI质量认证，全球每4家拿到CMMI5级认证的企业有3家是印度企业，走在世界前列。而中国获得国际认证的企业总量少、结构偏低，获得5级认证的软件企业仅占10%左右（见图2）。

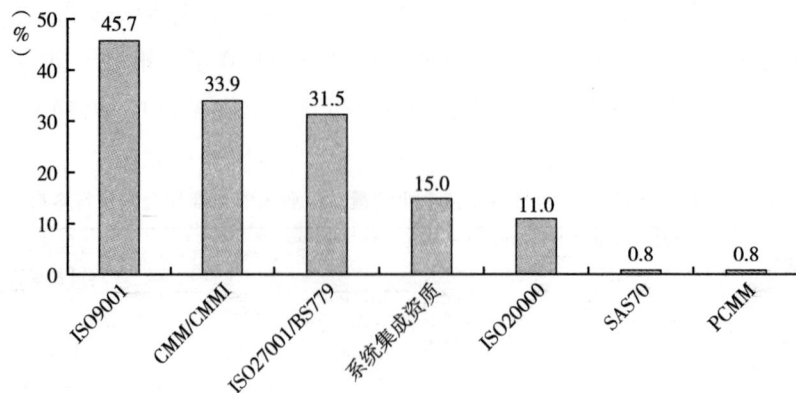

CMM/CMMI认证

系统集成资质认证

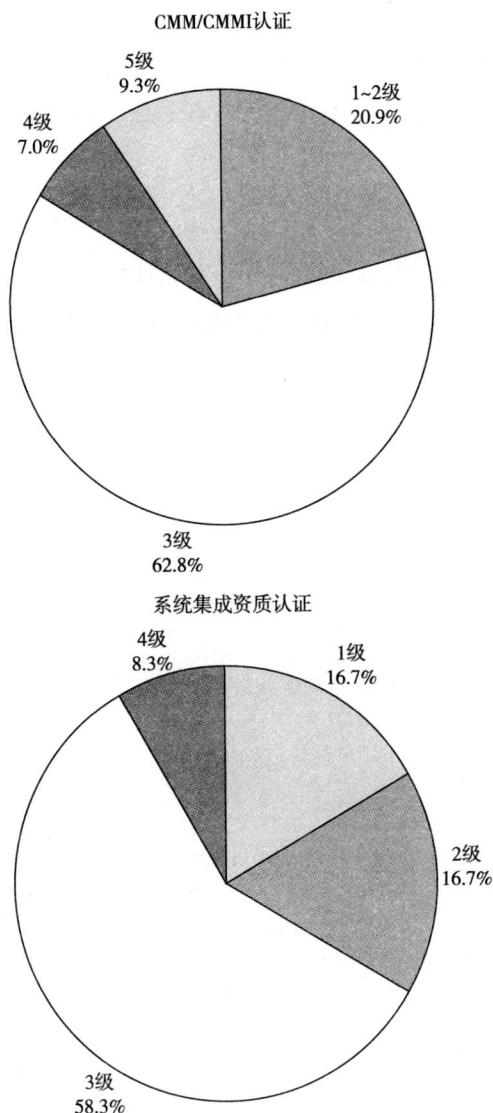

图2 2010 年我国服务外包企业资质认证情况

资料来源：中国服务外包研究中心 21 个示范城
市服务外包企业问卷调查，2010 年 10 月。

（二）人力成本快速提升，但仍具有较大的成本优势

从 2003～2010 年服务业各个领域的平均工资水平来看，人力成本有较大幅度

提高。2010 年，主要领域：交通运输仓储和邮政业、信息传输计算机服务和软件业、金融业、科学研究业与 2003 年相比，平均工资分别上涨了 2.45 万元、3.22 万元、4.76 万元、3.58 万元；分别增长了 153.13%、100%、211.56%、173.79%（见表 2）。

但是，与印度相比，我们仍然有明显的人力成本优势。近年来，印度一直保持较高的 CPI 水平，2010 年为 151.9（2005 年 = 100），员工工资涨幅较大（见图 3）。从软件业来看，印度软件人均收费标准相当于欧美软件员工成本的约 45%，而中国仅分别占欧美和日本的 15% 和 17%。图 4 反映出部分国家企业的年均工资水平。此外，中国每年有大量的毕业生需要就业，使得平均工资水平短期内难以大幅度提高。

表 2 我国部分服务业平均工资

单位：万元

年份	交通运输仓储和邮政业	增长比率(%)	信息传输计算机服务和软件业	增长比率(%)	金融业	增长比率(%)	科学研究业	增长比率(%)
2003	1.6		3.22		2.25		2.06	
2004	1.84	15.00	3.5	8.70	2.7	20.00	2.36	14.56
2005	2.14	16.30	4.06	16.00	3.22	19.26	2.74	16.10
2006	2.46	14.95	4.48	10.34	3.93	22.05	3.19	16.42
2007	2.84	15.45	4.92	9.82	4.94	25.70	3.89	21.94
2008	3.2	12.68	5.49	11.59	5.39	9.11	4.55	16.97
2009	3.53	10.31	5.82	6.01	6.04	12.06	5.01	10.11
2010	4.05	14.73	6.44	10.65	7.01	16.06	5.64	12.57

资料来源：《中国统计年鉴》（2004～2011）。

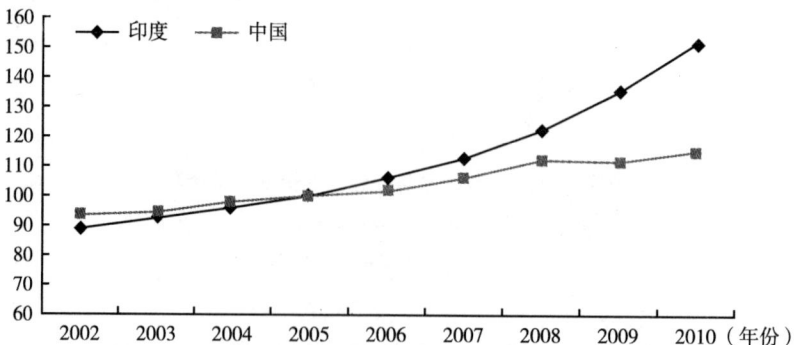

图 3 2002～2010 年中印 CPI 比较 （2005 年 = 100）

资料来源：联合国 ILO 数据库。

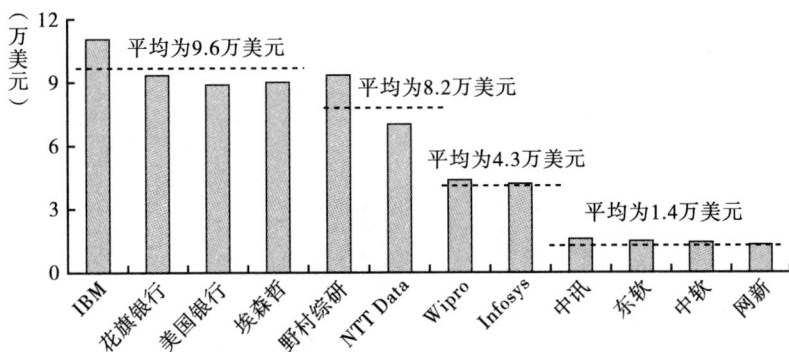

图4 部分国家企业的年平均工资对比

资料来源:《企业年报》。

(三)国内服务业发展基础稳固,与世界平均水平差距仍很明显

我国服务业规模不断扩大,结构明显优化,尤其是新兴服务业获得较快发展,为服务外包奠定了较好的产业基础。2001年,我国服务业增加值为44361.6亿元,占GDP的40.5%,到2011年,服务业增加值达到203260亿元,占GDP的43.1%,服务业增加值占GDP比重稳步上升(见表3、图5)。但从世界服务业平均发展程度来看,我国还有很大差距,2010年,服务业增加值占GDP的比重世界平均为70.8%,而中国仅为43.1%,不仅远远低于美国、日本等发达国家,而且比巴西、印度等发展中国家还要低(见表4、图6)。

表3 2001~2011年我国服务业发展情况

单位:亿元

年份	GDP	服务业	服务业占GDP比重(%)
2001	109655.2	44361.6	40.5
2002	120332.7	49898.9	41.5
2003	135822.8	56004.7	41.2
2004	159878.3	64561.3	40.4
2005	184937.4	74919.3	40.5
2006	216314.4	88554.9	40.9

续表

年份	GDP	服务业	服务业占GDP比重（%）
2007	265810.3	111351.9	41.9
2008	314045.4	131340.0	41.8
2009	340902.8	148038.0	43.4
2010	401202.0	173087.0	43.1
2011	471564.0	203260.0	43.1

资料来源：《中国统计年鉴2011》；商务部：《2011年国民经济和社会发展统计公报》。

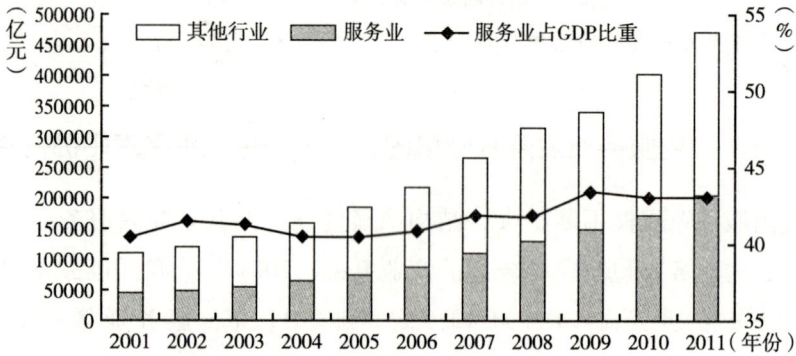

图5 2001～2010年我国服务业发展情况

表4 2002～2011年世界主要国家服务业水平

单位：%

国　　家	2002年	2003年	2004年	2005年	2006年	2007年	2008年	2009年	2010年	2011年
巴　西	66.33	64.77	62.97	65.02	65.78	66.63	66.18	67.54	66.63	67.01
中　国	41.47	41.23	40.38	40.51	40.94	41.89	41.82	43.43	43.19	46.38
印　度	53.02	53.18	53.05	53.06	52.87	52.71	53.93	54.72	55.14	56.37
爱尔兰	56.79	60.29	62.37	63.91	64.30	65.03	67.28	67.15		
日　本	69.57	69.74	69.83	70.73	70.76	70.70	71.43	72.90	71.46	
菲律宾	52.27	52.73	52.94	53.50	54.14	54.45	53.88	55.21	55.12	56.95
美　国	77.19	77.23	76.62	76.60	76.72	76.88	77.65	79.28	78.82	
世　界	69.22	69.24	68.98	69.24	69.24	69.52	70.21	72.03	70.87	

资料来源：世界银行WDI数据库。

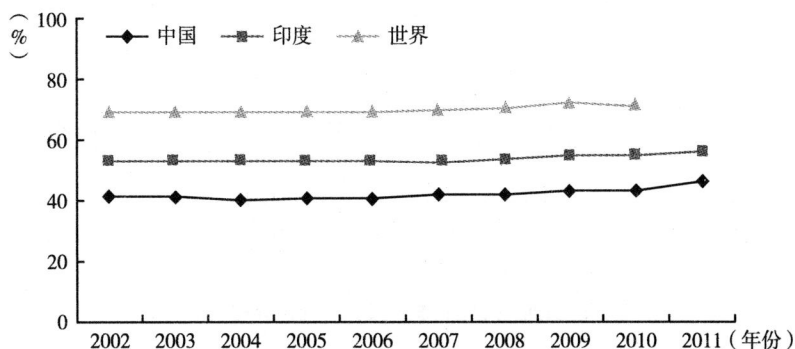

图6　中印服务业增加值占 GDP 比重

（四）产业开放水平位于世界前列，在承接国中占绝对优势地位

2011 年中国 FDI 流入量同比增长 8%，达 1240 亿美元，世界排名第二。[①]
2001~2011 年，我国实际利用外资项目个数先增后减，近年来稳定在 25000 个
左右；实际利用外资金额稳步增长，2011 年达到 1160.11 亿美元。其中服务业实
际利用外资规模创历史最高水平，质量稳步提升。从总量上看，服务业利用外资
从 2005 年的 145.69 亿美元，增长到了 2011 年的 535.7 亿美元；占比从 2005 年
的不足 1/4，增长到 2011 年的 46.18%，首次超过制造业比重。与印度相比，在
规模、速度上都占绝对优势。2009~2010 财年印度服务业 FDI 达 43.9 亿美元，
2010~2011 财年仅为 34 亿美元，同比下降 22.5%（见表 5、表 6、表 7、图 7）。

表5　2010 年 FDI 流入世界排序

单位：亿美元

	国家（地区）	金额		国家（地区）	金额
1	美　国	2280	6	德　国	460
2	中　国	1060	7	英　国	460
3	香　港	690	8	俄罗斯	410
4	比利时	620	9	新加坡	390
5	巴　西	480	10	法　国	320

---

① 联合国贸易和发展组织：《2012 年世界投资报告》。

续表

	国家(地区)	金额		国家(地区)	金额
11	澳大利亚	320	14	印 度	250
12	沙特阿拉伯	280	15	西 班 牙	250
13	爱 尔 兰	260			

资料来源：联合国贸易和发展组织：《2011 年世界投资报告》。

表6　2001～2011 年我国实际利用外资情况

单位：亿美元

年份	项目个数	金额	年份	项目个数	金额
2001	26140	496.72	2007	37871	783.39
2002	34171	550.11	2008	27514	952.53
2003	41081	561.40	2009	23435	918.04
2004	43664	640.72	2010	27406	1088.21
2005	44001	638.05	2011	27712	1160.11
2006	41473	670.76			

资料来源：《中国统计年鉴 2011》；商务部：《2011 年国民经济和社会发展统计公报》。

表7　2001～2011 年我国服务业吸收外资情况

单位：亿美元

年份	项目个数			实际使用外资金额		
	项目数	同比增长（％）	占总项目数比重（％）	金额	同比增长（％）	占总金额比重（％）
2001	3896	22.36	14.90	112.33	7.96	23.96
2002	5650	45.02	16.53	121.02	7.74	22.95
2003	6922	22.51	16.85	115.81	−4.31	21.64
2004	12144	75.44	27.81	146.30	26.32	24.13
2005	14036	15.58	31.89	145.69	−0.41	24.15
2006	15024	7.04	36.22	195.28	34.04	30.99
2007	16148	7.48	42.64	306.86	57.14	41.44
2008	14298	−11.46	51.97	397.60	29.57	41.08
2009	12215	−14.57	52.12	385.30	−3.09	42.80
2010	14852	21.60	54.20	499.60	29.60	47.30
2011	13075	−11.97	47.18	535.70	7.23	46.18

资料来源：商务部：《2011 年国民经济和社会发展统计公报》。

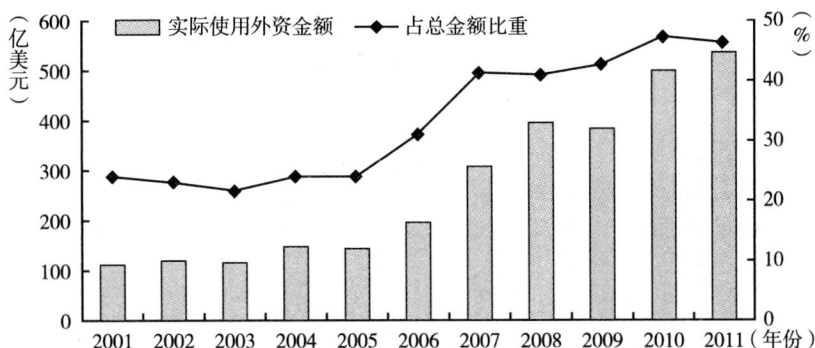

图7　2001~2011年我国服务业吸收外资情况

（五）高等教育人才供给丰富，人力资源在承接国中占优势地位

2011年，中国高等教育大学生、研究生毕业生人数651.2万人，相当于2005年的近2倍（见表8）。中国高等教育发展迅速，知识学科广泛、多元化。2009年，中国高等教育入学人数2145万人，相当于2000年的3.9倍，均高于巴西、俄罗斯和印度的增长水平（见表9）。2010年，中国高等教育毛入学率达26.5%，比2005年提高5.5个百分点，高等教育总体规模已位居世界第一。2010年，普通高等教育本专科和研究生毕业生共613.8万人，相当于2005年的1.9倍。其中，研究生36.4万人，占5.9%；本专科生575.4万

表8　2005~2011年中国高等教育发展情况

单位：万人

年份	普通高等教育本专科毕业生人数	普通高等教育研究生毕业生人数	总计
2005	306.8	19.0	325.8
2006	377.5	25.6	403.1
2007	447.8	31.2	479.0
2008	511.9	34.5	546.4
2009	531.1	37.1	568.2
2010	575.4	36.4	613.8
2011	608.2	43	651.2

资料来源：教育部网站；《2011年国民经济和社会发展统计公报》。

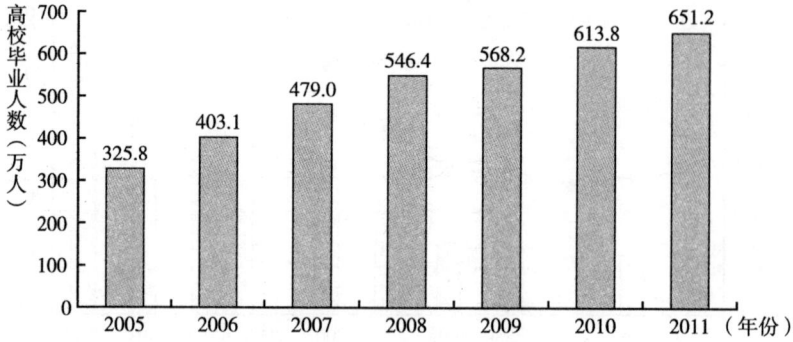

图8　2005～2011年中国高等教育发展情况

表9　"金砖四国"高等教育入学人数

单位：万人

年　份	2000	2004	2005	2006	2007	2008	2009
巴　西	278	427	457	508	527	596	612
俄罗斯	722	963	980	997	1002	991	972
印　度		1180	1240	1560			
中　国	556.1	1333.5	1562	1739	1885	2021	2145

资料来源：国家统计局：《金砖国家联合统计手册（2011）》。

人，占94.1%。从分学科来看，经济学专业29.8万人，占4.9%；管理学专业119.1万人，占19.4%；工学专业224.9万人，占36.6%。这些为服务外包ITO、BPO、KPO各类业务发展，提供了大量高素质的人才储备。

与印度相比，近几年，印度每年大约提供人才1000万人，中国提供人才1600万人。比如，软件外包业务需要大量受过高等教育的计算机和工科毕业生，但印度具有工科背景的学生仅占在校生比例的7%左右，而中国具有工科背景的学生达到35%左右（见图9）。

（六）信息通信位于世界先进水平，互联网普及率较高

到2010年，中国长途电话交换机容量16414644路端、长途光缆线路长度818133公里、互联网宽带接入埠18781.13万个，分别相当于2003年的1.5倍、1.4倍和10.4倍。2007年以来，中国互联网普及率平均每年提升6个百

印度

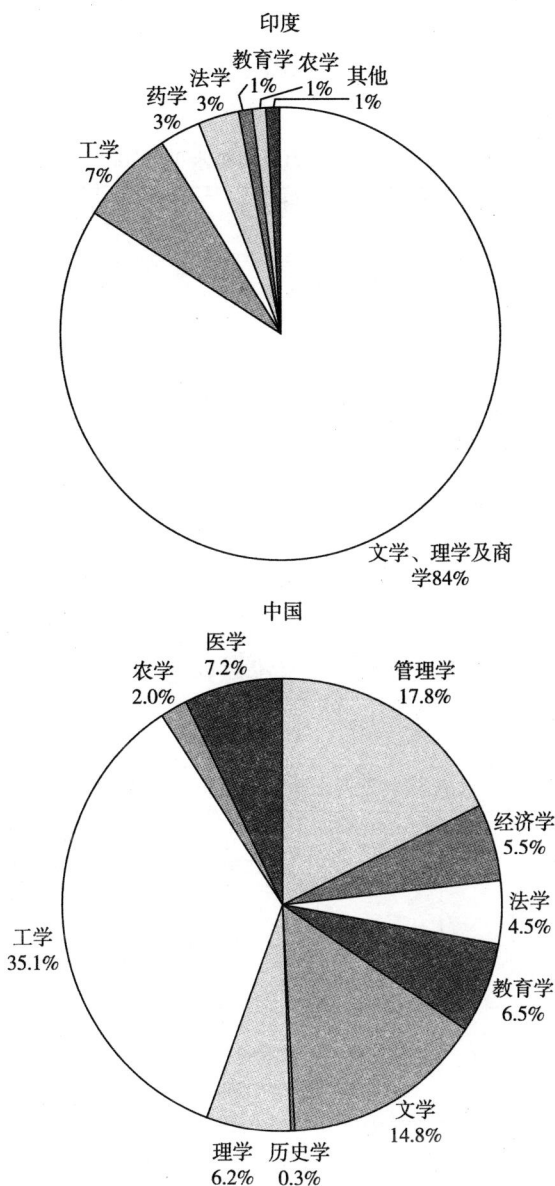

工学
7%

药学
3%

法学
3%

教育学
1%

农学
1%

其他
1%

文学、理学及商
学84%

中国

医学
7.2%

农学
2.0%

管理学
17.8%

经济学
5.5%

法学
4.5%

教育学
6.5%

工学
35.1%

文学
14.8%

理学
6.2%

历史学
0.3%

图9　中印高校学生学科结构分布比较

资料来源：UGC，CEIC。

分点，2011 年已达到 38.3%，超过 30.2% 的全球平均水平（见表10）。中国
网民规模达到 5.13 亿，宽带用户数居全球首位（见表11）。截至 2011 年，中

国 IPv4 地址数量为 3.30 亿，拥有 IPv6 地址 9398 块/32。国际出口带宽为 1389529Mbps，较 2011 年 6 月增加 17.5%，同比增长 26.4%。[①]

表 10　中国电信主要通信能力及服务水平（2003～2011 年）

年份	长途电话交换机容量（路端）	长途光缆线路长度（公里）	互联网宽带接入埠（万个）	互联网普及率（%）
2003	10610724	594303	1802.3	6.2
2004	12629982	695271	3578.1	7.3
2005	13716307	723040	4874.7	8.5
2006	14423427	722439.2	6486.4	10.5
2007	17092213	792154	8539.3	16
2008	16907188	797979	10890.41	22.6
2009	16849027	831011	13835.66	28.9
2010	16414644	818133	18781.13	34.3
2011	16160000	—	23166	38.3

资料来源：《中国统计年鉴 2011》；中国互联网络信息中心：《2011 年中国互联网络发展状况统计报告》。

表 11　世界主要国家宽带用户数

国家和地区	宽带用户（个）			每千人宽带用户（个/千人）		
	2000 年	2007 年	2008 年	2000 年	2007 年	2008 年
世界				3.61	57.05	78.47
高收入国家				16.66	224.35	246.79
中等收入国家				0.05	25.89	34.96
低收入国家					1.97	
中国	22660	66414000	83366000	0.02	50.38	62.89
印度		3130000	5280000		2.78	4.63
日本	854655	28302152	30107328	6.74	221.39	235.76
菲律宾		496151	1045716		5.59	
美国	7069874	70206032	73123368	25.06	232.96	259.86
巴西	100000	7607703	10097986	0.57	40.02	52.6
俄罗斯		4900000	9280000		28.15	

资料来源：世界银行 WDI 数据库。

---

① 中国互联网络信息中心：《中国互联网络发展状况统计报告》，2012 年 1 月。

（七）航空交通基础设施位居世界前列，城市化水平差距明显

中国运输总周转量在国际民航组织缔约国中从 1978 年的第 37 位上升到 2005 年的第 2 位，并连续 6 年稳居第 2 位，仅次于美国，高于日本、印度和俄罗斯。2010 年，中国民航完成运输总周转量 536 亿吨公里、旅客运输量 2.67 亿人次；中国运输机场达到 175 个，覆盖了全国 91% 的经济总量、76% 的人口和 70% 的县，旅客吞吐量超过 1000 万人次的机场达到 16 个。其中，北京首都国际机场旅客吞吐量达到 7393 万人，排世界第二位（见表 12、表 13、图 10）。

近年来，中国城市化率明显提高，为服务外包产业提供了广阔的空间载体。2011 年，中国城镇化率达到 51.27%，城镇人口首次超过农村人口，达到 6.9 亿人，共有 657 个城市，其中，30 个城市常住人口超过 800 万人，13 个城市超过 1000 万人。[①] 但与国际比较，仍存在较大差距。2010 年，中国城市化率为 44.9%，高于印度 14.8 个百分点，但低于世界平均水平 5.8 个百分点，分别低于爱尔兰、俄罗斯 17 个百分点和 27.9 个百分点（见表 14）。

表 12　世界主要国家空运货物周转量和客运量

国家和地区	空运货物周转量（万吨公里）			航空客运量（万人）		
	2000 年	2007 年	2008 年	2000 年	2007 年	2008 年
世界	11825721	12462836	12455734	167406	205894	204963
高收入国家	9962524	9654310	9506927	135231	147553	143512
中等收入国家	1766125	2711364	2843069	30737	56057	58851
低收入国家	97072	97162	105738	1439	2284	2600
中国	390008	1118954	1138606	6189	18361	19100
印度	54765	96768	123394	1730	5190	4988
日本	867205	843507	817281	10912	9984	9702
菲律宾	28995	28558	27736	576	882	951
美国	3017198	4061774	3931360	66533	74430	70178
俄罗斯	104141	122431	239959	1769	3319	3794

资料来源：世界银行 WDI 数据库。

---

① 《中国城市发展报告（2011）》，中国市长协会、国际欧亚科学院中国科学中心，2012 年 5 月。

表13　民用航空航线及飞机架数

指标＼年份	1990	1995	2000	2005	2009	2010
民用航空航线条数(条)	437	797	1165	1257	1592	1880
国际航线	44	85	133	233	263	302
国内航线	385	694	1032	1024	1329	1578
港、澳地区航线	8	18	42	43	72	85
民用航空航线里程(公里)	506762	1128961	1502887	1998501	2345085	2765147
国际航线	166350	348175	508405	855932	919899	1070167
国内航线	329493	750794	994482	1142569	1425186	1694980
港、澳地区航线	10919	29992	55759	61056	107262	121437
民用通航机场(个)	94	139	139	135	165	175
民用飞机期末架数(架)	503	852	982	1386	2181	2405

资料来源:《中国统计年鉴2011》。

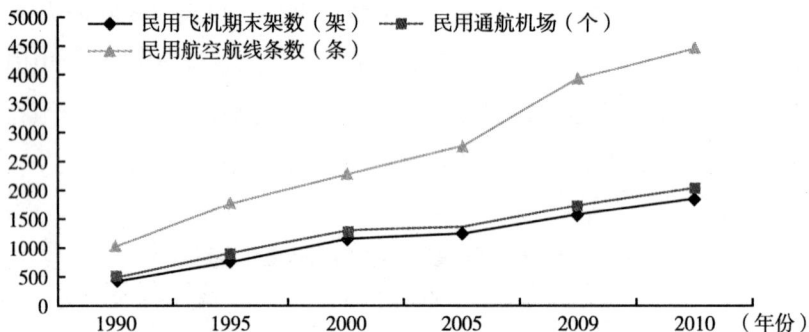

图10　民用航空航线及飞机架数

表14　2002～2010年各国城市化率

年份	2002	2003	2004	2005	2006	2007	2008	2009	2010
中国	37.64	38.56	39.48	40.4	41.3	42.2	43.1	44	44.9
印度	28.1	28.3	28.5	28.7	28.98	29.26	29.54	29.82	30.1
爱尔兰	59.66	59.94	60.22	60.5	60.78	61.06	61.34	61.62	61.9
俄罗斯	73.2	73.1	73	72.9	72.88	72.86	72.84	72.82	72.8
世界	47.38	47.78	48.18	48.58	49.01	49.43	49.85	50.27	50.69

资料来源:联合国ILO数据库。

（八）发展环境日益优化，但知识产权保护、税收政策乏力

近年来，服务外包产业的发展环境进一步改善和优化。国家制定了"十

二五"时期国际服务外包发展规划，标志着服务外包产业已经上升到国家战略层面。全国 21 个服务外包示范城市，以及沿海地区、部分有条件的中西部地区都把发展服务外包产业列入了当地"十二五"规划，并做了专项规划。中央和地方政府各类税收优惠、财政资金支持等扶持政策相继出台。同时，知识产权保护、信息安全保护法等方面的法律法规也在不断完善，已经形成比较完备的知识产权法律制度，相继颁布实施了《专利法》、《商标法》、《著作权法》等近 10 部知识产权领域法律及 30 多部相关法律法规。

但是，与印度相比，中国在税收优惠力度上还不够大（见表 15）。

表 15　中国与印度服务外包税收优惠政策比较

国　　家	印　　度	中　　国
主要对象	软件与信息服务企业,包括承接商务流程外包企业	软件产业或服务外包示范城市中的技术先进型服务企业
增值税	免	软件产业按 17% 的法定税率征收增值税后,对其增值税实际税负超过 3% 的部分实行即征即退政策;动漫软件出口免征增值税
企业所得税	软件出口的利润免除所得税;特区内运营企业 10 年减免期限(5 免 5 减半);在企业缴纳所得税时,对于购买的计算机及其软件第一年可以按照账面价值的 60% 计提折旧进行税前扣除	经认定的技术先进型服务企业减按 15% 的税率征收企业所得税。其发生的职工教育经费按不超过企业工资总额 8% 的比例据实在企业所得税前扣除;超过部分,准予在以后纳税年度结转扣除
服务税/营业税	计算机软硬件工程师提供的咨询服务免征服务税;与计算机软件设计和开发相关的商业附属服务免征服务税	离岸服务外包业务收入免征营业税;动漫企业暂减按 3% 税率征收营业税
相关投入品的进口关税和进口环节增值税	免	对经认定的软件生产企业免
其他	对软件与 IT 投资允许 2 年内 100% 加速折旧;对电子产品科技园、软件科技园、出口加工区、经济特区有更加优惠的政策	经批准或核准,折旧或摊销年限可以适当缩短,最短可为 2 年;对国家大学科技园有特殊税收优惠

资料来源：印度数据：《经济特区法案》（2005）、《财政法案》（1994）、《所得税法案》等；中国资料：《关于技术先进型服务企业有关企业所得税政策问题的通知》（财税［2010］65 号）、《关于示范城市离岸服务外包业务免征营业税的通知》（财税［2010］64 号）、《关于软件产品增值税政策的通知》（财税［2011］100 号）等。

五 几点基本结论

通过上述指标的分析，我们可以得出以下结论。

第一，中国承接国际服务外包具有明显的比较优势，服务外包产业具有较强的国际竞争力，未来发展具有较大的增长潜力和空间。

第二，服务外包产业具有知识密集、人力密集、就业空间大、国际化程度高等特点，既适应中国人才结构的基本特点，又符合产业转型升级的需要，应作为优势产业进行培育和制定发展战略。

第三，把服务外包产业优惠政策从 21 个示范城市扩大到全国，使有条件的城市和地区都能够加快发展服务外包产业，让更多的外包企业能够享受到优惠政策。

第四，把服务外包政策支持重点从离岸扩大到在岸，通过发展国内服务外包市场促进服务业发展，切实提高服务外包企业竞争力。

第五，实行更加优惠的税收政策，进一步放宽减免税期限和幅度。

参考文献

1. Uday M. Apte；Richard O. Mason，Global Disaggregation of Information-Intensive Services，Management Science，Vol. 41，No. 7.（Jul.，1995），pp. 1250 – 1262.

2. Gene M. Grossman，Elhanan Helpman. Integration vs Outsourcing in a Global Eeonomy，March 2001.

3. Zhonghua Qu；Brocklehurst，What will it take for China to become a competitive force in offshore outsourcing? An analysis of the role of transaction costs in supplier selection；Fournal of Information Technology（2003）18，53 – 67.

4. 王晓红：《中国服务外包：跨越发展与整体提升》，山西经济出版社，2012。

5. 王晓红：《新一轮服务业离岸外包的理论分析》，《财贸经济》2007 年第 9 期，第 75 ~ 80 页。

6. 杨圣明：《关于服务外包问题》，《中国社会科学院研究生院学报》2006 年第 6 期，第 23 ~ 28 页。

7. 任利成、王刊良：《服务外包竞争力和产业附加值整合模型研究》，《现代管理科学》2008 年第 9 期。

8. 迈克尔·波特：《国家竞争优势》，华夏出版社，2001。

9. 孙晓琴：《我国服务外包城市竞争力评价研究》，《国际经贸探索》2008 年第 7 期。

10. 鄂丽丽：《服务外包竞争力影响因素研究：基于中国的分析》，《经济问题探索》2008 年第 3 期。

11. 杨青、杜芸：《服务外包竞争力分析及政策选择》，《宏观经济管理》2008 年第 6 期。

12. 赵萍：《中国服务外包竞争方略》，《中国外资》2006 年第 10 期。

13. 对外经贸大学国际经济研究院课题组：《国际服务外包发展趋势与中国服务外包业竞争力》，《国际贸易》2007 年第 8 期。

B.6
全球服务外包战略转型新趋势
及我国的政策选择

王子先*

摘　要：

国际金融危机以来，服务外包又呈现一轮逆市增长的新趋势，跨国公司开始更多将 ITO、BPO、KPO 等业务捆绑式发包，直接服务于提升核心竞争力；服务外包模式日益向基于核心能力培育的战略模式转型，服务外包日益成为很多跨国公司的核心战略，服务外包网络成为其实现价值链分解和有效配置治理的核心资源。我国部分沿海中心城市也开始出现服务外包高端化趋势，特别是在在岸服务外包领域进行了大量探索和创新，深圳就是先行探索的案例，代表了服务外包未来发展趋势。我国服务外包仍处于规模扩张阶段，总体处于低端位置，我国现阶段服务外包战略与政策，都需要适应新形势进行重新定位和完善。

关键词：

全球服务外包　战略转型　政策选择

一　全球服务外包战略转型进一步加快

（一）国际金融危机后的新趋势

后危机时代，经济全球化在经历了一些局部调整后将会重新启动，并呈现新一轮逆势扩张新趋势，服务全球化与外包仍是重中之重。除了规模扩张和市

---

* 王子先，商务部驻深圳办事处特派员。

场布局扩展的总体格局将持续下去之外，服务外包还日益被作为一种新的经营战略和商业模式引领世界产业与管理革命潮流，呈现出一系列新特点。

一是外包日益向研发、销售、管理、咨询、物流、客户关系等高端环节渗透。目前信息技术和行政管理行业的外包比重最大，达55%和47%；物流、财务管理和人力资源管理也分别达22%、20%和19%。高端外包服务的全球收入增速远高于低端外包服务，估计美国离岸外包中技术密集型行业比重将由目前的50%上升到2015年的70%。

二是IT和金融服务外包占据主导，IT与金融业的相互交叉、渗透和融合还将进一步强化服务外包的离岸趋势。

三是继信息技术外包（ITO）、业务流程外包（BPO）之后，知识流程外包（KPO）展现巨大潜力和升级空间。外包业务的技术复杂性将不断提高，外包市场结构将不断升级。KPO专注于价值链的高端环节，主要包括市场调研、投资评估、业务咨询、法律服务、软件设计、专利申请、芯片设计等研发业务，更充分展示了服务外包高端化的趋势，虽然起步较晚，但其高速成长和纵深拓展的空间十分巨大。

四是离岸服务外包大大拓宽了服务贸易的内涵和外延，加快了全球服务贸易的发展与升级，不仅增加了一系列新的服务贸易项目，大大提高了服务的可贸易程度，而且加速了服务贸易产品创新与升级，为服务贸易发展注入巨大生机和活力。

五是未来服务外包还将呈工业化和产品化趋势。外包的规模化和竞争的加剧推动服务供货商加快外包标准化，使外包服务更简单、更具可重复和可操作性，随之而来的是服务外包呈现出工业化或产品化的趋势，大型外包合同减少、合同期缩短、外包更加模块化，"服务混合与客户混合"成为外包业务的新特点。服务外包的工业化和产品化趋势必将助推其走向规模经济和范围经济，大大强化外包竞争和促进效率提升，优化提高外包供应质量，并进而激发出外包业务的更强成长性和业务领域的全面拓展。

金融危机后全球服务外包市场仍将展示出蓬勃生机与巨大活力。虽然国际金融危机短期内也给服务外包带来一定冲击，世界经济衰退导致全球服务需求有所下降，发包方需要应对调整全球布局、控制成本和业务重组的压力，接包方则面临短期订单减少、客户降价以及同业竞争加剧的压力，发达国家因就业压力和保护主义抬头还出现一些"反全球化"和"反外包化"情绪。但是，危机对服务领域的影响相对较小，服务外包没有出现全面收缩，中国和东亚一些新兴市场承接服务外包逆势上扬，一些跨国公司在调整外包业务布局的同时仍在拓展服务外包的深度和广度，并出现一些新的特点。

一是为了减缓企业运营成本和同业竞争压力，企业外包动力和意向反而趋于强化，越来越多的企业更加重视将非核心业务外包到成本更低的国家，外包市场总体呈现更广阔的前景；二是 BPO 成为企业危机中生存的救生符和危机后恢复扩张的重要平台，可帮助企业更好利用外部核心知识、优化价值链、共享服务快速实现收益；三是跨国公司很多开始倾向于将 IPO、BPO 和 KPO 等业务捆绑式发包，开展一条龙式深度服务合作，提升核心竞争力。这将推动服务外包业务和企业商业模式的进一步创新，创造出新的商业机会与空间；四是危机后全球服务外包大重组将带动服务外包产业结构和市场格局的新一轮调整，全球外包行业加剧重新洗牌和分化态势；五是服务外包领域跨国并购重组掀起新的高潮。2008 年下半年以来，这一趋势已经显现，出现了塔塔咨询、凯捷咨询等一系列并购案，而新的并购高潮正蓄势待发，兴起服务业和整个产业组织革命的新高潮。

总之，离岸外包市场已于 2009 年下半年率先摆脱颓势，并伴随世界经济复苏展现新一轮蓬勃发展行情，在外包规模和市场布局进一步拓展、重现高速增长的同时，外包业务结构、方式、内涵等都将全面延伸和升级，其发展的巨大空间和宏大前景怎么估计也不为过，更重要的是它将孕育催生新一轮产业组织、商业模式和管理的全方位革命，成为决定各国服务业和整体产业链优化重组的关键，是后危机时代国际竞争新的制高点。

（二）服务外包模式日趋多元化高端化

国内最新研究（杨丹辉，2010）显示，在全球化和技术革命推动下，很多高科技产业跨国公司研发活动日益全球化，他们把价值链上更多的研发环节外包给外部企业，通过价值链的深度分解，达到提高创新效率和增强核心竞争力的目的。以医药行业为例，快速变化的知识结构推动医药业价值链环节变多变粗变长，愈来愈多的专业机构和企业不断加入，为价值链分解提供了可能。跨国公司从过去专注于自己研发转向全球价值链的整合与治理，对全球价值链进行有效治理成为其维护行业战略主导地位的关键。医药巨头们正是通过价值链治理模式的创新，采取兼具关系型、领导型、层级型的混合治理模式，实现了对行业价值链的深度分解，并对价值链上的资源和参与者进行战略重组，更好实现对核心业务和核心资源的控制，成为全球价值链的掌控者，完成了医药行业价值链的战略转型。在此背景下，医药行业服务外包网络成为跨国公司的战略资源，通过外包网络的建立和管理能够实现产品经营和资本运作两种企业核心能力培育途径的集成，并对分解的业务环节实施全球最有效的配置，对这种分解和配置活动进行高效的、网络化的治理。

在对服务外包网络进行治理控制的前提下，医药行业选择多样化的外包模式：一是效率模式，主要满足发包方降低成本、提高效率的要求；二是能力模式，主要为发包方增强专业能力服务；三是战略模式，主要为制药企业增强技术、管理和应变能力服务。根据自身外包服务需求，医药巨头对承担外包业务的外包商或服务商进行非常严格规范的筛选。

总之，服务外包已成为医药跨国公司的核心战略选择，借此达到增强核心能力、整合全球资源、提高创新效率、分散创新风险，加快新药开发、开拓国际市场、降低成本等多种目标。根据有关研究，目前世界范围内有将近50%的制药公司外包业务，与愈来愈多的专业技术公司及生产加工企业建立了广泛的外包或合同制造关系，实现了研发资源和创新成果的共享。

从2007年开始到现在，服务外包已进入第六阶段，即向多元化高端化的战略转型阶段，以研发设计外包和跨国公司研发中心全球化布局为重点内容，以KPO为重要载体，以获取关键技术、重塑核心能力为目的，服务外包展现重大新趋势。美国学者罗伯特·E. 肯尼迪等提出全球离岸服务外包发展演变经历六个阶段，其中第六阶段主要特点是离岸外包向多元化高端化转型，高端人才竞争进入新阶段。此阶段，跨国公司服务外包已不满足于降低成本、提高效率，而是在全球范围内寻找一种独一无二的技术，通过离岸转移资源来开发新产品，通过流程重组来分解和外包高端知识流程，开发新的专业能力和专业性服务供货商。这显示跨国公司服务外包开始进一步实现向高端化的战略转型。其中一个突出特点是跨国公司实施研发设计外包，将研发中心向全球布局。继2000年9月GE在印度建立投资1.2亿美元的科技中心，微软在中国设立相似研发机构，愈来愈多跨国公司开始跟进。同时，很多跨国公司开始转包知识密集型高端流程，带动知识流程外包（KPO）高速发展，2010年达170亿美元，比2003年增长13倍。麦肯锡、高盛、AC尼尔森等已在印度建立高增值服务供应及外包平台，专门从事高端知识流程外包业务。2008年国际金融危机以来，服务外包向多元化高端化方向战略转型取得新的重大进展。

（三）跨国公司研发全球化与服务外包高端化

伴随经济全球化和信息网络技术革命的推进，跨国公司研发全球化掀起高潮，愈来愈多地将传统上限于母国和公司内进行的研发活动向外转移，通过贸易、投资、外包、战略联盟等多种方式，构建全球研发网络，更充分利用外部科技、人才和智力资源。虽然研发全球化表现在个人、政府、企业3个层次上，但跨国公司始终是研发全球化的主导，并主要呈现以下趋势：一是跨国研发活动的持续增加，例如美国海外研发支出从1986年的46亿美元增至1997年的147亿美元，比同期国内研发支出增速高1倍，占比升至10.5%，而同期外国公司在美附属机构研发支出也增长3倍，1999年OECD国家外国附属公司研发支出占比平均为12%，而爱尔兰高达60%以上，英国、澳大利亚、加拿大、西班牙也达30%以上。二是跨国公司海外研发分支机构增加迅猛。1985～1995年，跨国公司海外新建研发机构增长近3倍，特别是进入21世纪以来一直保持高速增长。三是专利日益国际化，到20世纪90年代中期，美、日、欧跨国公司海外附属机构获得专利数占其专利总数的比重达12.6%，其中比利时、荷兰、英国的比重更占50%以上，21世纪以来专利国际化势头有增无减。四是21世纪以来跨国公司对新兴市场的研发转移空前加快。联合国贸发会议对2004～2005年研发支出最多的跨国公司调查显示，有一半以上企业在中国、印度、新加坡等新兴市场开展研发活动，外企在发展中国家企业研发经费中所占份额从1996年的2%上升到2003年的18%。五是继医药、汽车、化工等产业之后，信息软件、生物技术、网络和IT制造等愈来愈多的高科技产业成为研发全球化日益重要的领域甚至有后来居上之势，如谷歌公司在不到 3 年时间里将全球研发中心从 3 个发展到 20 多个，快速建立起全球研发网络。六是虽然研发全球化仍以发达国家为主导，但印度、巴西和中国等新兴市场主动参与研发全球化，成为迅速崛起的新兴力量。七是近年来中国成为跨国公司全球研发投资首选目的地。根据联合国贸发会议调查，全球高达 60% 以上的跨国公司将中国作为研发投资地点的首选，目前世界 500 强跨国公司在华设立研发机构成为普遍趋势，已有 400 多家设立研发机构。

总之，研发全球化已成为适应全球科技和产业革命客观进程的必然要求，并将出现日益加速的趋势，也将对各国经济技术产业带来愈来愈重大的影响。20 世纪 90 年代以来，世界各国纷纷出台各种政策，积极参与研发全球化进程，加强国际合作，以期更充分利用国际科技资源提升技术创新能力、占领国际竞争制高点。

研发全球化与研发设计服务外包化呈现相互关联、相互促进之势，研发外包已成为跨国公司的核心战略，外包网络成为战略资源，两者在一个全球化时代出现了交集。继贸易、投资等传统管道之后，大量专业化第三方研发设计企业的出现带来了研发全球化模式的巨大改变，跨国公司通过自己高水平的供应链体系，可以同全世界各种专业化研发设计机构及企业建立长期稳定的外包合作关系，达到降低创新成本、控制创新风险、增强核心能力三重目的。服务外包为跨国公司实施研发全球化战略提供的新的高端平台日益成为占主导的形式，未来发展空间巨大。

（四）服务外包网络成为战略资源，高端供应链服务平台功能凸显

由于服务外包已成为跨国公司的战略选择，服务外包网络也因此成为跨国公司的战略资源，成为跨国公司实施其产业链价值链分解并实现全球优化配置的重要工具。在价值链日益深度分解条件下，外包网络构建与管控成为其核心战略，通过日益广泛的外包和外部协作，既提升了全球资源配置范围和能力，而且为适应新的商业模式要求构建了新的运营管控体系，达到控制风险和提高核心能力的目的。而服务外包网络实际上是通过跨国公司的高端供应链体系来具体组织实施的。开始时跨国公司主要通过内部供应链完成；随着全球化布局的扩大和当地化经营的发展，跨国公司也开始把一部分供应链服务平台外包给

更专业化的专业机构，如 GE 很早就将采购执行和分销执行服务外包给深圳怡亚通公司，实际上是利用了怡亚通的供应链服务平台；而埃森哲由管理咨询服务商转型为专业的服务外包跨国公司，成为从事从接包转包发包到提供整体解决方案的全球资源整合服务供货商和综合性服务外包网络平台，供应链公司也开始成为专业化的第三方服务平台供货商。

二 我国服务外包的同步多元化高端化发展趋势：以深圳为例

深圳服务外包在全国独具特色。据统计，深圳市有离岸服务外包企业 200 余家，通过 CMM/CMMI 认证的企业有 140 多家。2010 年，深圳承接离岸业务合同额为 14.56 亿美元，同比增加 42.2%；合同执行金额为 11.25 亿美元，同比增加 28.3%。其中，19 家企业服务外包离岸合同执行金额超千万美元，执行合同总额合计 8.94 亿美元，占全市服务外包离岸合同执行金额的 81.27%。深圳服务外包产业发展的重点领域是：电信解决方案外包、软件研发与信息技术服务外包、供应链管理与采购外包、电子商务服务外包、金融后台服务交付中心、产品技术研发与创意设计外包等。但与承接离岸服务外包相比，深圳在发展在岸服务外包领域进行了许多超前探索和试验，众多方面走在全国前面，实际业务规模超出预计。深圳企业在服务外包领域呈现一些与全球同步的高端化多元化特点。

（一）中国（深圳）设计之都创意产业园：工业设计外包

该产业园为深圳市"文化立市"、建设"设计之都"的核心载体，深圳"十一五"规划重点项目，深圳市 2007 年重大建设项目，深港创新圈"三年行动计划"工业设计领域合作核心平台，也是深圳众多创意设计产业园中办得最为成功的例子。

园区位处深圳 CBD 核心区，由原田面工业区旧厂房改造而成，占地面积 1.5 万平方米，建筑面积 5 万平方米，项目总体分两期开发建设，先后于 2007 年 5 月和 2008 年 12 月开业运营。由目前国内最大的工业设计产业链整合与运营服务商灵狮文化产业投资有限公司独立投资运营，灵狮模式打造了一个工业设计服务外包高端平台,其不仅提供物业管理,而且打造创意设计技术服务平台,为园区设计企业提供工业设计接包、转包等配套服务,外包服务覆盖珠三角、长三角和港澳台市场。

园区定位为以工业设计为主的创意产业园,打造具有创意设计、研发、制作、交易、展览、交流、培训、孵化、评估及公共服务等综合功能的创意设计文化产业园区。

经过运营,设计之都创意产业园目前已经形成国内工业设计企业规模最大、龙头企业总部数量最多的创意产业园区,被业界誉为"中国工业设计第一园",2010年被科技部认定为全国唯一一个国家级工业设计高新产业基地。目前,设计之都创意产业园共进驻以工业设计为主的创意设计企业200多家,其中全国性的龙头企业占80%,包括嘉兰图、心雷、洛可可等中国工业设计领军企业以及靳与刘设计、叶智荣设计等30多家香港及欧美龙头设计企业中国总部和机构代表处。

(二)深圳供应链管理行业:很有创新价值的服务外包平台

深圳目前有供应链公司300多家,集中了全国90%的供应链公司,2009年供应链公司出口退税额达10.56亿元;2010年在中国建设银行深圳分行国际结算量超过1亿美元的供应链企业达16家,合计79.65亿美元,占分行国际结算总量的7.8%;涌现出一批创新型龙头企业,其中怡亚通、飞马国际已实现中小板上市。业务覆盖辐射范围不断向全国扩展,为各类制造企业特别是中小企业提供"四流合一"的外包服务。

怡亚通公司是供应链行业的领军者,其率先确立了全球整合型服务供货商的定位,率先发展服务外包业务,最早就通过承接思科公司的离岸分销执行业务而实现公司战略转型,目前已成为一些跨国公司服务外包的承接者;同时,受此启发,大力发展"四流合一"的在岸服务外包业务。粗略估算,2011年该公司服务外包业务规模达30亿元,2012年预计将达60亿元。该公司计划未来致力于双向服务外包,既承接国际离岸外包,又大力发展在岸服务外包,重点发展财务、金融、管理咨询、人力资源、物流、分销、专业服务等领域的服务外包业务。

深圳一达通公司也是重要样本，该公司成立于2001年，是中国第一家面向中小企业的外贸供应链服务平台。通过互联网为中小微企业提供通关、物流、退税、外汇、融资等一站式进出口流程外包服务（BPO），提供外贸供应链解决方案。在帮助广大中小企业减轻外贸经营压力、降低外贸交易成本的同时解决贸易融资难题，从而提升企业竞争力。一达通对进出口环节进行完全分解，提供标准化服务，无论金额大小每单进出口业务收取服务费1000元（目前对阿里巴巴会员企业实行零服务费），为中小企业提供高效低成本的通关服务。截止到2011年12月，一达通有员工320人，服务中小微企业4200家，为超过2000家中小微企业提供免抵押免担保的贸易融资超4亿元人民币；2011年12月，日均进出口额超过500万美元，全年进出口达7亿美元，同比增长300%；2011年新增3000家客户，预计2012年末服务企业将达到2万家；2011年平均收益率0.8%，60%来自业务环节盈利，40%来自客户收费。阿里巴巴及一达通在珠三角有1500名业务人员，每周接触超过万家中小外贸企业。

（三）信息技术服务外包高端化

IBM：跨国公司在华服务外包。IBM早先是一家以制作计算机而闻名的制造业跨国公司。如今，IBM已经完成了从一个硬件提供商成功向软件和服务转型，软件和服务的收入占公司总收入的比重超过80%。IBM公司1994年进入深圳，17年来，IBM在深圳的发展历程正折射出其不断从制造商转变为全球软件和服务提供商的全球化战略。2009年，IBM将其全球采购中心和IT服务外包业务中心落户在深圳，深圳成为IBM全球整合的战略要地。深圳具有完善的基础设施、便利的航空海运交通、丰富的人才储备，这些因素决定深圳必将成为IBM全球集成供应链的重要一环。深圳是IBM确定的开展全球服务外包业务的重镇。目前深圳服务执行中心已为来自亚洲、澳大利亚、欧美等地的10多个国家和地区的客户提供多样化服务。ITO服务成为IBM深圳公司全球服务的主要内容，目前年销售额超过3亿美元，成为深圳高端服务外包最主要的承接商。

易思博：长期承担华为IT服务外包。易思博是国内知名的专业软件外包企业，在深圳华南地区位居行业前列。易软自开始从事软件外包业务以来，其服务合作模式已从人力资源外包发展到项目外包、离岸开发和 OEM 产品合作等模式。业务领域包括电信业，金融业，制造业等。特别在电信行业有多年积累，电信业务领域涉及固网、智能网、移动通信、光网络、电信增值服务等。易思博软件深圳研发中心成立于 2000 年，经过近 11 年的风雨历程，已经从几十平方米的小办公室，发展成总面积超过 6000 平方米的研发中心，从事研发的人员也从创立伊始的几十人发展到现在的近 2000 人（全国有超过 3000 人）。易思博软件深圳研发中心包括软件研发中心、软件测试中心、IT 运维中心。易思博是一家领先的 IT 外包服务提供商，其主要的服务对象是华为。易思博公司一半以上的业务是来自华为的 ITO，对华为的年销售额超过 2 亿元人民币。目前，华为公司已经专注于更为核心的设计和销售，而开发软件这类层次相对较低的业务就外包给易思博这类专业的 IT 服务外包承接商。

（四）深圳市对外劳动服务有限公司：人力资源外包

深圳市对外劳动服务有限公司（深圳外服 SZFESCO）成立于 1985 年，是经广东省人民政府批准、深圳市人民政府指定的为外商常驻代表机构和国内外企业提供全方位高端人力资源服务的专业机构。作为华南地区高端人力资源服务行业的领跑者，深圳外服为来自全球 100 多个国家和地区的 5000 多家客户提供服务。客户包括众多国际知名跨国企业、三资企业、国有企业、机关事业单位、民营企业，业务领域横跨通信电子、IT、制造、食品、印刷、电信、移动通信、金融服务、百货零售等多个行业。2008 年通过整合，深圳外服的产品链更加丰富，服务产品包括人才派遣、人事代理、招聘服务、培训服务、薪酬服务、员工关怀、劳动法律咨询、涉外服务、商务服务等，公司整体竞争力更加突出，目标是打造华南地区高端人力资源服务行业最具规模、最具实力的龙头企业。2010 年服务客户突破 5000 家，服务人数突破 60000 人。

（五）电子商务服务外包行业正在蓬勃兴起

深圳成为跨境电子商务重要聚集地，电商服务外包也得到率先发展，涌现出了一批先行探索的新业态新模式，成为服务外包业的生力军。据深圳市电子商务协会统计，深圳有4000多家电子商务公司，其中有15‰的企业从事电商服务外包，大概有六七十家。深圳电商外包的发展不仅得益于深圳信息产业和电子商务的领先优势，还得益于我国作为世界制造业大国和中小企业众多的优势。以服装、家电等为代表的传统制造业厂商在借助于电子商务实现转型升级的过程中遭遇了技术、管理方式和电子商务营销方式的瓶颈，专业的电商企业看准商机，积极参与到传统制造业和中小企业积极发展在线交易的过程中，提供贯穿电子商务网站策划、运营、优化的全流程服务。制造业企业将自身短板的电子商务从建站到运营等业务外包给专业的电商企业，降低了成本，实现了转型；电商企业收取一定的佣金，也在这个过程中实现了自身的业务模式创新和发展。深圳颖源科技公司通过整合营销，利用整体运营服务和自主研发的软件产品，有效提升企业的消费者体验，降低企业的电子商务运营成本。唐人东方科技公司将全球互联网领域最前沿的技术应用模式引进到中国电子商务行业，提供集国际贸易、电子商务、互助服务、电商培训、创业支持等为一体的电子商务综合性服务平台，切实帮助中小企业、创业者实现最低营销成本的商业梦想。

多赢电子商务公司：打造"一站式"网络分销电子商务外包服务运营商新模式。深圳市多赢电子商务技术有限公司成立于2007年8月，2010年12月，荣获中国电子商务协会颁发的"2010中国电子商务创新企业奖"，2011年营业收入2000万元。多赢网定位于打造"一站式"网络分销电子商务外包服务运营商，向企业客户提供：淘宝商城整体托管运营服务、企业官网商城托管运营服务、多赢网F2B分销平台服务、企业实时通讯平台"汇讯WiseUC"和企业电子商务品牌推广平台"央视网·企业频道"等服务产品，协助企业客户打通电子商务销售链条、完善销售管道和提升企业品牌价值。多赢网致力于成为国内领先的、与客户共同成长的电子商务外包服务运营商，成为企业客户开拓网络市场首选的合作伙伴。2008~2009年，公司取得了26项自主知识产权认证；2010年，搭建营销网络体系，组建电子商务运营中心，涉足电子商务外包服务领域；2011年，成为淘宝网指定的合作伙伴"淘拍档"，已服务于十余家品牌客户，外包服务步入运营轨道。2011年，实现了培养1家企业（斯力克）

单项目运营年销售额 500 万元、培养 3 家企业年销售额突破 100 万元、培养 10 家企业年销售额突破 50 万元、打造网络淘品牌 1 家（斯力克）的目标。

三　我国服务外包业发展战略与政策选择

（一）我国服务外包规模迅速扩张但总体仍处于低端位置

近年来，我国已成为全球服务外包重要目的地，服务外包业务一直保持高速增长。国际金融危机以来，我国服务外包一枝独秀，仍实现了快速增长，2010 年我国承接服务外包合同金额和执行金额分别达到 274 亿美元和 198 亿美元，分别比上年增长 37% 和 43.1%，2011 年增长进一步加快，合同执行金额达 324 亿美元，增速为 63.6%。但是我国服务外包总体仍处于低端位置：一是规模与印度的 500 多亿美元仍有差距；二是我国缺乏大型化国际化集团化的大型服务外包企业，以中小外包企业为主，大多从事低端外包业务；三是中国服务外包市场处于起步期，缺乏专业化规模化细分化的第三方服务供货商，既无法实现制造业与服务业的融合互动，也缺乏发展服务外包产业的高端载体；四是服务外包商与服务供货商不能做到两位一体，服务外包缺乏强大技术和产业支撑，在全球价值链中处于低端位置；五是多数企业没有实现经营理念、管理及商业模式与国际化接轨，全球资源整合能力不强，阻碍服务外包产业的升级。

（二）与印度服务外包多元化高端化发展比较我国差距明显

1. 印度服务外包高端化趋势明显

印度不仅 ITO 方式服务外包向高端化发展，业务流程外包迅速兴起，而且不少外包企业已具备承接高端大型项目的能力，知识流程外包开始成为印度服务外包日益重要的领域，根据有关机构预计，2010 年印度 KPO 业务收入达 170 亿美元，占全球此业务的近 70%。

2. 通过海外并购加快服务外包产业转型升级

印度塔塔咨询、Infosys 等外包巨头都通过海外并购增强核心能力，实现从技术、产业到管理和商业模式的全面国际化；2003 年以来，Wipro、TCS 等大型服务商相继收购了金融咨询、半导体设计、银行网络服务等领域的欧美企业，从而延长了现有软件产业链，扩大了服务外包规模，并逐步向 IT 服务及核心业务领域进军，开始具备与国际巨头争夺高端业务订单的实力。

3. 服务外包商与服务供货商两位一体，拥有较高国际化实力

印度既有一批专门从事服务外包的专业外包商，同时也有一批像塔塔咨询等集外包商与服务供货商或运营商于一体的巨头，凭借雄厚的实力可以承接高端服务外包业务，同时也可以提供 IT 服务甚至高端解决方案，占据有利的竞争地位。很多大型外包企业员工过万人，最大的 BPO 服务商塔塔咨询达126000 人；规模最大的 4 家软件公司 Infosys、Wipro、TCS 和 SCS，都形成了明显的规模化国际化经营优势。

4. 国际金融危机促使印度服务外包加快转型升级

外部危机短期内对印度服务外包也带来直接冲击，服务外包规模和企业盈利能力都出现暂时下降；同时，大量中小企业接包仍停留在低附加值领域，成本优势减弱，过度竞争加剧，遭遇严重挑战，进入一个短期调整阶段。一方面，中小外包企业开始将低端的外包代工和流程服务提升技术和服务能级，规避同质化低价竞争的风险和压力；另一方面，龙头企业积极参与全球产业大调整，加强并购重组，延伸产业链价值链，增强核心能力，提升与跨国巨头抗衡的实力。

5. 政府发力推动服务外包产业升级

一是印度政府确立建立"信息技术大国"目标，将软件及其服务外包作为战略重点，确定了政府支持的重点领域和优先发展方向；二是大力加强服务外包高端人才培养和技术标准认证工作，印度成为世界上获得 CMM 认证企业数最多的国家；三是注重知识产权保护，印度还积极开展与其他国家之间的知识产权合作，为企业软件及服务外包升级提供保障。

6. 及时发力开拓国内服务外包市场

金融危机后，为应对全球离岸服务外包需求下滑、改善国内服务外包发展滞后的局面，印度政府开始着力开拓国内服务外包需求，全面启动国内市场，促进在岸与离岸服务外包的协调发展，更好实现国内服务外包市场与国际服务外包市场的对接。

（三）我国服务外包政策体系初步形成但不适应全球外包战略转型新趋势

我国承接国际离岸服务外包政策体系初步形成，但目前整体服务外包产业政策还很不完善。总体来看，我国出台关于服务外包产业的扶持政策还比较粗泛，对于产业整体的引导和扶持作用还不够明显。另外从政策扶持内容来看，我国现行的服务外包扶持政策主要集中于信息服务外包方面，对于 BTO、KPO 等高端服务外包类别并没有给予明确的规定，不适应全球服务外包转型新趋势：这样就使得这些领域的企业未来很难享受到相关的优惠政策。此外，由于这些政策出台的时间相对不长，各级政府部门针对这些政策的落实所制定的具体措施力度不均：落实力度大的地区，服务外包产业发展较快，反之落实力度小的地区则发展较慢，以致总体规模发展受限。

（1）不适应全球服务外包战略转型新趋势，尚未及时确定我国服务外包产业新的战略定位和认识。

（2）尚未做到离岸与在岸服务外包并重，我国发展整体服务外包产业的战略规划指导亟待加强。

（3）对发展本土服务外包和专业化第三方服务供货商重视不够，以服务外包带动我国产业转型升级、提升核心竞争力的作用远未得到充分发挥。

（4）财税支持政策不细化、不到位。《国务院办公厅关于促进服务外包产业发展问题的复函》所提出的税收优惠政策主要是针对技术先进型服务企业。《财政部、国家发展和改革委员会、国家税务总局、科学技术部、商务部关于技术先进型服务企业有关税收政策问题的通知》中明确了技术先进型服务企业的认定标准和办法。但是认定标准门槛非常高，在实际推行中并不能惠及大多数服务外包企业，因此导致优惠政策打了折扣。如"企业具有法人资格"、"外包服务的业务收入总和占企业当年总收入 70%以上"、"向境外客户提供的国际（离岸）外包服务业务收入不低于企业当年总收入 50%"等条件，皆会让一大批服务外包企业失去享受税收优惠的资格。另外，我国较早试行服务外包企业税收优惠政策的地区，由于上述文件的出台，原来享受税收优惠的企业由于认定标准的提高，未来将会面临重新认定的问题，一些企业可能因此失去税收优惠资格。

（5）人才培育和专业培训政策操作性不强，效果不佳。各种政策虽然很多，但目前落实上不够到位，对如何充分调动企业、院校、培训机构三者的积极性，使企业主动参与外包人才培养，院校和培训机构积极做好外包人才培养研究不够，实际操作中，项目申报程序烦琐、申报手续复杂、扶持难以到位的状况依然存在，影响了培训单位的项目配套和实施，制约了人才培养的进程。同时，我国服务外包人才培养模式是在原有国民教育体系和模仿印度人才培养模式的基础上建立起来的，存在体制陈旧和不符合我国实情等问题，应鼓励人才培养模式的创新与推广。

（6）知识产权保护仍有待加强。虽然近年来已建立起较完善的知识产权保护体系，但总体来看，我国对于知识产权的保护力度较弱，执行力度较差，至今没有出台一项关于知识产权细则方面的相关政策，只有杭州、昆山、武汉三个城市推出服务外包知识产权保护政策。

总之，我国服务外包产业发展与政策制定起步相对较晚，并受到现行体制和政策的诸多制约，其进一步系统化、规范化、制度化仍是一个长期的过程，需要多方面进一步提高对全球化下服务外包的战略功能定位的认识，把握后危机时代世界产业大调整大变革和服务全球化外包化的新趋势新潮流，结合国内产业转型升级和经济结构战略性调整的新需要，研究制定中国服务外包产业科学的长期战略规划，在此指导下通过深化改革、扩大开放不断完善离岸与在岸、接包与发包的政策措施，为我国服务外包产业大发展营造优越高效的营商和制度环境。

（四）战略选择

为适应全球服务业革命和服务外包新潮流，我国必须树立全球视野，强化战略思维，重新认识服务外包的深刻内涵，更充分理解服务外包作为产业组织和商业模式变革核心内容的重大时代背景，正确分析服务外包对产业转型升级的战略意义，合理确定服务外包在我国转变经济发展方式中的战略定位，实施"大外包战略"，引领我国经济体制和模式的双重转变，引领我国服务经济和整体产业链价值链走出一条跨越式升级的新路。

"大外包战略"的目标是：还原服务外包作为服务业革命和组织管理革命核心内容的深层内涵，选择一条将参与国际服务外包与大力发展自己服务外包产业相结合推动产业转型升级的道路，避免落入简单跟随式发展模式的陷阱，通过内外双轮并动推动我国加快向创新驱动和服务主导型经济转型，同时实现从中国制造向中国创造、中国外贸由大到强的转变。

实施"大外包战略"要坚持以下原则：一是坚持实施开放带动战略，将参与国际服务业外包合作作为起步阶段的重要引擎，同时顺应国际服务业革命大潮，主动推进服务业自身体制机制改革，实现开放与改革的良性互动；二是将充分利用后发优势与提升服务业自主发展创新能力结合起来，既大胆承接服务业国际转移与离岸外包，又大力发展本土专业化第三方服务供货商，摆脱简单跟随式发展模式和飞地式发展模式的陷阱，实现服务业"外引内生"的互动；三是将服务业发展与制造业升级结合起来，以双向服务外包为平台，实现中国制造与第三方专业化服务业的有效对接，走服务业与制造业融合交互式发展路子，引领中国制造向中国创造和中国品牌转型；四是将产业技术升级与管理流程、商业模式变革结合起来，以打造全球整合型服务供货商及多元化专业化供应链服务平台，推动中国整体产业链价值链的优化重组，发挥商业模式创新推动生产率提升的巨大潜力。

总之，服务外包绝不是孤立的产业现象，而是正在蓬勃推进的服务业革命的重大引擎与标志，我们再不能作为改革开放初期的"引进来"来简单对待，必须高度重视发挥服务外包平台的产业组织、辐射带动及创新功能，将其作为引领我国产业组织革命的战略资源，置于我国经济模式和体制模式双重转型的战略高度予以对待。

（五）抓紧完善我国服务外包产业政策

服务全球化外包化带来的技术、知识、管理外溢效应，让后发国家利用全球红利实现服务业和整个产业跨越式升级成为可能，印度、爱尔兰和其他新兴经济体产业跨越式升级的范例已经充分证明了这一点；而且，后危机时代我国面临世界产业大调整和服务外包蓬勃发展的双重黄金机遇，我国发展服务外包产业并且助推产业转型升级的空间巨大，其发展前景怎么估计都不为过。但一方面，学界权威研究也显示，以服务外包为依托的产业升级模式的可持续性有待时间的检验，很多发展中国家的外包企业还处在被接包的地位，单纯从事低端外包业务可能导致发展中国家的技术成长被锁定，形成对发达国家的过度依赖。作为一个发展中大国，必须加快建立有效学习机制，将承接外包与培养本土服务业、离岸与在岸、接包与发包结合起来，努力走出一条新路，避免陷入"跟随式"发展陷阱。因此，必须树立长期发展战略和全球化思维，不断完善我国服务外包产业政策。

（1）重新认识服务外包的战略定位，着力优化服务外包产业发展的营商和制度环境。要像当年抓承接制造业国际转移那样，强化机遇意识，解放思想，提高认识，将大力发展服务外包产业置于推动我国经济模式和体制战略转型的高度来对待。坚持市场化、国际化、聚集式、高级化发展方向，以体制机制创新为动力，加强统筹协调、稳步推进服务业开放综合试点工作，以突破价值链关键服务环节为核心，实现生产性服务业与制造业联动发展新格局。一是全面推进从宏观到微观的服务业体制机制改革和制度创新；二是实施积极主动的服务业开放战略，实施"大外包"战略，积极参与世界服务业大重组；三是及时出台支持服务外包的产业政策；四是规范服务外包市场，加强知识产权保护，创造良好营商环境。

（2）进一步完善承接离岸服务外包具体政策，强化外溢辐射带动效应。一是进一步细化行业政策，全面推进外包业务多元化发展。政府需要进一步强化和细化现有政策，并根据国际新趋势，不断对已有政策进行调整和补充，鼓励各地方政府根据自身情况，制定有利于当地服务外包业发展的扶持政策。二是充分发挥税收杠杆作用，扩大政策的引导和扶持效应。具体来说，就是加强对服务外包业的政策规范，进一步明确税收优惠的适用对象，建立健全离岸服务外包业务适用的零税政策，大力增强服务外包业的外向型竞争力。完善与规范服务外包业的税收政策，首先要加强对服务外包业现行各项鼓励政策的宣传，充分发挥政策的引导和扶持效应，使软件外包企业在出口软件、进口自用设备等方面能按照现行有关规定享受优惠，并争取在管理程序方面进一步简化。另外要降低税收门槛，使多数企业都能享受到优惠政策，这样才能有力地推动服务外包产业的发展，进一步增强我国服务业综合竞争力。

（3）抓紧出台大力发展在岸服务外包产业政策，助推其向多元化高端化转型。未来，服务外包产业对转变经济发展方式、调整产业结构的助推作用明显增强，逐渐成为各地发展低碳经济、实现节能减排的重要抓手，成为部分城市和开发区突破发展瓶颈、实现产业转型和升级的重要手段，成为推动沿海中心城市加快向服务经济转型的重要途径。因此，我国必须给予在岸服务外包与离岸外包同等政策待遇，可以参考离岸服务外包政策做法，逐步建立健全包括财税、人才培训、大学生就业、特殊工时、海关监管、电信服务、金融支持、知识产权保护、投资促进等在岸服务外包产业扶持政策，不断加大政策落实力度，发挥中心城市的先行先试作用，鼓励外包企业大胆探索，助推我国产业转型升级。

（4）引导支持服务外包示范区和基地城市实施"两手抓"战略，将承接离岸外包与发展在岸外包业务有机结合起来。打破现有部门分工和体制束缚，在岸与离岸外包并重，探索我国整体服务外包产业发展的新路子，开创以服务外包推动产业转型升级新路径。支持有条件的中心城市探索建立综合型自由贸易区或自由港，创造与国际服务业接轨的小环境，全面提高我国服务业参与全球资源配置的能力。

（5）鼓励有实力的龙头企业大胆探索服务外包发包业务，提升全球资源整合能力。加快服务业走出去步伐，鼓励有实力的企业积极与国外开展跨国投资、并购与各种合作，优化重组自身产业链价值链，使之成为服务业跨越式升级的一条新途径。加大对龙头企业开展服务发包业务的支持力度，引入国外高水平第三方服务，实现自身价值链的分解、外包和整合，提升全球整合能力，重构核心竞争力，抢占国际竞争制高点。

（6）推动承接离岸服务外包与培育专业化、集团化本土服务供货商相结合。一方面，不断完善鼓励承接服务外包的政策措施，提高承接和吸纳能力，拓展外包市场和接包方式，逐步提升接包业务水平；另一方面，大力推进本土企业服务外包与分工协作，推动各行业龙头企业分离非核心业务，逐步实现从自我服务向第三方服务再向专业服务运营商序列的升级。建议，一要加快探索并推广在发达地区开展的工业主辅分离改革。二要加快推进政府部门、国有垄断企业和在华外国公司外包服务，壮大本土在岸服务外包产业。围绕提高发展水平和质量推进国际化进程对外开放是提高生产性服务业水平和质量的重要途径。通过服务贸易、引进外资、主动接受国际服务业转移，接受高端的中间服务，近距离地学习先进服务技术和管理经验，逐步提升服务产品的技术含量和档次，并在技术法规、标准、认证体系上与国际市场逐步接轨，促进我国生产性服务业的跨越式发展。

（7）鼓励沿海中心城市以服务外包平台为推手实施外溢发展战略。参考香港"前店后厂"模式，不断引导提升"前店"服务能级，推动沿海"前店"学习利丰模式，向专业化第三方服务供货商和供应链平台服务商升级，大力强化"前店"的辐射带动功能。鼓励深圳、上海等中心城市实施外溢发展战略，以供应链服务平台和第三方服务供货商为支撑，将中低端产业和高科技产业的劳动密集型环节转移到中西部地区，推动珠三角、长三角、环渤海三大区域产业布局的优化，建设共赢合作网络，提升外溢发展能力。

（8）加强知识产权保护，为发展知识流程外包和其他高端服务外包业务提供保障，提升我国参与全球高端服务外包产业分工与合作的水平，追赶全球服务业革命新潮流，抢占国际竞争制高点。

（9）全面完善外包人才培养政策，着力培育服务外包高端化国际化人才。全面加强服务外包知识普及培训，在广大制造业企业、商业及公共服务业及政府公务员中，开展相关专业知识和外包业务流程的培训，帮助企业普遍树立以外包助推产业转型升级的新经营理念；同时探索引入市场化的外包人才培训机制，搭建外包培训服务平台，在培训体系建设上实现突破。营造外包人才培养氛围，在优化社会环境上实现突破。大力引进国外服务外包高级人才，鼓励海外留学生在国外企业中实习，学习先进理念，吸引并号召海外留学生、华侨回国创业，建立起与国外发包商的沟通桥梁。

B.7

我国服务外包人才队伍及
培训的现状及对策

——对苏州、成都、合肥服务外包人才
队伍和专业化培训情况的调查

王晓红*

摘 要：

本文总结了"三地"服务外包人才培养经验，分析了我国服务外包人才培训存在的问题，提出了相应的政策建议：加大对服务外包培训的财政补贴；创新服务外包人才培训模式；加强服务外包培训公共服务平台建设；加强服务外包培训的组织规划、管理和宣传工作；强化服务外包高级人才引进优惠政策。

关键词：

服务外包 人才队伍 人才培训

近年来，随着我国服务外包产业的快速发展，人才供求矛盾日益突出，人才短缺、结构不合理等问题已经成为制约服务外包发展的瓶颈，积极探索并建立与我国服务外包产业发展相适应的人才培训服务体系十分迫切。为此，作者于2012年4月中旬至6月中旬，分别对示范城市合肥、苏州、成都进行了专题调研①。

在苏州调研期间，先后召开了由苏州市商务局、发改委、经信委、教委、苏州工业园区参加的座谈会，并对苏州工业园区、苏州高新区、药明康德、

---

* 王晓红，国家发改委宏观经济研究院。

① 作者作为中国产业发展促进会调研组成员，随中国产业发展促进会副会长张龙之、副秘书长刘治等一同调研。

欧索软件、苏州工业园服务外包职业学院等企业和培训机构进行了参观走访，并座谈走访了昆山市有关政府部门、华侨开发区，以及远洋数据、华道数据等服务外包企业，安博教育、央邦等服务外包培训机构。在成都调研期间，先后召开了由市商务局、教育局、人事社保局、高新区、服务外包协会、巅峰软件、维纳软件、股瑞特科技有限公司、华迪信息技术有限公司、成都资讯工程学院、成都大学、四川商务职业学院等政府有关部门、协会以及培训机构参加的座谈会，并重点参观走访了天府软件园、巅峰软件、维纳软件、NCS 中国、华迪信息技术有限公司、成都资讯工程学院、四川商务职业学院等企业和培训机构。在合肥调研期间，先后召开了由市商务局、教育局、职业教育学院、高新区和服务外包企业参加的座谈会，并重点参观走访了安徽服务外包产业园区、滨湖新区、动漫基地，以及安徽服务外包培训学院、安徽职业技术学院、联合包裹外包服务（安徽）有限公司、易商数码、科大恒星、科大讯飞、宝葫芦集团、幸星数字娱乐科技有限公司等培训机构和服务外包企业。

一　苏州服务外包人才培训的主要经验

苏州市服务外包产业发展位居全国前列。2011 年 1～4 月完成离岸执行金额 5.62 亿美元。全市服务外包从业人员超过 12 万人，其中，大专以上学历占 65%。近年来，苏州在积极推进服务外包培训工作、大力引进和培养服务外包人才等方面做出了积极探索。通过加大政策扶持力度，积极引进教育资源，构建多层次的服务外包人才教育培训体系，逐步缓解了服务外包人才的供给短缺问题，初步形成了由高等院校、职业教育机构、服务外包企业、社会培训机构共同参与的多元化、多渠道、多层次的服务外包人才培育体系。2010 年，全市受训人数达 1.77 万人。其中，苏州工业园区现有 16 所院校、7 个公共实训基地和 40 余家培训机构；年培训能力超过 1.4 万人次。昆山市 2011 年被认定为国家级服务外包人才培训中心，花桥开发区被认定为省级服务外包人才培训基地。到 2015 年，苏州服务外包从业人员将达到 30 万人，新增培训 10 万人。

（一）制定服务外包人才培养政策，加大财政资金支持力度

苏州市为了加快服务外包人才集聚效应，成立了服务外包人才培训工作领导小组，由市长任组长，分管教育、商务的副市长分别任副组长。全市先后出台了《苏州市服务外包产业跨越发展计划》、《苏州市对中央财政服务外包专项扶持资金进行配套的实施细则》、《苏州市加快服务外包人才培养的若干意见》等政策，加大对服务外包企业和培训机构人才培养的财政资金扶持力度。对于国家给予服务外包企业每招聘一名大学生4500元补贴，培训机构每招聘一名大学生500元补贴的政策，市里均按照1∶2（1）进行配套。对市级以上服务外包培训基地给予一次性10万～50万元的财政经费资助；对培训基地所培训人员通过考核，并与服务外包企业签订1年以上劳动合同的，给予基地每人1000元的经费支持；对于市服务外包校企联盟的建设，财政给予一次性补贴；对于引进的服务外包领军人才，市政府给予50万～100万元补贴。

此外，昆山还针对当地情况出台了《关于实施加快领军型创新人才引进计划的意见》、《关于加快优秀人才引进与培育的若干政策》、《关于引进和培养服务外包人才的实施办法》等政策措施。按每年一般预算收入的1%设立亿元人才发展专项资金。苏州工业园区于2007年成立了培训管理中心，以紧缺和高技能人才培训、建设实训基地和引进培训机构为核心和重点，对相关培训费用给予补贴。2010年园区共投入530万元，对60多家服务外包企业、超过1500人次的培训进行补贴。这一措施对吸引优秀专业培训机构落户起到了良好作用。园区还采取与国际知名专业机构合作开发培训课程等方式，对于在园区内企业就业的学员给予费用全免或部分免除等优惠，并免费为优秀学员推荐就业。同时，政府还加大财政投入解决服务外包人才的住房问题。苏州工业园建造了大面积公租房，大学生都可以申请。昆山也建立了50万平方米的人才公寓。花桥开发区加强园区配套设施，以及医院、运动城、电影城等娱乐健康设施建设。使人才招得来，留得住。

（二）建立服务外包人才培训体系，推动培训模式向定单式、实训式转型

苏州市服务外包人才培训体系主要由学历教育、培训机构、实训基地、企

业培训四个方面构成,基本形成了以普通高校、职业技术学院等学历教育为基础,专业培训机构、企业等非学历教育为依托的服务外包人才培养体系。

1. 高等院校层面

(1)增加服务外包课程设置。近年来,苏州高校纷纷增设了嵌入式软件、数字媒体技术、现代物流、动漫设计与制作、通信网路与设计等专业。苏州工业园区政府除鼓励区内高校开设服务外包课程和实训课程外,还帮助建立院校与外包企业之间的沟通机制,鼓励各类创新培养模式。(2)引进高校资源联合办学。苏州独墅湖科教创新区与国内著名大学开展合作办学,中国科技大学软件学院、南京大学苏州研究院、东南大学软件学院、四川大学苏州研究院等高校先后落户园区。昆山软件园加强与成都电子科技大学、苏州大学、托普职业技术学院、昆山登云科技职业学院等合作,加快培育服务外包人才。(3)建立服务外包教育培训机制。苏州市教育局通过建立一批基地、成立外包学院和实训中心,制订人才培训计划、开展师资培训等方式,年培训服务外包从业人员 25000 人。(4)加强与全国各地高校合作。昆山市政府与东北、安徽、广西等 100 多所高校签订合作协议,由人事局一名专职副局长负责,为服务外包企业在全国各地招募人才。

2. 职业教育层面

(1)设立服务外包职业培训学院。苏州工业园服务外包职业学院是全国第一所外包学院,为大专 3 年。学院已经形成了师资培养、研究咨询、培训服务、技能鉴定全链条的培训服务,并根据市场需求进行课程体系建设、编写教材,通过与服务外包产业集群对接,为课堂教学和学生就业提供空间。(2)树立"为产业办教育"的理念。苏州工业园服务外包职业学院针对 ITO、BPO、数字媒体外包三大重点领域设立相关专业,实现了学院专业与地区产业链之间的高度融合。在人才培养上,注重科学编制方案,开设课程突出对学生外语能力、谈判能力和专业技能的培养,采用双语教学、模拟实训、创造仿真环境等模式,提高学生的综合能力和实践能力,使学生毕业后即能就业。(3)高度重视校企合作。苏州工业园服务外包职业学院除每年培养 1000 多名实用性服务外包专业人才外,还为企业提供专业培训。他们与多家知名企业合作,通过共建实训室、定向班、实习基地、承接项目等多种模式,实现人才与企业需求同步发展。

3. 培训机构层面

（1）大力发展服务外包培训机构。全市认定了苏州科技学院等27个市级服务外包人才培训基地。培训的主要领域包括：信息技术、动漫游戏、集成电路设计、现代物流、信息安全、客户服务、金融财会、设计研发、实用外语、项目管理等。培训的对象包括：服务外包新从业人员、在岗人员及企业中高层管理人员。（2）积极吸引海内外培训机构。苏州软件（微软技术）实训基地、SUN华东实训基地、索迪—IBM实训基地、安博（昆山）实训基地和印度NIIT、HMM培训中心等相继在苏州落户。昆山市注重发挥安博、央邦等龙头培训机构的作用，开展定制培训、从业人员资质培训、国际认证培训等业务，强化培养"外语＋软件＋专业"复合人才（即"1＋1＋1"型复合人才）。安博教育集团培训中心被认定为"教育部软件人才实训基地"、江苏省博士后工作站，凯捷咨询、华道资料、恩斯克研发、伟速达安全系统等企业成为该工作站的主要载体。苏州工业园区的培训机构多数采用定单式培养。很多国内培训机构与国际知名培训机构、企业和中介组织合作，研发适合园区企业需求的培训课程。一些有条件的企业将内部培训部门独立出来，为其他企业提供专业化、社会化的培训。

4. 企业培训层面

（1）坚持对新上岗的应届毕业生培训。苏州工业园区许多企业为应届毕业生提供数个月的实训与企业文化培训，并给予实习补助，培训师资均为本企业具有丰富实践经验的技术管理人员，教材一般由企业组织编写。与培训机构相比，企业实训目的更明确、效果也更显著。（2）立足成为院校的长期实习基地。苏州工业园区企业与相关专业的职业学院和高校签订长期的实习基地协议，不仅为院校的课程设置与教学内容提供咨询，而且为应届生提供实习机会。由业务主管人员作为实习指导教师，制定每天的专业技能工作清单和每周的评估标准，定期进行讲解、讨论和分析。经过2个月左右的强化实习和团队训练，不仅丰富了学生的实践经验，企业也获得了实用型人才。（3）把企业培训前置到学校。远洋数据等企业把培训工作前置到校园里，使学生毕业后就可以直接上岗，提高了培训效率。

（三）建立服务外包实训公共服务平台

苏州市依托服务外包职业学院、服务外包人才实训中心等机构，按照"先进性、公益性、公共性"的原则，着力建设一批面向全市的共享型、开放式的实训平台。苏州工业园区投入2100多万元搭建了一批专业性公共实训平台，涵盖软件技术、动漫、集成电路设计、呼叫中心、物流、金融财会等行业。欧索公司搭建了人才公共服务平台。通过建设数字企业园区、建立培训数据库、利用SaaS平台，实现了在线和线下培训相结合，从招生到就业全流程的服务，加强了院校和企业对接。

二 成都服务外包人才培训的主要经验

成都是我国西部软件信息技术服务外包的主要基地城市。近年来，成都市通过健全组织体系、制定相关扶持政策、加强职业培训机构建设等措施，全面提高服务外包人才培训规模和质量。2010年，全市累计培训1.2万人左右，培训后就业率达到90%。共认定市级服务外包人才培训机构24家。

（一）加强财政资金支持

成都市根据国办69号文件和商务部有关服务外包产业支持政策，配套制定了一系列支持政策。在2010年服务外包专项资金中，将服务外包人才引进、培养作为重点工作。主要包括：①服务外包企业每新录用大专以上学历员工从事服务外包工作并签订1年期以上劳动合同，给予企业每人3000元的定额培训支持。②服务外包培训机构培训的大专以上学历毕业生从事服务外包业务，并与本市服务外包企业签订1年以上劳动合同，给予培训机构每人500元的定额培训支持。③对经认定的培训机构与服务外包企业合作培训、定向培训急需人才，培训结束后本市企业录用率达到80%以上，给予培训机构项目培训费用50%的培训支持，每个培训项目最高10万元。④为服务外包培训提供资金管道来源。规定：对参加服务外包职业技能培训后取得《职业培训合格证书》

或《职业技能资格证书》的失业人员给予培训补贴，补贴资金在各级政府安排的就业专项资金中列支。服务外包企业组织从业人员培训，其培训经费从企业职工教育经费及各级财政安排的服务外包专项资金中列支。

（二）建立政府和行业协会相结合的服务外包人才培训组织体系

市就业局和商务局建立了服务外包培训就业工作联席会议制度，定期召开联席会议，共同负责组织认定服务外包培训企业和培训机构，根据全市服务外包行业发展规划和用工需求，提出服务外包从业人员培训和就业计划，负责指导企业和定点培训机构按照国家职业标准或服务外包行业标准开展针对性强、时效性强的培训，并对培训质量进行监督检查。同时，发挥行业协会作用。通过成都市就业促进会和服务外包协会搭建培训就业服务平台，按照项目定期组织培训。

（三）针对全市服务外包产业特色制定培训规划和项目

市商务局、人力资源和社会保障局共同制订了《2010 成都市服务外包行业培训就业行动计划》，提出了培训目标，不断满足当地企业用人需求。主要包括八个方面的培训：信息技术系统操作服务、信息系统应用服务、基础信息技术服务、企业业务流程设计服务、企业内部管理数据库服务、企业业务运作数据库服务、企业供应链管理数据库服务、语言培训（英语、日语、韩语等）。

（四）加强各类服务外包教育培训资源整合

一是充分利用各类院校的优质资源。推动电子科技大学、四川大学、资讯工程学院等院校与服务外包企业的合作，提升学校培养服务外包人才的动力和高校毕业生进入服务外包行业工作的意愿。目前，多数市属高校和中等职业学校成立了服务外包专业，或在专业内设立服务外包方向的培养目标。二是鼓励国内外知名培训机构和大型企业发展培训业务，增加培训机构数量，提升培训质量，对输送人才数量多、质量高、有特色的服务外包培训机构给予奖励。三是依托国家级"成都服务外包人才培训中心"及"成都软件人才培训联盟"

等载体，搭建成都市服务外包人才培训平台，重点开展基础性人才的培养及校企合作，并给予相应的资金支持。

（五）加大高级人才引进的政策力度

重点引进服务外包行业的领军人才，在海外和沿海城市有多年从业经验的中高端管理、研发等人才。从人才引进机制、管道等方面完善鼓励政策，形成中高端人才"洼地"效应。

三　合肥服务外包人才培训的主要经验

近年来，合肥通过加强基础工作、健全政策体系、推进园区建设、培育领军企业、引进重点项目、创新人才培训机制等措施，逐步形成点面结合的服务外包发展格局。目前，全市共有服务外包企业217家，从业人员3.74万人，服务外包培训机构20家，年培训规模超过2万人。2010年，全市服务外包合同金额8.97亿美元，同比增长369.6%，其中离岸合同金额1.13亿美元，增长16.49%；服务外包执行金额8.17亿美元，增长642.7%，其中离岸执行金额0.88亿美元，同比增长41.9%。

（一）充分利用雄厚的科教资源和丰富的服务外包人才资源

20世纪80年代合肥市被确定为全国4大科教基地之一。目前，合肥是我国科技创新型试点城市、合芜蚌自主创新综合试验区的核心城市、皖江城市带产业转移示范区的重点城市。合肥有各类高等院校56所，在校大学生50万人；各类研发机构680个，专业技术人员40.9万人。每万人拥有技术人才的比例及城市人均拥有大学生数量均居全国同类城市前列。这些都为全市服务外包产业快速发展提供了重要的人才保证，同时也为服务外包人才培训提供了重要的教育资源。

（二）积极探索"学分互换"、产学研相结合的人才培训模式

合肥市鼓励园区、企业、培训机构、高校通过多种形式建立服务外包人才实训基地，将实训纳入高校教学课程体系，打通高校—培训机构—企业的人才

培训通道，并根据高校学分制收费标准给予一定补贴。同时，积极推广培训机构、企业、高校开展"学分/学时"互换模式，加快高校毕业生向服务外包适用型人才的转变速度，提高人才培训效率，这些做法被商务部誉为大学生就业的"合肥创新模式"。

（三）初步建立了高校、企业、培训机构共同合作的培训服务体系

全市涌现出一批以安徽服务外包人才培训中心、安徽菲斯科培训咨询有限公司、安徽易德人力资源管理有限公司、安徽省通信产业服务有限公司培训分公司等为代表的服务外包人才培训机构。安徽服务外包培训学院与40多所院校签约，基本形成了比较实用成熟的课程体系，培训后的大学生可直接进入通信运营商和服务外包机构工作，基本做到了高校、培训机构、企业、学生的"无缝对接"。安徽国际商务职业学院与安徽服务外包园区合作，把学生送出去进行订单培养，形成了规模性人才输出的机制。与此同时，市政府还建立了沟通交流机制。定期组织服务外包企业、培训机构、高等院校开展各种形式的沟通交流，建立外包人才供需信息平台。

（四）基本形成了服务外包特色专业培训

全市围绕服务外包发展的重点领域设立培训项目，主要包括：对日软件外包工程师、Java 国际软件外包工程师、.net（点奈特）国际软件外包工程师、网络与数据库工程师、呼叫中心客服专员、数据处理专员（对欧美及对日、韩方向）、语言类培训（英语、日语、韩语等），以及职业礼仪、沟通技巧、目标管理、服务意识等职业素养方面的培训。

（五）切实加强服务外包培训行业管理

全市利用服务外包培训工作领导小组和联席会议机制，加强商务、教育和劳动等政府部门的沟通、协调与合作，加强对服务外包培训机构的设立审批和资质审核。同时逐步建立和完善培训标准化体系，实现培训项目课程体系标准化、收费标准化、实施流程标准化、培训课程质量评测标准化等。确保培训质量，维护培训市场秩序。

四 目前服务外包人才培训存在的主要问题

通过调研发现，目前服务外包产业普遍面临人才短缺、结构性矛盾突出，招人难、留人难、培训力度小等问题。

（一）服务外包人才需求层面存在的主要问题

1. 服务外包人才总量缺口较大

从苏州调研情况来看，按照苏州市"十二五"时期服务外包离岸执行额年均增长率保持在40%以上的目标，服务外包产业每年需要增加大学生5万人左右。由于当地高校资源匮乏，各类服务外包人才供给缺口很大，实用型、复合型人才供给不足的矛盾突出，尤其是熟练的程序架构师、分析师等高层经理级人才不足。苏州工业园区反映，由于高校应届毕业生普遍缺乏实践操作、团队协作经验和外语沟通能力，企业只能以较高成本招聘有工作经验的人才。安徽移动公司也反映，现在企业订单不发愁，只是缺少合格人才。

2. 服务外包高端人才尤其短缺

承接附加值较高的国际外包业务需要有全球战略眼光，能够带领大型技术团队承接复杂外包业务订单的行业领袖、高级技术人才、管理人才和国际营销人才。由于我国服务外包发展时间短，技术水准、国际化管理能力与印度等国家相比差距较大，尤其是上述几类高级人才缺乏，成为制约我国服务外包产业高端化、规模化、国际化发展的瓶颈。

成都调研企业反映，目前低端人才供应比较充足，中高端人才缺乏。如，技术骨干或具有5年以上项目管理经验的人才，项目经理、国际商务谈判、海外营销等高级人才，这些人才对于企业承接跨国公司业务具有决定性作用，但企业自己难以培养，引进也比较困难。目前服务外包培训主要面向中低端人才，也同样难以解决领军人才、高端人才的缺乏问题。

苏州工业园区反映，目前院校培养复合型、跨行业、外语沟通能力强的实用型人才数量远远不能满足产业发展的需求。专业培训机构多数周期较短、师资力量较薄弱，学员在实际项目操作运用方面与企业业务有一定差距；企业内部培训虽然成效好，但成本较高，员工流动的风险也较大，导致很多企业宁愿直接录用有工作经验的员工，也不愿意花费财力从事新员工培训。

3. 服务外包人才能力较弱

一是外语能力弱。毕业生的英语、日语水平通常不能满足企业承接境外业务的要求。如，成都市许多服务外包企业从事对日业务，但成都专门设置日语专业的高等院校只有 7 所，每年毕业的日语专业本科生不足 500 人，远远不能满足企业对日外包业务发展的需求。二是技术能力狭窄。目前国内培养的技术型人才主要局限在 Java、.net、C++、C 等领域，SAP、BI（商业智慧）、Oracle 等中高端开发型人才相对缺乏，制约了软件外包高端业务发展。三是复合型人才培养艰难。学生在学习发包国语言、文化与技术之间存在矛盾。语言学得好，技术相对弱；而技术学得好，语言相对弱。

4. 服务外包人才流动性较强

苏州、成都、合肥企业普遍反映，人才招聘难、留人难。成都服务外包行业平均流动率约为12%。

造成这一问题的主要原因：一是行业收入水平较低加速了人才外流。目前苏州市服务外包行业平均工资水平为 1500～2000 元，工资水平较低是导致人才流动过快的主要因素。远洋数据公司反映，呼叫中心、数据处理中心等业务人员流失率很高，主要是薪酬待遇低。有经验的员工跳槽现象很普遍。从BPO 业务来看，一个新员工通常要工作半年后才产生效益，但有的仅工作一个月就离职了。合肥动漫企业刚参加工作的员工工资一般为 2000～2500 元。科大恒星反映，目前企业基础员工多数是 1985 年以后出生的，本科生工资仅3000 元左右，与发达地区相比差距较大。因此，技术人员流动性较大，人才供给跟不上。合肥一批优秀的、熟练的、拥有一技之长的技术骨干向上海等一线城市流动的比例在不断上升。二是生活成本上升过快。当前房价、物价等增长较快，使许多中高级人才难以承受，导致对行业的吸引力下降。三是工作相对枯燥。服务外包行业以年轻人为主，但软件开发、数据处理、呼叫中心等工作相对比较单调。由于许多服务外包园区远离市区，缺乏生活、娱乐等基础设施配套，给年轻人的生活学习带来不便。昆山软件园有 60 余家软件公司反映，年轻人找对象难、社会活动较少，中高端人才招聘很难解决。四是企业相互挖人的现象较为普遍。

5. 服务外包产业规模和层次制约了人才发展

由于我国服务外包产业总体上处于产业链的低端，对于高端人才发展空间形成一定约束。从合肥调研情况来看，合肥由于缺乏千人乃至万人以上的大型服务外包企业，难以形成规模经济和辐射带动效应，对服务外包专业人才需求规模相对较小，人才需求层次相对较低，制约了服务外包人才培训机构的培训规模和发展速度。许多服务外包优秀人才经过培训由于缺乏合适的岗位和发展空间，到北京、上海、广州、深圳等一线城市就业。

（二）服务外包人才培训层面存在的主要问题

1. 优秀高等院校和高级培训机构参与程度低，服务外包培训以中低端人才为主

总体上看，目前高校教育难以适应服务外包产业发展需要。一是由于教育部直属本科院校受教育部规定课程设置的限制，约束了高校专业课程设置上的自主权。因此，这些985、211类院校无法根据服务外包市场发展的需求创新设置课程，难以承担服务外包人才的培养工作。目前，各地服务外包人才培训工作主要依靠二、三类本科院校、职业院校、社会培训机构来完成。这些机构从生源质量、师资质量上主要定位于培养基础性、常规性的中低端外包人才，缺乏培养复合型中高端人才的能力和条件。如：职业院校的学生外语基础较差，许多学校的小语种教师缺乏，很难大规模培养涉外服务外包人才。

2. 教学与企业需求脱节，人才培养方向单一

由于我国服务外包产业刚刚兴起，且以计算机软件开发服务为主体，学校对人才培养的要求和目标不清晰，在开设专业时，对服务外包企业的人才知识、技能要求不清楚，一些院校仅把服务外包简单地认定为计算机软件开发。因此，在人才培养中注重计算机知识，却忽略了行业的专业知识；注重ITO人才的培养，却忽略更为广泛的BPO和KPO业务的人才培养。许多企业反映，由于服务外包专业课程设置无法适应企业对人才知识结构及工作能力的需求，导致服务外包企业难以从毕业生中直接用人，往往需要投入大量的人力、财力对新入职的毕业生进行专业培训，大学生毕业通常需要培训3个月后才能上岗。

3. 服务外包专业师资队伍难以满足需要，"双师型"人才紧缺

目前，服务外包专业师资在数量、质量上都存在较大差距。院校和培训机构多数教师仅能够完成课堂和课本教学，缺乏对服务外包前沿技术、规范的了解和实战经验。苏州工业园区服务外包职业学院反映，服务外包教师选择余地小、范围小、没有标准，由于缺乏对高级人才的财政支持体系，学校面临的师资缺乏问题很突出，尤其是既懂理论又有大型服务外包企业丰富实践经验的专家、高级教师引进十分困难。

4. 国家缺乏人才培养标准和认证体系

由于服务外包专业属于新兴学科，国家尚没有形成科学统一的评价标准和体系。高校、培训机构在体制融合、资质认证、服务外包专业教材系统性开发等方面都要面临探索。尤其是在培训规划、人才培养定位、师资选拔、课程体系设置、培训教材编写、培训收费、培训效果评估等方面，都缺乏国家层面的标准体系和资质认定体系，导致服务外包培训机构良莠不齐，影响了培训质量和培训市场秩序。

5. 国家财政资金支持力度有待加强

服务外包培训机构主要解决大学生进入服务外包企业的"最后一公里"，也是服务外包人才输送的主要管道，但普遍面临资金困境，生存难以为继。首先，这些机构反映，目前，国家对于服务外包培训机构每培训一名学员给予500元补贴的标准，支持力度不够，难以调动培训机构的积极性。其次，企业在培训经费上也面临困难。合肥一些动漫企业反映，大学生到企业通常要3～6个月的培训才能上岗工作，因此，动漫外包企业培训经费支出较大，通常需要政府补贴。再次，多数院校反映，在学生从事实训实习、项目教学等实践环节，由于缺少足够的经费支持难以进行。此外，受训学生也反映培训费用较高，培训机构收费通常在6000元左右，许多学生难以负担。

6. 缺乏对服务外包的宣传和社会认知

服务外包是一个新兴产业，由于缺乏宣传，许多地方政府、企业、学校、学生、家长都缺乏认识，影响了学生进入行业的积极性。

五　政策建议

大力发展服务外包产业关键在人才。服务外包培训应立足产业发展需要，重点解决高素质服务外包人才缺乏、专业人才供求的结构性矛盾、人才适用性差等问题，积极扩大培训规模，提高培训质量，实现服务外包人才的可持续发展。应发挥政府推动作用，聚集院校、培训机构、企业和行业协会的力量，依托高等院校人才资源、师资队伍和教学条件的优势，加大对培训机构支持力度，鼓励企业建立实训基地、开展岗位培训，有效解决教学团队、课程开发、实训项目、教材建设、实习基地等关键环节的问题。逐步构建由政府、高校、培训机构、行业协会、企业、大学生之间有序连接、有机结合的服务外包人才培训服务体系。

（一）加大对服务外包培训的财政补贴

一是加大对培训机构补贴力度。目前，培训成本相对较高，大学生经济能力有限，造成许多培训机构经营难以为继，国家适当提高补贴标准有利于减轻培训机构资金压力，鼓励其做大规模。建议国家财政用于培训机构培训服务外包人才补贴费用由 500 元/人提高到 1000 元/人，地方政府按 1:1 进行配套。二是对服务外包企业承担大中专院校学生实习实训和新员工培训给予适当补贴。三是将财政补贴政策覆盖范围扩大到中等职业学校。目前，在 BPO 业务中录用了大量中等职业学校毕业生，这些学生经过培训后能够胜任工作。四是将培训奖励资金申报时间改为每年 9 月份。院校和培训机构普遍反映，由于学院毕业证的发放时间是每年 6 月底，企业与毕业生签订就业协议一般在 8 月份，9 月份才可能进行准确的人数统计。五是设立中西部地区服务外包人才培训专项资金，加快中西部服务外包人才培养。

（二）创新服务外包人才培训模式

1. 创新高等院校教育模式

一是扩大高校课程设置自主权。鼓励有条件的院校根据服务外包产业发展的要求和趋势进行相关学科建设，动态设置各类专业课程，不断细化培训专业方向。同时，鼓励部属高校和地方院校共同开展服务外包人才培养合作。二是积极推行高校学分学时互换机制。将学生在企业实践实训时间换算为学分或学时，以鼓励在校学生参与企业实践活动。据创睿软件反映，建立 3（3 年学校）＋

1（1年企业）培养模式，能够有效解决大学生毕业后直接进入服务外包企业工作。三是积极推进院校与服务外包企业合作。应将服务外包实训环节纳入高校教学课程体系，实现人才供需有效对接、资源共享。建立企业高层管理人员与高校师生的长期交流机制，鼓励高校聘请服务外包企业实践经验丰富的高级技术和管理人员作为兼职教师，参与高校人才培养计划制定、实训指导和专业课程教学等，加快服务外包实用型、复合型人才的培养。鼓励校企双方根据服务外包企业的岗位要求、数量共同制定培养方案，开展订单式服务外包人才培养。

2. 创新企业培训模式

鼓励服务外包企业建立实训基地。支持企业接纳大中专院校学生开展在校期间的实训、毕业前的实训，并为学生创造良好的实训条件和环境，可根据高校学分制收费标准给予一定补贴，鼓励有实力的企业将自己的业务嵌入高校、职业学院的服务外包专业课程，打通高校、培训机构、企业的人才通道，实现"毕业即就业"的无缝对接。加快高校毕业生向服务外包适用型人才的转变，提高人才培训效率。尤其要鼓励国际知名外包企业和高等院校、培训机构共建服务外包人才培训基地，引进先进的培训理念和模式，鼓励国内跨国公司开展面向社会培训。

3. 提高培训机构培训质量

专业服务外包培训机构是服务外包人才的主要管道，推动培训机构模式创新，全面提高培训质量尤其重要。一要制定培训资质和标准。尽快建立服务外包专业培训机构的资质认定标准和市场准入标准。尽快制定与国际接轨的服务外包课程体系标准、流程标准、人才职业标准、师资标准以及培训质量评估标准等。尤其要注重专业学科与企业实际需求的结合。二要大力引进国外服务外包专业培训机构，利用其海外管道和全球化的师资优势，通过建立海外培训中心、各类模拟仿真情景实际操作训练等模式，快速提高国内服务外包人才的国际化水平，为提高承接国际外包能力创造条件。三要逐步提高国内培训机构培训质量、层次和水平。鼓励其进行委托培训、定制培训和定向培训等培训模式创新，对于培训机构引进先进技术设备和高端课程，重点进行高端人才培训、海外培训，财政可适当提高补贴额度。安博教育反映，企业常年与思科公司合作，年培训 1 万人以上 ITO、BPO、KPO 人才，并设立了国际考试中心，但成本较高，希望财政增加补贴额度。

4. 加强服务外包师资队伍建设和培训

加大对服务外包专业师资、设备和教材的支持力度，同时大力引进服务外包企业专业人员到学校进行教学、实训，解决实训中的问题。同时，加强对院校领导的专业培训，提高领导意识。

（三）加强服务外包培训公共服务平台建设

一是通过建设服务外包人才网站、服务外包人才数据库、数字化园区，以及定期举办服务外包人才招聘会、论坛、发布权威报告等方式，搭建服务外包人才供需信息服务平台，强化企业、院校、培训机构的沟通交流机制。二是鼓励服务外包龙头企业、跨国公司内设的培训中心成为社会化的培训服务平台。三是发挥服务外包协会等中介组织的作用，建立社会培训体系。通过组织定期培训，举办服务外包行业技能大赛等方式，提升学生的关注度和吸引力，扩大基础服务外包人才规模。

（四）加强服务外包培训的组织规划、管理和宣传工作

各地政府有关部门应设立服务外包工作领导小组，建立联席会议机制，加强商务、教育、劳动保障、财税等部门的沟通协调与合作，规范服务外包培训市场管理。加大对服务外包产业的宣传力度，提升产业影响力，更多地吸引和聚集人才资源。

（五）完善服务外包高级人才引进优惠政策

建立服务外包高端人才的引进策略与管道，建立高端人才全球化配置的机制。通过项目合作、定期回国交流等方式充分利用海外人才资源。尤其要强化高端服务外包人才的引进工作，重点引进海外行业领军人才和具有多年从事服务外包经验、熟悉国际外包市场的高级项目经理、高级技术和管理人才。完善人才引进机制、环境和奖励政策。国家和地方财政应给予相应的补助，并妥善解决住房、子女教育、户籍等生活问题。

B.8
人力资本与离岸服务外包
产业发展相关性研究*

王传荣　商海岩　张　桐**

摘　要：

随着经济全球化的不断加深和信息技术的飞速发展，离岸服务外包作为全球服务业跨国转移的重要方式迅速发展，在经济发展中起到越来越重要的作用。本文在明确离岸服务外包产业的内涵和性质之后，着重研究人力资本与离岸服务外包产业发展的相关性，并构建模型进行实证检验；提出充分发挥政府"指挥棒"作用，充分发挥企业、高校、社会培训机构的主体作用，加强政企校合作与沟通，探索离岸服务外包人才新型培养模式等措施，促进我国人力资本提升与离岸服务外包产业发展。

关键词：

离岸外包　人力资本　跨国转移

进入 21 世纪，离岸服务外包产业取得了进一步的发展，IDC 数据显示，2009 年全球 IT 服务外包市场总额 5885 亿美元，全球业务流程外包市场总额 2214 亿美元；根据联合国贸发会议估计，未来 5～10 年全球服务外包市场将以 30%～40% 的速度递增，呈现出强劲的发展态势。如何抓住本轮全球服务业跨国转移的机遇，充分把握全球离岸服务外包发展的契机，已成为我国目前

---

* 教育部人文社科项目"劳动力迁徙决策及流动研究：基于高等教育空间集聚的视角"（11YJA840019）；山东省软科学项目"基于产业协同演进视角的科技服务业发展研究——以山东为例"（2011RKGA8001）；山东省社科规划重点项目"山东省服务业集群生命周期及对策研究"（10CJGJ26）。

** 王传荣、商海岩、张桐，山东财经大学经济学院。

亟待解决的重要议题。与印度、爱尔兰等国相比，我国在承接离岸服务外包业务的规模和质量等方面仍有明显差距。从离岸服务外包产业发展的实际情况和国际比较来看，人力资本水平会影响离岸服务外包产业的长远发展，也是现阶段制约我国离岸服务外包产业进一步提升的重要因素。

一　相关文献综述

（一）离岸服务外包产业的界定

已有的研究已从多个不同的角度对服务外包进行了定义，如从价值链角度（詹晓宁、邢厚媛，2005；王微，2007）、服务贸易角度（张磊、徐琳，2006；袁永友、魏宏贵，2007）和合约角度（卢锋，2007；江小娟，2008；武力超，2009）等。上述研究对于服务外包的定义蕴含了服务外包的以下本质属性：第一，服务外包由发包商、承包商和外包合同三大要素构成，发包商将自身的一部分业务交由第三方（承包商）来完成，并通过外包合同规范双方的行为、保证双方的利益；第二，发包商转移给承包商的业务通常是非核心的业务（往往处于价值链的低端）和不擅长的业务（能力不足或效率不高，可能处于价值链高端）；第三，发包商外包服务业务的主要目的是为了降低成本、提高效率、强化核心能力和应变能力；第四，服务外包，必须依托信息技术、网络技术和通信技术来实现（服务外包实际上是基于 IT 的外包）。

基于以上的研究和参照毕博管理咨询公司以及国家发改委宏观经济研究院王晓红博士的定义，可将服务外包定义为：服务外包是某一组织为降低成本、提高效率、强化核心能力，依托现代信息技术、网络技术、通信技术，将价值链中部分服务性业务以合同形式委托给外部机构完成的一种商业模式。这里的委托方又称为发包商（方），受委托方又称为承包商（方）；发包商委托给承包商完成的服务性业务通常是基础性的、共性的、非核心的或不擅长的业务。离岸服务外包定义为是指企业充分利用国外资源和企业外部资源进行产业转移，实现全球资源优化配置的一种形式。其主要体现在跨国公司利用发展中国家的低成本优势，将服务外包到发展中国家（王晓红，2007）。

（二）离岸服务外包的影响因素

Farok J. Contractor 和 Susan M. Mudambi（2008）基于全球 25 个最主要的离岸服务外包国家的资料，分析了人力资本投资、基础建设投资和商业环境对服务出口的影响，得到了人力资本确实对离岸服务外包产业有重要影响和人力资本投资对发展中国家承接离岸服务外包的影响要大于对发达国家的影响的结论。承接国人力资本水平的高低是其承接离岸服务外包的重要影响因素。Nicholas Apergis、Claire Economidou 和 Ioannis Filippidis（2008）认为，在 R&D、国际贸易和人力资本三个要素中，人力资本通过技术创新和技术转移对劳动生产率的影响最大，尤其是在高技术行业。韩军（2001）在研究人力资本要素与国际服务贸易比较优势的发挥时，提出一国的人力资本状况是决定一个国家服务贸易比较优势的根本性因素，他从人力资本的视角出发，阐述了人力资本在一个国家经济发展、服务业和服务贸易比较优势形成中的决定性作用。张燕（2005）基于异质型人力资本的内涵，尝试从异质型人力资本的视角，研究人力资本与服务贸易比较优势的相关性，分析了人力资本促进服务贸易比较优势的机制，并且进一步论证了人力资本是决定服务贸易比较优势形成与转换的关键因素。尹翔硕、申朴（2005）比较了中国和印度两个国家在服务贸易比较优势以及贸易模式上的差别，在赫克歇尔—俄林的要素禀赋理论的基础上，就两个国家要素积累对服务贸易出口额的增长的影响作时间序列分析，结论是两个国家服务贸易比较优势来源不一样：中国来源于其丰裕的劳动力，而印度来源于其人力资本。该文为中印两国服务贸易部门存在的比较优势的差别提供了一个基于要素原因的解释，并得到结论：人力资本的积累能够为一国增强其服务贸易比较优势提供有利条件。王晓红（2011）通过对服务外包示范城市合肥、苏州和成都服务外包状况的调研分析指出，大力发展服务外包关键在人才。随着我国服务外包产业的快速发展，人才供求矛盾、结构性矛盾日益突出，招人难、留人难、培训难等问题已经成为制约发展的瓶颈，积极探索并建立与我国服务外包产业发展相适应的人才培训及服务体系十分迫切。服务外包人才培训应立足产业发展需要，实现服务外包人才的可持续发展。

综观国内外学术界的研究状况，可以看出，人力资本是离岸服务外包产业发展的重要影响因素这一观点，在学术界已有共识，已有研究也从人力资本比较优势、人力资本决定离岸服务外包技术外溢效应、离岸服务外包促进人力资本提升的效应和离岸服务外包企业人才需求与开发等方面做出了很多贡献。但是已有研究大多使用回归分析模型进行实证检验，仅使用人均受教育年限指标模糊描述人力资本，没有区别对待人力资本的数量和质量，实证检验的说服力大大降低。

二　人力资本对服务外包业的影响

人力资本对离岸服务外包产业发展的促进作用，是通过人力资本的效应实现的，具体包括以下几个方面的效应。

（一）人力资本的要素效应

对人力资本要素效应的认识经历了从无到有、不断深化的过程。传统理论中只注意到了劳动（L）和资本（K）的要素功能，随着科学技术的不断发展，人力资本的要素效应也不断得以强化，主要表现在以下三个方面：

（1）在生产投入的所有要素中，只有人具有能动性，人力资本要素是生产活动中最具有能动性的核心要素，人力资本存量的大小和人力资本的质量结构直接影响着离岸服务外包企业生产的结果。

（2）人力资本要素不同于物质资本的一个很重要的方面是，物质资本具有边际报酬递减的特点，而人力资本要素的边际报酬不会递减，原因在于人力资本具有积累性和扩张性，正如贝克尔（1964）的研究提出的，随着人力资本积累的增加，人力资本的收益率将会提高，而非下降。

（3）人力资本要素本身的边际生产力比较高，人力资本投入的增加，可以提高人力资本要素本身的生产率，直接对离岸服务外包产业的发展做出贡献：一方面，身体素质的增强会增加有效的工作时间，提高单位时间内的工作强度并加快节奏；另一方面，劳动力的素质越高，人力资本水平越高，其生产效率也就越高。

（二）人力资本的外部效应

人力资本投资的影响可以分为内部效应和外部效应。其中，内部效应是指"个人的人力资本对其自身生产率的作用"（卢卡斯，1988）；而人力资本的外部效应指一个拥有较高人力资本的人对他周围的人会产生更多的有利影响，提高周围人的生产率。明塞（1986）的研究表明，人力资本投资增加可以提高物质资本的边际生产率，从而提高整个生产过程的生产效率。外部效应使人们的平均技能水平或人力资本水平可以在人们之间传递，其结果是不仅可以提高自身的生产率，还增加了劳动力和物质资本的生产率，并产生了生产中的递增收益。

随着企业之间、劳动力之间的联系不断密切，人力资本的外部效应也不断得以强化，主要表现在如下三个方面：

一是人力资本投资所形成的专业化知识、素质、技能能够使其他要素投入产生递增收益，进而使整个社会经济的规模收益递增。二是人力资本投资所形成的知识和能力不仅能够提升投资者自身的生产效率，而且能够影响到投资者周围的人，促使他们提高生产效率。三是人力资本投资在加快社会技术与信息传播、提高人力资源市场运作效率、提高社会和谐程度和加强人们的合作精神、降低社会犯罪率等方面具有积极作用。

三　离岸服务业外包对人力资本形成的促进作用

离岸服务外包产业的发展具有很强的外部性，学者已从就业效应、产业结构效应等方面进行研究。这里主要分析离岸服务外包产业发展的人力资本效应和其对承接国人力资本提升的促进作用。

（一）示范带动效应

现代分工的不断细化和社会化使得世界各国企业之间的相互依存与合作越来越紧密，增加了承接国企业无偿获取、模仿那些非专利性的知识与信息的机会。同时，离岸服务外包的发包国在进行外包的过程中，为了使项目能够顺利完成，会选择性地转移一些必要的技术和管理方法，这就为为承接国的本土企业学习、模仿、创新提供了很好的样本示范。

（二）人才培养效应

发包方通常不仅向接包方提供研发项目、技术专家和管理人员，而且还为发包方的员工提供较多的学习机会，离岸服务外包发包方主要有两种方式提高承接国的人力资本水平：一种是通过与承接国的教育机构（如大学、职业学院等）直接合作。为了更好地完成发包项目，给自己寻求优秀的人才，发包企业往往会主动通过更新教学设备、引进先进教学理念和方法、设立奖学金和研究基金等方式优化承接国的正规教育，这在一定程度上促进了承接国的人力资本水平的提升。另一种方式就是在职培训，这是离岸服务外包人才培养中更有效、更普遍的人才培养方式，它能够更快捷地弥补承接国劳动力在知识和技能上的不足。

（三）竞争效应

发包方企业在将某些服务外包时，承接国的接包企业之间面临着相互竞争，各个外包企业不仅面临着本土企业的竞争，还面临着来自外企业的竞争，企业为了在竞争中保持有利地位，在市场中占据一席之地，必将加大研发投入、加大人才培养力度、提高自主创新能力。通过技术进步和人力资本水平提升来提高企业生产、经营管理效率，不断推陈出新以促进企业发展。

（四）经验积累效应

阿罗认为，经验和技能的积累在生产力提高中有重要的作用。在承接服务外包的过程中，接包方企业员工重复地提供某一项服务，由于经验不断积累、业务逐渐熟练，增加了劳动者本身的人力资本水平积累。对于企业而言，随着服务承接累积量的上升，组织成员间的默契程度不断提高、团队合作意识不断加强，有利于企业拥有的人力资本水平提升。同时经验曲线效应也在产业中存在，承接国人力资本水平将从整个服务外包产业的发展中受益。

四 人力资本与离岸服务外包产业发展相关性的实证检验

（一）实证资料分析

1. 指标选取

根据资料可得性和适用性，在借鉴已有研究的基础上，本文以 1995 ~ 2010 年的经济和社会发展资料作为研究人力资本与服务外包产业发展相互关系的数据基础，构造三组指标：一是反映服务外包产业产值的指标；二是反映人力资本数量的指标；三是反映人力资本质量的指标。

（1）服务外包产业产值指标。鉴于服务外包产业兴起时间较短，目前官方也缺少比较全面、系统的统计数据，国内学者在选取服务外包产业产值时一般都采用间接数据替代，大多以国家服务贸易出口量进行替代，但是，该数据包括了运输、旅游、通信、建筑、电影及音像等在内的全部服务贸易的出口，并不能尽可能恰当地描述服务外包产业的产值。本文选取中国《国际收支平衡表》经常性项目中"计算机和信息服务"和"其他商业服务"两项之和，作为衡量我国服务外包产业产值的指标，记作 CZ，单位：千美元。数据来源于国家外汇管理局网站发布的 1993 ~ 2010 年《国际收支平衡表》。

（2）人力资本数量指标。离岸服务外包产业具有人力资本数量密集的特点，承接国大量的人力资本存量对离岸服务外包产业的发展有着显著的影响。借鉴景瑞琴（2007）等的研究，本文选取中国历年普通高等学校毕业生数作为衡量我国人力资本数量的指标，记作 SL，单位：万人。资料来源于 1993 ~ 2011 年《中国统计年鉴》。

（3）人力资本质量指标。人力资本的形成主要依赖于教育，舒尔茨、贝克尔、明塞尔以及大量研究者的研究结果已经证实了这一点，然而教育可以划分为很多种类型，每一种类型的教育所形成的人力资本又具有不同的状态，从离岸服务外包业务的内容来看，该产业的特殊性在于需要从业人员具有一定的英语、计算机能力作为基础，并且入职后的企业内部培训和社会培训对从业人员的技能提高十分重要。正规教育、干中学、职业培训是人力资本质量提升的重要手段；其次考虑到人力资本还包含从业人员的健康素质。

因此，本文选取了三个指标综合衡量一个国家与离岸服务外包产业相关的人力资本的质量，分别是：人均文教、科学、卫生支出，衡量正规教育和健康素质情况，记作 RJZC，单位：元，资料来源于 1993～2011 年《中国统计年鉴》；进修及培训结业生数，衡量干中学和职业培训情况，记作 JYSS，单位：人，资料来源于教育部网站发布的 1993 年～2010 年教育统计资料，"各级各类非学历教育学生情况"中的"进修及培训"，包括资格证书培训和岗位证书培训，其中资格证书培训主要包括外语、会计和计算机；学成回国留学人员，该类群体具有良好的外语沟通能力和项目运作能力，并且在留学过程中接受了西方国家文化氛围的熏陶，是发展离岸服务外包产业不可多得的人力资本，但该群体并不能由前两个衡量指标所代表，故格外提出，记作 LXSS，单位：人，资料来源于 1993～2011 年《中国统计年鉴》。

实证检验数据基础见表 1。

表 1 实证检验数据基础

年份	CZ	SL	RJZC	JYSS	LXSS
1993	6350687.00	57.10	104.68	48364.00	5128.00
1994	6643210.00	63.70	112.34	55389.00	4230.00
1995	6844781.00	80.50	121.12	64201.00	5750.00
1996	7036020.00	83.90	139.25	83179.00	6570.00
1997	7762460.00	82.90	153.98	147942.00	7130.00
1998	6345780.00	83.00	172.68	258045.00	7379.00
1999	7174661.00	84.76	191.44	363056.00	7748.00
2000	7439812.00	94.98	215.94	489871.00	9121.00
2001	7743209.00	103.63	263.35	611621.00	12243.00
2002	9399250.00	133.73	309.77	1164254.00	17945.00
2003	16158004.00	187.70	348.65	800981.00	20152.00
2004	17587901.00	239.10	395.70	2881520.00	24726.00
2005	18700000.00	306.80	466.84	3464440.00	34987.00
2006	22700000.00	377.50	564.94	3423091.00	42000.00
2007	31200000.00	447.79	824.60	3866893.00	44000.00
2008	32300000.00	511.95	1046.40	4119157.00	69300.00
2009	31200000.00	531.10	1286.86	5073449.00	108300.00
2010	44900000.00	575.42	1522.89	6882371.00	134800.00

（二）平稳性检验

进行单位根检验的主要方法有三种，最常用的是 ADF 检验。本文利用 Eviews5.0 软件分别对各变量的水平值和一阶差分进行 ADF 检验，检验结果见表2。

表2　单位根检验结果

变数	水平值检验			一阶差分值检验		
	检验形式 （C,T,K）	ADF 统计量 （临界值）	结论	检验形式 （C,T,K）	ADF 统计量 （临界值）	结论
LNCZ	（C,T,0）	0.860887 −3.052169	不平稳	（C,T,K）	−3.391249 −3.065585	平稳
LNSL	（C,T,0）	−2.394330 −3.733200	不平稳	（C,T,5）	−5.178574 −3.175352	平稳
LNRJZC	（C,T,0）	3.221459 −3.098896	不平稳	（C,0,3）	−3.541303 −3.362984	平稳
LNJYSS	（C,T,0）	−1.086858 −3.065585	不平稳	（C,T,K）	−5.760605 −3.065585	平稳
LNLXSS	（C,T,0）	2.495206 −3.081002	不平稳	（C,T,K）	−4.253590 −3.065585	平稳

注：检验形式（C，T，K）分别表示单位根检验方程包括常数项、时间趋势和滞后项的阶数，加入滞后项是为了使残差项为白噪声。

根据检验结果可知，表2中五个指标的水平值均无法拒绝原假设，即为非平稳序列；而所有的一阶差分序列均可拒绝原假设，即为平稳序列。因此，各序列均为一阶单整，可以进行协整关系分析。

（三）协整关系分析

本文采用 E－G 两步法进行协整关系检验，回归结果见表3，残差单位根检验结果见表4。

根据检验结果可知，残差序列可拒绝原假设，为平稳序列，也即 LNCZ、LNSL、LNRJZC、LNJYSS 和 LNLXSS 存在协整关系。协整方程为：

$$LNCZ = 0.8776096638 \times LNSL + 0.17269269 \times LNRJZC - 0.1170800728 \times LNJYSS + 0.003670832371 \times LNLXSS + 12.42087348$$

表3　协整关系检验结果

Variable	Coefficient	Std. Error	T-Statistic	Prob.
LNSL	0.877610	0.170866	5.136251	0.0002
LNRJZC	0.172693	0.257549	1.670525	0.0143
LNJYSS	−0.117080	0.048632	−2.407475	0.0316
LNLXSS	0.003671	0.214046	3.017150	0.0866
C	12.42087	0.606123	20.49232	0.0000
R-squared	0.981151	Mean dependent var		16.35104
Adjusted R-squared	0.975352	S. D. dependent var		0.687469
S. E. of regression	0.107931	Akaike info criterion		−1.384516
Sum squared resid	0.151438	Schwarz criterion		−1.137191
Log likelihood	17.46065	F-statistic		169.1760
Durbin-Watson stat	1.892601	Prob(F-statistic)		0.000000

表4　残差单位根检验结果

			T-Statistic	Prob. *	
Augmented Dickey-Fuller test statistic			−4.118752	0.0063	
Test critical values:	1% level		−3.886751		
	5% level		−3.052169		
	10% level		−2.666593		

由上式可知，SL、RJZC、JYSS、LXSS 与 CZ 都存在长期稳定的均衡变动关系，其中 SL 的系数为 0.8776，T 统计量为 5.136251，比较显著；RJZC 的系数为 0.1726，T 统计量为 1.670525，比较显著；JYSS 的系数为 −0.1170，T 统计量为 −2.407475，比较显著；LXSS 的系数为 0.0036，T 统计量为 3.017150，比较显著。

（四）Grange 因果关系检验

分别对 LNCZ 与 LNSL、LNRJZC、LNJYSS 和 LNLXSS 进行 Grange 因果关系检验，检验结果见表5。

根据检验结果可知：

（1）LNCZ 与 LNSL 之间存在着显著的双向因果关系，说明离岸服务外包产值与人力资本数量之间互为因果，普通高校毕业生是离岸服务外包产业发展

表 5 Grange 因果关系检验结果

Null Hypothesis：	Obs	F-Statistic	Probability
LNSL does not Granger Cause LNCZ	17	7. 28570	0. 01728
LNCZ does not Granger Cause LNSL		4. 00276	0. 05886
LNRJZC does not Granger Cause LNCZ	17	4. 87100	0. 04451
LNCZ does not Granger Cause LNRJZC		5. 47937	0. 04003
LNJYSS does not Granger Cause LNCZ	17	4. 44197	0. 05357
LNCZ does not Granger Cause LNJYSS		0. 47484	0. 50203
LNLXSS does not Granger Cause LNCZ	17	13. 6467	0. 00241
LNCZ does not Granger Cause LNLXSS		3. 71604	0. 01168

重要的人才基础，离岸服务外包产业的发展也会促进高校相关专业的扩招，这与本文的理论分析是一致的。

（2）LNCZ 与 LNRJZC 之间存在着显著的双向因果关系，说明离岸服务外包产值与人均文教、科学、卫生支出互为因果，一国人口教育水平和健康水平的提高有助于离岸服务外包产业的发展，离岸服务外包产业的发展也会反作用于一国人口教育水平和健康水平的提高，这与本文的理论分析是一致的。

（3）LNCZ 与 LNJYSS 之间存在着单项因果关系，即进修培训的结业人数是离岸服务外包产值的格兰杰原因，说明进修培训对于提高从业人员的英语、计算机和其他实用技能具有重要作用，能够显著促进离岸服务外包产业的发展，这与本文的理论分析是一致的；而离岸服务外包产值不是进修培训的结业人数的格兰杰原因，与理论分析不一致，原因可能是实际中离岸服务外包产业的发展带动的职业培训的兴起不一定都是证书教育，很多岗位培训只是操作技能和能力的提高，并没有在专门的机构注册证书。

（4）LNCZ 与 LNLXSS 之间存在着显著的双向因果关系，说明离岸服务外包产值与学成归国留学生数互为因果，学成归国留学生数作为重要的人才基础，能够促进离岸服务外包产业的发展，离岸服务外包产业的发展也能够推动更多的人才走出国门，学习其他国家先进的理念与技术，这与本文的理论分析是一致的。

（五）建立 VAR 模型

依据 AIC 准则和 SC 准则来确定最优的模型滞后阶数为 2，检测结果见表 6。

表6 VAR 模型检测结果

	LNCZ	LNSL	LNRJZC	LNJYSS	LNLXSS
LNCZ(-1)	-1.036998	0.326829	-0.417528	3.283107	1.003577
	(0.46354)	(0.44418)	(0.39209)	(2.73500)	(0.50366)
	[-2.23713]	[0.73580]	[-1.06489]	[1.20041]	[1.99255]
LNCZ(-2)	-0.245846	0.446372	-0.240751	-0.372773	1.004879
	(0.33492)	(0.32093)	(0.28329)	(1.97609)	(0.36391)
	[-0.73405]	[1.39088]	[-0.84984]	[-0.18864]	[2.76136]
LNSL(-1)	2.438482	0.689498	0.693924	-4.664966	-1.134285
	(0.76734)	(0.73529)	(0.64906)	(4.52749)	(0.83376)
	[3.17784]	[0.93772]	[1.06912]	[-1.03036]	[-1.36044]
LNSL(-2)	-1.380359	-1.080969	0.208908	1.782370	-0.819993
	(0.36351)	(0.34833)	(0.30748)	(2.14479)	(0.39497)
	[-3.79732]	[-3.10333]	[0.67943]	[0.83102]	[-2.07606]
LNRJZC(-1)	0.528266	0.624907	0.768352	-1.574120	1.652390
	(0.46344)	(0.44408)	(0.39200)	(2.73440)	(0.50355)
	[1.13988]	[1.40719]	[1.96007]	[-0.57567]	[3.28145]
LNRJZC(-2)	-0.425781	-1.112499	0.333137	0.449269	-1.303574
	(0.71240)	(0.68264)	(0.60259)	(4.20333)	(0.77407)
	[-0.59767]	[-1.62969]	[0.55285]	[0.10688]	[-1.68406]
LNJYSS(-1)	-0.072595	0.055424	-0.010172	0.693403	0.024003
	(0.06042)	(0.05789)	(0.05110)	(0.35647)	(0.06565)
	[-1.20157]	[0.95735]	[-0.19904]	[1.94518]	[0.36564]
LNJYSS(-2)	-0.187901	0.057883	0.014798	0.571116	0.154422
	(0.10334)	(0.09903)	(0.08741)	(0.60974)	(0.11229)
	[-1.81825]	[0.58453]	[0.16929]	[0.93666]	[1.37524]
LNLXSS(-1)	-0.077482	0.392354	-0.320626	1.505134	1.055607
	(0.39030)	(0.37400)	(0.33014)	(2.30286)	(0.42408)
	[-0.19852]	[1.04908]	[-0.97119]	[0.65359]	[2.48914]
LNLXSS(-2)	1.121896	0.373565	0.013770	-0.740925	-0.408408
	(0.25243)	(0.24189)	(0.21352)	(1.48941)	(0.27428)
	[4.44436]	[1.54437]	[0.06449]	[-0.49746]	[-1.48900]
C	24.63272	-11.76617	8.714476	-36.75495	-23.84260
	(8.86857)	(8.49815)	(7.50152)	(52.3267)	(9.63625)
	[2.77753]	[-1.38456]	[1.16169]	[-0.70241]	[-2.47426]
R-squared	0.996188	0.997306	0.998068	0.973590	0.998041
Adj. R-squared	0.988564	0.991918	0.994203	0.920769	0.994124
Sum sq. resids	0.026837	0.024642	0.019201	0.934263	0.031684

续表

	LNCZ	LNSL	LNRJZC	LNJYSS	LNLXSS
S. E. equation	0.073262	0.070202	0.061969	0.432264	0.079604
F-statistic	130.6648	185.1031	258.2751	18.43196	254.7764
Log likelihood	28.42157	29.10420	31.10009	0.021674	27.09328
Akaike AIC	−2.177697	−2.263026	−2.512512	1.372291	−2.011660
Schwarz SC	−1.646542	−1.731871	−1.981357	1.903445	−1.480505
Mean dependent	16.43409	5.220537	5.895874	13.75715	9.930260
S. D. dependent	0.685082	0.780904	0.813937	1.535683	1.038469

模型估计方程为：

$$\begin{aligned}
LNCZ = & -1.036997982 \times LNCZ(-1) - 0.2458459255 \times LNCZ(-2) \\
& + 2.438482226 \times LNSL(-1) - 1.380358756 \times LNSL(-2) \\
& + 0.528266047 \times LNRJZC(-1) - 0.4257808978 \times LNRJZC(-2) \\
& - 0.07259478051 \times LNJYSS(-1) - 0.1879005677 \times LNJYSS(-2) \\
& - 0.07748197415 \times LNLXSS(-1) + 1.121895848 \times LNLXSS(-2) \\
& + 24.63271909
\end{aligned}$$

根据模型估计可知：普通高校毕业生数增长率对离岸服务外包产值增长率的影响最大，上一年普通高校毕业生数每增长 1%，将导致本年离岸服务外包产值增长率提高 2.43848%，但其滞后二期的弹性为负数；上一年人均文教、科学、卫生支出每增长 1%，将导致本年离岸服务外包产值增长率提高 0.528266%，但其滞后二期的弹性为负数；上一年进修培训结业生数每增长 1%，将导致本年离岸服务外包产值增长率降低 0.072594%，且其滞后二期的弹性也为负数，这与理论分析相悖，原因可能源自替代资料的不合理；上一年学成留学归国留学生数每增长 1%，将导致本年离岸服务外包产值增长率提高 0.07748%，且其滞后二期的弹性也为正数，为 1.12189，大于滞后一期的数据，说明留学生数可能会对离岸服务外包产业的发展有更持久的效应。

（六）脉冲响应函数动态分析

分别计算 1 单位的 SL、RJZC、JYSS 和 LXSS 的冲击对 CZ 的脉冲响应函数，并描述其曲线，如图 1 所示。

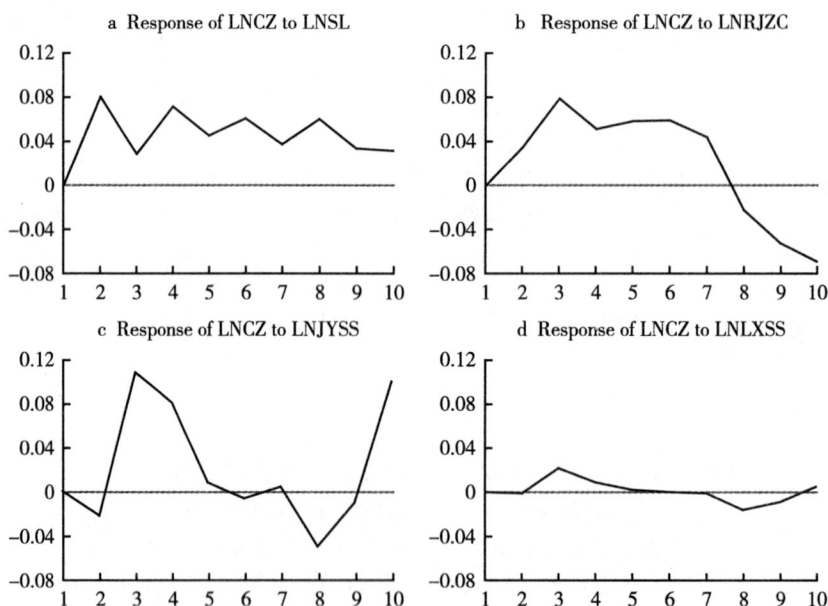

图1 LNCZ 对四个变量1单位冲击的响应

根据响应函数曲线可知：

（1）a 中，普通高校毕业生数1单位的正向冲击，离岸服务外包产值的回应在第二年达到最大，为 0.08，此后几年均在 0.04 ~ 0.08 之间波动，总体来说，普通高校毕业生数对离岸服务外包产值有较大的正脉冲影响；

（2）b 中，人均文教、科学、卫生支出1单位的正向冲击，离岸服务外包产值的回应第二年为 0.04，第三年达到最大为 0.08，第四年到第七年稳定在 0.06 附近，第七年之后持续下降，总体来说，前七年人均文教、科学、卫生支出对离岸服务外包产值有较大的正脉冲影响，但这种影响并不能持续，第八年以后变为负的影响；

（3）c 中，进修培训结业生数1单位的正向冲击，离岸服务外包产值的回应第二年为 -0.02，第三年达到最大为 0.10，第八年下降到 -0.06，此后持续上升，总体来说，进修培训结业生数对离岸服务外包产值有正的脉冲影响；

（4）d 中，学成归国留学生数1单位的正向冲击，离岸服务外包产值的回应第二年为 0，第三年为 0.02，第四年到第七年稳定在 0 附近，总体来说，学成归国留学生数对离岸服务外包产值的脉冲影响不大。

（七）方差分解

对各变量进行方差分解，并用曲线描述其贡献率变化，分解如图 2 所示。

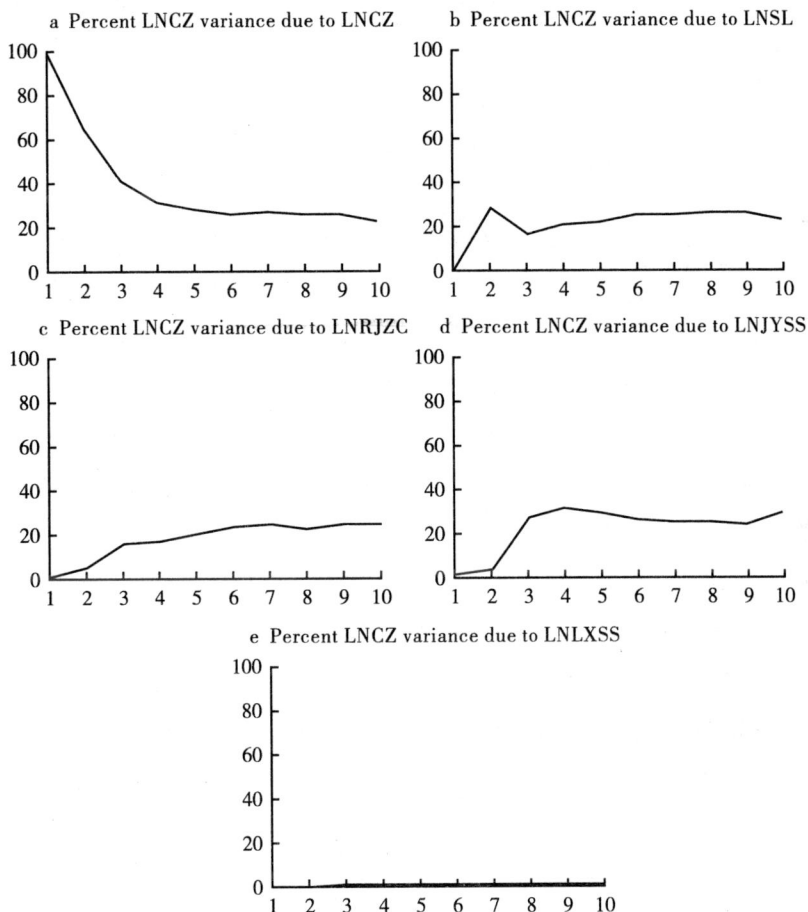

a Percent LNCZ variance due to LNCZ   b Percent LNCZ variance due to LNSL

c Percent LNCZ variance due to LNRJZC   d Percent LNCZ variance due to LNJYSS

e Percent LNCZ variance due to LNLXSS

图 2　方差分解结果

根据分解结果曲线可知：我国离岸服务外包产值增长率自身、普通高校毕业生数增长率、人均文教科学卫生支出增长率、进修培训结业生数增长率和学成归国留学生数增长率都在一定程度上影响着离岸服务外包产值增长率。a 中，离岸服务外包产值增长率自身对离岸服务外包产值增长率的贡献率，从第一年的100%逐步减小，到第五年开始稳定在25%附近；b中，普通高校毕业生数增长率对离岸服务外包产值增长率的贡献率，从第一年的0开始逐步增大，到第五年开始稳定在25%附近；c中，人均文教科学卫生支出增长率对离岸服务外包产值增长率的贡献率，从第一年的0开始逐步增大，到第六年开始稳定在25%附近；d中，进修培训结业生数增长率对离岸服务外包产值增长率的贡献率，从第一年的0开始逐步增大，到第五年开始稳定在25%附近；e中，学成归国留学生数增长率对离岸服务外包产值增长率的贡献率，一直稳定在0附近，贡献率不高。

（八）实证检验结论

（1）离岸服务外包产值与普通高校毕业生数、人均文教科学卫生支出、进修培训结业生数、学成归国留学生数存在着长期稳定的协整关系，特别是与人力资本数量相关系数很大。

（2）除进修培训的结业生数外，离岸服务外包产值与普通高校毕业生数、人均文教科学卫生支出、学成归国留学生数之间存在着显著的双向因果关系，发展过程中要形成良性互动，推动人力资本数量、质量的提升和离岸服务外包产业的发展。

（3）普通高校毕业生数、人均文教科学卫生支出、进修培训结业生数三个指标的增长率的冲击对离岸服务外包产值都有正向脉冲影响，且三个指标的增长率对离岸服务外包产值增长率的贡献率在第六年之后都稳定在25%左右；学成归国留学生数的增长率影响和贡献不大。

（4）在离岸服务外包产业发展过程中，要重视人力资本的提升，以数量作为保证，以质量寻求突破，加强文教科学卫生支出，注重学生和员工实践能力的培训，为留学生创造良好的归国就业和创业条件。

五　政策建议

（一）发挥政府"指挥棒"作用

政府应积极细化和落实有关离岸服务外包人才培养的政策，广泛调动和充分利用内外部培训资源，加快离岸服务外包人才培养、储备的进度；政府可以联合各层级的服务外包行业协会和企业合作联盟，建立以市场为导向的人才培养与管理机制，为服务外包产业人力资源的健康有序发展提供引导与支持；加强宣传和教育，在全国形成培养人才、重视人才的共识，从而创造良好的离岸服务外包人才培养和发展环境。

（二）发挥企业、高校、社会培训机构的主体作用

提高企业自身人力资本水平是产业人才健康发展的关键。企业当前面临的最大问题是企业内部缺乏较多的管理人员及企业自身人才管理体系不健全。企业应积极利用离岸服务外包市场的发展机遇，按照人才规划、招聘与甄选等一整套流程机制制定全面的人才管理战略，造就一批既具有深厚理论与专业知识，又具有很强业务能力的应用性人才。高校应高度重视，加强认识，积极调整学科结构，加大对相关领域的教育投入，加强离岸服务外包适用人才的培养，为离岸服务外包产业的发展源源不断地输入新鲜的血液。

（三）探索离岸服务外包人才新型培养模式

解决我国离岸服务外包人才供求矛盾的一个关键就在于要加强政企校合作与沟通，建立"需求导向、无缝转换"的人才培养模式，从高校和社会培训机构能够充分了解企业人才需求，从高校毕业生到企业员工、培训机构学生到企业员工都能够实现无缝转换。加强政府与企业、高校、社会培训机构的合作，为离岸服务外包产业适用人才培养提供政策保障、资金支持，建立并完善包括高端人才培训、中层骨干培训和一般技术工人培训等在内的多层次、全方位的离岸服务外包人才培训体系，多元化培育多层次人才，大力培养离岸服务外包适用人才，提升我国人力资本水平，促进离岸服务外包产业的健康发展。

参考文献

1. Farok J. Contractor，Susan M. Mudambi. The Influence of Human Capital Investment on the Exports of Services and Goods：An Analysis of the Top 25 Services Outsourcing

Countries［J］. Management international review. 2010（4）: 433 - 444.

2. Gorg, Holger, Girma, Sourafel. Outsourcing, Foreign Ownership and Productivity: Evidence from UK Establishment Level Data［J］. GEP Working Paper. 2002.

3. Nicholas Apergis. Innovation, Technology Transfer and Labor Productivity Linkages: Evidence from a Panel of Manufacturing Industrics. Review of World Economics, 2008.

4. 王晓红:《服务外包的技术外溢效应研究——基于中国 80 家设计公司承接国际服务外包的实证分析》,《财贸经济》2008 年第 8 期, 第 84 ~ 89 页。

5. 刘绍坚:《承接国际软件外包的技术外溢效应研究》,《经济研究》2008 年第 5 期, 第 105 ~ 115 页。

6. 张燕:《人力资本与服务贸易比较优势的相关性研究》, 复旦大学博士学位论文, 2005。

7. 尹翔硕、申朴:《论中印两国要素积累对服务贸易比较优势的影响》,《复旦大学学报》(社会科学版) 2005 年第 5 期, 第 121 ~ 128 页。

8. 景瑞琴:《人力资本与国际服务外包——基于承接国视角的研究》, 复旦大学博士学位论文, 2007。

9. 张国盛:《滨海新区服务外包人才开发对策研究》, 天津大学硕士学位论文, 2008。

10. UNCTAD. World Investment Report 2004-the Shift to World Services［R］. United Nation, 2004.

11. 西奥多·W. 舒尔茨:《论人力资本投资》, 北京经济学院出版社, 1990。

12. 王晓红:《我国服务外包人才队伍和专业化培训的问题及对策》,《中国科技投资》2011 年第 12 期, 第 38 ~ 41 页。

13. 王晓红:《全球服务业离岸外包的发展趋势与中国的政策选择》,《宏观经济研究》2007 年第 6 期, 第 16 ~ 20 页。

14. 王晓红:《我国服务外包人才培训存在的问题及政策建议——以苏州、成都、合肥为例》,《时代经贸》2011 年第 11 期, 第 49 ~ 53 页。

行 业 篇

Industry

B.9
中国软件和信息服务外包的发展

季 成*

摘 要:

本文明晰了软件和信息服务外包的概念,辨析了统计口径;分析了全球市场特点:市场潜力发展巨大,诸多国家竞相承接;分析了中国市场状况,梳理了中国产业政策;考察了企业发展状况:积极开展兼并收购,提升综合外包服务能力,更多的软件和信息服务外包企业在转型布局;提出了政策建议:培育具有国际竞争力的大型企业,鼓励企业的合理区域布局和创新升级,积极制定并完善相关标准,把握信息技术升级带来的新机遇。

关键词:

软件 信息服务 外包

一 软件和信息服务外包概述

(一)相关概念和统计辨析

软件和信息服务外包指的是组织将基于软件、信息技术和网络系统的开

---

* 季成,华鑫证券。

发、运营、维护等服务业务，以购买服务的方式交由专业信息技术服务提供商承担。

目前我国对于软件和信息服务外包尚缺乏专门的统计标准和统计资料。商务部、工业和信息化部对于服务外包、软件和信息服务业各自进行统计，有着各自的统计标准。由于软件和信息服务外包与服务外包、软件和信息服务业三者之间具有密不可分的关系，因此可以从这两个部门的相关统计中观察软件和信息服务外包的大致发展情况。但是由于统计标准、口径和重点不同，从中得到的统计结果会有所差异。

商务部将服务外包分为 ITO、BPO、KPO 三大类进行统计，统计的重点是离岸（国际）服务外包，也有部分在岸（境内）外包业务。我们认为，软件和信息服务外包属于服务外包的一个子集，主要包括信息技术外包（ITO，IT Outsourcing）和部分基于信息技术的业务流程外包（BPO，Business Process Outsourcing）（见图 1）。按商务部的统计标准，ITO 主要包括信息系统设计、信息技术运营维护、测试评估、信息系统规划、信息技术管理咨询、信息技术培训、信息系统工程监理、IC 设计、软件设计、软件开发等外包服务。BPO 主要包括数据处理、软件运营服务、容灾服务、物流管理服务平台、电子商务管理、在线娱乐平台、在线教育平台、数字内容加工处理、呼叫中心、互联网数据中心等外包服务。

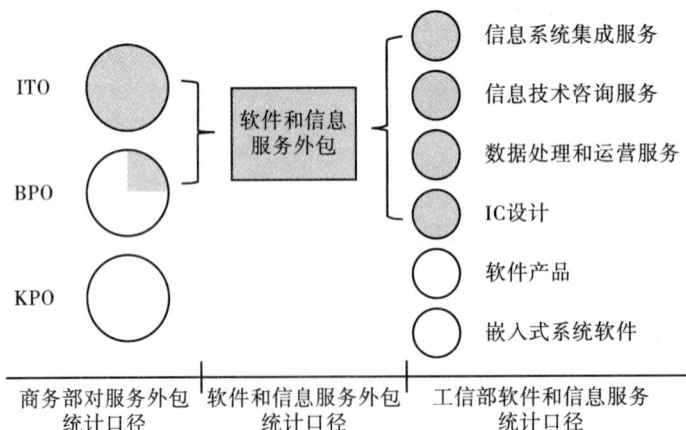

图1　软件和信息服务外包的统计口径示意图

工业和信息化部从软件和信息服务的角度出发开展统计工作，将软件和信息服务分为信息系统集成服务、信息技术咨询服务、数据处理和运营服务、IC设计、软件产品、嵌入式系统软件等六大类，统计的范围既包括境内业务也包括离岸业务。我们认为，软件和信息服务外包也是软件和信息服务的一个子集，主要包括信息系统集成服务、信息技术咨询服务、数据处理和运营服务四类。总体来看，商务部和工信部关于软件和信息服务外包统计的差别和联系可以见图1。

在软件和信息服务外包中，软件外包服务是其中的一个重要组成部分，属于ITO的一种，工信部对软件外包服务每年都有专项统计。软件外包服务是发展较早的一类软件和信息服务外包。由于人力资源成本高，IT人才数量短缺，欧美和日本等国的大型软件企业纷纷将软件产品和服务，如咨询、需求分析、系统设计、编程、测试、维护支持等不同价值含量的环节，以外包的形式委托给外包服务提供商，形成了软件外包产业链（见图2）。例如，日本的软件服务外包中通常由NTTData、NEC、NRI等大型企业作为外包服务总提供商，负责咨询、需求分析和系统设计等高附加值业务，将价值含量较低的编程、测试、维护支持等业务分包给二级或三级的外包服务提供商。欧美的软件外包则按照外包服务提供商的能力直接发包，IBM、Accenture等全球系统集成商通常

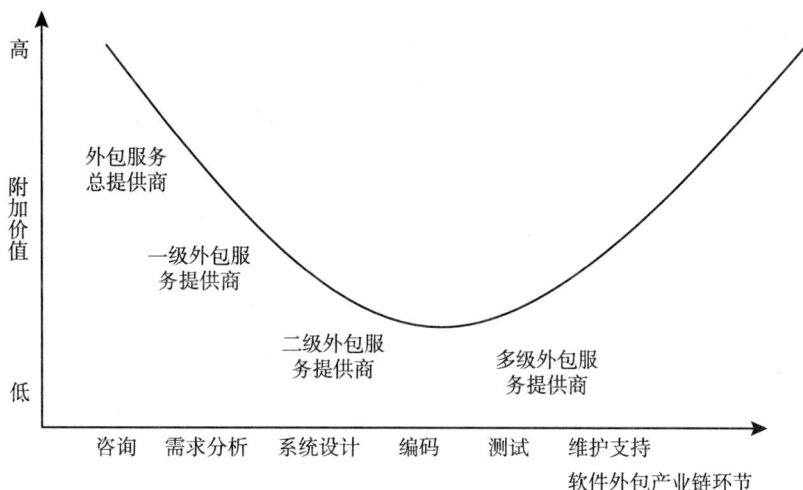

图2　软件外包产业链的环节和附加值分布

承担咨询、需求分析等高端业务，Tata、Infosys、Wipro 等新兴系统集成商则可以承接到一些处于产业链中端的业务，而中小外包服务提供商由于能力不够只能承接到三、四手的位于产业链低端的编程和测试业务。

（二）全球市场概况

1. 市场发展潜力巨大

软件和信息服务外包已经在全球范围内蓬勃发展。尽管受 2008 年金融危机的影响，全球服务外包产业曾一度增速放缓，但是随着信息和通信网络技术的不断进步，未来市场仍有巨大的发展空间和潜力。国际数据公司（IDC）的数据显示，2011 年全球 IT 服务支出（ITO）达到 5945 亿美元，较 2010 年增长 3.5%；业务流程外包（BPO）支出达到 1668 亿美元，较 2010 年增长 5.4%。IDC 预测，至 2014 年全球 IT 服务支出（ITO）、业务流程外包（BPO）支出将分别达到 6841 亿、2015 亿美元（见图 3）。

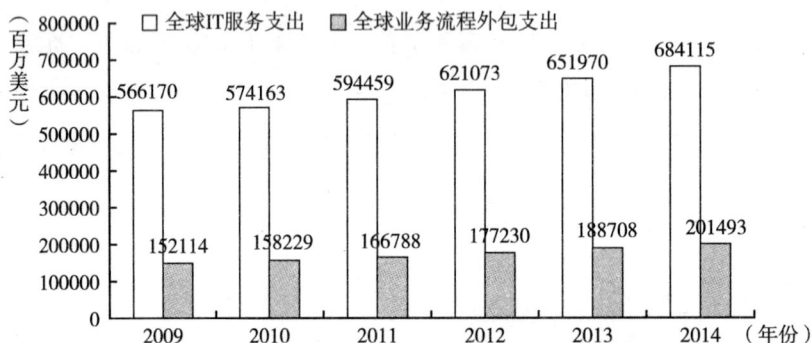

图 3　全球 IT 服务和业务流程外包支出情况

资料来源：IDC，2011。

从发包地分布看，全球主要的软件和信息范围外包业务需求仍来自美、欧、日等发达国家和地区，这些国家和地区占全球发包市场的 80% 以上，总体呈现出"以发达国家为中心，发展中国家为外围"的格局。美国的经济复苏和因金融危机而抑制延迟的服务需求开始启动，带来了市场的扩张机遇。欧洲经济复苏依旧缓慢，由于经济尚在徘徊、主权债务危机、财政预算支出的削减、失业率仍然高企等因素，使得该区域 2010 年的服务支出在全球所占比重显著下降。近几年，在全球接包地市场中占据优势的新兴亚洲国家在发包市场呈现出快速成长的态势，亚太地区作为 2010 年度服务支出增长最快的地区，其发包份额已占到全球的 17.7%。

2. 诸多国家竞相承接软件和信息服务外包

从承接地分布看，发展中国家是主力军，承接地之间竞争逐步加剧。近几年，由于成本、风险等问题，软件和信息服务外包的承接地越来越多元化。发展软件和信息服务外包尤其是承接国际（离岸）服务外包已经成为诸多发展中国家的产业发展新战略。中国和东亚、中东欧、中东、北非、撒哈拉、拉美等地区的国家也都纷纷加入到发展软件和信息服务外包的行列。

在诸多承接地中，印度率先抓住"千年虫"、互联网带来的服务外包机遇，获得了软件和信息服务外包产业的先发优势。服务外包已经成为印度的支柱产业，其拥有 TaTa、Wipro、Infosys 等国际知名的服务外包企业。印度服务外包产业的增长速度高于全球外包产业，2011 财年预计将达到 594 亿美元（见图 4）。

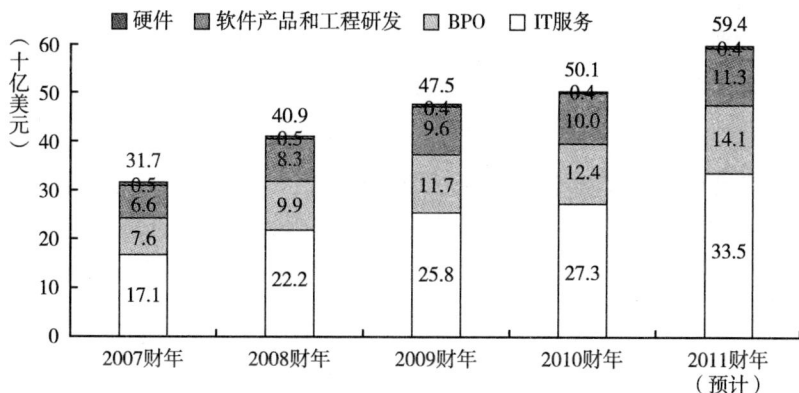

图 4　印度国际服务外包的发展情况（2007~2011）

资料来源：NASSCOM，2011。

伴随着软件和信息服务外包在全球布局范围的不断扩大，各承接地之间的竞争日趋激烈。一方面，大量的外包业务集中在成熟的、较为低端的领域，导致同质化竞争严重；另一方面，发展较为成熟的国家正在快速失去已有的成本优势，不得不面临新加入的更低成本承接地的挑战。如何发挥资源禀赋优势，实现差异化是未来产业发展需要解决的主要问题。

3. 市场展望

在云计算、物联网、移动互联网等信息技术的推动下，全球软件和信息服务外包的新兴业态不断涌现。随着信息技术的发展，基于云计算的应用和业务，如 SaaS（软件即服务）、PaaS（平台即服务）、IaaS（基础设施即范围）等新兴服务外包模式已经兴起，Salesforce. com、亚马逊、谷歌等软件和互联网公司也纷纷涉足云计算服务外包领域。IDC 公司认为，传统的服务外包模式在2018 年左右将会进入市场成熟阶段，预计云计算服务外包将逐步成为未来服务外包的主流模式。

从外包服务方式的发展来看，灵活的服务解决方案将更为客户所接受。受恶劣天气影响，气候变化对客户服务的影响成为影响行业发展的一个重要因素，对于电力等基本服务来说，地域多元性更加重要，企业需要支持位元于不同电力网、不同水源和不同电信网络的设施。为适应客户的更高要求，单纯的离岸服务外包模式逐渐被在岸、近岸、离岸的混合模式、多层模式以及最佳地交付策略所取代，在定价、工时核算、合作等方面也根据客户需求采用了更加灵活的商务模式。可以预见，随着新技术的应用和不断发展、客户需求的不断提升，全球还将出现更多的新的服务外包模式，进一步丰富软件和信息服务外包模式和产业生态，催生出更多的市场需求。

（三）相关研究综述

软件和信息服务外包是近年来中国产业界和学术界的关注重点。2011 年以来，软件和信息服务外包依然引起了众多专家学者的关注，他们从区域、行业、企业等层面展开了不同角度的研究，研究的深度和广度有了进一步提高。

1. 区域层面的研究

区域层面的软件和信息服务外包研究主要集中在以下两个方面。

一是基于 DEA、因子分析、钻石模型等理论方法，对离岸软件外包承接城市的竞争力和效率开展的研究。何有世等（2011）利用 SE-DEA 方法对 14

个软件外包承接城市进行投入产出效率分析。王育晓（2011）通过因子分析方法将陕西与其他 10 个服务外包基地省市软件外包竞争力进行横向比较，指出陕西软件外包产业的优势与不足，并在此基础上提出了相关政策建议。

二是对区域和城市的软件外包集群和经济效应的研究。任超、蔡茂森（2011）以软件外包业对上海地区国民生产总值所产生的促进作用为研究重点，通过理论与实证分析相结合的方法，分析、证明上海发展软件外包对当地生产总值的促进作用。张峰（2011）结合大连城市特点，研究分析大连软件外包服务业的发展历程和现状，分析影响软件外包服务业发展的各种因素，讨论研究加快大连软件外包服务业的政策、战略。

2. 行业层面的研究

行业层面的软件和信息服务外包研究主要集中在以下两个方面。

一是对软件外包的人力资源和人才培养的研究。张凤、胡媛媛等（2011）认为人才的匮乏、员工的流失以及员工结构的不合理都是制约我国软件外包企业发展的原因。应该为软件人才提供良好的环境，完善现有的教育体制，培养多层次人才，改革高校的软件人才教育方式。陈芝荣（2012）从软件外包专业人才需要掌握的知识出发，建立了一个成熟度模型，以推进软件外包人才培养的规范化、规模化，真正实现毕业生的"零公里就业"。郁春江（2012）通过调研对日软件外包发展现状，分析对日软件外包人才的能力需求，探讨了对日软件外包人才的培养途径。

二是对软件外包中知识溢出以及创新升级的研究。杨婧、李玲（2011）认为软件外包应是我国软件产业的一个重点支撑项目，阐述了软件外包促进软件产业升级的途径及表现。王育晓（2011）认为对于嵌入全球价值链中的我国软件企业来说，其升级命运差异很大。认为其升级命运的迥异主要在于承接能力的差异，在此基础上为我国软件产业寻求全球价值链中的升级提出了相关的接包建议与策略。黄烨菁（2012）以软件外包为分析对象，通过分解软件外包开发的价值链，研究了跨国服务外包内含的知识属性以及知识转移的机制。

3. 企业层面的研究

企业层面的软件和信息服务外包研究涉及面较广，涵盖了技术创新、知识管理、接发包关系研究、组织管理、战略联盟等方面。

　　张笑楠、仲秋雁（2011）以东软集团为样本探讨了企业内部研发和技术合作研发两种模式下企业技术能力的提升。结果表明，扩大研发投入、提高研发效率和加强税收激励强度都会对企业技术能力的提升有较大促进作用。肖志雄、秦远建（2011）提出了知识吸收周期的概念，通过引入"知识鲶鱼"刺激研发团队保持对知识的敏感性，并从知识的螺旋上升理论、内外知识流动规律、知识距离与知识吸收的关系等几个方面探讨了"知识鲶鱼"的作用机理。曲刚、李伯森（2011）引入交互记忆系统理论，在专长度、可信度和协调度三个行为特征维度框架下，对交互记忆系统的协作行为如何影响软件外包项目团队绩效进行了深入分析和探讨。曹萍、陈福集（2012）研究了软件外包中分包商选择的优化模型及算法，为规避分包商选择失误带来的风险，提出了以发包方企业成本最小和风险最小为目标的分包商选择的多目标规划模型。刘光宗、肖洪钧（2011）认为软件外包企业升级的关键是将升级方式与价值链治理模式关联起来，处于不同治理模式下的软件外包企业将有不同的升级路径，提出了软件外包企业价值链治理模式的升级路径图。

二　中国软件和信息服务外包的发展现状和趋势

（一）市场概况

1. 商务部的软件和信息相关服务外包统计

　　根据中国商务部统计，近几年中国服务外包呈现出了腾跃发展的态势。2011 年中国全年承接服务外包合同执行金额 323.9 亿美元，同比增长 63.6%，其中承接国际（离岸）服务外包合同执行金额 238.3 亿美元，同比增长 65.0%。从承接的外包业务类型来看，信息技术外包（ITO）业务仍居于主体地位，占比 61.1%。2011 年全国信息技术服务外包（ITO）合同数 69730 份，业务执行金额达 197.8 亿美元，同比增长 53.5%（见图 5）；全国业务流程服务外包（BPO）持续保持快速增长，全年签约合同数 21327 份，执行金额达 48.7 亿美元，同比增长 22.1%。从前文对软件和信息服务外包统计的辨析来看，信息技术外包（ITO）和一部分业务流程服务外包（BPO）属于软件和信息服务外包的统计范围，可见软件和信息服务外包占服务外包业务的一半以上。

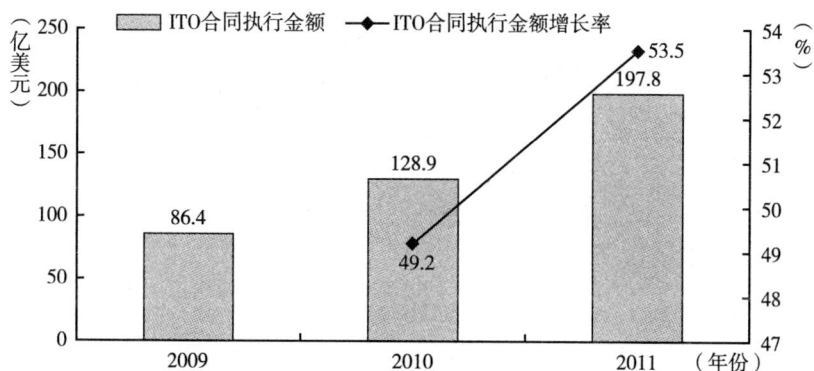

图5 2009～2011年中国信息技术服务外包（ITO）发展情况

资料来源：中国商务部：《中国服务外包发展报告2012》。

从城市的业务发展来看，2011年多数示范城市离岸ITO业务占比超过50%，其中北京、大连、南昌等示范城市ITO业务发展迅速。北京市形成了以软件外包为主的ITO产业特色，大连市ITO业务以对日的软件研发外包为主，南昌市ITO业务主要集中在系统操作服务、系统应用服务及基础技术服务领域。

2. 工业和信息化部的软件和信息相关服务外包统计

根据工业和信息化部的统计，2011年我国软件和信息技术服务业务收入超过1.84万亿元，同比增长32.4%，比2010年同期提高1.4个百分点，超过"十一五"期间平均增速4.4个百分点。

我们认为，信息系统集成服务、信息技术咨询服务、数据处理和运营服务、IC设计属于软件和信息服务外包的范畴。根据工业和信息化部的统计，2011年我国信息技术咨询服务、数据处理和运营服务分别实现收入1864亿和3208亿元，同比增长42.7%和42.2%；信息系统集成服务和IC设计增长较为平稳，分别实现收入3921亿、691亿元，同比增长28.4%、33%（见表1）。

表 1   2011 年我国软件和信息服务外包分类收入及增速

类别	细分领域	收入(亿元)	同比增长(%)
服务外包类	信息系统集成服务	3921	28.4
	信息技术咨询服务	1864	42.7
	数据处理和运营服务	3208	42.2
	IC 设计	691	33.0

资料来源：工业和信息化部，2012。

软件外包服务是软件和信息服务外包的重要组成部分。据工业和信息化部统计，2011 年中国软件外包服务出口保持较快增长，实现收入 59 亿美元，同比增长 40.3%。从发展走势来看，2011 年前二季度中软件外包服务连续保持每月 30% 以上增速，第四季度出现较大起伏（见图 6）。2012 年一季度，软件外包服务出口继续保持较快增长达到 14.5 亿美元，同比增长 21.6%，比前两个月回落 15.8 个百分点，低于 2011 年同期 29.3 个百分点。

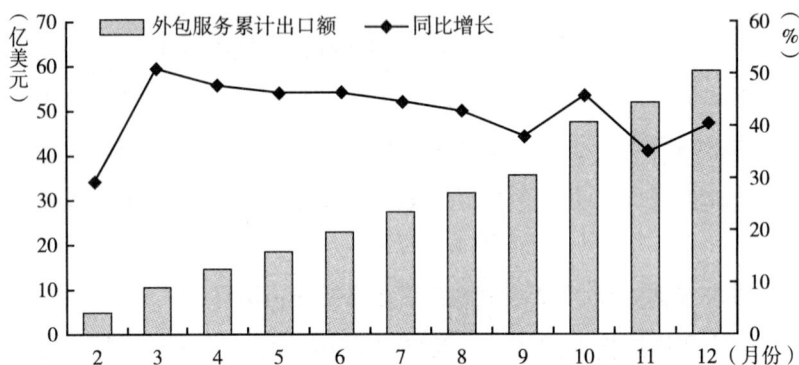

图 6   2011 年中国软件外包服务累计出口额及同比增速

资料来源：工业和信息化部，2012。

3. 市场展望：境内市场将不断释放业务需求

外包服务在成熟的发达国家市场已经成为商业生态链中的重要一环，据统计在美国 60% 以上的企业通过选择服务外包的方式降低成本，提高经营效率。但是在中国市场，软件和信息服务外包的发展时间还不长，企业对外包的接受程度还有待提高。预计未来随着企业经营运作理念的转变，更多的机构和组织必将更为重视软件和信息服务外包，释放出更多的市场需求。

国家政策也将推动境内市场的业务释放。财政部等九部委联合下发了《关于鼓励政府和企业发包促进我国服务外包产业发展的指导意见》，《鼓励软件产业和集成电路产业发展的若干政策》中"鼓励政府部门通过购买服务的方式将电子政务建设和数据处理工作中的一般性业务发包给专业软件和信息服务企业"的规定也将带来巨大的境内服务外包市场。《软件和信息技术服务业"十二五"发展规划》在"加快拓宽应用市场"中提出，鼓励政府部门、事业单位、国有大中型企业将信息技术服务外包给专业企业，积极培育信息技术服务市场。

此外，随着国内产业转型升级的深入，云计算、物联网等 IT 技术的快速发展也将催生新的境内外包需求。例如，云计算可以提供海量的计算服务，既可以作为软件服务的平台、存储空间的提供者，还可以用于信息和商业应用处理，从而带来软件和信息技术商业模式的多样化。而物联网的发展将产生多种基于 RFID 或设备的服务，产生大量的软件和信息服务外包需求。

（二）产业政策

1. 我国软件和信息服务外包政策的演变

我国软件和信息服务外包发展的历史可以追溯到 1984 年，当时美国施乐公司华裔副总裁在北京成立了中国第一个软件外包团队。同年 11 月国家确立了电子信息产业发展战略，中国软件行业协会成立。进入 21 世纪前后，鼓励软件产业发展被确立为国家优先目标，为软件和信息服务外包产业的发展奠定了技术和人力资源基础。1993 年以来，中央政府陆续启动了以"金"字命名的一系列国家级电子信息应用重大工程，地方政府也推出电子政务、数码港等信息化项目，大量政府采购催生了大批软件和信息服务外包企业。2000 年 6 月，国务院发布了《鼓励软件产业和集成电路产业发展的若干政策》，为软件和信息服务外包企业带来了更好的发展环境和更广阔的发展空间。

随后，中国政府积极出台各类服务外包支持政策，从国家战略高度上推动软件和信息服务外包发展。2006 年，商务部等部委开始实施服务外包"千百十工程"，之后国务院、中央各部委出台了一系列政策。2009 年 1 月，国务院办公厅下发《关于促进服务外包产业发展问题的复函》，明确北京等 20 个城市为"中国服务外包示范城市",并在这些城市实行鼓励和支持措施。2010年2月,颁布了《国务院办公厅关于鼓励服务外包产业加快发展的复函》,进一步降低了政策支持的门槛、扩大了支持的范围。近几年,商务部会同有关部门集成创新政策,制定了包括财政、税收、劳动工时、人才培训、电信便利化、通关便利化、业务信息保护、金融支持、鼓励政府和企业发包等方面的政策。

2. 2011 年以来的相关政策

2011 年,国家继续出台了一系列与软件和信息服务外包相关的政策,进一步优化了产业发展的环境,促进了产业进一步快速健康发展(见表2)。

表2　2011 年与软件和信息服务外包相关的政策

政策名称	制定单位/ 出台日期	政　策　目　标
《关于印发〈进一步鼓励软件产业和集成电路产业发展的若干政策〉的通知》	国务院/2011年1月	继续完善激励措施,明确政策导向,优化产业发展环境,增强科技创新能力,提高产业发展质量和水平。开展深化增值税制度改革试点工作
《关于印发〈产业关键共性技术发展指南(2011 年)〉的通知》	工业和信息化部/2011 年7月	充分调动社会资源,引导市场主体行为,指导产业关键共性技术发展方向,促进产业技术进步,实现工业和通信业的转型升级和结构优化
《关于印发国家"十二五"科学和技术发展规划的通知》	科学技术部/2011.年7月	提升自主创新能力,增强科技竞争力和国际影响力,突破重点领域核心关键技术,为加快经济发展方式转变提供有力支撑
《"十二五"产业技术创新规划》	工业和信息化部/2011 年11月	明确"十二五"期间工业和信息化领域技术创新的目标和重点任务,引导和加强重点产业的技术创新工作,促进工业转型与升级
《关于软件产品增值税政策的通知》	财政部、国家税务总局/2011年10月	落实 2011 年国发 4 号文的有关精神,进一步促进软件产业发展,推动我国信息化建设
《物联网"十二五"发展规划》	工业和信息化部/2011 年11月	在核心技术研发与产业化、关键标准研究与制化定、产业链条建立与完善、重大应用示范与推广等方面取得显著成效,初步形成创新驱动、应用牵引、协同发展、安全可控的物联网发展格局
《软件和信息技术服务业"十二五"发展规划》	工业和信息化部/2011 年12月	规划明确了"十二五"的发展思路和发展目标,确定了 10 项发展重点和 8 项重大工程

其中《进一步鼓励软件产业和集成电路产业发展的若干政策》中决定开展深化增值税制度改革试点工作，将从推动境内服务外包市场发展和降低企业境内转包和分包业务成本等方面，推动服务外包企业的更快发展。

《软件和信息技术服务业"十二五"发展规划》中提出将服务外包作为发展重点，积极拓展服务外包业务领域，重点发展软件开发、软件测试、系统租赁、系统托管等信息技术外包（ITO），扶持基于信息技术的业务流程外包（BPO），推动工业设计、研发服务、知识产权服务等知识流程外包（KPO），促进业务向规模化、高端化方向发展。积极承接全球离岸服务外包业务，提升服务外包企业承接和交付能力、管理能力与国际市场开拓能力。同时，探索并推动云计算模式下服务外包模式创新。

作为服务外包的主管部门，商务部在《中国国际服务外包"十二五"发展思路》中提出，"十二五"期间，中国国际服务外包产业要立足当前发展阶段，把握未来发展趋势，创新发展思路，实现国际服务外包产业的跨越发展。总体发展目标包括：产业规模进一步扩大；自主创新能力大幅提高；从业人员结构逐步优化；运行环境进一步改善；区域布局更加科学；国际竞争力大幅提升。

（三）企业情况

1. 积极开展兼并收购，提升综合外包服务能力

在政策和市场的共同推动下，中国的软件和信息服务外包企业数量明显增多，企业竞争力得到很大提升。其中，软件和信息服务外包上市公司已成为产业发展的中坚力量。它们中间有的是历史悠久的企业，如东软集团、海辉软件等；有的则是近几年取得快速发展而进入上市公司行列的，如博彦科技、软通动力、立思辰等公司（详见附录）。

随着企业数量的不断增加，客户需求的不断提高，我国的软件和信息服务外包企业正在积极通过兼并收购等途径扩大业务规模，以提升综合外包服务能力。中国软件和信息服务外包行业的整合期已经到来，而以并购为主的整合将为行业领先企业的跨越式发展提供难得的机遇。2011年1月软通动力以30万美元收购iHealthStone公司的医疗行业团队；2011年4月，文思创新以560万

美元收购 Lifewood 公司进入 BPO 领域；海辉软件 2011 年开展了多次并购，包括 1 月份收购 Beans 公司的研发团队，4 月份收购 iConnect 的测试业务，4 月份收购上海乐通的测试业务，7 月份以 550 万美元收购 Nouveon 公司的咨询业务。2012 年以来，软件和服务外包行业也发生了多起并购事件，延续着行业整合之路。上半年神州数码收购中讯软件（00299. HK）；2012 年 8 月 10 日，文思信息与海辉软件宣布合并，合并后的新公司预计 2012 年营收总额将超过 6.7 亿美元，将成为中国最大的离岸 IT 服务供货商；8 月份博彦科技拟出资 1720.5 万元人民币收购北京网鼎系统集成公司，随后在 8 月 17 日又宣布收购美国知名服务外包企业 Achievo Copration 旗下 6 家子公司。

开展并购对于软件和信息服务企业具有积极作用。（1）获取专业知识、技术或产品，扩大市场份额。例如 IBM 在过去的十年中收购了 50 多家公司，大大扩充了其产品线和服务内容，并增强了其在开发应用、系统安全、信息管理、中间件等领域的竞争力，成为涉及多个业务领域的一站式服务提供商。（2）获取人力资源。人力资源是外包行业中的核心资源，通过并购交易，公司可以在短期内获得一个经验丰富的研发或产品交付团队，可以显著提高交付能力。（3）获取客户资源。通过并购可以得到一个甚至多个新客户，而不必经过激烈竞争、大规模的营销和销售费用投入。

预计未来，随着领军企业领先优势的逐渐加大，行业内价值链不同环节的竞争格局会逐渐清晰，行业竞争格局会从分散逐渐转向集中。未来 3~5 年内行业中企业的数量或许不会明显下降，但排名前十位的公司所占据的市场份额却会逐渐增大。行业内竞争格局的层次化将会逐渐明确。而行业集中度的变化，将会促使排名前几位的公司向产业链的更高端拓展业务。

2. 更多的软件和信息服务外包企业在转型布局

面临着国际客户越来越高的需求，印度等服务外包大国的竞争，人力成本的不断上升等问题，中国的软件和信息服务外包企业已经意识到向产业链高端转型升级的迫切性，不少企业已经开始了积极的努力和尝试，形成了如下几种转型布局的方式。

一是从软件外包向解决方案提供商转型升级。我国的软件外包企业在发展初期，多数承接一些软件测试、编程、维护支持、软件汉化等产业链中价值含量较低的业务。经过十几年的发展，我国的软件外包企业虽然已经获得相当的资本积累和人员规模，但是还存在着知识产权积累不足、技术割裂，忙于应付销售订单，缺乏核心竞争力建设等问题。软件外包企业规模的扩大，利润率的稳步提高都因为没有进入到自主创新的产业链高端而受到限制。一些软件外包企业正在向更高附加值的业务和行业客户转型，向软件行业价值链的高附加值环节升级。东软集团、博彦科技等企业是其中的典型代表。目前，东软正在进行目标为"提高人均生产效率、品牌化发展、提高上下游覆盖能力从而提高附加值、走向国际化"的转型，此次转型将为公司的可持续发展奠定坚实基础，已经取得了良好的效果。

二是从系统集成向综合服务提供商转型升级。一些原先从事系统集成业务的软件和信息服务外包企业为了应对业务发展瓶颈顺应产业变革趋势，逐步向综合服务提供商转型。如果遵循老旧的业务模式，这些企业需要通过不断"寻找新项目"寻求业绩增长，不确定性较大；而且公司在项目前期需垫付硬设备采购成本，项目实施和回款周期都较长，会导致公司运营现金流不足，随着收入基数的提高，公司高速增长难以延续。从传统的系统集成向高端的 IT 咨询与运营维护转型，并形成综合服务体系，将成为不可避免的趋势。转型除了有助于使系统集成企业巩固原有的系统集成业务之外（目前系统集成的拿单能力逐步依赖于 IT 咨询和综合服务提供能力，而非传统的产品管道供应能力），还有助于企业获得较高的毛利率和稳定的收入来源。

三是移动互联网转型升级。随时随地、方便快捷地介入移动互联网，以此获得信息、娱乐和信息服务正在成为越来越多用户的习惯和潮流。目前国内3G 用户渗透率已经超到 10%，按照国际电信行业规律，中国市场 3G 用户将进入规模化发展阶段，而整个移动互联网产业链也将迎来井喷式发展。许多软件和信息服务外包企业都已经看到了移动互联网带来的巨大商机，纷纷转型布局。海隆软件长年从事日本等发达国家的软件外包业务，积累了大量技术、业务知识和开发管理经验，为了实现未来更快速的扩张，公司在移动互联网进行了转型布局。2010 年，公司与日本上市的移动内容服务 MTI 株式会社成立合资公司海隆宜通，专注移动内容服务业务。此举有利于综合双方的经验优势，实现日本移动内容服务在中国市场的快速复制和创新。

三 中国软件和信息服务外包发展的政策建议

（一）培育具有国际竞争力的大型企业

有国际竞争力的大型软件和信息服务外包企业是产业的重要支撑，同时也是一个国家参与全球服务外包竞争的重要力量，加大力度培育扶持大型软件和信息服务外包企业是中国当前产业推动工作的当务之急。

有关数据显示，目前国际上领先的软件和信息服务外包企业其人才已达到15万人以上，具备强大的人才、技术和交付能力优势，所承接的外包业务具有长期性和高附加值，它们构筑了高高的产业壁垒。以印度为例，其最大的7个大型外包服务提供商（如 TaTa、Infosys 等）每家业务收益均超过10亿美元，员工超过4万人。而中国目前尚缺乏具有国际竞争力的大型服务外包企业。数据显示，2010年仅有东软集团等4家服务外包领军企业营业额突破2亿美元，2家企业的服务外包业务人数突破万人，相比国际领先的外包服务提供商还有很大的差距。

中国的软件和信息服务外包企业应加强自身能力建设，注重有机成长。除了加强交付能力、信息安全管理能力、行业知识能力等方面的能力之外，更应注重创新管理并加强核心服务模块的研发，形成自主知识产权，向产业链的高端环节延伸。核心服务模块可以基于金融、电信、医药、制造等垂直行业来进行研发，或者基于云计算、物联网等新兴的信息技术领域开展研发。

除了注重有机成长之外，尤其要重视加大对软件和信息服务外包企业的金融支持，鼓励企业积极采用无机成长方式提升自身实力。一是拓宽融资管道，引入私募股权和风险投资；二是鼓励企业在境内创业板或海外上市；三是通过鼓励企业采用国内和跨国并购等多种方式做大做强。

（二）鼓励企业合理区域布局和创新升级

2011年，由于 CPI 上涨、互联网等其他行业对 IT 人才需求猛增等原因，中国的软件和信息服务行业的人工成本有15%左右的上涨。由于软件和信息服务外包企业的人力成本占到公司总成本的 60%～70% 甚至更高，人力成本上升将会对企业发展产生很大的压力。综合考虑到人力成本上涨的压力，以及企业所承接业务的价值含量较低等因素，需要鼓励企业在区域之间进行合理布局，同时加强创新管理，提高技术和服务能力，实现转型升级。

我国已经有北京、上海等 21 个分布在全国各地的"服务外包示范城市"和诸多条件良好的服务外包产业园区，这些地方都具备承接软件和信息服务外包的基础设施、人力资源等基础，但是各地的人力成本、企业运营成本又不尽相同。应该鼓励服务外包企业在沿海和内地，一、二、三线城市之间的区域合理布局，可以将负责接单和营销的部门，或者负责研究开发等高端业务的部门放在一线城市，而将技术含量要求不高或附加值不高的业务向二、三、四线城市转移，这种布局在给企业节约成本的同时，也实现了城市间的协调发展。

我国的软件和信息服务外包企业已经意识到向产业价值链高端转型升级的迫切性，并开始了积极的努力和尝试。产业主管部门、园区、行业协会等应综合采取各种手段鼓励这些企业的创新、转型和升级。一方面，可以加强企业创新的设施投入和创新资源的整合力度，制定实施支持创新升级的政策措施。除了采用财政税收等手段之外，还可以采取其他方式，例如：成立创新基金，为企业家提供初期所需的启动资金和必要的指导；设立创新奖，奖励服务外包企业自主创新，鼓励企业申请专利。另一方面，还需要进一步加强知识产权和信息安全保护法等的制度建设，提供公平、公正、公开的市场环境，保护服务外包企业的创新成果，提高企业自主创新的积极性。

（三）积极制定并完善相关标准

标准是产业发展的秩序和规则，对于中国后发的软件和信息服务外包产业而言，积极参与国际标准的制定具有特殊的重要意义。一方面，可以享受到应得的产业利益和产业发展的基本权利；另一方面，有利于建立独立完善的软件和信息服务外包产业体系。

我国已经意识到制定标准的重要性并开展了标准制定工作。2009 年 9 月工信部组织成立了信息技术服务标准工作组服务外包专业组，研究制定我国的服务外包标准。2010 年 12 月《中国信息服务标准（ITSS）白皮书》正式发布。信息技术服务标准（Information Technology Service Standards，ITSS）是一套成体系的信息技术服务标准库，全面规范了信息技术服务产品及其组成要素，用于指导实施标准化的信息技术服务，以保障其可信赖。ITSS 是我国信息技术服务行业最佳实践的总结和提升，也是我国从事 IT 服务研发、供应、推广和应用等各类组织自主创新成果的固化。但是 ITSS 体系建设是一项复杂的系统工程，需要经历一个持续的逐步制定和完善的过程。今后有关部门应该在此基础上探索出一套完善、有效的 ITSS 标准贯彻实施模式和机制，为下一步在全国乃至在全球范围内推进标准应用积累经验、创造条件。

（四）把握信息技术升级带来的新机遇

抢抓信息技术发展升级中的新机遇对于软件和信息服务外包的跨越发展意义重大。服务外包产业的先进入者已经构筑了一定的技术和关系壁垒，在很大程度上会限制后进入者的跨越式发展。对于软件和信息服务外包企业来说，抓住信息技术升级中的新机遇就意味着可以突破现有的技术、关系等进入壁垒，打造新的伙伴关系，打破原有的竞争格局，开创新的服务外包"蓝海"。

高德纳公司预测了 2015 年的信息技术发展：（1）到 2015 年，整合、优化和成本透明项目使分散的 IT 投资更加透明，增加了"认可的"IT 开销。（2）持续的员工削减和冻结，使信息智能的商业机构人均 IT 开销至少增加 60%。（3）随着 IT 服务行业不断成熟，在从工艺技巧向工业化的模式转变上将越来越像制造业等其他产业，例如云计算将加速工具和自动化在 IT 服务中的使用，该新模式带来了自助、自动的服务提供和测量。2015 年，工具和自动化将减少 25% 与 IT 服务相关的劳动力。（4）到 2015 年，20% 非 IT 世界 500 强企业将成为云计算服务供货商，非 IT 公司通过云计算将核心能力外部化，加入到价值链系统，直接与那些传统 IT 机构进行竞争。

这些信息技术的发展趋势将不可避免地带来软件和信息服务外包的新业态，同时影响服务外包市场的需求。中国的软件和信息服务外包企业应该紧密跟踪把握这些新趋势，及早做好技术和人才储备，把握国际信息技术发展带来的服务外包新机遇。

附录：中国软件和信息服务外包上市公司代表

目前，A 股上市的 10 家软件和信息服务外包企业（东软集团、博彦科技、海隆软件、浙大网新、宝信软件、信雅达、天玑科技、立思辰、银之杰、新海宜），以及在中国香港、美国上市的 4 家企业（软通动力、文思信息技术、中国软件国际、海辉软件）是中国软件和信息服务外包产业中坚力量的典型代表。这些企业在业务创新、市场开拓、技术研发、垂直行业拓展等方面形成了各自的特色。

（一）东软集团

服务外包领域：（1）国际软件外包业务领域：公司进一步优化全球化市场布局，积极推动商业模式创新及业务转型。在日本市场深入挖掘客户的 IT 需求，阿尔派、东芝等重要客户业务实现恢复性增长，与索尼、电装和松下的合作进一步加强。在欧美市场，面对关键客户的战略变化，公司积极调整策略开拓新业务。（2）业务流程外包（BPO）领域：为客户提供多语言、多类别、多地域、多行业的一站式服务，集中打造以中小企业信息化服务平台、零售企业信息管理服务平台等为核心的综合服务。

业务进展情况：推进国内和国际业务的互动，业务保持快速增长，与国际汽车厂商的合作更加紧密。2011 年，国际软件业务实现收入 3.1 亿美元，比 2010 年同期增长 23.0%，占公司营业收入的 34.5%。

（二）博彦科技

服务外包领域：涵盖研发工程服务、企业应用及 IT 服务以及业务流程外包，客户集中在高科技、互联网、电信、金融、制造业等行业。研发工程服务主要面向微软、惠普、华为等大客户，离岸业务占比较大，主要提供产品开发、测试及全球化服务。企业应用及 IT 服务主要面向非 IT 行业，如华夏基金、ICBC、中国平安等国内客户，主要提供 IT 应用解决方案的咨询、开发及实施维护服务。

业务进展情况：2011 年，主营收入保持持续增长，年均复合增长率达到30.92％。2010 年和 2011 年营业收入分别为 4.3 亿元和 6.86 亿元，分别较上年同期增长 40.48％和 59.72％。

（三）海隆软件

服务外包领域：主要为海外的软件外包服务，主要客户是金融、制造业、大型系统集成商等海外企业。（1）对日本的服务外包涉及证券、银行、保险、制造业（嵌入式软件）、3G 手机内容服务业和电子商务等多个行业客户。为应对国内人力成本上升，公司积极建设后方软件基地项目，2010 年 7 月在南京设立了全资子公司江苏海隆。（2）继 2010 年形成了稳定的对美国的开发团队后，2011 年公司对美国的服务外包营业额保持稳定增长。

业务进展情况：2011 年营业总收入为 3.9 亿元，同比增长 32.78％，主要由于来自海外业务市场的订单增加所致；营业利润 7224 万元，同比增长61.20％。

（四）浙大网新

服务外包领域：布局欧美、日本和中国国内，提供从 ITO、BPO 到 KPO全方位的外包服务。（1）对美服务外包领域，围绕金融和医疗行业提供软件开发和咨询服务。在顺利实施 SHP 软件集成总包项目的基础上，2011 年继续挖掘美国医疗行业市场。在金融服务行业，公司巩固与道富等老客户的合作，新增了一批高端客户。（2）对日服务外包领域，积极推进业务改革，向稳定高效的优质项目集中资源。（3）在国内服务外包领域，与杭州银行、东海证券、北京银行达成业务合作，提供金融领域整体解决方案和高质量 IT 服务。

业务进展情况：2011 年公司致力于"大战略、大客户和新市场"的发展目标，保持稳定增长。2011 年公司软件外包与服务的营业收入为 14.78 亿元，比2010 年增长 31.05％。其中，对美、对日服务外包较 2010 年增长 30％以上。

（五）宝信软件

服务外包领域：提供 SaaS、BOO、信息安全、数据中心（灾备、主机托管）等服务，涉及钢铁、金融、政府、公共卫生、智慧交通等行业，覆盖信息化、自动化、机电一体化产品等领域，形成了从下至上立体三层的全方位运维模式。公司引入国际先进服务理念（ITIL），倡导"全生命周期"、"全流程"、"全层次"的 IT 运维，为客户的 IT 系统提供 5×9 或 7×24 小时客户服务及现场支持。公司基于集中运管平台和集中监控平台，已经构建了全国性运维网络，在本土拥有 100 多家 IT 运维服务的长期客户，涉及钢铁、金融、公共服务等行业。

业务进展情况：2011 年公司的主营业务中，服务外包的营业收入为 4.03 亿元，比 2010 年增长 17.78%；营业利润率为 40.67%，比 2010 年增加 2.26 个百分点。

（六）信雅达

服务外包领域：专注于金融服务外包，帮助金融企业提升集中运营、流程再造和创新、风险管理、管道及客户管理等能力。（1）金融 IT 服务领域，进一步完善和健全 BPO（金融流程服务外包）项目规范化、专业化、集约化运行管理体系，统一项目作业标准、管理考核标准，建立标准化的 BPO 项目立项、固定资产管理、项目成本控制原则，实现后台精细化管理。（2）金融 IT 咨询领域，为客户提供包括流程银行建议咨询、呼叫中心建设和运维咨询、内容管理建设咨询以及业务流程外包实施咨询等服务。

业务进展情况：2011 年公司的服务外包业务（系统维护、软件服务）收入为 2.18 亿元，比 2010 年增长 46.8%。

（七）天玑科技

服务外包领域：为政府和企事业单位的数据中心 IT 基础设施提供第三方服务，包括：IT 支持与维护服务、IT 专业服务、IT 外包服务。公司提供一站式服务，一方面是多品牌跨平台一站式服务，为不同硬件品牌和不同软件平台提供的综合性服务；另一方面是多层次多种类一站式服务，如定期设备和系统环境检查、技术支持响应、故障解决、部件更换等 IT 支持与维护服务，结构调整、优化性能、设备搬迁、数据迁移等 IT 专业服务；专人驻场、远程运维和系统托管运维等多种形式的 IT 外包服务。

业务进展情况：2011 年营业收入较上年同期增长 32.59％，客户数量从 2003 年的 20 余家发展到 2011 年底的 500 余家。公司参与了国家信息技术服务标准（ITSS）的编写工作，获得了"2011 年服务外包创新贡献奖"等荣誉称号。

（八）立思辰

服务外包领域：面向政府及大中型企事业单位，针对办公和业务流程中各类信息的流转和处理，以管理型外包服务为核心，提供办公信息系统解决方案及服务。包括档案管理外包服务、档案安全管理解决方案及内容管理解决方案的文件全生命周期管理业务和音视频解决方案及服务等业务。2011 年，公司各项业务全面推进，自主研发产品行业应用快速发展。档案管理外包服务合同顺利执行；安全打印复印集中管控系统和文件全生命周期管理业务进展迅猛；音视频解决方案及服务业务增长强劲，在教育系统获得有效突破。

业务进展情况：办公信息系统解决方案及服务的营业收入为 4.9 亿元，较 2010 年同期增加 22.27％；毛利率为 41.9％，较 2010 年同期增加 4.55 个百分点。

（九）银之杰

服务外包领域：专注于金融服务外包领域，为银行等金融行业客户提供与支付结算、风险防控、业务流程再造、自助服务等业务相关的外包服务。2011 年公司在推进传统优势产品如计算机验印系统、票据影像处理软件、银企对账系统、远程影像授权系统等的销售工作的同时，重点加强了新产品的开发，努力拓宽产品线。目前，公司多功能影像采集平台、印章智能管理系统、自助回单打印系统等一批新产品相继开发完成。

业务进展情况：公司的软件产品收入、定制软件开发收入、系统集成收入分别为 4232 万、1262 万和 510 万元，比 2010 年同期降低 18.99％、20.29％、5.18％。

（十）新海宜

服务外包领域：深圳易思博是公司负责软件外包业务的子公司，主要承接华为软件外包业务，占比达到 80%，此外，公司也积极拓展非华为业务（主要针对行业应用提供整体解决方案）。2011 年，加大了市场的开发力度，软件外包业务延伸至电信、电力、航空、电子商务等行业，增长势头强劲，进入国内软件外包行业第二梯队。公司不断加大软件外包服务研发投入，完善创新机制，发展高附加值的 IT 综合服务业务模式。

业务进展情况：易思博自 2007 年开展软件外包业务以来呈快速增长趋势，年复合增速达 60%，近两年每年新增员工千人，2011 年员工规模达到 4000 人，截至 2011 年 12 月 31 日，易思博公司的总资产已达 3.7 亿元，净资产 2.5 亿元，2011 年度营业收入 3.13 亿元，净利润 2098 万元。

（十一）软通动力

软通动力信息技术（集团）有限公司成立于 2001 年，是一家全方位 IT 服务及行业解决方案提供商。业务范围涵盖 IT 咨询及解决方案、应用开发及维护、软件产品工程、网络/基础设施服务以及业务流程外包（BPO）服务等，是金融、电信/高科技、能源/交通/公用事业等行业重要的 IT 综合服务提供商和战略合作伙伴。软通动力全球总部设在北京，在中国大陆的主要城市以及中国香港、中国台湾、日本、韩国、北美、欧洲均设有分支机构。软通动力是 ISO9001：2008（质量管理体系）和 ISO27001：2005（信息安全管理体系）认证企业，并于 2006 年 3 月通过 CMMI5 级认证。

（十二）文思信息技术（文思创新）

文思信息技术成立于 1995 年，是中国软件外包行业的先行者。为来自亚太、北美和欧洲的国际客户及其在中国的分支机构提供 IT 外包服务。文思在高科技行业、金融服务业、制造业、零售与分销业、电信业等领域具备全面的专业能力，为客户提供企业解决方案、质量保证和测试、应用软件开发与维护、本地化与全球化和业务流程外包等服务，帮助客户实现投资收益最大化，并使之更专注于自身核心业务。目前，文思已成为众多《财富》1000 强企业的重要合作伙伴，主要客户包括微软、IBM、Oracle、NEC、HP、TIBCO、Lenovo、华为、3M、Emerson 等著名公司。

（十三）中国软件国际（中软国际）

中软国际有限公司于 2003 年 6 月在香港联交所创业板上市，于 2005 年收购了专业从事外包业务的北京中软资源信息科技服务有限公司（中软资源），于 2008 年 12 月由港交所创业板转入主板上市。公司的服务外包业务包括：产品工程化、应用开发管理服务、企业应用服务、基础设施与应用管理服务及业务流程外包、工程流程外包和知识流程外包。业务面向政府与制造、金融与银行、电信、高科技以及交通与物流等五大领域的多个行业。公司建立了多个信息技术实习训练基地（ETC）体系，提供人力资源保障。IT 外包服务的客户主要面向欧美、日本和国内，包括微软、华为、GE 等企业，2011 年位列微软全球供货商的前十名，在华为业务上则位列三甲。2011 年，公司拥有员工近 15000 人，服务性收入近 20 亿元，其中约 40% 为外包服务收入。

（十四）海辉软件

海辉软件（国际）集团公司成立于 1996 年，公司提供信息技术软件及业务流程外包服务，在中国、日本、美国、新加坡均设有办公机构。海辉向客户提供涵盖整个应用服务生命周期的服务，包括企业应用服务（应用开发与维护、质量测试）、企业套装解决方案（Siebel 解决方案及支持、Oracle ERP 解决方案及支持服务）、产品工程服务（产品开发和测试、产品全球化服务），以及技术和解决方案服务（技术资源服务）。海辉为从事保险、证券、银行和租赁等金融服务行业的公司提供优质的 BPO 外包服务，同时提供高质量的核心流程 BPO 服务，包括各行业的扩展数据录入和桌面排版服务。公司取得了 CMM Level5、ISO 27001 及 ISO 9001：2000 等安全和质量认证。

参考文献

1. 王晓红：《中国服务外包：跨越发展与整体提升》，山西经济出版社，2012。
2. 季成、徐福缘：《服务外包产业链》，上海交通大学出版社，2011。

3. 中国服务外包研究中心：《中国服务外包发展报告 2012》，中国商务出版社，2012。

4. 何有世、田娟、曾臻：《基于 SEDEA-Tobit 的软件外包承接地效率影响因素分析》，《科技管理研究》2011 年第 11 期。

5. 王育晓：《基于钻石模型的陕西软件外包产业竞争力分析》，《价值工程》2011 年第 30（2）期。

6. 任超、蔡茂森：《上海承接软件外包的经济效应研究》，《经济论坛》2011 年第 5 期。

7. 张峰：《加快大连软件外包服务业发展的对策研究》，《软件导刊》2011 年第 1 期。

8. 陈芝荣：《软件外包专业人才知识成熟度模型》，《苏州市职业大学学报》2012 年第 3 期。

9. 张凤、胡嫒嫒等：《我国承接软件外包中人力资源管理研究》，《内蒙古农业大学学报》（社会科学版）2011 年第 6 期。

10. 郁春江：《对日软件外包人才培养模式探讨》，《职业教育研究》2012 年第 7 期。

11. 黄烨菁：《跨国服务外包中的知识转移——以软件外包为对象》，《科研管理》2012 年第 6 期。

12. 王育晓：《全球价值链下我国软件外包产业升级研究》，《商业时代》2011 年第 9 期。

13. 杨婧、李玲：《软件外包与我国软件产业升级》，《中国外资》2011 年第 3 期。

14. 肖志雄、秦远建：《"知识鲶鱼"在软件外包企业团队知识吸收中的作用机理研究》，《情报杂志》2011 年第 2 期。

15. 张笑楠、仲秋雁：《软件外包企业技术能力提升机理研究》，《管理科学》2011 年第 12 期。

16. 曲刚、李柏森：《软件外包项目发包方对承接方团队绩效的影响——基于交互记忆系统的行为特征》，《南开管理评论》2011 年第 14（3）期。

17. 曹萍、陈福集：《软件外包中分包商选择的优化模型及算法》，《武汉理工大学学报》（信息与管理工程版）2012 年第 6 期。

18. 刘光宗、肖洪钧：《中国软件外包企业发展的升级路径研究》，《科技与管理》2011 年第 1 期。

B.10
国际金融服务外包发展
趋势及我国的战略选择

杨 琳

摘 要：

本文介绍了国际金融服务外包的现状与趋势；分析了中国金融服务外包发展的特点，认为我国国际金融服务外包处于初级阶段，增长快、潜力大；布局呈现以承接在岸外包为主、离岸外包为辅以及承接国内外金融机构 IT 外包为主、BPO 为辅的发展格局；跨国金融机构和大型服务外包公司在华金融服务外包机构或基地渗透度不断加深，成为重要推动力量；本土金融外包服务提供商规模较小，市场竞争力有待增强，但创新步伐加快，市场前景广阔。最后，文章提出了中国发展金融服务外包的战略选择。

关键词：

国际金融服务外包　本土金融外包服务提供商　战略选择

20 世纪 90 年代以来，经济金融全球化、一体化进程加快，在全球范围内进行资源优化配置的新一轮国际产业转移迅猛发展，其中，金融服务外包特别是离岸外包，以其降低成本、增加收入、提高质量、改进效能等多重优势，成为国际产业转移的重点领域，对金融服务贸易贡献与日俱增，在金融服务业地位日趋重要。从全球范围看，金融服务外包行业正处于行业周期的高速成长期，已成为国际外包市场的主流。2009 年全球服务外包市场规模达 8100 亿美元，其中金融服务外包的市场规模达 2000 亿美元，占全球外包总规模的 25% 以上。2011 年全球服务外包市场规模①达 1.22 万亿美元，其中金融服务外包规模超过 3000 亿

---

① 包括软件外包。

美元①。Tower Group 在调查的基础上估测 2003 年以来全球金融服务外包年均增长率超过 30%。当前，我国金融服务外包理论与实践仍处于起步阶段，深入研究国外金融服务业外包内在发展规律，借鉴印度等国成功经验，对于我国抢抓全球金融服务外包"离岸化"发展机遇，提升承接金融服务外包能力，加快发展方式转变，促进国民经济又好又快发展，具有十分重要的战略意义和现实意义。

一　国际金融服务外包发展特点与趋势

20 世纪 90 年代以来在能够普遍节约经营成本 30%～50% 和技术快速革新升级等因素驱动下，金融服务外包迅速崛起，金融企业从外包中获得的利益大大提高，金融外包逐渐成为国际服务外包市场的主流，对国际金融业发展提速、效率提升、格局重构等，正日益产生广泛而深刻的影响。

（一）金融服务外包发展速度很快、潜力巨大

20 世纪 90 年代特别是 2000 年以来，全球金融服务外包市场快速成长，全球实施外包金融机构数量快速增长，实施外包金融机构数量占金融机构总量的比重从 2003 年的 26%，增长到 2009 年的 80% 强；全球金融服务外包规模迅速扩大，从 2005 年的 1413 亿美元，增加至 2011 年的超过 3000 亿美元，年均复合增长率超过 13.4%，超过同期全球服务外包年均复合增速 5 个百分点；全球金融服务外包地位稳步提升，金融服务外包占全球服务外包规模比重从 2005 年的 22%，升至 2011 年的 25% 强；全球金融服务外包发展潜力巨大，根据 Financial Services Outsourcing（FSO）等机构的研究成果推断，未来较长一段时期，全球金融离岸外包市场规模和在岸外包市场规模都将以超过 10% 的年均增速持续快速增长。

（二）金融服务外包层级持续提升

金融服务外包类型主要包括 ITO、BPO 和 KPO，其中，ITO 是指信息技术等外包，如银行运营系统、网上银行系统、支票影响处理系统、监控系统、数据备

---

① 美国互联网资料中心（IDC）的统计结论。

份系统和后台管理等；BPO 是金融机头业务流程外包，包括银行开户、账单处理、抵押贷款申请、文件管理、信用卡申请和发行、ATM 管理、本外币现金取送、安全警备设施维护、银行金库坚实系统、保险理赔、金融机构财务会计、单证管理等后台业务外包；KPO 是 BPO 的延伸，是高端 BPO 业务，以研究和咨询为主，包括金融机构经济金融资料分析、风险分析、投资决策支持、法律和税务顾问等。经过近 30 余年的发展，国际金融服务外包范围迅速扩大，层级不断提升，从起步阶段的 ITO 逐步转向 ITO 与 BPO 并行发展阶段，未来实现 ITO、BPO 和 KPO 并驾齐驱格局，呈现从低端业务向更复杂、更核心、更高端业务转变的发展趋势；发包方与承接方之间的关系也日益深化，从简单的雇用关系，转变为战略合作伙伴关系；外包形式从过去的"一对一"外包，转向"一对一"与"一对多"并行。以业务流程外包 BPO 为例，尽管其规模只占外包总额的三分之一，不及 ITO 市场份额，但其增长速度却是最快的，高于同期金融服务外包增速。

（三）金融服务 IT 外包占据主导地位

随着信息技术快速发展，金融业对 IT 依赖性越来越大，金融业服务水平与其 IT 基础设施和应用软件先进程度成正向变化，IT 技术性、专业性、创新性极强，金融企业在此领域不具备专业优势，因此，IT 外包成为金融企业最主要的外包业务类型。根据 Towergroup 的统计（见图 1），金融机构 IT 支出规模，从 1996 年的 2360 亿美元，增加至 2003 年的 3340 亿美元，金融机构 IT 外包金额占 IT 总支出的比重，从 1996 年的 50%，增长到 2003 年的 56%，预计到 2010 年会增至近 60%。

（四）金融服务外包"离岸化"趋势日渐凸现

在全球化、一体化影响下，越来越多的金融机构选择离岸外包，将印度作为离岸外包目的地首选，中国、马来西亚和菲律宾等也是其较好选择。根据德勤咨询公司和大多数金融咨询机构的研究[1]，2001 年仅有不足 10% 的金融机构开展了离岸外包，2004 年这一比例达 26%，2005 年和 2007 年这一比例分

---

[1]　Delloit：《Global Financial Offshoring》和《Global insurance industry outlook 2005》.

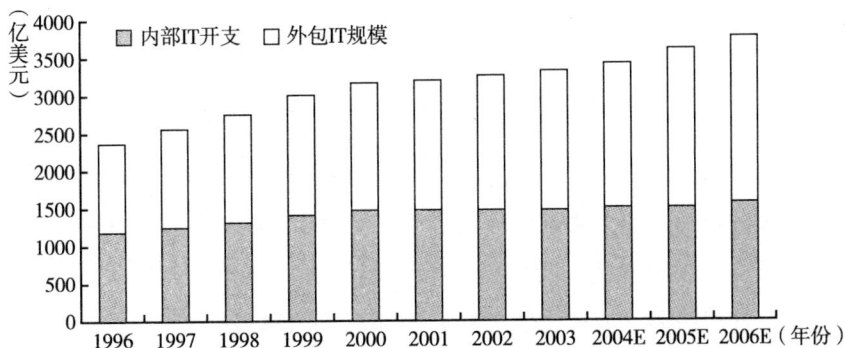

图1　1996~2006 年全球金融机构外包 IT 规模和内部 IT 开支

注：E 表示预测值。

资料来源：TowerGroup。

别升至70% 和75%（见图2）；2005 年世界金融业总成本为2. 151 万亿美元，用占比10% 、价值2100 亿美元的金融业成本进行离岸外包，到2010 年，世界金融业总成本为2. 068 万亿美元，用占比20% 、价值4140 亿美元的金融业成本进行离岸外包。FSO 的调查显示，在 2007 年上半年发生的43 起全球大额金融服务外包交易中，离岸外包交易的比例高达63% ，在岸外包交易数量的比重仅为37% 。目前，美国、欧盟和日本是全球主要金融服务外包发包方，其中美国占比超过70% ，印度、菲律宾和马来西亚等国是主要的接包方，毕博管理咨询公司认为，到2015 年中国和印度将成为全球服务外包中心。

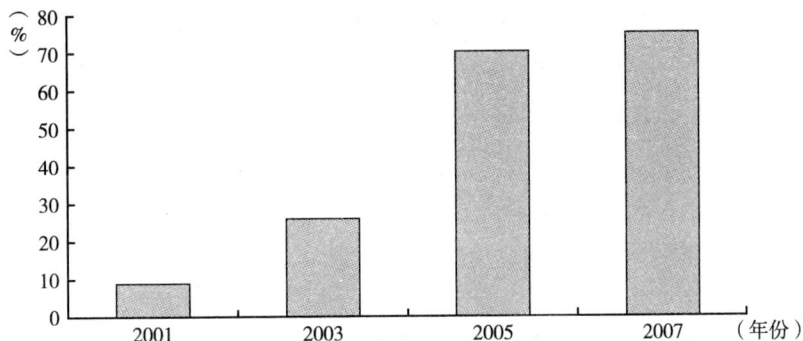

图2　2001~2007 年开展离岸外包的金融机构比重

资料来源：2003 ~ 2007Annual Deloitte Research Global Offshore Survey, Global Financial Services Offshoring。

（五）外包方式逐步转向外包给发包方海外自建（附属）全资合资机构与第三方的混合方式，金融危机后第一种方式呈现外部化倾向

随着金融服务外包的快速发展，国际金融机构越来越多采用在离岸地设立全资或合资公司的方式承接离岸外包业务，促使金融机构外包正在由单独选用外包给第三方这一种方式，转向外包给发包方海外自建（附属）全资机构、合资机构和外包给第三方结合使用的方式（以下简称混合方式），其中，发包方会将部分对管控要求较高的业务外包给海外自建（附属）机构，这样便于母公司管理和保密，将其他对管控要求较低的业务外包给第三方。根据德勤公司的调查，金融机构离岸外包中，采用混合方式的金融机构占所有开展外包业务金融机构的比重，由 2004 年的 23%，增加到 2009 年的超过 50%，成为大多数外包金融机构的首选方式。金融危机后，一些金融机构出现较大损失，流动性陷入困境，为尽快缓解这一局面，部分金融机构将其设立在海外从事母公司离岸业务外包的自建（附属）机构出售给专业第三方外包机构，如危机后全球知名保险集团 Aviva 将其全球共享服务中心 AGS 出售给专业外包提供商WNS，花旗集团将其印度的全球处理中心出售给印度塔塔咨询公司。

（六）大型金融机构外包愈演愈烈，小型金融机构外包逐步铺开

目前，国际大型金融机构开展外包的比例远高于小型金融机构。德勤公司的有关调查表明，早在 2004 年市值超过 100 亿美元的大型金融机构中，80%已经实施了离岸外包，全部在内部自行处理业务的大型金融机构占比不足20%；小型金融机构中，离岸外包和不实施离岸外包的金融机构占比各一半。通过离岸外包，大型金融机构实现全球化运作模式，花费同样的成本，可以雇用更多、技能更高的雇员，存在巨大的成本节约效应和规模效益。随着大型金融机构外包示范效应显现，越来越多的中小金融机构不断加入到这一行列。

（七）金融服务外包领域不断拓展，业务持续创新

在传统外包如金融机构设施管理外包、打印外包、档案管理外包、信息技术外包、银行 ATM 外包、基金定价与托管服务外包、保险理赔外包等继续稳

步发展的基础上，未来随着以《巴塞尔协议III》和欧盟《Solvency II》为代表的银行业和保险业监管新规的实施，增加了对银行业和保险业特别是系统重要性金融机构的偿付能力和资本要求，加之随着金融全球化日益深化，金融市场不确定性不断加大，而金融服务外包无疑成为有效应对这些外包环境变化的重要手段之一。此外，金融机构除了考虑成本之外，提升能力、可扩展性与市场反应灵敏度也逐渐成为其外包的重要动因，以此促进组织转型和企业变革。为有效与这些市场需求对接，金融服务外包呈现ITO持续升级以及从ITO转向BPO和KPO的创新发展趋势，主要体现在以下几个方面：一是金融云快速发展，早期的金融云计算应用始于2007年的高频交易公司利用私有云服务进行应用托管，2010年开始逐步兴起，2011年以来金融云的应用前景逐步清晰，但普遍接受的是私有云服务，即金融机构发包方通过利用安全的、集中管理的全球网络、应用程序和存储能力满足自身更低成本、更高效IT服务的需求，如西班牙银行BBVA将金融云服务外包给谷歌，2011年4月基金管理和主经纪服务供货商Conifer Securities公司将基于云计算的软件开发业务外包给InvestCloud，联合推出了被称为iCon的解决方案，方便Conifer按需访问，未来银行、保险公司、投资银行、经纪商、做市商和资产管理公司等会将订单管理系统、投资组合管理系统、风险管理系统等更为复杂的应用程序通过私有云予以实现。二是移动支付外包业务迅速扩张，伴随以手机支付为代表的移动支付迅猛扩张，银行移动支付设备和应用以及数字钱包①等服务外包规模也快速提高，调查显示，美国排名前25位的银行中23家开展了移动支付业务，加拿大、英国、日本、韩国和中国等都在积极尝试。三是银行业务系统整合外包需求增大，鉴于银行客户对移动设备、网络设备、银行网点、客服中心和ATM等存在多方面需求，欧美等大型银行因此产生了全新的业务系统整合需求，并对产品开发和定价流程优化有了新的要求，外包需求与日俱增，其典型代表是2012年埃森哲推出的两款全新银行应用软件产品"埃森哲多渠道平台"和"埃森哲产品及费用工程"，以帮助银行整合移动管道、网点和自助设备等各

---

① 数字钱包是VISA移动支付战略之一，是指用户有一个账户，可以将自己的所有信用卡号码添加其中，无论是美国运通还是万事达卡，都可以通过这个账户进行支付并累积增值服务，实现无缝的一键支付服务。目前VISA已与多家金融机构合作为客户提供该项服务。

类客户管道，同时为银行产品经理提供一个中央管理平台，促进其更有效地创新产品、定价并推向市场，更加体现以客户为中心的理念，截至2011年末该公司已成功为全球200多家银行提供了核心业务系统。四是银行业务外包从后台业务外包转向前台业务外包，欧美等发达国家银行特别是大型银行分解信贷流程，将部分低附加值的前端业务流程外包给小型放款机构等第三方，如发现客户、咨询、信贷调查、贷前材料准备、贷款档制作、信贷评估、保险和过户等，银行主要负责最核心的产品设计、签约和风险管控等业务流程。五是保险外包加快发展，近年来保险公司为提升核心竞争力，越来越多地将呼叫中心、后台处理和资产管理业务外包，如2011年巴黎银行将其业务法国寿险保单管理、呼叫中心及运营管理等业务外包给埃森哲，外包合同长达8年；虽然目前仅有10%的亚洲保险公司将资产管理业务外包给其他资产管理公司，但这一势头正在提高，其速度已超过欧美国家保险资产管理外包增速。此外，除了保险公司，亚洲国家养老基金也在加紧将基金投资管理业务外包，如韩国国家养老金外包给第三方资产管理机构的资金就达240亿美元。

（八）金融服务外包监管法规齐备，有利于外包引发的金融风险管控

为了控制外包风险，特别是某一外包提供商为多个金融机构提供服务，存在因该外包提供商经营风险引发局域或更大范围的系统性风险，为此，无论是国际金融组织，还是各国金融监管机构都出台了相关法规，管控这类外包引发的金融风险。

2005年2月，由巴塞尔银行监管委员会、证券交易委员会国际组织、国际保险监督官协会共同举办的国际金融监管机构联合论坛发布了金融服务公司外包报告，制定了关于业务外包的高级原则，帮助金融机构和监管当局控制业务外包的相关风险，同时又不至于影响外包主体的经营效率。这些原则适用银行、保险和证券领域，其核心内容为：一是从事业务外包的受监管实体应制定全面的政策，以指导和评估是否及如何进行业务外包；二是受监管实体应建立全面的外包风险管理程序以指导外包业务及与服务商的关系；三是受监管实体应确保外包管理不能影响履行对客户及监管当局承担的义务和责任，也不能损害监管当局监管

效能；四是受监管实体应尽职选择外包服务商，在选择服务商之前，受监管实体应制定标准以评估外包提供商是否具备有效、可靠及高标准履约的能力，评估外包提供商潜在风险；五是外包书面合同应明确外包管理的多种重要因素，包括权利、义务及双方预期；六是受监管实体与服务商应建立应急计划，包括灾害恢复计划及备份设施定期测试计划；七是受监管实体应采取恰当措施，要求外包服务商严守受监管实体及其客户的机密信息，不得故意或无意对未授权人士泄露；八是监管当局应把外包业务作为对受监管实体评估的组成部分；九是监管当局应认识到多个受监管实体将业务集中外包给少数几个外包服务商可能带来的风险。

各国金融监管者已经积极采取行动应对金融服务外包。在美国、英国、瑞士、荷兰、日本、德国、法国、加拿大、比利时、澳大利亚等 16 个国家，其金融监管当局都已经建立了涵盖银行和保险等外包的监管标准，颁布了详细的金融服务外包监管条例（见表1），其中，有 6 个国家明确规定银行不能将核心银行业务如风险管理等外包。总体看，欧洲金融服务外包政策的制定落后于美国，而发展中国家则刚刚起步。

表1　各国对金融外包业务的监管政策

国　　家	对金融外包业务的监管政策
澳大利亚	2002 年7 月1 日,开始实施银行外包审慎标准,监管当局希望保险公司也能遵循同样的标准
比 利 时	2004 年6 月1 日,比利时银行、金融与保险委员会(CBFA)发布了针对银行及投资服务行业的共同指引。关于保险行业实施这一指引的问题,目前也在征求意见
加 拿 大	2001 年5 月,金融机构管理署(OSFI)制定了关于外包的 B - 10 指引。2003 年12 月公布其修订稿,并于2004 年12 月15 日开始执行
法 　国	2005 年初,第97 - 02 条例增加了涉及信贷机构及投资公司的内部控制条款。这些条款与外包业务有关,并对外包"核心"业务提出了特别规定。外包业务必须以书面合同订立,且合同中必须规定允许金融机构及银行委员会进行现场调查。外包及相关风险必须是向董事会报告的内容之一
德 　国	2001 年12 月,德国监管当局发布了包括所有信贷机构及金融服务机构的外包指引,要求外包业务不能在以下方面带来负面影响:(1)这些业务或服务的秩序;(2)管理者监控及管理这些业务的能力;(3)德国金融监管局根据其司法权限对信贷机构进行审计的权力及实施监控信贷机构的能力
日 　本	2001 年4 月,日本银行发布了金融机构稳健操作档,提出了对外包风险的管理要求。金融服务局颁布了金融机构检查手册,规定了外包风险管理的检查重点

国 家	对金融外包业务的监管政策
荷 兰	2004 年 4 月 1 日,荷兰银行(信贷机构的审慎监管当局)发布了《组织及控制规则》。该规则的第 2.6 节列出了对业务程序外包的规定。 2004 年 2 月 1 日,荷兰养老金及保险监管局、保险公司及养老基金的审慎监管机构发布了对保险公司的外包管理规则
瑞 士	1999 年 8 月,瑞士联邦银行委员会(SFBC)公布了针对银行与证券公司的《外包指引》,允许公司在未经 SFBC 明确同意的情况下实施外包,要求每年对公司进行一次年审。同时要求外包业务须订立书面合同,外包合同必须明确允许 SFBC、金融机构及其内外部审计机构对外包服务商进行监控,而且金融机构要将外包业务纳入内控体系。此外,董事会职能及金融机构的核心管理职能不可外包
英 国	英国金融服务局(FSA)在《临时审慎监管手册》中制定了对银行及住房互助协会的业务外包指引,P3 条款对保险也做出了同样规定。指引要求公司在对重要业务外包之前,须先通知 FSA
美 国 (证券公司)	证券监管当局一般不反对证券公司内部传统业务外包,但纽约证券交易所第 342、346 及 382 条规则规定有些业务应完全禁止外包或仅允许外包给受监管实体。1934 年的《证券交易法》规定,任何人或实体未在美国证券交易委员会注册之前,不得为其他机构进行证券交易
美 国 (银行)	FFIEC(联邦金融机构检查委员会)发布了一系列指引与公告,明确了银行在管理 IT 外包风险方面的职责,最近的修订专门增加了对服务商信息安全的要求。 目前美国银行在外包方面的监管指引主要包括以下方面: √ 2001 - 47 OCC 公告:《服务商关系:风险管理原则》(2001 年 11 月); √ FFIEC 对外包技术服务的风险管理指引(2000 年 11 月); √ FFIEC 的 IT 手册:《技术服务商(TSP)监管手册》(2003 年 5 月)。 2004 年,美国银行监管机构公布了《IT 外包技术服务检查手册》,为监管检查提供了指引与检查程序
美 国 (保险公司)	美国保险监管机构根据各种司法授权对基本业务外包进行监管,相关法规涉及管理一般代理人及服务商管理人,如全国保险业协会(NAIC)的管理一般代理人规范法,以及服务商管理规范章程等。其他外包业务由市场行为检查程序规范,例如索赔处理或投资管理、监管当局处理违规行为的权限情况、阻止不公平索赔及不公平交易行为。NAIC 市场监管及消费者事务委员会成立了服务商卖方工作组,处理当前监管当局未涉足但与保险公司业务外包有关的问题

Source: Basel Committee on Banking Supervion joint forum, 2005, *Outsourcing in Financial Services*.

二 中国金融服务外包现状与趋势

金融服务外包作为服务外包的中坚力量,在法律环境、政府政策、行业发展和市场品牌等方面取得了一定成绩,呈现以下特点:

（一）我国金融服务外包业发展处于初级阶段

我国金融服务外包仍处于初级发展阶段，主要是由以下三个方面决定的：一是金融服务外包监管等配套政策出台时间较短，尚不完善。我国金融服务外包始于20世纪90年代的IT外包，但直至2004年，中国银监会才陆续出台了一些与银行业务外包有关的规定，保险业和证券业尚未出台有关的监管规定或指引（见表2），法规系统性和针对性均有待提高。二是包括金融服务外包在内的服务外包业规模较小。截至2009底，印度外包产业占全球市场份额超过45%，而中国仅占5%左右的市场份额。信息服务外包方面，印度软件和服务外包产业2006～2007财年总收入超过478亿美元，而同期我国软件外包规模与其相差40余倍。金融离岸外包服务方面，目前，印度独揽全球80%的金融离岸外包业务。三是服务外包企业发展仍处于初级阶段。一般地，从接包方角度划分有三个发展阶段①，第一阶段是以为发包方提供较低成本的人力资源和基础设施等为竞争力；第二阶段是以流程建设和行业经验为竞争力，能够告诉客户他不知道的东西，帮助他找到更好的方法，现在只有少数几家中国服务

表2　我国金融服务外包法规汇总表

时间	名　　称	监管部门	外包有关内容
2004.3	《关于加强银行卡安全管理有关问题的通知》	银监会	要求银行严格管理制度,防止外包供货商泄露银行卡民管信息,并将外包制度与方案报银监会
2006.1	《电子银行业务管理办法》	银监会	针对外包风险,对电子银行业务外包提供商的选择、合同订立、风险应急计划、审批和报告等提出监管要求
2006.4	《关于防范信用卡业务风险有关问题的通知》	中国人民银行、银监会	要求发达机构慎重选择发卡营销外包提供商,严格管理外包关系,明确双方权责
2009.6	《商业银行信息科技风险管理指引》	银监会	针对商业银行信息系统外包提出了全面规范要求
2010.6	《银行业金融机构外包风险管理指引》	银监会	专门针对银行外包提出了全面系统监管要求

资料来源：根据相关网站信息整理得出。

———————————

①　软通动力的划分方式。

外包公司具备这一能力；第三阶段是以知识产权（IP）为竞争力，这是服务外包企业的最高境界，这类企业需要有极强的行业背景，具备提供咨询服务的能力，实际是某个垂直行业的标准制定者；从发包方角度划分有三种业务类型，即与国外分类方式一致的ITO、BPO和KPO；无论是从接包方角度还是发包方角度，这三个阶段越往上端，附加价值越高，竞争实力越强。目前大多数中国服务外包企业和发包方外包业务仍处在第一阶段，仍以ITO和较为低端的数据处理、单据审核、呼叫中心等BPO业务为主（见表3）。

表3　2001～2010年我国金融机构外包案例汇总表

发包方	接包方	外包项目	外包分类	时间
深圳发展银行	万国数据服务有限公司	灾备外包	ITO	2001
国家开发银行	惠普	战略性整体IT外包服务,包括现场支持、一站式热线电话服务、设备采购与管理、新技术咨询、应用系统开发、网络系统运维、灾备中心建设与运维		2002～2006
招商银行	UNHUB公司、融博、惠普	IP网络视频会议系统、软件开发、战略性IT项目		2002～2006
中国银联数据服务有限公司	优利（Unisys）	贷记卡发卡平台系统		2003
光大银行	联想、美国第一咨询公司	核心业务和管理会计系统、信用卡系统		2003～2004
上海银行	惠普	第一代核心银行业务系统集成与实施		2004
央行天津票据清算中心	优利（Unisys）	票据清分系统		2007
齐鲁银行	神州数码	核心银行业务系统		2009
许昌城市商业银行	神州数码	核心银行业务系统和应用软件		2009
中国银联和中国移动	二者设立的合资公司	手机钱包服务	ITO（电信）	2003
深圳平安银行	神州数码	开发ESB平台系统		2007
北京银行	神州数码	软件开发和运营等IT业务		2007
中国工商银行	中国电信、中国联通和中国移动	3G版手机银行服务		2009
交通银行	中国联通	3G版手机银行服务		2009～2010
建设银行福建分行	中国电信福建公司	手机银行服务		2010

发包方	接包方	外包项目	外包分类	时间
中国银行信用卡部	北京天马信息网络公司	信用卡营销及相关工作		1997
中国农业银行	西联公司	国际汇款业务		2003
光大银行	华道数据	数据扫描和录入、信用卡业务		2005～2006
合众人寿	华道数据	新契约投保数据处理		2005
平安保险集团	华道数据	新契约投保数据处理		2005
民生银行	华道数据	会计账务集中处理		2005
太平洋人寿	华道数据	新契约投保数据处理	BPO	2006
中国建设银行	华道数据	数据加工		2006
中英人寿	华道数据	新契约投保数据处理		2007
光大永明保险	华道数据	新契约投保数据处理		2008
海康人寿	华道数据	后台单证数据处理		2009
中意人寿	华道数据	后台单证数据处理		2009
合众人寿	华道数据	后台单证数据处理		2009
中信实业银行和广发银行	金融联	呼叫中心		2009

资料来源：根据公开信息数据整理得出。

（二）我国金融服务外包业增长很快，潜力很大

随着国际产业转移的加快、发达国家和国内金融离岸外包需求的增加，我国服务外包业已步入快速发展轨道。从服务外包产业增长看，2007～2011年，我国服务外包合同执行金额从66.9亿美元，升至323.9亿美元，年均增长48.4%，其中金融服务外包增长十分迅猛。计世信息（CCW Research）近日发布的研究报告显示，2010年中国金融 IT 外包服务市场规模为74.57亿元，同比增长率为21.03%；2011～2014年中国金融 IT 外包服务市场的复合增长率将达到22.91%。全球知名金融外包提供商——简柏特旗下 Headstrong 公司副总裁保罗·埃迪预计，2012年中国银行业对 ITO 的需求增速将达到10%，BPO 达到22%。毕博管理咨询公司估测，到2015年中国和印度将成为全球金融服务外包的中心。这是由两国都有大量受过良好教育的外包业务人才、劳动力优势等决定的。

从我国大型金融服务外包企业营业收入变化看，以金融服务外包为主业的

几家外包公司，近年来正处于快速扩张期，年均增速都在100%左右，而印度软件外包企业年均增速为30%左右。

从我国大型金融服务外包企业人员规模变化看，其人员规模也呈现出快速扩张的趋势。以金融服务外包为主业的几家外包公司中，华道数据，10年时间人员快速扩张到2500人，2010年将增加到1万人；炎兴科技，3年时间人员增至1000人；华拓数码，7年时间人员扩充到近1000人，未来2年将增至2000人，未来5年将增至5000人；软通动力，7年时间增至4500余人；神州数码，不到10年时间，员工达到近万人。

从我国大型金融服务外包企业分支机构数量和地域分布变化看，无论是以金融服务外包为主业的公司，还是兼营金融服务外包的企业；无论是以在岸外包为主的外包公司，还是以离岸外包为主的外包公司，虽然设立时间普遍不到10年，但网点铺设速度很快，不仅在国内重点城市广泛布点，而且在发包方最集中的欧美和日韩等设立了分支机构或办事处。如华拓数码、东南融通、文思创新、软通动力等，在国内的沿海发达城市和美国、加拿大、澳大利亚以及日本等都设有分支机构。

从典型城市金融服务外包发展看，以深圳为例，2010年深圳205家金融服务外包企业完成产值28.42亿元，同比增长105%；承接金融服务外包合同金额23.68亿元，同比增长140%。预计，2020年深圳在岸金融外包业务市场规模将达到300亿元人民币，离岸金融外包业务将超过20亿美元。

（三）我国金融服务外包布局呈现以承接在岸外包为主、离岸外包为辅，离岸外包以日韩为主、欧美为辅的特征

从国内承接金融服务外包业务来源国看，到2010年，我国在岸金融业务流程外包市场将高达500亿美元，而离岸金融业务流程外包也只可能超过50亿美元，二者之比为10：1。中资金融服务外包提供商中，绝大部分仍以承接国内金融服务机构的外包业务为主，我们选择的22家国内规模较大、中资控股的金融服务外包提供商样本中，只有25%左右的公司是以离岸外包为主，75%左右的公司从事的仍是在岸外包业务。海外跨国金融机构和国际大型服务外包提供商在中国设立的外包机构和基地中，在完成本机构分派的分包业务的同时，大量承揽中国金融机构外包订单，我们选择的50余家外资控股的金融

服务外包提供商样本中，为中国金融机构提供外包服务均是其重要业务。总体看，当前我国金融服务外包仍以在岸外包为主。

从我国承接离岸金融服务外包区域分布看，主要承接的是日本、韩国等邻国的近岸外包。国内较具代表性的服务外包企业中，软通动力日韩业务占65%，欧美业务只占35%；大展集团日本业务占1/3，是最大的一块，其后依次为北美、欧洲和中国；东软对日外包业务占90%，欧美业务也只占10%左右。

（四）我国金融服务外包呈现以承接国内外金融机构 IT 外包为主、BPO 为辅，低端业务为主、高端业务为辅，银行服务外包为主、证券保险服务外包为辅的发展格局

发达国家银行、保险公司等金融机构已将 IT 外包作为其重要战略选择，这对中国金融机构信息化发展产生了十分重要的影响。20 世纪 90 年代末以来，在国内金融竞争加剧和客户需求结构提升等多重因素推动下，国内金融机构信息化进程不断加快，越来越多的金融机构选择信息技术外包模式。计世信息（CCW Research）发布的研究报告显示，2010 年中国金融 IT 外包服务市场规模为 74.57 亿元，同比增长 21.03%；2011～2014 年中国金融 IT 外包服务市场的复合增长率将达到 22.91%（见图 3）。金融机构 IT 外包已成为近期乃至今后较长一段时期金融机构外包规模最高、潜力最大的领域。

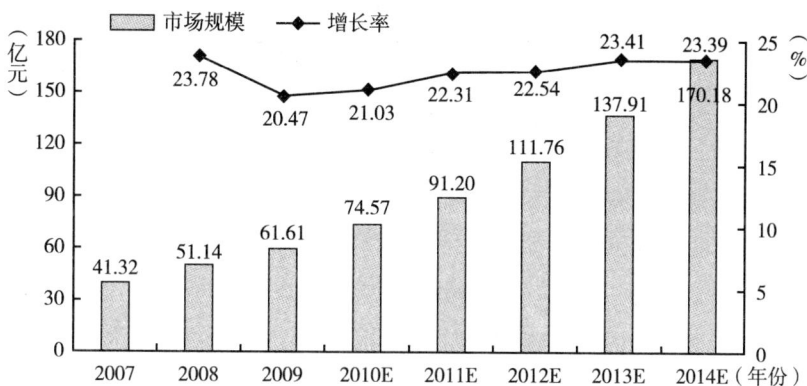

图3　2007～2015 年中国金融 IT 外包服务市场规模及增长

资料来源：CCW Research，2011/2。

发展至今，我国金融服务外包仍以低端 ITO 业务为主，较少承接 BPO 等高端业务。我国承接的金融服务离岸外包业务中，大部分来自日本和韩国，这两个国家很少将高端项目外包，同时，我国大多数服务外包企业缺乏直接从欧美发包商手中接单的能力，主要是从跨国公司驻中国机构承接的第二、第三包等转包业务，例如，我国本土服务外包企业获得的微软、IBM、HP 和 BEA 等美国订单，主要是通过这些美国公司在华分支机构获得，而不是从美国直接接单，高端业务承接能力继续提升。

2011 年服务外包蓝皮书《中国服务外包发展报告（2010～2011）》指出，金融服务外包中，银行业服务外包占据主导地位，占比高达 61%，证券和保险服务外包占比分别为 23% 和 16%。

（五）跨国金融机构和大型服务外包公司在华金融服务外包机构或基地渗透度不断加深，成为推动我国金融服务外包发展的重要力量

当前，在我国从事金融服务外包业务的企业主要有三种类型，一是跨国金融机构设立全资或合资机构，承接本机构全球或特定区域服务支持业务以及中国企业外包业务；二是大型跨国服务外包企业在华设立的分支机构，承接中国企业外包业务或日韩等离岸外包业务；三是中国本土外包企业，承接国内外服务外包业务。

从三种类型外包企业占比看，截至 2006 年底，我国较具知名度和影响力的金融服务外包机构有 100 家左右（见表 4），其中跨国金融机构在我国设立全资或合资外包机构 22 家，占比 22%，大型跨国外包服务提供商在华设立分支机构 30 家，占比 30%，前两种类型外包企业合计占比为 52%，我国本土外包企业 48 家，占比 48%，基本呈现海外机构设立外包企业与本土外包企业齐头并进的发展格局。从三种类型外包企业人员规模看，跨国金融机构在华设立的服务外包企业规模基本在 500～1000 人上下，大型跨国外包服务提供商在华分支机构和 20 余家大型本土外包提供商人员规模大都在 1000 人以上，普遍高于本土金融服务外包提供商。从我国 IT 服务外包市场排名看，近几年排名前三位的都是第二种类型的公司——大型跨国服务外包企业在华分支机构，它们是 IBM、HP 和 EDS。总体看，前两种类型的服务外包企业，不仅是我国金融服务外包市场的中坚力量，也是我国金融外包业发展的重要带领者和推动者。

表4   2006 年底我国知名度较高的 100 家金融服务外包机构统计表

外包企业类型	设立家数	企业人员规模	母国为美国的公司家数	母国为英国的公司家数	母国为印度的公司家数
跨国金融机构在华设立的服务外包企业	22	500～1000 人居多,最多的近 4000 人	8	10	
大型外包服务提供商在华设立的分支机构	30	1000～2000 人居多	20		10
中国本土外包企业	48	50% 以上的公司规模为 1000 人以上,25% 左右的公司规模为 100～500 人,另外 25% 左右的公司规模为 100 人以下			

资料来源：根据公开媒体数据和全球外包网资料整理得出。

（六）本土金融外包服务提供商规模较小，市场竞争力有待增强

我国金融服务外包经过十余年的发展，虽然取得了长足的进步，但本土金融服务外包提供商市场竞争实力仍然较弱，主要体现在以下五个方面：

一是本土金融服务外包提供商的营业规模普遍较低。以 IT 外包为例，印度居全球 IT 外包的首位，而我国同期的 IT 外包收入还不到印度的一半；印度从事 ITO 排名靠前的外包企业年营业收入高达 30 亿～40 亿美元，是中国最大金融服务外包企业规模的几十倍甚至上百倍；印度从事 BPO 的企业规模最大的可达 8 亿～9 亿美元，同样超过国内 BPO 企业数十倍乃至上百倍。

二是本土金融服务外包提供商的人员规模普遍较小。当前，我国本土金融服务外包企业，最大的只有 5000 人，大部分金融外包企业仍是 100 人以下的小规模企业。而印度软件外包企业有 3000 多家，从业人员 50 余万，其中，前 10 家外包企业人员规模多在 1 万人以上，印度的著名软件企业 Infosys，全球人员规模高达 8 万人。

三是本土金融服务外包行业集中度较低。以软件外包行业为例，根据 IDC 的统计，2006 年，我国排名前 10 位的本土软件外包提供商市场份额只占中国离岸软件开发营业收入的 30.7%，而印度四大外包巨头 Infosys、塔塔、萨蒂扬和 Wipro 揽获了印度离岸外包业务的 60% 强。

四是本土金融服务外包提供行业利润率较低。当前，我国外包服务市场较为分散，进入壁垒较低，众多规模较小的企业顺利进入这一市场，加剧了市场的无序发展和恶性竞争，难以实现规模效益，行业整体利润率偏低。以较具代表性的软件外包业为例，我国软件服务外包行业利润率平均只有 10% 左右，而印度软件外包企业的利润率则高达 40% 左右；我国外包企业年人均创造的收入只有 1 万~2 万美元，而印度外包企业则能达到 5 万美元。

五是本土金融服务外包提供商产业组织和管理较不成熟，专业资质普遍较低。在中国排名前 30 位的软件公司中，仅有 20% 的企业获得了 CMM4 或 5 级认证，国际领先软件外包企业的这一比例高达 80% 以上。

（七）本土金融外包提供商海外设点和并购力度加大，承接海外金融外包能力不断提升

近年来，我国本土金融外包服务提供商为提升自身金融服务外包能力，纷纷加快海外设立机构与行业整合步伐。一是实力较强的本土外包提供商实施"走出去"战略，在欧美等国家设立研发、市场营销和服务机构，如华拓数码和东南融通等金融外包提供商，在美国、加拿大、悉尼和香港等地设立了分公司，以便更加贴近发包方市场，更好地开拓外包业务。二是部分本土外包提供商广泛开展并购，迅速做大做强，并购对象不仅包括国内企业，还包括日本、美国和欧洲的企业。如大展集团在全球范围内收购了包括 ANS、上海业成、北方新宇在内的 9 家软件外包公司；东南融通收购美国 Nasdaq 上市公司 S1 公司的中国业务、美国软件企业 Minecode、金亿宏信和菲奈特软件等；浙大网新收购了 20 余家公司。通过并购，2005 年我国前 10 大外包服务承接方的市场份额约为 24.2%，2006 年的市场份额达到了 30.7%，近年来这一数值继续攀升。三是我国制造业优秀企业如华为、联想等，已开始涉足服务外包领域，极大增强了我国承接国际服务外包的竞争实力和发展潜能。

（八）我国金融服务外包人才匮乏，金融服务外包人才培养模式日趋多样化

随着我国金融服务外包的快速发展，金融服务外包人才匮乏问题日益凸

显，已成为制约我国金融服务外包纵深发展的瓶颈。前程无忧的数据显示，"十一五"期间我国服务外包人才缺口每年约 20 万人；"十二五"时期，中国发展离岸服务外包行业将面临每年 34 万人的缺口，这一问题在我国服务外包较为发达的城市如上海、北京、大连、深圳等地更为突出。为有效应对我国金融服务外包人才不足的问题，除采取在海内外广泛招聘等传统方式外，我国政府、外包企业和高校等还积极"治本"，形成了多渠道、多形式的外包人才培养机制，较具代表性的主要有四类：即政府与行业协会共同推进外包人才培养、外包企业与大学联合培养、外包企业自建学校培养以及民办职业培训机构培养。

（九）我国本土金融服务外包供货商与发包方之间的关系仍处于低风险、浅层次、被动式合作，亟须上升到风险共担、战略性、主动式合作

当前，受我国本土金融服务外包提供商所承接的业务以低端为主，以及人才不足、技术层级较低、竞争加剧等因素影响，我国本土金融服务外包提供商的服务模式主要是严格按照发包方要求和标准，完成发包任务，基本上是被动接受任务、被动提供服务；同时，国内外发包方也因对本土金融服务外包供货商的服务能力和水平存在疑虑，只愿意将一些操作性、事务性、层级较低的业务外包给我国本土金融服务外包提供商，因此，双方关系仍停留在风险较低、层次不高的层面，尚未建立起战略性的合作伙伴关系。

（十）我国金融服务外包创新步伐加快，市场前景广阔

1990 年下半年以来我国金融服务外包发展较快，且外包项目不断创新，彰显了其良好的市场前景。1990 年下半年至 2005 年，我国金融服务外包以国内金融机构数据大集中工程、核心业务系统建设为主，这一时期外包仍被各大金融机构视作降低成本的有效手段；2005～2010 年，我国金融服务外包以灾备中心和金融后台运营中心建设为主，创造了金融服务外包中多个第一，如第一座银行外包灾备中心、第一个 IT 整体或战略性外包交易、第一次信用卡全面外包合作等，这一时期外包不仅被金融机构视作降低成本的手段，更是被作

为提高运营效率、改进业务流程的重要依托①，大部分以金融服务外包为主业的外包提供商营业收入年均增速超过100%。

2010年以来，金融服务外包创新力度进一步加大，主要体现在以下几个方面：一是"金融云"外包服务日益兴起，有望成为未来金融服务外包的重要发展方向。"金融云"是指云计算外包提供商利用计算机服务器搭建金融机构所需要的IT系统和应用服务平台，包括柜员系统、核心业务系统、信用卡系统、网络银行系统等，金融机构可以租用其所需要的相关服务，"金融云"外包提供商可以根据向金融机构提供的服务种类、使用量和使用时间收取租用服务费，能够最大限度降低金融机构IT硬件和软件建设与维护成本，提升资源配置效能。据统计，我国除了排名靠前的国有控股商业银行、部分股份制商业银行和大型证券保险机构具有独立开发建设专属IT系统的能力外，大量城商行、农信社、村镇银行②以及小型证券保险机构等均无法投入大量资金建设这类系统，但又存在现实需求，如2011~2015年间仅村镇银行IT服务外包需求就超过10亿元，而这类系统具有一定的共通性，因此"金融云"必将成为其最好的选择；此外，"云呼叫中心"能够根据金融机构需求，随时增减坐席数量，并根据企业发展周期变化而调整服务标准和要求，在加快其呼叫中心建设进程的同时能很好避免资源浪费等问题，也将成为金融机构特别是保险客户服务呼叫中心的重要选择。

二是银行ATM外包将继续稳步增加。自1986年中国银行珠海分行在国内第一次引入ATM以来，ATM使用已近30年，截至2010年末我国ATM市场保有量约30万台，取代日本成为全球第二大ATM市场，但每百万人口拥有ATM数量只有220台，与世界平均水平1250台仍存在较大差距，市场发展空间巨大。近年来ATM外包服务认同度迅速提高，截至2011年末我国ATM外包提供商在发起银行的主持下安装31050台ATM，占装机总量的9%，未来有

---

① 中讯软件公司长期承接日本大和证券公司等大型金融机构核心系统开发外包业务，由最初的简单编码扩展到需求分析、概要设计和系统维护，并形成了面向银行、证券和保险的行业性解决方案。

② 未来伴随新农村建设的深入开展，我国会加大新型农村金融机构建设力度，银监会公布的数据显示，计划用3年时间在全国再设立约1300家新型农村金融机构。截至2011年末，我国村镇银行已达536家。

望进一步扩大。

三是移动支付外包持续推进。面对移动互联网和智能终端快速发展的新形势，为满足客户日益增加的移动支付需求，我国工农中建交五大国有控股银行以及众多股份制银行都相继推出了移动支付产品，即在原有手机基础上，通过与中国电信、中国移动和中国联通三大电信运营商以及中国银联合作，推出了"手机银行"和"手机钱包"产品，前者能够使客户随时随地实现银行支付功能，后者能够使客户通过简单的刷手机方式在各类 POS 机具上进行支付，如浦发银行与中国移动推出的联名卡、NFC 定制手机、浦发银行代缴客户花费、生活缴费及手机汇款 4 款产品，20 多家银行、银联、万事达等与中国联通在手机银行的基础上，正在向手机公交卡和校企一卡通业务发展；中国电信依托天翼手机应用平台，推出"翼支付合作类产品"和"翼支付自有账户产品"，前者是与各地市长、金融机构合作，将各地包括市民卡、公交卡、一卡通在内的市政卡、银行卡功能整合到手机 UIM 卡中，可以用于公交、地铁和出租车等交通工具、公共事业、超市购物、医疗卫生缴费等。

四是银行业务外包逐步尝试从后台业务外包转向前台业务外包，近两年来我国涌现出一些金融中介服务机构，从事国外刚刚兴起的银行前台外包业务，即通过签约多家银行，承接这些签约银行的部分低附加值的前端信贷业务流程外包业务，包括发现客户、咨询、信贷调查、贷前材料准备、贷款档制作、信贷评估、保险和过户等，截至 2011 年末这类外包提供商数量较少，仍处于起步阶段，但未来发展空间较大。

五是股票交易外包逐步兴起。未来随着我国资本市场的进一步发展，股票机构投资者数量将大幅度增加，交易范围也将持续扩大，不仅国内投资银行、养老基金、保险资产管理公司等会将其非核心的股票交易业务外包给专业的股票交易商，国外金融机构为了降低成本，也会将其股票交易业务离岸外包给设立在中国的股票交易商。

六是保险理赔外包规模不断扩大。保险理赔虽然有一定专业技能要求，但其技术含量较高的理算和评估所需时间并不长，具有一定专长的理赔人员大量时间花费在录入数据、扫描单据等简单劳动中，为更好配置资源，降低成本，越来越多的保险企业选择将保险理赔业务流程外包。

七是金融营销外包潜力较大。近年来，我国保险营销外包十分成功，银行代理保险销售的保费收入占总保费收入的比重基本保持在50%左右，成为保险市场发展的主管道之一，未来在"大银行、小保险"格局下，银保管道潜力依然较大；与此同时，近两年伴随股市低迷，基金公司营销投入越来越高，为此2012年6月15日证监会启动了《基金管理公司管理办法》修订工作，在简化审批、放松股权比例限制的同时，拟允许基金公司将部分业务进行外包，这必将有力促进包括微博营销在内的营销外包发展①，考虑到2011年末我国资本市场中个人投资者占比达30%以上，远高于美国15%、英国不到10%的水平，机构投资者占比只有15.6%，未来以基金为代表的机构投资者成长空间巨大，与之相关的营销外包业务需求很大。

三 中国发展金融服务外包的战略选择

随着经济金融日益全球化、一体化，国际金融服务业产业转移步伐不断加快。把握我国金融服务外包发展特点，制定具有科学性、前瞻性和可操作性的金融服务外包发展战略，对我国加快金融服务外包产业发展，推进经济发展方式转变，促进经济长期平稳较快增长，具有十分重要的意义。

为此，我国应充分借鉴国际经验，做到宏观政策层面与微观运作层面齐抓并举，促进金融服务外包业又好又快发展。一是应科学确立服务外包发展的战略定位，正确处理制造业与服务外包业发展的关系，坚持制造业与服务业同步发展的原则，创造条件，优化环境，不断促进制造业和服务业的协同发展。二是应不断完善法律框架和监管机制，建立金融服务外包提供商的资格审查、评级和监管机制，引导金融服务外包业在风险可控前提下发展，为金融服务外包产业发展创造良好环境。三是应积极制定金融外包等服务外包促进政策，出台切合实际的优惠措施，避免出现培训机构套取政策资金问题、政策"虽有尤无"不具可操作性问题、服务外包鼓励扶持政策过度偏重离岸外包领域问题，

---

① 将一些营销工作外包给专业公司，不仅能够发挥专业公司营销优势，还能有效降低基金公司成本，使其集中精力做好基金管理这一核心主业。

国内出台的服务外包鼓励扶持政策，主要是针对离岸外包的，而在岸外包属于服务业，属于社会专业化分工的必然产物，是离岸外包做大做强的重要基础，而目前仍缺乏必要的支持。四是应高度重视在岸服务外包市场开发，走有中国特色的"内外结合"发展道路，实现在岸外包与离岸外包协同发展。五是应提升本土金融服务外包企业市场竞争力，促进我国服务外包业发展。当前，我国金融服务外包企业面临的问题，有技术问题、人才问题，但更主要的是"接单"能力问题，需要多措并举，加快提升。一方面应积极鼓励海外跨国金融机构和大型金融服务外包提供商在我国设立外包基地和分支机构，在直接拉动我国金融服务外包业增长的同时，引入相关经验、技术和人才；另一方面应加快培育本土金融服务外包提供商，不仅通过外部政策和手段予以扶持，更重要的是通过本土金融服务外包提供商自身的努力做大做强，如与国际顶级金融保险外包提供商合资合作，鼓励本土金融服务外包企业广泛进行海内外并购，努力承接规模较大、层级较高、系统完整的高端外包项目，不断增加服务产品种类和价值，突出性价比优势等；此外，国家应适时出台政策，引导国内大型企业将内嵌的非核心业务外包出来，在加快社会专业化分工的同时，提升全社会运行效率。六是应构建多层次的金融服务外包人才引进体系和教育培训体系，为金融服务外包发展奠定人才基础。

B.11
中国通信服务外包产业发展研究

杜振华　赵洪涛　郭丽丽　张 伟*

摘　要：

　　本文分析了通信服务外包的主要模式和正外部性；介绍了通信服务外包在国内外的发展情况；预测了我国通信服务外包未来的发展趋势：通信服务外包市场呈快速增长态势，新兴产业热点将提速通信技术服务外包发展，新兴服务外包模式不断涌现，服务外包出现在岸与离岸混合化趋势，通信服务外包对人才需求旺盛；提出了我国通信服务外包的政策建议：增设国际通信业务出入口局，进一步加大电信业务的开放程度，降低国际通信业务资费，建立完善的代维外包资格认证体系，加强对服务外包风险的控制。

关键词：

　　通信服务外包　中国通信服务外包

　　人类步入信息社会后，通信服务外包迅速发展。通信服务外包的发展不仅能起到降低成本发展核心业务、推动通信服务迅速发展的作用，更重要的是通信服务外包具有正外部性，通过降低通信成本，推动全社会服务外包特别是离岸服务外包的发展，进而推动整个国民经济信息化的发展。

一　通信服务外包的现状

　　通信服务外包主要包括邮政服务外包和电信服务外包，其中电信服务外包又属于 IT 服务外包的重要组成部分。本部分通信服务外包主要指电信服务外包。

---

　　* 杜振华、赵洪涛、郭丽丽、张伟，北京邮电大学经济管理学院。

（一）通信服务外包的主要模式

通信服务外包主要是通信运营商通过运用代理维护，把非核心业务外包给那些在相关业务上具有核心竞争力的企业，降低网络运营的成本，同时通过建立一种比较长期、稳定的代理维护合作关系，提高网络运营的稳定性和网络的质量。对于通信运营商而言，通过外包来寻求最大价值，并且确定不把那些能促进自身业务发展的核心业务外包出去。

从产业发展角度看，通信服务外包是通信产业发展的必然结果。在现代通信行业里，外包已经成为运营商提升自己核心竞争力的一个强有力工具。近几年，由于通信市场的快速发展和竞争的加剧，通信运营商一直在承受提供新业务增加服务收入和减少操作成本的压力，特别是在3G（第三代移动通信）网络部署和系统运营走上正轨后，运营商需要将精力越来越多地集中在服务的创新上，以提升其核心竞争力，外包逐步被通信运营商视为非常有效的运营管理手段。同时，通信运营商逐步采用垂直的经营模式，主要精力集中于市场，经营核心业务，培植自己的竞争优势，使得企业更具灵活性和创造性。并通过外包商的专业技术人员将运营商的技术部门从日常维护管理的负担性职能中解放出来，减少系统维护和管理的风险。相关调查数据显示，运营商对电信网络投入遵循"二八"定律，即前期设备投入只占总网络投资的20%，而运营成本（包括维护费用、营销费用、人工成本）则占到80%，有效降低运营成本是运营商网络建设的关键。目前，通信服务外包主要有以下四种模式：

1. 全网运行维护外包[①]

全网运行维护外包由专业运行维护服务提供商为通信运营商的整个网络提供服务托管和解决方案，通信运营商只负责接口的管理工作。通信运营商网络部门的职责转变为对服务提供商的监督、考核，从而使运营商从烦琐的运行维护工作中全面解脱出来，这样不仅可以节约大量人力物力资源，还可以充分利用专业运行维护组织机构的丰富经验和资源，提高通信网路运行维护的质量和

---

① 周中超：《通信网路代理维护（外包）的管理策略研究》，华东理工大学出版社，2011。

效率。专业运行维护提供商对网络质量的考核非常明确，从而使运行维护的保障度高。但由于是全网运行维护外包，通信运营商的网络运行维护工作必然受制于人，外包服务商拥有很强的谈判能力，运营商的合作风险比较高。

2. 现场维护执行层面全部外包

现场维护执行层面全部外包主要是指通信运营商将网络运行维护现场执行层面的全部工作，交由专业服务商托管的一种模式。在这种模式下，通信运营商的工作主要是：运行维护管理工作、运行维护执行层面的技术支持、运行维护网管网监。现场维护主要负责所辖局域网络设备及基础设施（动力、环境、局房等）的现场值守、维护、巡检，按照网管监控的调配指令实施相关故障修复、资源调配的具体实施与操作。通过现场维护执行层面全部外包，通信运营商可以从大量的日常现场维护工作中解脱出来，节约了人力物力财力，也有利于运营商聚焦和培植核心运行维护能力。但需要注意的是，通信运营商的现场网络维护可能会受制于人，存在一定程度的合作风险。

3. 现场维护执行层面部分外包

现场维护执行层面部分外包是指通信运营商将网络运行维护执行工作中的部分"现场维护执行层面"工作内容交由专业服务商托管，其余部分自主维护。采用这种外包方式可以降低维护成本，保证较强的谈判和控制力。因此，现场维护执行层面部分外包模式是目前我国运营商普遍采取的一种外包方式。但是，采用这种模式需要注意的是，包括通信运营商的协调成本、管理成本、交易成本等在内的运行维护成本会有所增加；另外，外包代理维护与自主维护交织结合，通信运营商难以对代理维护效果进行考核，难以对外包服务商建立强有效的监控和考核机制，容易造成服务效果和维护资源投入的质量风险。

4. 全业务代维外包

全业务代维外包，就是为降低成本，将一些非核心业务全部包给一家服务公司，将资源和精力集中在核心业务上。随着网络规模的不断扩大，网络技术的持续升级，网络结构日趋复杂。在"专业化分包"模式下，不同的服务提供商服务理念与技术水准参差不齐，经常出现相互之间工作无法衔接，互相推卸责任的情况。各个服务商之间的协调浪费了运营商大量管理和技术力量。运营商为了提高工作效率，简化工作流程、降低管理难度和运营成本，采用服务专业一体化外包模式，即将多种服务一并委托给一家能够提供"服务专业一体化"、"服务种类一体化"的服务商。相对单一领域和业务的代维外包，对运营商而言，全业务代维外包具有责任明确、管理简单高效、规模效应带来成本节约等特点。但对运营商而言也存在过分依赖一家服务提供商而被锁定的风险。

（二）通信服务外包的正外部性

通信服务外包与其他产业服务外包相比具有其特殊性，即具有正外部性。通信服务外包的发展不仅能降低自身的成本，发展核心业务，而且也能够降低其他产业外包的交易成本，特别是离岸服务外包的交易成本，从而促进服务外包产业的全面发展。通信服务外包通过降低通信成本进而降低通信资费，促进社会的分工和产业结构的调整，提高社会分工的精细化。专业化代维外包一定程度上提高了网络的维护质量，促进了网络代维产业有序发展和良好的竞争。在应急服务方面，可迅速实现对突发性故障的排除，实现冗余资源共享，降低成本。

二 通信服务外包在国内外的发展情况

通信服务外包近年来在国内外服务外包市场方兴未艾，通信外包业务在全球各主流通信市场持续升温。激烈的市场竞争与成本压力迫使越来越多的通信运营商将其目光转向专业的服务外包提供商。外包的做法已被越来越多的运营商视为一种行之有效的竞争策略和管理工具。来自诺基亚西门子通信的预测显示，未来通信市场，全球电信网络服务外包和托管的价值每年将会达到2820亿美元，高出通信设备市场2倍。

（一）国际通信服务外包的发展状况

全球电信服务供货商之间激烈的竞争迫使其增加运营开支，这一情况又迫使服务供货商将更多的网络工程外包以降低运营成本。2011年全球代维外包市场规模达到110亿欧元，预计未来5~10年内全球代维外包市场将达到1000

亿欧元。设备厂商希望不仅仅能向客户提供最好的网络设备，还能提供最周到的电信专业服务。例如，诺基亚西门子通信服务部门已把专业服务作为该公司未来发展的亮点和主要战略方向，目前已经建立了超过 2 万人的专业服务队伍。

Infonetics Research 预测，到 2014 年，移动网络外包将占据 61% 的网络外包市场。而 2008 年移动和固定网络外包的收入相近。电信网络外包的主要增长点包括网络维护、规划、设计以及运营等。外包服务的大部分增长来自欧洲、中东、非洲和亚太地区，小部分来自拉丁美洲。目前，通信接包国仍主要集中在发展中国家。由于这些国家拥有较丰富的知识型人力资源、较低的人力成本，在承接通信服务外包上具备较大优势。

目前，全球电信外包服务成为主流趋势，在西欧大量运营商进行整合，资费竞争和漫游话费下跌，使得运营商更加关注成本和新业务。运营商主要关注的电信服务领域包括：管理运营、运营咨询、首要集成商和技术咨询。在中东欧、中东及非洲市场，已经有 14 个国家的 25 个运营商在发展 3G，进行区域整合，整个区域电信服务活动高度活跃，电信服务领域涉及：通过端到端移动宽带合作伙伴快速进入市场，共享网络、建立商业模式、创新的站址解决方案。拉丁美洲的运营商在最近一轮的网络建设后开始巩固市场地位，对更大容量和更大覆盖的网络维护需求依旧存在，并日益重视 WCDMA/HSPA。非洲有着大型外包交易的机会。在亚太市场特别是印度，惠普成为 2010 年服务外包领域的领导厂商，紧随其后的分别是 IBM 和爱立信。

表 1 为近年来世界三大电信设备厂商服务收入情况，其来自服务外包的收入近年来不断提高。市场调研机构 Infonetics Research 研究报告显示，到 2010 年底，全球电信服务提供商提供给设备厂商的服务外包项目价值达到 535 亿美元，相比 2009 年增长了 8%。预计到 2015 年，电信网络外包业务将增长到 774 亿美元。并认为爱立信、诺基亚西门子通信、阿尔卡特朗讯和华为可能最终运营地球上四分之三的网络。

1. 美国

美国是全球最主要的服务外包发包国，市场较为成熟。将非核心的业务转移至劳动力价格低廉的国家和地区，能帮助美国企业大大节约运营成本。美国

表1 世界三大电信设备厂商服务收入情况

名称	电信服务收入情况
爱立信	电信服务在整个销售额中所占比例从2008年的33%上升至2009年的38%,电信专业服务的销售额同比增长28%,其中电信管理服务和系统集成的增长最为强劲,其销售额增长34%
诺基亚西门子通信	全球40%的收入来自专业服务业务。大中华区"服务部门业务表现强劲",2010年销售额达1.4亿欧元,同比增长8%
阿尔卡特朗讯	相比2009年第一季度企业网络业务达两位数字的下滑趋势,2010年其服务业务营业额实现10%的逆势增长

资料来源:《电信专业服务潜伏者华丽转身》,《通信世界周刊》2009年8月11日。

是世界上最大的IT服务外包及业务流程外包国。据IDC(Internet Data Center,互联网资料中心)统计,美国IT服务外包市场规模占据了全球IT服务外包市场规模的65%左右。美国服务外包业务主要集中在纽约曼哈顿、旧金山硅谷和亚特兰大、洛杉矶等地区。不过美国人担心数字化和不断发展的带宽使企业能够将工作转移到工资成本比较低的国家,这些可能转移到海外的服务性行业包括呼叫中心、高端软件程序设计及其他研究分析性工作等,将增大美国本土的失业率。这促使美国政府2010年出台了新的服务外包政策,即"不外包免税政策",对美国本土服务外包企业进行政策保护。在奥巴马正式发布本地外包服务免税政策后,包括美国俄亥俄州政府在内的一批美国机构和企业相继收回了其在印度的外包服务。

2. 欧洲

欧洲的服务外包支出额居全球第二位,占全球支出的34%。比利时的外包率最高,有81%的公司使用外包手段,法国的外包率最低为63%。

法国电信业是一个对于服务外包业务需求十分强烈的行业。法国电信运营商需要向海量的客户群体提供各种涉及固定电话、移动电话、互联网以及企业通信在内的电信服务,因此对于使用远程应答模式的客户售后服务电话的需求量十分庞大。尤其是最近几年,法国国内电信消费市场上出现了众多的低成本电信服务运营商。运营模式主要基于放弃具体实体运营店面,吸收新客户主要采取在网上商店进行注册的形式,消费者也只能通过网上商店登录其客户账号来了解其日常电信消费明细单以及付费账单。消费者万一出现各种形式的技术和售后服务问题，只能通过电信服务运营商所提供的客户售后应答服务电话，或者在网上商店之中登录其客户账号的形式进行联系和解决。因此该类低成本电信服务运营商对于使用远程应答模式的客户售后服务电话的需求量，要远远高于其他传统类型的电信运营商。此外，为了降低运营成本，法国国内电信服务运营商，包括低成本电信服务运营商，通常将电信网络设备的日常维护业务外包给专门从事专业性的电信网络设备维护业务的企业，或者将这些电信网络设备的日常维护业务直接外包给电信网络设备供货商。因此电信网络设备供货商在获得法国国内电信服务运营商网络设备供应合同的同时，往往也一并获得相关网络设备的日常维护业务外包合同。

3. 亚洲

亚太区的电信运营商正持续不懈地推进企业转型，以适应网络与 IT 不断融合的信息通信技术（ICT）发展的需要。许多公司竭力保持自身与最终用户的关联度，以避免彻底被市场淘汰。日本是亚太地区的服务外包主要发包方，它的支出占到全球服务外包的 8%。目前日本仅 IT 软件编码业的技术开发人才缺口就达 10 万人左右。由于人手不够，致使日本存储软件领域的国际外包比率高达 81%，远超美国的 47% 和欧洲的 35%。日本离岸服务业务的 70% 发到了中国。

印度是承接国际服务外包业务最早的国家之一。目前，印度已占到全球服务外包市场总额的 46% 及全球软件外包市场总额的 65%，其中 90% 以上的接包业务来自欧美国家，对美国离岸外包业务更是处于垄断地位。《财富》500 强企业中有 1/5 在印度设立了研发中心，有 220 家从印度获得软件支持。如今，印度软件产业占 GDP 的比重达到 5% 以上，占出口的比重达到 16% 以上。IT-BPO 产业已成为印度经济的支柱产业。2006 财年 IT-BPO 产业在印度 GDP 中占比为 4.7%，五年间该比例不断提升。2011 财年 IT-BPO 产业已占印度当年 GDP 的 6.4%，占出口总额的 14%，占印度服务行业收入的 10%，成为印度经济增长最重要的动力之一。图 1 为印度 IT-BPO 产业规模占 GDP 比例变化情况。

印度电信服务企业 Bharti Airtel Limited（"Airtel"）与 Avaya 2012 年 5 月签署为期 5 年的合作协议。这次合作基于 Avaya 通信外包解决方案，将提供联

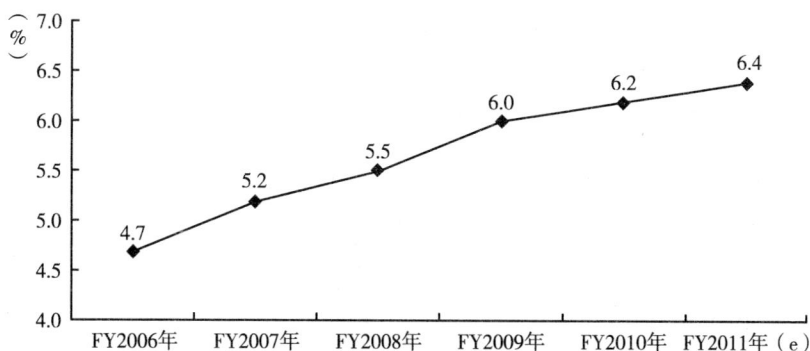

图1 印度IT-BPO产业规模占GDP比例变化情况

资料来源：印度国家软件与服务企业协会（NASSCOM）。

络中心技术以及托管服务，旨在提升性能，降低成本，加速Airtel通信环境的转型。印度的各个城市以及城镇都拥有优良的电信服务、网络服务以及无线网络。并以拥有可靠的卫星通信和海底通信连接为豪，这方便了印度与世界上其他国家的宽带联系。印度的IT外包服务企业能够提供高质量的工作机会，符合国际标准以及ISO & SEI-CMM标准。世界上80%的符合SEI-CMM标准的企业都在印度。印度国家软件与服务企业协会（NASSCOM）在最近的一份报告中指出，在2011~2012财政年度，印度的信息技术和外包行业的收入预计将超过1000亿美元，与2011财年相比上升14.8%，与2007年相比翻了一番。

此外，印度的IT-BPO还增加了就业。印度国家软件与服务企业协会研究认为，IT-BPO会按照1∶3.32的规模拉动其他行业就业，估计IT-BPO产业间接拉动就业人数达830万，全国1080万人因IT-BPO产业而获得工作机会。图2为印度2006财年到2011财年IT-BPO产业直接就业人数变化。

（二）我国通信服务外包的发展状况

1. 通信代维外包成为发展趋势

通信业要降低成本必须将非核心业务外包出去。2012年6月，我国电话用户数超过13亿，其中移动电话用户数突破10亿。同时4G开始启动，到2013年将建成超20万个4G基站。飞速增长的用户数量、机房基站和不同技术标准同时运营，使电信运营商面临着网络不断扩张、业务种类更加细化、复

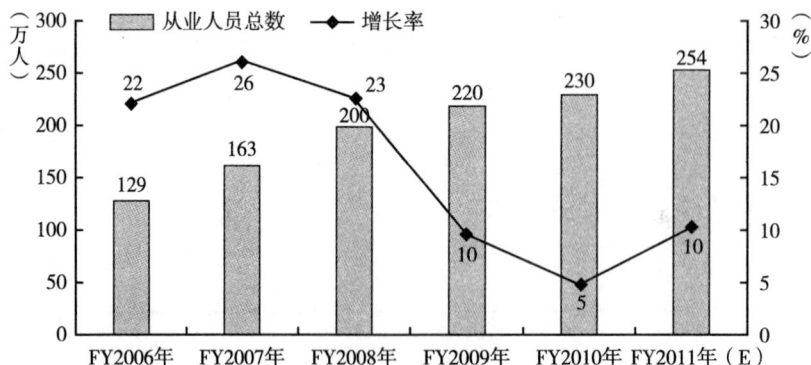

图2　印度 IT-BPO 产业直接就业人数变化

资料来源：印度国家软件与服务企业协会（NASSCOM），2011 财年指标为预计数。

杂、成本不断上升等问题。

中国移动、中国联通、中国电信三大运营商 2007～2010 年的报告显示，为保障新业务和新领域的投资，确保网络质量整体领先优势，每年资本支出中用于基础网络系统建设的投入占 40%～50%；通信设备系统维护服务的费用通常占所维护设备总额的 5% 以上，而基础网络建设的在建及增容工程中有 10%～15% 用于通信规划、通信设施安装、通信光纤铺设等网络建设服务。同时，三大运营商为有效应对市场竞争并提升未来的竞争力，对网络维护和优化投入不断增加，支撑持续稳定的增长业务，每年用于网络维护和优化的费用占其他营运支出中的 10%～13%。随着通信网路规模的不断扩大和通信技术的不断更新，通信运营商仅仅依靠自身的员工队伍来进行网络建设和技术服务，已越来越缺乏经济性，在技术上也越来越困难。国外运营商率先通过发展服务外包模式，解决了日益烦琐的网络维护、支持与优化等业务，取得了良好的效果，这对国内通信企业无疑是一个巨大触动。因此电信运营商不论是新品推出，还是网络建设，要降低成本都需要将非核心业务外包出去。

通信技术服务行业作为电信运营商的接包方，主要是指通信设备供货商、系统集成商和其他专业技术服务提供商在电信运营商网络建网前、建网中及建网后提供的各类技术服务：建网前为网络规划和部署提供咨询服务；建网中为电信运营商提供工程服务；建网后提供包括网络维护与网络优化在内的运行维护服务。具体包括：通信和计算机网络等基础设施日常维护、设备维修、网络安全、网络升级、网络管理、网络优化，数据终端、数据库、计算机网络、设备清洗等。

国内电信代维外包行业的主要竞争参与者为电信设备商、运营商子公司和第三方服务提供商。电信设备商包括华为、中兴通讯、爱立信、阿尔卡特朗讯、诺基亚等，凭借其对通信设备的详尽了解和丰富技术经验，向运营商提供运维服务；第三方服务提供商，除中国通信服务、华信邮电咨询设计研究院以及广东长实、国脉科技、华胜天成等企业外，也存在数量巨大的小型企业。表2为各电信服务业务提供实体之间的优劣势比较。

表 2　电信服务业务提供实体之间优势劣势比较

电信服务提供实体	优　势	劣　势
运营商所属的子公司	得天独厚的资源优势	日益激烈的市场竞争使得运营商必须集中精力于主营业务，提高服务质量和核心竞争力，对于电信服务市场的关注精力有限
电信设备厂商	专业产品方面独特的技术优势	难于跨越多厂商设备并存的障碍，服务不具有完全的客观性，一般不具备综合性的服务能力
专业电信服务提供商	具有跨厂商的综合服务能力、服务具有客观性、公正性	技术、人力方面的资源相对欠缺

资料来源：赛迪顾问，2008 年 10 月。

2011 年全国通信网路代维企业有 2000 多家（这个数据是抽样平均统计的），再加上 IT 维护企业，全国将超过 3000 家。通信代维从业人数 30 万 ~ 45 万人。2010 年全国代维外包市场规模超过 560 亿元。通过考察、市场调研和测算，表明：引入通信代维企业从事网络维护工作，不仅能大幅降低人力成本、维护费支出还能降低 60% 以上，且网络维护质量也得到了显著的改善与提升。

2. 我国通信服务外包的发展

前几年，我国通信服务外包的内容主要是基础巡检，随着电信行业的转型和竞争环境的变化，电信服务外包开始向网络深度维护和升级优化转变。目前通信服务外包市场发展趋势是，从单一的代维发展到进行综合代维（基站、线路、数据、室内分布、用户投诉处理），技术与质量要求越来越高。

　　近几年来，电信运营商的重组与转型，3G 网络以及物联网、云计算等新技术的开发与运用、新型服务项目拓展等，推动了电信服务业的大力发展，促使电信服务外包市场和规模扩张迅速，并保持持续增长态势。运营商需要面对海量的接通测试、系统兼容以及设备维护等工作，任何环节出现的问题都可能导致网络瘫痪。网络一旦出现问题，设备厂商则需充当"救火队员"的角色，与运营商的运维人员一同解决问题。与此同时，由于激烈的市场竞争，电信硬设备企业利润一降再降，单纯依靠卖设备已无法生存，设备厂商需要寻找新的市场机会。而承接运营商的服务外包，成为企业的首选。例如，中兴通讯从 2005 年到 2008 年，专业服务收入翻了一番多，年服务复合增长率达到 30%。2007～2008 年，尽管设备市场曾有下滑的过程，但服务收入增长了 74%，从 2.69 亿美元增加到 4.68 亿美元。华为 2008 年在服务市场也是收获颇丰：网络部署与集成服务同比增长 111%；累计交付超过 45 个管理服务项目；2008 年管理服务销售额同比增长 67%。2009 年中国的电信服务外包市场规模达到了 451.4 亿元，比 2008 年的 351.0 亿元增长 28.6%，比 2003 年的 198.1 亿元增长 127.9%。2003～2009 年，中国电信服务外包市场规模年均增长达到 14.7%。国内通信网路代维外包也在快速发展。

　　电信服务外包在众多服务外包行业中处于优势地位，外包市场规模持续扩大，并呈现出广阔的发展前景。截至 2011 年底，我国 3G 用户已达 1.28 亿，3G 基站总数达 81.4 万个，3G 累计投资达 4556 亿元。随着 3G 应用成熟，运营商必将进一步对 3G 通信网路进行优化。此外，我国 4G 通信网路也进入了试验阶段，并且光纤接入、"三网融合"、WLAN 等宽带网络技术升级也列入了我国通信网路发展规划。电信企业为降低成本、提高竞争力，不断推出新业务，业务外包需求持续增长。同时，政府管理日益加强，外包业务进一步细分，使电信外包市场日趋专业化和规范化。服务接包企业与发包企业的战略合作关系更加成熟。接包企业不仅成功为运营商提供服务，同时借助自身研发能力，把握前沿技术，引导电信运营商最优发展。图 3 为 2003～2010 年我国电信服务外包市场规模与增长速度。

　　在电信服务外包中，我国通信网路建设技术服务外包市场的容量持续拓展，2008 年、2009 年、2010 年的市场容量分别为 76.45 亿元、87.13 亿元、

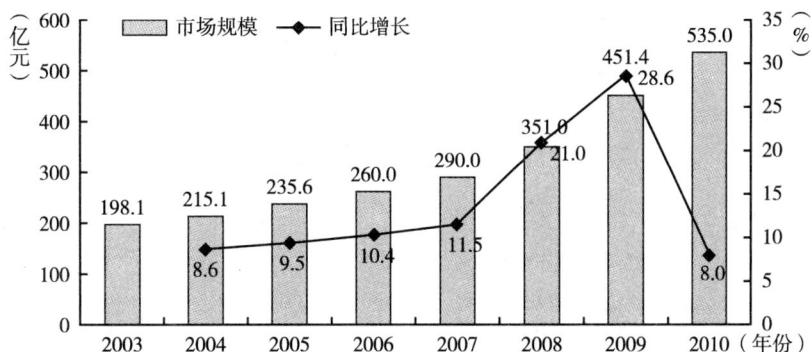

图3　2003～2010年中国电信服务外包市场规模与增长速度

资料来源：赛迪顾问。

93.9亿元①。而且，随着3G网络建设的不断深入，4G网络建设开始加速启动，以及三网融合战略的实施，企业信息化的加速推进，预计未来通信网路建设技术服务市场容量将呈稳步上升的发展趋势。据艾瑞咨询预测，到2015年，我国通信网路建设技术服务外包市场的容量将达到180亿元。

通信网路优化服务是在支撑用户的增多及业务的扩展需要进行网络的二次扩容优化，以及新技术新业务的应用对现有通信网路进行改造和升级，是通信网络技术服务未来发展的重点。网络规模、用户数量及话务量、新业务的增长推动整个网络优化服务进一步增加，2011年全国通信网路优化和网络维护服务市场规模分别为82.51亿元和357.29亿元，预计到2015年，网络优化和网络维护服务市场规模将达到168.25亿元和674.56亿元。图4为我国近年来通信网路运行维护和网络优化服务市场规模以及未来4年发展的预计数，由此可以看到我国通信服务外包市场的巨大潜力。例如湖南省移动代维外包基站数占总基站数比例不断增大，2005～2008年4年间，代维比例分别为60%、70%、76%和81%②。

目前国内通信服务外包市场正处于逐步成熟期，电信代维外包市场呈现两极分化的态势，高端服务竞争有限，而低端服务竞争激烈；产值较大的竞争者为数不多。随着市场规模化的发展，大规模的服务企业将获得更多的发展空间和机遇。

①　《信息时报》。
②　资料来源：中国移动通信集团湖南有限公司。

图4　2008~2015年中国通信网路运行维护服务细分领域市场规模

资料来源：方自烈：《通信技术服务行业发展趋势分析》，其中2012~2015年数字为预计数。通信产业网，http：//www. ccidcom. com，2012年6月27日。

三　我国通信服务外包未来发展趋势

　　未来电信服务外包继续向集中化、精细化、标准化的方向发展，同时为了提高运维效率、减少运维成本，电信服务外包范围不断扩大。外包的内在动因，不断从降低成本，向增强企业核心竞争力转变。外包的内容、外包交易方式、外包模式不断变化创新，发包方对接包企业不断提出更高的要求。知识型，附加值高、科技含量高、创新型、个性化强的服务，将更具核心竞争力。具体来说，我国通信服务外包未来的发展可以概括为以下五个方面：

（一）通信服务外包市场呈快速增长态势

　　随着通信技术的发展，中国的通信服务外包呈现广阔的市场前景。对于我国电信运营商而言，未来的业务焦点将集中于符合长期战略发展、保障利润增长上。进入3G时代以后，运营商网络规模扩大、结构复杂，需要面对运维工作成倍增加，运维效率降低，运维成本飙升的问题。对于处于竞争日益激烈的通信市场的运营商来说，创新无疑更为重要，而降低运营成本的方法之一则是服务外包。而从3G到4G平滑演进，绝大多数是靠软件来实现的。运维服务从技术复杂程度上来看也迫切需要将运维服务外包给专业服务提供商。可以说，3G的发展与4G的到来，使通信服务外包市场呈迅速增长态势。

（二）新兴产业热点将提速通信技术服务外包发展

随着电信运营商业务的不断增长，固定电话网、移动通信网、互联网等不同功能的通信网路越来越庞大，"三网融合"进一步发展，通信网路资产也越来越多。在融合多厂商、多技术制式的复杂通信网路中，应对运营商的网络资源（通信网路主干线、传输干线、网络设备等固定资产）进行统一管理与运维，使运营商将更多的精力放在增值业务开发与品牌建设等核心业务上，提高整体运营效率。截止到 2012 年 6 月末我国通过手机接入互联网的网民数量达到 3.88 亿，占整体网民比例的 72.2%，手机已成为我国网民的第一大上网终端[①]。在移动设备上诸如电子商务、网络广告以及网络游戏等服务蓬勃发展的推动下，艾瑞咨询预计中国移动网络市场的规模将在 2012 年增长 148.3% 至 976 亿元。如此旺盛的需求，必然会推动移动通信运营商加大无线网络的覆盖与优化，并成为通信技术外包服务新的产业热点。由图 5 可以看到，未来中国通信网络技术服务外包将呈现持续增长的势头。同时，三网融合背景下移动网络外包增速远远高于固网外包：2008 年移动和固网外包市场的收入几乎持平；到 2014 年，移动外包将占所有网络外包收入总额的 61%。

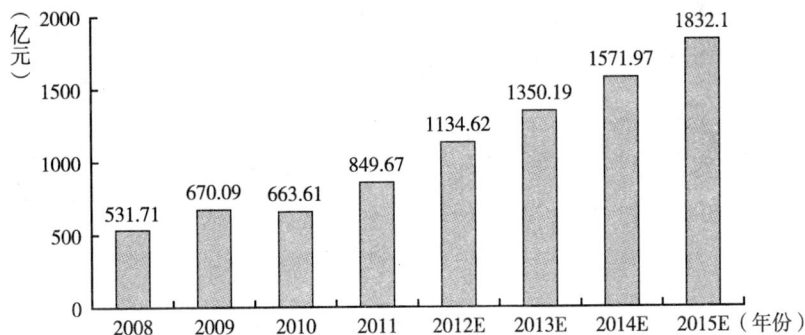

图 5　2008~2015 年中国通信网络技术服务市场规模

资料来源：方自烈：《通信技术服务行业发展趋势分析》，通信产业网，http://www.ccidcom.com，2012 年 6 月 27 日。

---

① 中国互联网络信息中心（CNNIC）在京发布《第 30 次中国互联网络发展状况统计报告》，2012 年 7 月 19 日。

（三）新兴服务外包模式不断涌现

目前以云计算为代表的新一代信息网络技术的发展，直接推动通信服务外包在交付模式、服务模式与合作模式等方面的创新。以软件即服务（SaaS）、平台即服务（PaaS）、基础设施即服务（IaaS）以及在此基础上混合演进而来的云计算，将使供货商能够提供更多的模块化、即插即用服务以及现付现用的定价体系，促使服务接包商从一对一服务转向一对多服务模式，并支持服务的全球化交付模式。同样，物联网技术的发展，也提供了更多新兴的服务模式，如远程监控、实时跟踪等。专家预测，通信外包行业将出现一种新的零售模式。其中，使用大型服务供货商来降低成本，而中小型供货商则可以提供个性化服务。IDC预测，到2015年，市场将不再热议云服务，而会将其视作外包服务的自然演变，即外包3.0。

（四）服务外包出现在岸与离岸混合化趋势

过去十余年离岸服务外包或海外服务外包（offshore service outsourcing）快速发展。离岸外包既表现为"南北贸易"形态，也在"北北贸易"格局下发展，表现为发达国家企业之间相互发包和接包。服务外包大量案例表明，美国、英国、加拿大等发达国家企业，不仅是最重要的服务发包方，同时也是主要的服务外包提供方。从业务的提供来看，单纯的离岸模式已逐渐被在岸与离岸的混合模式所取代，越来越多的业务出现了在岸—近岸—离岸相结合的模式。服务提供商之间通过建立联盟、合资合作、虚拟组织等形式共同合作提供外包服务，外包服务也由单纯的项目外包拓展到离岸开发中心和全球交付的方式。

（五）通信服务外包对人才需求旺盛

通信外包维护人员的能力是保证网络质量的基础。未来通信发展对通信外包服务人才的需求会不断增加。相关调查显示，企业对通信代维外包人才的专业需求比较平均，需求量最大的专业是网优和基站等。近80%的企业年需求人数在50人以上，企业平均年需求人数在100人左右。因此，代维外包企业有着巨大的人才需求和广阔的就业前景。表3为代维外包企业人才需求调查表。

表3　通信代维外包人才企业需求调查表

序号	调查项目	类别	票数	百分比(%)
1	代维人才需求专业	线路	25	31
		基站	38	47
		网优	42	52
		数据	26	32
		室分/WLAN	38	47
2	年招聘维护人员数量	50 人以下	17	20.99
		50~100 人	29	35.80
		100~200 人	10	12.35
		200 人以上	5	6.17
3	企业人才来源	人才市场	44	54.32
		大专院校	53	65.43
		行业内介绍	33	40.74
		其他	3	3.70
4	招聘人才学历	高中	9	11.11
		中专	26	32.10
		大专	54	66.67
		本科	47	58.02
5	新入职一线员工薪酬	1000 元以下	0	0.00
		1000~1500 元	15	18.52
		1500~2000 元	21	25.93
		2000~2500 元	16	19.75
		2500 元以上	14	17.28
6	是否愿意接收实习生	愿意	34	41.98
		不愿意	2	2.47
		视情况而定	26	32.10
7	是否愿意接收由专委会实操培训过的高校毕业生	愿意	36	44.44
		不愿意	0	0.00
		视情况而定	24	29.63

资料来源:《2012 年代维企业人才需求调研报告出炉》,中国通信运维网,www.comcw.cn,2012年 5 月 24 日。

四　我国通信服务外包的政策建议

为进一步促进通信服务外包,尤其是离岸外包产业发展,信息通信业政策在国际通信出入口设置、业务资质、国际通信资费等方面有待进一步调整。

（一）增设国际通信业务出入口局

根据《中华人民共和国电信条例》第六十五条规定，在中华人民共和国境内从事国际通信业务，必须通过国务院信息产业主管部门批准设立的国际通信出入口局进行。根据我国《国际通信出入口局管理办法》第十条规定，国际通信业务出入口应当设置在国际通信业务集中的中心城市。目前，基于国际通信业务出入口管理和国际通信业务集中情况，我国在北京、上海、广州设有国际通信业务出入口局，在昆明设有区域性的国际通信业务出入口局。国内著名 IT 与管理咨询机构 AMT 2012 年发布的《中小企业通信需求报告》显示，我国中小企业每天因通信不畅损失高达 13 亿元。在不影响国家安全和信息通信安全的前提下，在服务外包示范城市或者业务相对集中的某些区域增设国际通信业务出入口局，无疑将进一步促进离岸服务外包产业发展。

（二）进一步加大电信业务的开放程度

在服务外包产业中，企业级数据中心业务、IDC 业务、呼叫中心业务既是服务外包产业中的重要业务形式，又都属于电信增值业务，需要获得相应资质才能经营。由于存在资质问题，阻碍了这些业务的服务外包和离岸外包发展。

根据我国《国际通信出入口局管理办法》第十九条规定，国际通信传输信道专线只能在规定的业务范围内用于点对点的通信，并仅供用户内部使用，不得用于经营电信业务。目前，企业级数据中心业务的经营模式都是利用专线来提供服务，由数据中心业务提供者向基础电信运营商租用专线，再利用该专线向有数据中心业务需求的企业提供服务。如果向境外企业提供国际资料中心业务，这种经营模式就会与上述相关规定相抵触；同时，根据通信管理部门的规定，如果需要租用专线向境外企业提供国际数据中心业务，需要获得基础电信业务资质。目前，我国基础电信业务运营商只有中国电信、中国移动、中国联通三家，其他企业按照该模式对外提供数据中心业务，则违反上述政策规定。

在不影响国家安全和通信信息安全的前提下，如果能够对数据中心企业开放国际企业级数据中心业务资质，将促进该业务离岸外包的发展；如果能够对外开放 IDC 和呼叫中心业务，将吸引国外 IDC 和呼叫中心企业进驻我国，进而促进我国服务外包和离岸外包产业发展。具体实施过程中，建议先在一些服务外包示范城市或者一些特色产业园区进行开放试点，探索市场开放和监管经验，切实保障国家安全和信息通信安全。

（三）降低国际通信业务资费

与发达国家（比如美国等）和服务外包发展较快的发展中国家（比如印度等）相比，我国国际通信业务（包括数据和语音）资费水平较高，严重制约了我国服务外包，尤其是离岸服务外包的发展。而我国国际通信资费价格，过去是在交叉补贴的背景下形成的高资费。为适应我国企业走出去，特别是离岸服务外包的发展需要，应降低国际通信业务资费。一是进一步促进我国国际通信业务竞争，这包括通过发展通信服务外包降低成本，从而使国际通信业务资费价格向价值回归；二是在竞争不充分的情况下，政府对国际通信业务资费实行价格上限管制，并随着科技进步而不断降低价格上限水平。

（四）建立完善的代维外包资格认证体系

代维外包要从通信专业上进行考虑与规范，改变目前重工程管理轻维护规范的现状，建立完善的代维外包资格认证体系，引导产业有序发展。通过统一标准、强化培训、监督检查、流程重建等方面的举措，使代维外包服务质量不断得到提升。作为服务提供商，3G 时代对网络运维管理和创新的要求体现为"四化"。第一是规模化，这是进一步帮助运营商降低成本的关键；第二是高端化，逐步从低端向高端做外包；第三是综合化，通过提供综合解决方案使运营商和服务商达到双赢；第四是规范化，行业协会牵头引导行业走向规范。

（五）加强对服务外包风险的控制

通信运营商在扩大通信服务外包时，必须加强对外包风险的控制。

第一，加强对外包公司资质管理和科学筛选。运营商是根据外包公司的资质来选择合作伙伴的，所谓资质就是外包公司的服务能力。目前，社会市场并没有一个统一的评定通信代理维护企业等级的标准，在这种情况下，各个运营商就需要建立自己和外包公司合作的准入标准及等级评价体系，根据这个体系标准对合作的外包公司进行选择，从而降低外包合作的风险。

第二，按层次划分外包公司，对外包公司进行分级管理，组建一支紧密围绕运营商的外包队伍，再根据不同的合作伙伴给予不同的激励和要求，以降低合作风险。代维外包要从专业上进行考虑与规范，改变目前重工程管理轻维护规范的现状，建立完善的代维外包资格认证体系，引导产业有序发展。

第三，在控制管理好外包公司的同时，要切实提升运营商自身的网管监控能力，提高自身在核心环节的维护能力。网管监控能力在网络不断发展、业务不断扩大、网络运行质量要求越来越高的今天，已成为网络安全、稳定、高效运行的重要因素。网管监控能力强，就能及时发现网络故障和问题，及时处理故障，从而不用完全依赖外包公司，来降低运营商外包的风险。

"十二五"期间我国服务外包产业规划目标为：到 2015 年服务外包额达到 800 亿美元。这对通信产业而言既是挑战，也是机遇。服务外包特别是离岸服务外包对信息通信的需求会不断增大。通信服务外包不仅决定着自身核心业务的发展和利润的增加，更关系到通信业务的成本不断下降以及我国整体服务外包特别是离岸服务外包成本的下降，对我国经济发展的全面转型起着至关重要的作用。

参考文献

1. 张强：《通信服务外包市场的发展动态及启示》，《通讯世界》2003 年第 5 期。
2. 温辉：《中国联通信息通信外包服务发展研究》，《北京邮电大学博士论文》2010 年第 6 期。
3. 周中超：《2010 通信网路代理维护（外包）的管理策略研究》，《华东理工大学硕士论文》2011 年第 6 期。
4. 王玮冰、吴颖：《通信外包潜流涌动》，《IT 经理世界》2004 年第 16 期。
5. 周平：《电信运营商网络维护外包管理研究》，《苏州大学博士论文》2010 年第 6 期。
6. 秦洪：《通信服务外包股热点不断》，《信息时报》2012 年 3 月 6 日，B3 版。
7. 孔京：《3G：中国电信服务外包行业的新机遇》，赛迪顾问（DB/OL），2008 年 11

月 20 日。

8. 方自烈：《通信技术服务行业发展趋势分析》，通信产业网（DB/OL），http：// www. ccidcom. com，2012 年 6 月 27 日。

9. 《通信业：通信运维外包渐成趋势》，中国外包网（DB/OL），http：//www. chnsourcing. com. cn/research-insights/article/？i＝58，2010 年 3 月 10 日。

10. 曲玲年：《离岸服务是否进入了调整期》，中国服务外包网（DB/OL），2011 年 11 月 17 日。

B.12
我国发展企业人力资源外包的研究

李斌宁*

摘　要：

本文系统研究了企业人力资源外包的内涵、范围及理论渊源，介绍了国内外人力资源外包的现状及发展趋势，分析了企业人力资源外包的优越性与风险，得出了相应的结论与政策建议：外包企业一方面要不断提高自身的核心竞争力，保持其在核心业务上的竞争优势；另一方面要高度重视人力资源外包风险，加强风险防范意识，建立完善的风险预警机制，采取有效的风险规避措施，确保人力资源外包的成功实施。

关键词：

人力资源外包　企业人力资源外包

一　企业人力资源外包的内涵、范围及理论分析

（一）人力资源外包的基本概念、范围

1. 基本概念

随着科技的迅猛发展、竞争的加剧，企业越来越专注于发展自身的核心业务，而将那些非核心业务或不具有比较优势的业务外包给"他人"完成，从而最大限度地整合利用外部资源，增强企业适应外界环境变化的能力。人力资源外包，指的是企业将自身人力资源管理工作的部分或全部委托给人力资源外包服务机构来组织及管理，以达到降低企业的人力成本、提高企业运营效率的

---

* 李斌宁，广东职业技术学院。

目的。

2. 范围

人力资源外包不是简单的人力资源与外包的机械组合，而是二者的有机结合。从理论上说，人力资源的各项职能都可以外包出去，如人员招聘、员工培训、薪酬发放、绩效考核等事务性工作，又如薪酬设计、职业规划和人力资源战略规划等具有高度专业化的职能，但并非所有的人力资源管理职能都适合外包。

（二）企业人力资源外包的相关理论分析

1. 交易成本理论

交易成本理论的提出者科斯在《企业的性质》一文中指出了企业产生的原因以及企业的边界等问题。他认为，企业之所以出现是因为市场运行是需要付出成本的，当一个组织的出现能够节约市场交易的成本时，企业就产生了。然而企业的扩张也是有边界的，企业的规模取决于这一点：在企业内部组织一笔交易所产生的边际成本与在公开市场上达成一笔交易所产生的边际成本相等时，企业的扩张就不能再继续下去。这一原则，也决定了企业不可能无限地扩张而完全取代市场的作用。根据交易成本理论，当企业在组织内部进行人力资源管理所产生的成本大于其将人力资源外包给市场上的人力资源外包服务机构所需要的费用时，企业就会将人力资源外包出去，以降低总的交易成本，同时提高企业的运营效率，实现自身利润的最大化。

2. 核心竞争力理论

核心竞争力理论是由 C. K. Prahalad 和 Gary Hamel 于 1990 年提出的。他们将核心竞争力定义为："在一个组织内部经过整合了的知识和技能，尤其是关于怎样协调多种生产技能和整合不同技术的知识和技能。"同时，Reve（1990）将企业的所有业务划分为核心业务和补充性业务两大类。他认为，企业应当只将核心业务保留在公司内部，而将那些与创造利润关系不大、且自身不具有比较优势的补充性业务外包给其他较有竞争力且在该业务上具有比较优势的企业或团体。根据该理论，对于那些人力资源为补充性业务的公司，通过将自身不具有竞争优势的人力资源业务外包给人力资源外包服务机构，企业能够将有限的资源和财力集中于核心业务的发展与开拓，为企业创造更大利润的同时，也最大限度地发挥了人力资源等补充性业务的竞争优势。

3. 资源经济理论

Wernerfelt 指出："资源是在特定时期构成企业强势和弱势的任何有形和无形资产。"值得注意的是，资源可以是任何有形的或无形的资产。对于不同的企业来说，资源是有差别的。某种资产之于某个企业是一种资源，而之于其他企业却不一定也是一种资源。这一理论关注的问题是"一种资源怎样才能为企业带来长期的高收益"。拥有获利性资源的企业在成本和利润方面具有其他企业无法比拟的优势，企业可通过控制获利性资源的进入壁垒而获得这一竞争优势。然而，由于客观条件的限制，企业不可能获得其所需要的所有资源，于是企业间的战略联盟、项目合作、兼并等具有外包性质的经营管理行为应运而生。

在企业选择具体的外包业务时，需要确定哪些资源可以自己经营管理，哪些资源需要交给在这方面更具比较优势的外包供货商经营管理；以及这种资源能否为企业带来长期的收益。这也是李嘉图的"比较成本"理论在企业资源分配方面的具体应用。

二 国内外人力资源外包的现状及发展趋势

外包（Outsourcing）是 20 世纪 90 年代初兴起于欧美等国企业的一种管理模式。人力资源外包是管理外包的一种，它的发展晚于其他形式的外包业务，但近年来却是所有外包业务中发展得最快的业务（Harrison，2004）。在西方国家，人力资源外包业务已经发展到比较成熟的阶段。据 IDC 的统计，从 2004年至 2009 年，全球人力资源服务市场收入的年增长率达到 9.6%，目前中国人力资源外包市场的市值也以每年 20% 的比例增长。可以说，人力资源外包是我国企业人力资源发展的一个必然趋势。

（一）国际人力资源外包的现状及发展趋势

1. 现状

从 20 世纪 90 年代中期开始，人力资源外包在国外迅猛发展。据调查，有50% 的被访企业在 1997 年之前三年实施了人力资源外包战略。2003 年 Accenture 的调查发现 85% 的《财富》1000 强企业外包了一项或多项人力资源职能，这使他们的收入提高了 18%；美国 2004 年人力资源管理外包调查发现，58% 的公司至少实施了一项人力资源管理活动的外包；根据 Conference Board 的调查，50% 的公司认为他们在人力资源外包中达到了预期目标，42% 的公司认为完成了部分目标。

2. 发展趋势

以上数据充分说明，在过去的二十年中，人力资源外包在国外得到了广泛的重视和应用，并显示出强大的生命力。可以预见，随着全球市场的进一步开放，人力资源外包的服务内容会得到进一步拓展，人力资源外包服务市场也会日趋成熟，其发展前景十分广阔。

3. 案例分析

索尼公司是世界上民用及专业视听产品、游戏产品、通信产品关键零部件和信息技术等领域的先导之一。它在音乐、影视、计算机娱乐以及在线业务方面的成就也使其成为全球领先的电子和娱乐公司。目前，索尼公司在全球 120多个国家和地区建立了分（子）公司和工厂；集团 70% 的销售来自于日本以外的其他市场；数以亿计的索尼用户遍布世界各地。

索尼公司在美国拥有 14000 名员工，其中人力资源专员主要分布在七个地点。尽管投资开发 PEOPLESOFT 软件并以此作为通用平台，但索尼公司仍在不断追求发挥最佳技术功效。与许多供应机构进行协商之后，他们开始审慎地思考人力资源服务方案。除了期待进行技术更新，灵活地适应未来的发展需求之外，索尼还希望更有效地管理和降低人力资源服务成本，并以此提升人力资源职能的战略角色。为了拓展现有的外包合作关系，索尼公司与翰威特进行通力合作，转变人力资源职能。新型合作关系中，翰威特将提供人力资源技术管理方案和主机、人力资源 WorkWays 用户门户并进行内容管理。2003 年第三季度，索尼公司正式启动 WorkWays 和人力资源服务中心，提供人力资源数据管理、工资单、时间及考勤、薪酬管理及人员分析等服务。包括奖励薪酬及其他分析在内的薪酬管理拓展方案已于 2003 年 4 月 1 日启动，2003 年 10 月还增加了招聘和继任规划等内容。

索尼公司的 WorkWay 人力资源外包案例中，索尼电子实施外包方案后，一些结果初见端倪。除整合、改善人力资源政策之外，这一变革项目还转变了索尼 80% 的工作内容，其中将各地的局域网、数据维护转换到人力资源 WorkWays 系统上。数据接口数量减少了三分之二。新型的汇报和分析能力取代了原有的、数以千计的专项报告。这充分体现了人力资源外包提高人力资源数据的质量、简化管理规程、改善服务质量并改变人力资源部门的工作日程，进而提高企业绩效的优点。

（二）国内人力资源外包的现状及发展趋势

1. 现状

从世界发达国家人力资源管理的发展历程看，一方面，目前中国大部分企业的人力资源管理还处于行政人事管理向人力资源管理转化阶段；另一方面，中国的一些企业又糅合了发达国家人力资源管理各个发展阶段的特征，形成了中国特色的人力资源管理。当前，我们了解到的中国企业人力资源管理现状是：一是企业人力资源管理发展不平衡的状况比较严重，特别是中小企业、民营企业的发展堪忧，大部分企业的人力资源管理水平层次较低，少数企业实现了真正意义上的战略性人力资源管理；二是由于中国人力资源数量众多、劳动力成本较低，很多企业的人力资源管理相对滞后于其业务的快速发展，但已经开始日趋走上规范化的轨道，而人口结构特征的变化又迫切要求人力资源管理转型和技术升级；三是"人力资源管理"从国外引进的时间不长，很多企业还处于照搬发达国家人力资源管理体系的阶段，也有少数企业真正融合了中国本土文化特点；四是中国目前的商业诚信环境，特别是职业经理人阶层不成熟，责任缺失不利于推动企业人力资源管理向更深层次迈进。

2. 发展趋势

20 世纪 80 年代以来，中国人力资源服务业发展规模和水平不断提升。人力资源外包，从最初的招聘服务、人事代理发展到包括培训服务、劳务派遣、就业指导、人才测评、管理咨询和人力资源服务外包等在内的多种业务，形成较为完善的服务产业链。中国人力资源外包的发展趋势，总的来说发展前景看好。具体来说有以下五个特点：

第一，行业竞争激烈，发展空间巨大。我国已有近 5 万家各类人力资源服务商，价格战成为了市场竞争的常见手段。我国目前只有不到 5% 的企事业单位采取外包服务，而在美国大概有 85% 的企业人力资源工作都是外包出去的。目前中国人力资源外包市场市值约有 15 亿美元，未来年均增长率在 20% 以上，增长空间巨大。

第二，形成产业链，提供全方位服务。我国的人力资源外包已经从单一服务向全方位服务转变，涉及培训服务、管理咨询、业务外包、调查研究等更多领域。服务对象从中低端向中高级人才发展，开始注重派遣人才的培养。人力资源外包产业逐渐走向成熟，有的人力资源服务商已经形成了系统的资源链，可为客户提供一条龙式服务。

第三，政府在行业版图上发挥重要作用。无论是过去还是将来，人力资源外包行业的发展都深受政府政策的影响。如前所述，当前的政治经济特点，也为我国从事人力资源外包的服务商打开政府外包市场这一全新服务领域提供了机遇。中央、地方政府都已经有足够的动力发展外包，未来政府影响力的趋向是形成能够与外资巨头相匹敌的民族企业。

第四，人力资源外包服务行业的信息化技术深入发展。其中关键的是信息化已紧密地融入人力资源外包，发展成为一项项服务。如今信息技术被广泛地应用于人力资源管理的各个环节，如招聘流程外包，员工基本数据信息电子档案化，员工劳动合同电子档案化，员工工资计算、编制与发放，员工社保缴纳、增减与转移，员工技能培训管理，员工绩效管理，等等。除了细分领域的人力资源信息化软件市场之外，其他人力资源外包服务商都将不可避免地面临人力资源信息化服务的竞争，因此就非常需要能够深刻理解管理的丰富内涵、十分了解人力资源业务需要、擅长将人工操作流程转换成计算机化作业、能将信息技术与人力资源管理外包服务有机结合的实用专业人才。

三 企业人力资源外包的优越性与风险分析

（一）人力资源外包的优越性

1. 有利于节约企业的管理成本

企业通过将人力资源业务外包给专业公司，能够集中资源和精力来经营其核心业务，最大程度地发挥自身的比较优势。同时，将人力资源等补充性业务外包给具有专业化知识和资源的公司，也能够凭借外包供货商服务于众多公司的规模效应来提高这些资源的利用效率、降低其管理和经营成本。

2. 有利于企业精简机构，提高效率

企业将人力资源外包出去，从而大大精简了公司的管理机构，减少了从事非核心业务的工作人员，从而能够将更多的人员安排在那些帮助公司获取利润的核心业务上。对于公司的高层管理人员来说，人力资源外包也能够帮助他们节约一部分精力，将更多的时间和精力放在处理公司的主营业务上，提高企业的运作效率。

3. 有利于企业获得更专业的服务

提供人力资源服务的外包供应机构往往具有更加专业的服务，掌握了更加先进的人力资源技术，也拥有更多更优秀的人力资源方面的专业型人才。通过将人力资源外包给具有丰富的专业知识和操作经验的咨询机构，企业在降低管理成本的同时也能够获得更加专业的人力资源服务。

4. 有利于规范企业的管理

企业通过将人力资源外包，精简了管理机构，也规范了企业的管理。同时，人力资源外包还可以帮助企业转移一些风险，稳定企业经营的预期，提高企业的营运效率。企业员工得以在一个更为规范和高效的环境中工作，这也有利于提高员工的工作效率。

（二）企业人力资源外包的风险分析

1. 人力资源外包可能产生的风险

人力资源外包作为一种新型的人力资源管理方式，它除了能帮助企业节约成本和提高效率外，也存在着一些潜在的风险。具体来说，这些风险表现在以下几个方面：

（1）企业文化沟通的风险。由于人力资源外包是发包企业与外包服务机构之间一种合作行为，在合作的过程中必然会产生企业文化的沟通与碰撞。而企业文化是在长期的积淀中慢慢形成的，短期之内难以发生较大改变。当企业将人力资源外包出去时，若外包服务机构不能很好地适应发包企业的企业文化，则会引起外包服务的质量和效率降低，难以达到预先设想的外包效果。

（2）来自员工方面的风险。企业实行人力资源外包后，必然会对企业员工的切身利益产生影响。一方面，企业在实施外包后，需要辞退一些冗员，或者对员工的岗位进行调换，这不仅会引起员工的恐慌和不满情绪的传播，同时也会影响在岗员工工作的积极性；另一方面，外包后有一部分企业员工需要听从外包服务机构的管理，若企业不能很好地协调和沟通内部人与外部人的关系，容易引发内部员工的抵触和不满情绪，挫伤员工的工作热情。但若企业能够做好宣传与协调工作，能够使内部员工与外部员工专注于各自的工作，发挥各自的比较优势，则能够形成内部员工与外部员工的优势互补的局面，有利于企业的发展和激发员工的工作热情。

（3）企业经营安全的风险。在具体的外包业务上，企业应当根据不同业务的性质以及重要程度而有所选择。对于那些需求量大、耗时较长、程序烦琐而又不具有内部机密性质的业务，如人员招聘、员工培训等，可以外包给人力资源专业机构进行管理，降低公司的成本投入；而对于一些具有机密性质以及战略意义的重要业务，如薪酬设计、职业规划和绩效考核等，由于它们事关企业的内部信息和机密，则不适合外包，而应当由企业内部管理人员进行管理，否则这些数据一旦落入竞争对手手中，对企业的经营可能带来灾难性的影响。

（4）选择外包服务商的风险。外包商的选择对于企业来说是一个至关重要的问题，它直接关系到企业人力资源外包的成功与否。由于信息不对称以及道德风险问题，企业所选择的外包商往往可能并不是自己想要的。由于目标函数的不同，外包商在与企业签约前后的行为选择可能不一致。企业在与外包商沟通的过程中，由于企业文化的不一致可能会产生一些不可避免的摩擦与矛盾。因此，如何选择合适的外包服务机构并与之建立长期稳定的互利合作关系，是一个企业在实施人力资源外包时需要慎重考虑的问题。

（5）错误估计外包成本的风险。企业将人力资源外包最直接的动因是降低成本，当外包的成本低于企业自身进行管理时，实施外包是比较明智的选择。在决定是否将人力资源外包之前，企业需要对外包的成本以及自身管理的成本进行估算。而这种估算难免会受到一些主观或客观因素的影响，显性成本往往比较容易地准确估计，而对于一些隐性成本则较难精准地估计，如对外包商的监督成本、实施外包后员工的满意度等，这些隐性的因素难以在实施外包前准确地衡量。如果在估计外包成本时不重视这些隐性成本的估算，则在决定是否进行外包时很有可能做出错误的选择。

（6）对外包商监控不力的风险。由于外包商与企业的目标函数不一致，在外包合同签订后，如果不对其进行有力监督，外包商可能会出现道德风险问题，做出对企业不利的行为。而由于信息不对称以及缺乏有效的监督机制等问题，很容易导致外包商的行为偏离企业的目标函数，从而影响外包项目按时保质保量地完成，甚至有可能导致外包的彻底失败。

2. 规避人力资源外包风险的策略

针对上述人力资源外包存在的种种风险，企业在事前采取一些风险规避措施和设计一套激励兼容的激励约束机制是很有必要的。因此，如何降低和防范外包过程中存在的风险，也是值得我们研究的问题，本文从以下几个方面提出一些对策建议：

（1）对外包项目进行风险评估。拟实施外包前，企业应成立相关的风险评估小组或机构对外包的风险来源、风险大小以及后果进行详细的评估，并清楚地界定责任的承担者和风险规避的方案，企业应当建立一套完善的风险预警机制，其目的在于做好事前控制，将风险发生的可能性降到最低。

（2）与企业员工进行有效沟通。由于企业实施人力资源外包会影响到一部分员工的切身利益，如一部分员工被外包商所雇用，一部分员工被调离工作岗位，一部分员工被解雇，这必然会引起员工情绪上的波动。若不妥善处理，可能会引起劳资关系紧张，引发员工的不满情绪，进而影响到工作的积极性和企业的正常经营运转。因此，企业在决定实施人力资源外包前，应当在事前与员工进行有效沟通与交流，对遭受损失的员工给予物质上的补偿和精神上的慰藉，避免因此给企业的正常运转带来不稳定的因素。

（3）慎重选择外包内容。在实施人力资源外包时，确定好哪些项目适合外包、哪些项目不适合外包，是外包取得成功的前提和关键。在选择具体的外包项目时，一般认为那些涉及公司商业机密、与核心业务密切相关的且不适合外部人员管理的项目不宜外包，如薪酬设计、职业规划等；而一些基础性的、能够降低企业管理成本的业务则可以实施外包，如人员招聘和工资发放等。

（4）审慎选择外包供货商。外包供货商的选择也是关系到外包能否成功的一个重要因素。在选择外包供货商时，应当选择那些信誉度良好、实力雄厚、在业内享有良好口碑的公司。同时也要考虑外包供货商的企业文化与本企业的文化能否兼容，企业文化相似或兼容的公司沟通和合作起来往往会比较顺利，外包成功的可能性也更大。在实施外包的整个过程中，企业的人力资源部应当与外包供货商密切配合与合作，以保证整个外包过程的顺利进行；同时，也可确保在外包时，企业的人力资源管理系统不会因此而瘫痪。

（5）签订规范、完善的外包合同。在签订外包合同时，应当尽可能细致地将所有可能的风险和后果都考虑进去，并体现在合同上。对于一些敏感问题和数据，双方应当平等协商，若不能达成一致，应当通过法律程序对有争议的问题予以明确。在合同内容方面，应当对外包项目的具体内容、有效期限、绩效标准、预期效果、信息安全、损失赔偿等问题进行详细的规定，尽量减少产生争议的可能。一份规范、完善的合同能够大大提升外包的成功率和减少双方的争议与矛盾。

（6）进行精准的成本收益预算分析。企业实施人力资源外包的直接目的之一就是降低管理成本，实现自身利润的最大化。因此，在进行外包之前，需要核算外包的成本与收益，并将这一成本与不进行外包时公司自己完成该项目的成本进行比较。只有当前者低于后者时，外包才是值得的。核算外包的成本与收益，需要将外包的职能进行细分，对于每一个细分步骤的成本与收益进行核算，然后将总的成本与收益进行比较，看外包是否具有可行性。进行科学的成本收益分析将有助于企业进行合理的人力资源外包决策。

（7）对外包商进行有效的监控。在外包实施的过程中，企业应当对外包的整个过程以及外包人员进行有力的监控，并随时与之交流和沟通，解决工作过程中出现的问题与矛盾，保证外包的顺利进行。双方长期、积极、稳定的合作关系，有利于节省外包的搜寻成本和交易成本，也有利于双方合作效率和合作成功率的提高。

（8）设计一个兼容的激励约束机制。企业与外包商签订外包合约的过程实际上就是委托—代理关系形成的过程，这种委托—代理关系在信息不对称的情况下，主要存在两种风险：第一种是合约签订前的逆向选择问题，即由于信息不对称和市场价格下降所导致的"劣币驱除良币"现象。在企业降低外包成本动力的驱使下，由于其对外包市场的信息了解不完全，那些信誉良好、外包价格较高的公司被一些要价较低但服务质量较差的公司挤出市场，最后充斥在市场上的只是一些服务质量一般的公司，从而外包风险加大。第二种是合约签订后的道德风险问题，即由于企业对外包商的努力程度无法进行监测，因此外包商有可能在签订合约后做出与企业目标函数不一致的行为选择，从而加大外包风险。在存在上述问题时，仅仅依靠企业的严格监督是不能从根本上解决问题的，而且监督的作用也受到多方面的限制。为此，企业需要依照激励兼容原则，设计一套有效的激励约束机制。在外包商的激励报酬设计上，要使其承担的风险与其报酬相平衡，将外包商的目标函数与企业的总目标函数相统一，使外包商为双方共同的利益而努力。事实证明，一套有效的激励约束机制，是实现个人利益与集体利益双赢的最好方式。

（9）组织建立外包风险的动态管理系统。从决定实施人力资源外包开始，就要对外包的整个过程实施动态管理。从外包合同的签订到最后外包的完成或合约的解除，企业都要组织专人对这一过程中可能出现的风险进行监控和规避，并在风险发生后采取相应的补救措施，最大限度地减少企业损失。在外包过程中，企业应当制定人力资源外包的总目标以及阶段性目标，并就每一阶段的目标列出详细的工作计划，在完成阶段性目标工作后对目标的实施情况进行总结分析。同时，企业也要建立相应的监控机制对外包商在每一阶段的目标完成情况进行总结，并分析其与企业目标的偏离程度，在必要时进行调整。

四　结论与政策建议

总之，人力资源外包对于企业是一把"双刃剑"：它一方面能够帮助企业降低成本、专注于核心业务的发展，提高企业的运营效率；另一方面，它也会给企业带来显性的或隐性的风险，对企业的经营管理构成不小的挑战。因此，合理地利用人力资源外包的优越性，正确地规避其所隐含的风险，是成功地实施人力资源外包的重要内容。外包企业一方面要不断提高自身的核心竞争力，保持其在核心业务上的竞争优势；另一方面要高度重视人力资源外包风险，加强风险防范意识，建立完善的风险预警机制，采取有效的风险规避措施，确保人力资源外包的成功实施。人力资源管理变革的历史使命，正在催生着我国必须要走出一条不同于发达国家人力资源管理的发展道路，发挥人力资源外包的优越性，规避其内在的风险，从而最大化人力资源外包的效用。

参考文献

1. 鲍军：《实习人力资源外包的风险控制》，《人力资源管理》（学术版）2009 年第 7 期。

2. 戴孝悌、张晓辛：《2004 年以来我国人力资源管理外包理论研究综述》，《当代经济管理》2008 年第 8 期。

3. 黄婕：《人力资源外包风险及对策》，《商场现代化》2006 年第 9 期。

4. 李佳文：《人力资源管理外包研究综述》，《管理学家》2010 年第 4 期。

5. 李立凡、张燕娣：《人力资源外包：从资料看问题》，《企业研究》2003 年第 1 期。

6. 刘成勇、李中斌：《企业人力资源风险管理问题探析》，《价值工程》2007 年第 5 期。

7. 刘颖、钱慧敏：《我国企业人力资源外包风险管理的探讨》，《企业活力》2006 年第 2 期。

8. 桑春霞、陈华：《企业人力资源外包风险及对策研究》，《技术与创新管理》2009 年第 4 期。

9. 史策：《人力资源管理外包风险规避研究》，《福建论坛》（人文社会科学版）2010 年第 4 期。

10. 孙淑艳：《我国企业人力资源外包现状及对策分析》，《现代经济信息》2010 年第 3 期。

11. 唐漫红：《人力资源外包——人力资源管理新模式》，《科技信息（科学·教研）》2008 年第 11 期。

12. 王葆华：《论人力资源外包》，《品牌》2008 年第 11 期。

13. 王维、封凯明：《人力资源管理外包风险控制刍议》，《菏泽学院学报》2007 年第 3 期。

14. 郑静丽、沈力：《企业人力资源外包中的问题与对策》，《合作经济与科技》2010 年第 4 期。

B.13

中国动漫外包：发展演进及政策建议

姜荣春*

摘　要：

本文回顾了全球动漫外包产业的形成与发展以及中国动漫外包产业的发展现状与主要历程，分析了中国动漫产业外包的模式、主要特征、存在的主要问题与挑战，提出了相应的政策建议：承认和尊重外包是产业发展重要力量的现实，应制定正确的产业政策目标；以完善市场机制和尽量低成本为原则，慎重选择产业政策执行方式；完善适宜动漫外包发展的生态环境。

关键词：

动漫产业　全球动漫外包产业　中国动漫外包

动漫产业①是我国文化产业中发展速度最快、市场参与程度最高、最有发展前景的产业，极具生机和活力，受到社会各界的高度关注。目前，政府出台的大量支持政策基本都是针对原创企业，最近一两年，自主产品显著增加，某种程度上，是与政府政策支持分不开的。然而，在实践中，时至今日，动漫外包仍是我国动漫产业的重要组成部分，除极少数经营成功的企业外，真正能够为企业带来赢利的主要是外包加工业务。在现有发展水平和体制条件下，动漫产业到底应该如何发展，特别是如何看待外包加工业务，迄今为止，国内各方面观点并不一致。支持外包者认为，现阶段，中国动漫产业发展水平较低，缺乏完整的动漫产业链，尚未形成清晰的经营模式和可持续的赢利模式，大力承接外包可以为中国动漫产业提供经验、技术和资本积累，培育合格人才，为最

---

* 姜荣春，对外经济贸易大学国际经济研究院。

① 严格来说，动漫产业应该包括动画和漫画两部分。本文中我们主要关注动画部分，这里的动漫产业是指动画产业，因为动漫外包即指动画外包。

终实现向原创转型奠定基础。反对者则认为，原创产品才是构成动漫产业核心竞争力的基石，外包无法支持中国成长为动漫强国。但是，无论支持方还是反对方，都缺乏严格的论证。鉴于此，本文试图从实证角度描述这一产业形式的发展演进，并讨论与之相关的理论和政策问题。

一　全球动漫外包产业的形成与发展

动漫产业起源于 20 世纪初的美国，虽然欧洲也开始生产动画片，但很长时间内，美国几乎是唯一重要的动漫产品输出国。20 世纪 60 年代以来，亚洲的动漫产业因廉价劳动力等因素吸引了大量海外投资，40 年来，西方电影公司在日本、韩国和中国台湾建立了工厂，随后又在菲律宾、马来西亚、新加坡、越南、泰国、印度以及中国设立了工厂。如今，在美国播放的动漫产品90% 来自亚洲。这些动画的制作程序一般是在美国或其他总部国家进行前期制作，然后打包送到亚洲生产，最后再发回美国或其他国家的总部进行后期制作。总体来看，海外动漫加工产业推动了亚洲本地动漫产业的发展。其中，日本和韩国先后以承接美欧国家动漫加工业务起步，已逐步形成适合本国动漫产业的发展模式，相继崛起为世界动漫强国。

与众多制造业相似，动漫外包产业经历了三次产业转移。第一次产业转移出现在二战后，亚洲，最初主要是日本，成为美国和欧洲国家动漫产业的加工基地，为西方动漫公司提供外包加工服务。第二次产业转移始自 20 世纪 70 年代初，日本动画由外包向原创转型，韩国、台湾地区和香港地区开始加入承接西方动漫外包加工业务的行列，其中，台湾地区的王氏电影公司成为全球最大的动画加工企业。80 年代以来，随着中国对外开放战略的实施和亚洲四小龙劳动力成本的提升，动漫产业迎来第三次产业转移，亚洲的动漫外包加工业扩展至中国、泰国、菲律宾、马来西亚、印度尼西亚等国，亚洲成为全球最大的动画加工基地，正如兰特所言，"亚洲国家为海外客户提供了大量从事动画加工的劳动力，海外动画加工是亚洲动画业的主导，数以百计的海外动画加工工厂……滋养了整个世界的动画"。[①]

---

① 约翰·A. 兰特主编《亚太动画》，张慧临译，中国传媒大学出版社，2006，第 2 ~ 5 页。

在亚洲,除了日本、中国和印度早期曾有少量动画制作外,大部分国家动画公司属于天生外包型企业,即其成立初衷就是为国外提供动画加工。

到2000年左右,韩国动漫已基本退出低端外包领域,在港资企业和台资企业的主导下,香港和台湾等地区的动画加工业务大部分转向中国内地,中国成为全球最大的动画加工基地,少量业务流向印度和越南等地。但是,高端加工业务仍然留在日本,特别是韩国。此外,加拿大在承接高端动漫外包方面也占有重要地位。最近几年,特别是2004年以来,由于内外部环境发生了重要变化,中国的动画外包加工业务进入调整转型期,印度和越南凭借更低的劳动力成本和日臻熟练的劳动力成为强有力的竞争者。

二　中国动漫外包产业发展现状与主要历程

(一)中国动漫外包产业发展概况

据业界史家多方考证,中国动画发展史最早可追溯至20世纪20年代中期,此后,尽管面临长期战乱以及新中国成立后的十年动乱,深受资金短缺、技术落后、体制不畅等因素的制约,中国动画人一直没有停止艰难探索,特别是在20世纪五六十年代出现过的《大闹天宫》《小蝌蚪找妈妈》等经典之作,体现了极高的制作水平和艺术水平,在国际上产生了广泛影响。但是,中国动画从未取得商业意义上的成功,远远称不上产业。

改革开放之后,国内动画片制作发行并未立即放开,[①] 在国外动漫产业大转移的大背景下,动漫外包成为最早市场化的领域,1979年,上海美影厂为日本动画做描线可视为对外加工业务的雏形。我国动画加工业肇始于20世纪80年代中期。1985年,由香港无线电视(TVB)投资的翡翠动画设计制作(深圳)公司成立,这是一家典型的"三来一补"企业;随后的几年里,太平洋动画、彩菱动画、安利动画、珠海驰胜卡通、京红叶动画等以加工为主的公

---

① 由于文化产业的特殊性,直至1995年1月1日,中国电影发行总公司才取消对美术片实行了四十多年计划经济体制的指标政策,把美术电影全面推向市场,由此,动漫电影才开始摆脱统购统销政策影响,真正面对市场。

司相继成立，全国动画人才纷纷汇聚珠三角。一直到20世纪90年代前期，中国动画加工企业仍主要集中在珠三角地区，尤以深圳为甚，长三角仅上海地区有属于台资的朝阳动画等寥寥可数的加工企业。1995年以后，受工资和房租等成本因素影响，开始有动画企业尝试向南搬迁，原先来自上海和江浙地区的技术人员开始大规模从深圳往长三角回流。20世纪末，我国动画加工业达到了顶峰，形成了珠三角、长三角两大板块。中国取代韩国和台湾地区，成为全球最重要的动画加工基地，70%以上的日本动画片（包括电视版、电影版等）和大量欧美动画片都是在中国加工的。①

2004年以来，在国内外多种因素的影响下，动漫外包增速趋缓，进入转型调整期。但是，这并没有动摇中国作为全球最大动漫加工基地的地位。据业内估计，目前，中国有600～800家动画公司承接外包业务，年产值达数百亿元。② 另外根据天津市的动漫产业发展可做简单推论，2011年，全市通过国家认定的动漫企业共有17家，实现营业收入4245.1万元，其中自主开发生产动漫产品收入达1882.9万元。粗略计算，除自主开发产品所得收入之外，其他收入皆可视为承接外包加工收入，可计算得出2362.2万元，占总收入的55.6%。天津动漫企业超过300家，可以想象，其余企业大都是主要做外包加工业务，实际外包收入比重应该远远高于这一数字。若由动漫产业较为先进的天津推及全国，外包对于产值贡献之大可见一斑。

（二）中国动漫外包产业的发展演进

与中国自己动手制作动画影片具有较长历史一样，中国对外加工动画也并非近几年才兴起的全新事物。据考证，中国第一部对外加工动画片是1947年由上海中华书局编辑所应联合国教科文组织委托制作的《人与双手》③。我们在此重点关注改革开放以来中国动画产业对外加工产业发展演进的主要历程。

---

① 由于文化产业的特殊性，直至1995年1月1日，中国电影发行总公司才取消对美术片实行了四十多年计划经济体制的指标政策，把美术电影全面推向市场，由此，动漫电影才开始摆脱统购统销政策影响，真正面对市场。

② 《"动漫王子"破解外包瓶颈》，《投资时报》2012年7月26日。

③ 鲍济贵：《中国动画电影通史》，中国美术出版总社、连环画出版社，2010，第47页。

1. 改革开放至 90 年代中期，动画外包业务起步阶段

新中国之后的对外加工动画片业务，始于 1979 年上海美影厂为日本东映株式会社出品的动画片加工描线①。此后自 1985 年起，上海美影厂为日本 DIC 动画公司连续三年加工了《小熊卡西》等三部动画影片，1987 年，还为法国 BAT 制片公司加工制作了《鲁滨逊及其伙伴》，在外汇短缺年代，合计获取外汇收入超百万美元。不过，上影的外包加工业务的发展并非一帆风顺，其标志性事件就是 1988 年，终止了为日本 NHK 放送局加工 100 集系列动画片《西游记》。具体原因则较为复杂，主要是由于员工从事对外加工与制作国产片收入不均（前者远远高于后者）导致部分员工反对承接加工片、部分老职工争相参与加工片制作，放弃加工国产片任务，产生纠纷以及日版《西游记》中的人物形象不符合中国传统风格等创作理念的原因②。

尽管如此，上海美影厂承接日本动画加工开先河之后，沿海城市和东部发达城市涌现出一批以承接动画片加工为主要目标的企业，对外加工业务开始大范围扩展。例如，1988 年 12 月成立的中国内地第一个民营动画公司大连阿凡提国际动画公司，从承接欧洲和日本的对外加工业务做起，后来基于外包业务经验创作了多部优秀国产动画片，于 2003 年 12 月改制后转入上海阿凡提卡通艺术有限公司。加工类外资企业最早出现在深圳，如 1985 年由香港广播公司在深圳设立的翡翠动画公司、1987 年的太平洋动画公司，1988 年日资企业杭州分龙动画出现在杭州。1991 年，上海美影厂也与香港公司建立了合资企业上海亿利美动画公司。到 20 世纪 90 年代，上海以南向深圳的东南沿海城市松散地分布着 5～6 家大型及 80 多家小型动画公司。其中，最大的两家为有东方迪斯尼之称的台资企业宏广公司及其竞争对手鸿鹰公司。③

在本阶段，承接动画对外加工业务不仅为上影厂等国有影片厂带来可观的

---

① 在当时背景下，按照文化部规定，上海美影厂每年只能生产美术片 35 部，多了国家不负责收购，而这些产出仅能勉强维持厂里的简单再生产。承接日本动画加工业务为上海美影厂转向国外市场谋求生存和发展开了先河。具体参见鲍济贵《中国动画电影通史》，中国美术出版总社、连环画出版社，2010，第 165 页。

② 参见鲍济贵《中国动画电影通史》，中国美术出版总社、连环画出版社，2010，第 167 页。

③ 约翰·A. 兰特主编《亚太动画》，张慧临译，中国传媒大学出版社，2006，第 24 页。

经济利益，还接触到了国外先进系列动画片的生产管理经验，培养了一批系列动画片创作生产专业人才，对国内陈旧落后的制作理念产生了强烈冲击，培育了最早的民营企业和外资企业群体，打破了等传统国有公司一统天下的局面，塑造了中国动画产业发展新格局。

2. 90 年代中期至 2003 年，动画外包业务蓬勃发展阶段

在这一时期，我国成长为全球重要的动漫加工基地。随着改革开放的深入和文化体制改革的启动，中国影视动画正式进入真正的市场化产业化时代，国内引入了大量欧美日本动画片，国产动画片市场受到严重冲击，原创动画步入低谷，迫使企业选择承接国外动画加工业务谋求生存发展。到 20 世纪末，凭借廉价而稳定的劳动力供给，本土以外的亚洲代工企业例如台资企业宏广公司和鸿鹰公司、港资企业安利和翡翠公司等也将主要业务转移到内地，我国动画加工业达到了顶峰，形成了珠三角、长三角两大板块，取代韩国、香港和台湾地区，一跃成为全球最重要的动画加工基地，业界估计，70% 以上的日本动画片（包括电视版、电影版等）和众多欧美动画片都在中国加工完成。[①] 这为我国动画产业形成巨大的制作能力奠定了基础，也可以部分地对我国动画产业发展现状做出合理解释。

如表 1 所示，一个完整的动画制作过程可以按照不同的生产区段分割为五个阶段。其中，前两个阶段包括与脚本、故事版有关的创造性较强的环节，称为前期创作阶段；第三阶段，即动画制作阶段，主要包括描线、上色、配音和拍摄过程等，属于高度劳动密集型流程，对人力资本要求相对较低，称为中期制作阶段，这部分最适合发包到低成本地区。第四阶段包括一些场景的编辑、合成和重拍，涉及对市场的理解和艺术品位等难以把握的流程，称为后期制作，而第五阶段则属于新技术研发部分。中国承接的动画外包业务主要集中于中期制作阶段，由于多年来大规模承接中间加工业务，中国动画产业中的加工制作环节发展最为充分，市场化水平最高，积聚了较大优势，而短板则集中于第一、二阶段的前期创作和第四、五阶段的后期制作与研发，简言之，比较有创造性的前后期制作和研发环节发展较为滞后。

---

① 牛牛：《中国动画加工企业：总收入在涨 利润薪资在降》，《中国文化报》2011 年 2 月 24 日。

表1　按阶段划分的动画制作生产流程

第一阶段	概念化阶段	系列片或制作(短期概念和最终脚本)创意;计划
第二阶段	前期制作阶段	故事版;充实脚本的艺术理念;故事轴线;脚本修改
第三阶段	制作阶段	动画化:大量资源投入(动画家,技术支持人员);配音
第四阶段	后期制作阶段	一些场景编辑、重拍
第五阶段	下一个周期(技术密集型公司)	开发下一代动画功能的软件工具

资料来源:转引自 Ted Tschang and Andrea Goldstein, "Production and Political Economy in the Animation Industry:Why Insouring and Outsourcing Occur", Paper to be presented at the DRUID Summer Conference 2004 on Industrial Dynamics, Innovation and Development, Elsinore, Denmark, June 14 – 16, 2004 Theme B:Competence Building and its Institutional Underpinnings, Table 1, p. 6。

3. 2004 年至今,动画外包业务调整和转型阶段

近年来,特别是 2004 年以来,动画加工业务增速放缓,从事动画加工业务的公司数量甚至呈减少趋势。根据《中国动画年鉴》2006 年 12 月公布的调查数据,国内纯粹以加工为主的动画公司仅占大概 10%,以加工为主同时进行原创的动画公司占 25%,以原创为主的动画公司占 65%。另根据 2010 年末的一项覆盖北京、上海、广东、浙江等 13 个省市主要动画企业的调研资料,2008 ~ 2009 年,157 家企业中,只有 42 家开展过动画加工业务,占比 26.75%;而以加工业务为主的企业数量 2008 年有 18 家,到 2009 年减少到 14 家。[①] 并且,由于国内业务增速超过海外业务,国内代工收入已超过国外代工收入。国外加工业务下滑是国外动漫外包需求萎缩、国内外制作成本上升、国外竞争加剧以及国内出台大量鼓励原创政策等因素共同作用的结果。

三　中国动漫产业外包的模式分析与主要特征

在我国,根据动漫加工业务的来源不同,形成了三种不同的运作模式,我们称之为企业外离岸接包、企业内离岸接包、国内企业接包。这三种模式的产业链组织形式和特征具有明显差异,对产业发展的影响也不尽相同。

---

① 牛牛:《中国动画加工企业:总收入在涨　利润薪资在降》,《中国文化报》2011 年 2 月 24 日。

（一）企业外离岸接包

欧美动漫加工业务多以这种模式为主。在这种模式下，欧美动漫公司将动漫制作业务外包给我国国内的动漫制作公司，这些承接公司主要是在内地设点的台资和港资企业，前者以宏广、鸿鹰为代表，后者以翡翠、安利为代表。由于早期国产片主要受欧美风格影响，与其造型简单、动作复杂的作画风格非常吻合。因此，欧美国家在中国的动画加工设置了执行导演、原画、修型等职位，涵盖了动画中期制作的所有环节，形成了一套完整的系统。这种全产业链模式有利于国内做原创，近几年国内反响较好、质量较高的几部原创作品例如《宝莲灯》、《梁祝》、《哪吒传奇》等以美式风格居多。

（二）企业内离岸接包

选择此种方式的主要是日本公司，在这种模式下，国外动漫公司直接在我国内地建立独资企业，雇用当地人员为其做动画加工，负责承接母公司制作业务，如杭州飞龙、北京写乐都是专门为日本母公司做加工业务的日资企业。与欧美动漫制作风格不同，日本动画的特点是人物造型复杂、动作相对简单，日本在中国的动画加工主要是动画（指画出关键动作中的过渡动作）、上色等环节，关键部分又都是企业内发包，本土企业只能接触到部分技术密集度较低的制作环节，对于通过承接日本动画转型原创增加了难度。

（三）国内接包

即承接国内动漫加工业务。前两种都属于对外加工业务，最后一种属于为国内动漫公司代工。以往这种模式非常少，随着国内原创动漫制作数量迅速攀升，来自国内代工收入已逐渐超过国外代工收入。目前看，由于我国原创动漫尚处于起步阶段，发包业务要求和价格不高，国内代工在技术水准和加工质量方面明显低于对外代工业务，可以预见，随着国内高质量原创作品的增加和更多企业竞争国内代工业务，国内代工水平会逐步提高，这有利于国内动漫产业形成成熟的生产制作网络。由于多种因素影响，在未来一段时间内，国外业务萎缩将是大势所趋，国内业务将成为重要增长点。

四 中国动漫外包产业中存在的主要问题与挑战

(一)企业规模普遍较小,加工费用逐步走低

有关抽样调查显示,[1] 尽管就整体而言,动画加工企业无论是从平均收入还是从收入区间分布来看,都有所壮大,但目前动画加工企业规模仍普遍偏小,年收入不足 500 万元的中小企业,占到了八成多。动画企业的加工业务平均收入在 2008 年为 499.9 万元,2009 年则为 637.3 万元。从发展趋势看,加工费用持续走低。尽管每分钟平均代工费超过 1 万元进行高端动画加工的企业相对变化不大,企业数量约占 32%;但是,每分钟平均代工费在 1000 元至 1 万元之间的企业所占比例从 2008 年的 59.1% 大幅下滑到 2009 年的 44.0%,与此同时,2009 年有 36.0% 的企业每分钟平均代工费不足 1000 元,比 2008 年增加了 26.9%。原因可能在于,动画加工企业取得的国内加工订单大幅增加,但国内业务的收入和利润大都偏低。

(二)缺乏适合外包产业发展的生态环境

从产业发展自身看,行业组织缺失,没有统一标准,价格不透明,导致无序竞争泛滥,由此造成中国动漫外包产业长期处于承接中低端业务水平;从政策环境看,由于过去私营企业不允许拥有动漫发布权,加之中国动画处于多级外包的末端,利润微薄,为避税考虑,外包行业长期处于地下运营的自生自灭状态,抑制了其发展壮大和产业升级。特别是,2004 年以来,以国家广电总局颁发《关于发展我国影视动画产业的若干意见》为标志,国家首次以行政手段加大发展动漫产业力度;2006 年 4 月,国务院办公厅转发财政部等十部委《关于推动我国动漫产业发展的若干意见》,将动漫产业提升到国民经济和社会发展的高度,此后各级政府陆续出台了多项支持性政策。但是这些政策目

---

[1] 牛牛:《中国动画加工企业:总收入在涨 利润薪资在降》,《中国文化报》2011 年 2 月 24 日。

标是大力支持原创动画，在政策激励下，企业纷纷转向原创动画①，必然对外包形成挤出效应，动画外包业务增长显著减缓。

（三）来自印度、越南等周边国家的竞争日益激烈

由于劳动力成本至少占动画制作成本的60%以上（劳动密集程度更高的二维动画甚至高达70%～80%），动画代工的主要动机是劳动力套利，因此对于劳动力成本变化极为敏感。伴随国内劳动力成本逐年上升的同时，印度、菲律宾、泰国、印度尼西亚、越南等国以更低的人工成本和日臻熟练的技术，加入了动画外包业务的国际竞争，对中国动画加工业产生较大冲击。

（四）世界经济低迷以及新技术和商业模式变革抑制外包需求

在经济危机和技术冲击的影响下，世界动漫外包市场陷入低迷。美国和日本是中国动画外包业务的主要来源地，多种因素的影响已使其对外发包量锐减。迪斯尼的许多经典作品都曾出自亚洲代工企业。随着数字技术的发展，皮克斯和梦工厂颠覆了过去二十多年的动画加工模式，凭借尖端3D技术，从前端的故事情节、角色设计到后端的制作输出都留在企业内完成，发包量大幅下滑。在日本，动漫产业正面临新媒体的冲击，进入有史以来最低迷、最艰难的时期，首先是由于电视台业绩恶化，动画片的播放量以及动画片的费用都在锐减。其次，动画片的DVD销售额和衍生品销售也陷入低迷。动漫需求市场大幅缩减，加之经济增长长期乏力，资金短缺、投资不足直接影响了对外发包需求。由此可见，未来动画外包市场将面临长期增长压力。

五　主要结论与政策建议

作为高度全球化的产业，对外承接动漫外包开启了中国动漫制作的市场

---

① 例如，2003年原创动画只有3万分钟，到2011年已经超过26万分钟。现有动漫产业政策在一定程度上缓解了投资不足问题，但时，同时催生了大量低成本、低水平之作，很大程度上是对资源的一种浪费。不仅如此，现有政策的制定和实施出现鼓励投机的倾向，干扰了正常市场机制的运行。当然，有些政策受到业界普遍欢迎，比如减税等。

化进程，并且迄今仍是推动产业发展的重要力量和主要赢利来源。2011年，中国原创动漫作品已达26万分钟，连续五年成为全球第一大动漫生产国，但是，由于全行业尚未形成完整成熟的动漫产业链和赢利模式，除极少数经营较好的企业和作品外，国内的动漫原创运营大部分处于亏损状态，要么靠政府补贴勉强维持生存，要么走以外包养原创的路子。在这种背景下，大量企业选择外包模式是理性选择的结果，由产业发展阶段决定，具有一定的必然性。对处于起步中、尚不强大的中国动画企业来说，动画服务外包不仅为发包方带来巨大利益，也为接包方提高自身的创意、管理、技术等提供了空间。动画加工企业可以借此获得强有力的技术支撑、资金支持和市场管道，有利于提升动画制作生产技术和管理水平，加速动画企业的规模化、专业化、市场化的发展进程。

当前，在国内外多种因素的影响下，动漫外包发展进入调整转型期，面临较大的压力和挑战。展望未来，中国必须借助于多年外包业已形成的庞大制作能力，积极完善产业生态环，加快国内价值链的构建步伐。

（一）承认和尊重外包是产业发展重要力量的现实，制定正确的产业政策目标

对于外包业务的质疑始终存在。对外开放初期针对上海美影厂承接日本动画加工业务，有人认为，外包加工是国内动画制作与国际接轨的好途径，应该积极拓展对外加工业务；反对者认为，作为中国唯一的美术电影制片厂，堂堂上海美影厂沦为国外廉价加工的"外包工"，有失体面；也有人担心，对外承接加工业务会使国产动画片生产日益萎缩。此后，此类争论伴随产业发展的全部历程，至今仍在产生重要影响。

从理论推理看，动画是科学、艺术和现代工业生产方式的结合，其制作流程经生产分割被安置到全球不同的国家和地区，与制造业国际分工原理相似，在开放条件下，每个国家在产业链分工中的位置主要由其比较优势决定，时至今日，与动漫强国相比，数量丰裕价格低廉的劳动力要素仍是我国最主要的优势所在。因此，对外动画加工仍是我国动画制作业的主要组成部分是由现阶段的比较优势和产业发展阶段决定的。我们还可以深

入微观企业层面做更具体的分析，根据业界人士的看法，由于动漫行业的特殊性，[①] 其难以与通常意义上制造业的微笑曲线相比，利润高度集中于创意开发和市场运作，中期制作获利更少，在这种情形下，做高水平原创作品是所有动漫人的梦想。但是，动漫属于资本密集型产业，风险大、回收周期长，由于在创业早期缺乏各方面的积累，大部分中国动漫企业很难获得稳定的收入来源，耗资巨大的一部原创动画片，很可能以很低的价格送到电视台去播出，而衍生产业在盗版横行的情况下，也经营惨淡。做外包则可以有稳定的现金流，首先保证企业的生存问题，因此，动漫企业大多选择从外包开始。归根结蒂，选择外包还是原创战略，是在现有内外部约束条件下，二者竞争的结果，企业比政府和学者们更清楚，哪一种战略对自己更有利。众多微观企业的自主选择表现在宏观层面就出现"外包占主导"现象。因此，尽管诚如前文所分析和反对者所指出的，外包对于发展原创作品也有不利的一面，但以"外包"还是"原创"为主导并非主观选择的结果，而是产业发展的必然。

另外，从实践看，亚洲各国的动画产业无一不起步于海外加工业务，在一段时间内，以海外加工为主导绝非中国特例[②]。即使已成长为动画强国的日本和韩国也是先从大规模承接国外外包加工业务逐步成长为高水平外包承接国进而才发展出独具特色的动漫产业，甚至至今仍是全球高端动漫加工的重要承接地。日本动漫的发展史已有数十年，而美国则上百年，具体到中国，真正市场化的时间不到二十年，真正引起关注不过短短几年内的事，而能够快速跃升为动漫制作第一大国，与大量承接对外业务，积累了庞大的加工制作能力是分不开的；尽管外包从业人员良莠不齐，但还是为我国动漫产业培养了最优秀的一批人才。简言之，对于"外包占主导"应以动态的眼光来看，不仅是一种现象和发展战略，更是一个发展过程，在我国现有动漫产业发展生态体系尚不完善的情况下，有一定的必然性。

---

① 根据业内人士估计，目前国内动漫企业中有90%是民营企业，其中大部分是投资在500万元以下的中小企业，知识性劳动密集程度高，人力资本专有性强，这些特性决定动漫外包难以依靠规模经济和高度机械化获利。

② 约翰·A. 兰特主编《亚太动画》，张慧临译，中国传媒大学出版社，2006。

退一步说，哪怕将来中国跻身动漫强国，只要动漫产业的全球分工模式不改变，只要各国之间的要素禀赋差异仍在，动漫外包就会长期存在。日本和韩国仍是全球高端动漫加工承接基地就是有力的明证。韩国政府的多种做法值得借鉴，鼓励国产动漫发展的同时，并没有放弃对外加工。为应对外包加工行业的激烈竞争，韩国成立了海外加工协会，对外统一自己的行业形象和加工价格，共同开发海外市场；对内协调加工成本携手提高加工质量。反观中国，由于外包行业标准缺失，竞争失序，多年来难以实现向高端加工转型，而低端业务又遭遇印度、越南等更低成本地区的激烈竞争。现有政策漠视外包对于产业发展的重要意义，试图跨越外包而直接做原创，这是舍本逐末的做法，很可能事与愿违，反倒干扰了产业正常发展进程。正确的产业政策目标是在稳定和提升现有外包能力的基础上，一方面鼓励外包模式向合作模式转型，为本土作品制作与发行创造更好的条件；另一方面鼓励外包向高端加工业务转型，推动我国向高质量外包加工基地的转型。

（二）以完善市场机制和尽量低成本为原则，慎重选择产业政策执行方式

政府在经济发展中的作用是经济学领域最古老、争议最大的命题之一。从理论推理看，对于产业政策的质疑主要源于政府是否具备制定和执行合意产业政策的动机和能力，科斯在评价亚当·斯密对于政府活动的观点时指出，政府既缺少管理经济体系的知识，也缺少出色工作的动机，通常会使事情变得更糟。[①] 另外一些经济学家则指出，即使存在市场失灵，推行产业政策的成本是否低于市场机制调整的成本也令人生疑。

为尽量规避上述问题，产业政策的执行应慎之又慎，基本原则是最大限度地将产业发展中的具体问题交由市场解决。例如，存在的外包可能会因相对较高的收入造成部分原创人才的流失、高度模式化的流水线式操作不利于培养动画人才的原创能力和整体驾驭能力等问题，就属于产业发展中的问题，只能在

---

① 罗纳德·H. 科斯：《论经济学和经济学家》，罗君丽、茹玉骢译，格致出版社，2011，第105页。

发展中解决。① 假以时日，绝大多数产业发展方面的问题都可以由市场竞争机制自行完成，产业政策强行进入，不但具有高成本，造成资源浪费，还可能扰乱市场机制正常发挥作用，在整体产业无法靠原创生存的情况下，还能恶化外包环境。

现有产业政策中，减税政策广受业界好评，原因就在于这一政策对市场运行机制干扰最少，而且实施成本较低，企业受惠明显。但是，这一政策亟待改善之处在于应将外包企业囊括在内，以普惠方式施行。总之，应慎重选择产业政策的执行方式，应以对市场干扰最少、尽量低的成本为原则。

（三）完善适宜动漫外包发展的生态环境

与通常意义上的制造业相比，动漫产业的特殊性决定其产业链组织模式②和分工协作方式复杂程度更高，对于规制、法律、金融制度安排、文化价值系统等软性基础设施有更高要求，且必须以更加规范的合约执行环境为基础。这部分正是政府职责所在。

此外，成熟发达的中介组织在协调和规范产业发展方面具有不可或缺的重要作用。政府应着力培育中介组织的成长和发展，并保持其独立性。

参考文献

1. 江小涓：《制度变革与产业发展：进程和案例研究》，北京师范大学出版社，2010。
2. 鲍济贵：《中国动画电影通史》，中国美术出版总社、连环画出版社，2010。

---

① 人才流失问题，只要外包收益高于原创，人才进入外包行业就不可避免，一旦原创相对于外包取得一定优势，自然会吸引人才回流。再比如，与承接日本外包业务相比，承接欧美外包更有利于向原创转型，但是，由于企业优势不同，经营战略和目标也有差异，做什么更有利，仍然应由企业决定。在不具备原创实力的情况下，企业通过外包完成原始资金和技术积累，才会有实力进入上游创意和下游的市场推广环节，即使企业的目标停留在外包上，在细分市场积累自己的优势，也有利于积累资金、培养人才并为本土企业提供高水平外包服务，促进国内动漫产业的整体发展。

② 美国、日本和韩国的动漫产业都取得了令人瞩目的重要成就，但产业链组织模式各有不同。关于各国产业链组织模式的比较研究另文详述。

3. 宋曙琦：《中国第一部动画电影考源》，载《中国文艺报》2011 年 8 月 12 日。

4. 殷福军：《中国最早的动画影片是哪一部》，载《中国文艺报》2011 年 10 月 12 日。

5. 约翰·A. 兰特主编《亚太动画》，张慧临译，中国传媒大学出版社，2006。

6. 国务院发展研究中心"发展战略性新兴产业"课题组：《中国动漫产业发展良策》，《新经济导刊》2010 年第 6 期。

7. 牛牛：《中国动画加工企业：总收入在涨 利润薪资在降》，《中国文化报》2011 年 2 月 24 日。

8. 王辑兹、梅丽霞、谢坤泽：《企业互补性资产与深圳动漫集群的形成——基于深圳的经验和教训》，《经济地理》2008 年第 1 期。

9. Ted Tschang and Andrea Goldstein, "Production and Political Economy in the Animation Industry: Why Insouring and Outsourcing Occur", Paper to be presented at the DRUID Summer Conference 2004 on Industrial Dynamics, Innovation and Development, Elsinore, Denmark, June 14 – 16, 2004 Theme B: Competence Building and its Institutional Underpinnings.

B.14
客户服务外包发展的现状、问题与建议

王雅龄*

摘 要：

客户服务外包是生产社会化分工的延伸和细化，是通向个性化消费的正确途径。客户服务以及客户关系管理的载体和主要组成部分是呼叫中心。现代呼叫中心汇集信息、处理信息、分析信息、加工信息，交流和互动的功能使其得以执行语音确认等交易流程。基于云计算的虚拟呼叫中心将改变现在的商业模式。客户服务外包产业在国际上的竞争，短期里仍然是成本制胜，长期里要靠价值创造。政府的产业扶持政策，不仅要体现在基础设施供给方面，还要遵循产业发展客观规律，重视以人为本和可持续发展原则。

关键词：

客户关系管理 呼叫中心外包 行业行为规范

客户服务外包目前发展很快，呼叫中心、客户关系管理等外包业务已经成为中国很多地方政府"调结构、转方式"的突破口。服务管理学创始人格罗鲁斯说过，在产品质量基本相同、产品价格基本相同的情况下，客户服务是超越竞争对手的唯一正确途径。格罗鲁斯率先提出了服务管理这一概念，他认为知识经济就是服务经济。

一 基本概念

客户服务按照服务类型可分为售前咨询、售后服务、满意度调查、投诉处

---

* 王雅龄，青岛大学财政系。

理、订单处理、账户维护、派单维护、客户关怀等多种类型；从营销角度可分为售前服务、售中服务和售后服务三块；从企业管理内部看，有各部门分别对外的分布式服务和经过内部整合的集中式服务。其中，集中式服务越来越多，热线电话、呼叫中心等即属于集中式服务。呼叫中心可以自建自营，也可以外包托管。热线电话可以看作呼叫中心的初级形式，联络中心、客户关系管理可以看作呼叫中心的进化或高级形式。本章以呼叫中心为立足点，重点研究客户服务外包问题。

（一）客户满意

中国服务贸易协会客户服务委员会 2011 ~ 2012 年中国最佳客户服务评选，指标涉及服务响应、基础服务规范、业务解决能力三大范畴近 30 项指标，海尔集团等被评为十佳企业。顾客满意度是当今企业质量控制的重要指标。中国标准化研究院顾客满意度测评中心近年开展的全国顾客满意度调查，服务质量是满意度五大指标之一，《2012 年中国顾客满意度手册》发布了对 50 个城市 36 个行业的顾客满意度调查结果，其中，分行业的中国顾客满意指数，冰箱行业最高，79 点，医院行业最低，58 点，总体而言普遍不高。

客户满意度属于客户的主观评价，基于不同背景、不同偏好、不同期望，相同的服务经常得到不同的评价，令所有客户百分之百满意的境界是可望而不可即的，没有最好，只有更好。美国运通（American Express）对美国国内的调查发现美国人对服务的满意度也还相当低，不过"澳大利亚人是全世界最不开心的消费者"，超过 40% 的澳大利亚人认为，商家不关心顾客的需求，不能满足他们的购物期望，公众对商家向消费者提供的服务十分不满。运通全球客户服务中心的数据显示，如果澳大利亚的顾客能获得更好的客户服务，那么平均每人将增加 12% 的消费。2011 年，三分之二的顾客有因服务态度恶劣而放弃购买或消费的经历。（资料来源：《悉尼日报》2012 年 7 月 11 日）

运通的研究从侧面印证了格罗鲁斯的判断，当今的企业竞争，关键在于服务质量。服务的提高和完善，具有无限的纵深空间和宽广前景。

（二）呼叫中心

呼叫中心（call center）原本指的是企业组织中一个小组或一个部门，专门接听和拨打大量的电话，提供集中的语音服务或指引、帮助。呼叫中心的职能可以对内，如操作指南；可以对外的，如客户服务和技术支持。最早使用呼叫中心的是航空公司，以便于汇集信息上通下达，同时为大量的需要询问起降情况的顾客服务。之后在通信企业的支持下，呼叫中心蓬勃发展起来，金融企业、制造企业都普遍建立或使用呼叫中心。呼叫中心的特征不仅是接打大量电话，而且会使用大量的技术设备来不断改进其管理和服务。

随着通信技术和信息技术的飞速发展，既用电话又用传真、电子邮件或网络通信工具等多种管道的呼叫中心出现了，在国际上被称为客户联络中心（customer contact center），成为客户关系管理的载体和主要组成部分。这种呼叫中心不仅汇集信息，而且处理信息、分析信息、加工信息，交流和互动的功能加强了，而且能够执行语音确认等交易操作程序，由原来的成本中心进化为利润中心。业务代表在坐席上就能够完成市场营销、销售过程、客服支持等各种呼入呼出业务活动，形成以服务客户为基础的企业管理环境。人性化、个性化的语音服务，使得 GE 等较早引入呼叫中心的企业大受社会赞扬。

（三）呼叫中心外包

呼叫中心的管理内容日益丰富，不仅包括设备维护，还包括绩效管理、质量管理、人员管理。呼叫中心人员流动频繁，员工招募、业务培训、排班、监听、评价、激励等日常管理日益复杂，进而呼叫中心的管理和运营出现横向的专业化发展趋势，产业分工细化使得呼叫中心成为服务于服务的服务业，美国百分之八十的企业使用呼叫中心，世界 500 强企业百分之九十使用专业化的呼叫中心外包服务，美国的呼叫中心坐席数已经达到每万人 100 席以上。相比之下，新加坡每万人只有 35 席，而中国只有 5 席，发展潜力巨大。

外包（outsourcing）的含义是针对 IT 设施、应用方案、商务流程等，提供打捆的专业服务和产品支持。外包可以分为 ITO 和 BPO 两个大类。ITO 包括数据中心外包、桌面系统外包、网络外包、企业应用外包；BPO 包括供应管理、操作服务、企业服务、客户管理。语音流程外包（voice BPO）是印度、菲律宾等国家承接国际外包业务的主要内容，每年创造上百亿美元的国际服务贸易收入。

目前国内从事呼叫中心外包业务的企业，大部分都具有设备齐全、技术复杂、管理专业化的客户联络中心功能，外包内容视市场需求情况而定。虽然仍旧沿用呼叫中心的名称，但对应的是国际上的 contact center 形态，而非简单的只使用电话的 call center 形态。描述 call center 用"几部电话"来概括，描述 contact center 用"多少坐席"说规模，职业介绍和岗位招聘不再使用"接线员"，而是用"坐席代表"。不过，目前国内大型企业和多数机构更偏向于自建呼叫中心。

呼叫中心外包与自建的优劣势比较见图1。

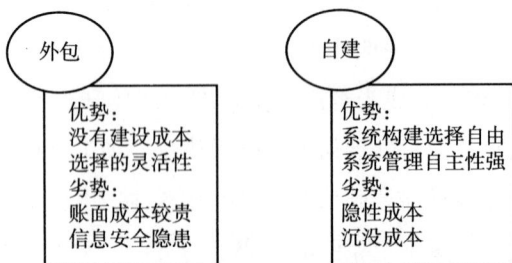

图1　呼叫中心外包和自建的比较

二　国际潮流

2011年，美国、德国、英国稳居世界服务进出口前三名。美国排名居首，服务进出口总额9690亿美元，继续以较大优势领先；德国、英国的服务进出口总额分别为5370亿美元、4450亿美元。中国服务进出口接近英国，总额达4191亿美元，排名第四；日本服务进出口总额3080亿美元，排名第五。但是中国在客户服务外包领域还没有充分发挥出潜在的优势，远不如印度、菲律宾等国家。（资料来源：商务部）

（一）印度

基于信息技术承接国际外包业务，印度属于起步较早的国家之一。印度把信息技术和服务外包当做振兴印度经济和实现印度现代化的契机，提升到了国策地位，各级政府在培训、法律、政策、基础设施等方面持续投入了巨大的人力和财力。印度外包产业的出口收入，从 2006 财年的 242 亿美元，增长到 2011 财年的 594 亿美元，5 年的年平均复合增长率达到 20%；2010～2011 财年，依然保持了 18.6% 的增长率。

印度具备承接国际外包业务能力的呼叫中心管理公司超过 2000 家，接包能力是中国的十倍。早期的印度外包主要是呼叫中心外包。20 世纪 90 年代，美国的知识经济高速增长后进入整合期，压缩成本的需要借助于网络通信技术，给了印度一个难得的机遇。印度发展外包的成功，归因于人力成本较低、社会制度民主、语言基础较好等条件都显得有些牵强。事实上，印度人做客服必须经过培训，不然会被美国客户即刻听出是"外国人"。人工费用较低、英语说得更好、文化背景更接近美国的国家有很多，却没有印度自上而下的协同努力和积极态度，没有出现班加罗尔那样的外包业聚集地。

金融危机之后，印度外包出现新动向，即强调纵向业务整合。在印度 IT 技术领域排名第四的 HCL 公司，2012 年 7 月与美国花旗银行签订了高达 2 亿美元的"书包式"外包合同，包里含有诸如贷款管理、金融产品管理、客户服务管理等链状金融后台服务流程。印度外包在整合原有 BPO 优势的前提下，争夺 ITO 市场份额的意图十分明显。例如，中国外包向来以 ITO 为主，BPO 较弱，印度外包企业则以能够从中国软件企业手中争抢 ITO "单子"为荣。印度外包处于国际领先地位，为印度带来了大量的就业和收入，但对于社会现代化的影响还难以评估，外包企业抱怨某些公共部门"后妈"似的态度，时有耳闻。2012 年 2 月，印度外包公司 Intelenet Global Services 宣布在拉丁美洲兴建一个新基地，该基地将作为一个近岸外包地点加强其在北美地区的运营能力，并提供包括英语、法语和西班牙语在内的多语种服务。可见，印度从没打算放弃在呼叫中心外包领域的领先地位。

（二）菲律宾

菲律宾做外包属于后起之秀。2011 年，菲律宾 BPO 行业收入为 109 亿美元，其中 76 亿美元为呼叫中心离岸外包收入。2012 年 2 月，菲律宾商业流程协会（BPAP）表示，2012 年外包行业 BPO 收入将增长 19%，达到 130 亿美元，对语音流程外包需求的增长将推动菲律宾外包行业收入增加。菲律宾的 BPO 仍以美国为主要发包地，兼顾日、韩和欧洲，以新增客户、中小客户为主要服务对象。

2012 年，菲律宾再次立法完善其知识产权和机密信息保护等方面的法律环境，此前印度外包企业曾出现坐席代表出卖外国客户个人信息的丑闻。在既没有先发优势也难言技术优势的条件下，菲律宾人仅仅凭借忠诚、勤奋、决心和价格优势，就在语音 BPO 领域胜出了。2011 年印度新增语音 BPO 合同只签到 70 亿美元，而菲律宾则签了 76 亿美元的语音 BPO 业务，2012 年上半年仍保持着领先优势。

菲律宾政府在推动信息产业发展和商业服务流程外包方面可谓不遗余力，比如，FDI 优惠政策。经济特区 FDI 营业税免税期可以长达 4~8 年，免税期后也只有 5% 的营业税，杂税和收费都很少，税收负担相当小。外包公司可以免税进口特殊设备及辅助材料、免缴港口费，可以自由雇佣外籍员工。另外，政府在土地使用、土地和厂房等基础设施租赁方面的支持，以及给外国开发商的优惠待遇，力度均大于印度或中国。事实上，苏比克、克拉克等特区原来就是美军的海外基地，很多基础设施属于美军"遗产"。美国在菲律宾投资的呼叫中心如 Sykes、PeopleSupport、Teletech、SourceOne、Vocativ，菲律宾本土的服务公司如 ePLDT、e-Telecare、C-cube、SVI Connect，发展都十分迅猛。2000 年菲律宾呼叫中心坐席数还不到 1000 席，到 2011 年底坐席数已达 64 万席，从现在的发展势头来看，菲律宾呼叫中心超过印度呼叫中心，也不是不可能的，至少在争夺美国客户方面，菲律宾有其独特优势。菲律宾计划到 2016 年将呼叫中心外包发展到 250 亿美元收入和 130 万坐席的规模。

（三）美国

美国是 BPO 主要发包地。金融危机爆发后，其失业率居高不下，因离岸外包流失的工作岗位重新引起各方面关注。联邦政府和州政府、基层地方政府都出台了鼓励在岸外包的政策措施。郊区外包和小城镇外包发展迅速，在云计算技术迅猛发展且迅速渗透到经济生活更多环节的背景下，虚拟呼叫中心不再陌生，呼叫中心的规模不再重要，甚至呼叫中心的技术设备也可以借力于云计算来协调。郊区外包可以得到本市政府、本县政府的财政支持，没有文化、时区差异，政治风险、法律环境风险几乎为零。所以，即使没有菲律宾等接包地的激烈竞争，印度接包呼叫中心业务的空间也被压缩了。

然而，美国的离岸外包还在不断发展。一方面是因为越来越多的企业认识到呼叫中心的重要意义而开始发包，另一方面还是因为成本问题。客户服务具有个性化、多样化的特点，不同种类、不同结构的服务要求越来越多。服务外包是生产分工的细化，是生产社会化的延伸，同时也是消费升级的必然要求。事实上，世界最大的外包企业是美国公司埃森哲（Accenture），在外包30强名单中，有将近一半是美国公司，印度旗舰塔塔排在美国IBM之后，中国最强大的东软、浪潮等外包公司勉强能够进入30强名单而已。

外包理念解析案例：埃森哲

埃森哲是一家跨国外包公司，2011年净收入255亿美元，在纽约股票交易所上市，是标普100和罗素1000等著名指数的成分股。埃森哲认为，近年随着经济波动加剧，全球化趋势上升，复杂性和互联性与日俱增，迫使企业必须对其业务进行深刻的变革。与此同时，科技的进步，譬如云计算、面向服务的架构和软件即服务等理念，正在创造更具灵活性、配置更科学的应用系统环境。如果使用得当，就可以创造巨大的价值。为了应对这些挑战，无论企业地处何方，从事何种行业，均应将重点放在业务流程管理（BPM）上，投入更多的资源。埃森哲相信通过技术、基础设施和公共数据等手段，城市化可创建新的价值链，开发出创新的应用和信息产品，从而实现城市生活和工作的可持续发展模式。

（资料来源：埃森哲网站）

综上，外包以及离岸外包是大趋势，是实现全球化资源配置效率的正确道路，客户服务的全球化及以语音BPO为代表的客户服务外包正是题中应有之义。

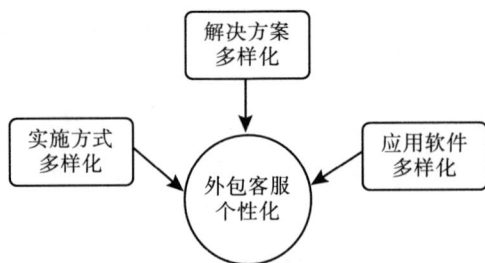

图 2 外包客户个性化

三 中国的现状和未来

2011 年，中国国际服务外包完成额为 238 亿美元，占全球国际服务外包市场的 23%。从 2008 年到 2011 年，中国服务外包年均复合增长率高达 61%，外包内容以 ITO 外包为主，示范城市和各地的软件园是中国外包的重要基地，但是，BPO 服务外包所占比重很小。客服行业在国内的发展尚不完善，服务外包的在岸外包规模也还有待开拓。

（一）发展历程和目前状况

中国经济经过了三十多年的高速增长，目前面临着调结构转方式的巨大压力。每年新增劳动力中有 500 多万大学毕业生，就业的压力十分沉重。虽然，走过路易斯拐点之后中国低端劳动力市场无限供给的情况已经消失，但大学生的就业仍是各方关注的社会问题。客户服务外包恰好给刚毕业的具有良好教育背景的大学生提供了第一份合适的工作。当然，大学生所学专业多种多样，对职业的向往也从来不是做一辈子"接线员"，这个行业流动性极大。客户服务外包显然属于劳动密集型和能源节约型产业，在限制碳排放规模的国际大背景下，各级政府成为推动外包行业发展的主要动力，各地出现的软件园如雨后春笋，而且很多软件园与大学、大学城毗邻，中国最大的外包公司东软集团（NeuSoft）的前身就是东北大学的软件开发公司。东软也好，微软也好，对地方政府的启示意义都是一样的。

中国的客户服务职能外包最早由 IT 硬件厂商带动，将客户中心以及现场支持服务进行外包，相对其他职能领域起步较早。离岸外包与 FDI 的带动作用有关，不可忽视的另一个引擎是中国企业的走出去战略。例如外包示范城市之一的大庆，客服外包是跟随技术外包、生产服务和产品出口自然形成的需求。与中医中药相关的客户服务外包也具有类似性质。2011 年中国呼叫中心销售总额达到 4.48 亿美元，外加相关应用软件交易额 3.25 亿美元，合计 7.7 亿美元（见图 3），当然，与印度、菲律宾创汇 70 亿美元相比，差距还很大。目前中国呼叫中心市场规模已经超过 65 万多个坐席，从 2006 年算起的话，年复合增长率超过 20%。但是与美国万人百席的水平相比，内生的在岸客服外包发展潜力还很大。

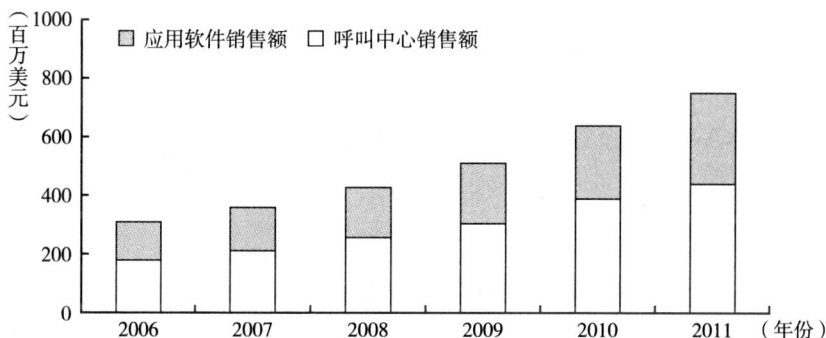

图 3 中国呼叫中心市场规模

资料来源：根据 CNCCA 发言整理。

呼叫中心在中国的发展大体经历了四个阶段（见图 4）：初期（1995～1998 年），朗讯将这一业态引入中国。第二阶段（1998～2001 年）为新生产业快速生长期，年均增长率高达 40%。第三阶段（2002～2008 年）为整合期，呼叫中心增长率从 2001 年的 20% 下降到 2002 年的 5%，主要原因是电信行业在领先完成了大规模行业建设之后，其他行业和中小企业的市场需求没有大规模释放，出现了呼叫中心供大于求。处于谷底的呼叫中心行业在 2004 年才出现了拐点。2008 年以后是第四个阶段，也是一个新的阶段，呼叫中心迎来了全面发展期，一方面早期的金融、电信业开始进行升级换代，另一方面其他行业和中小企业的需求也开始释放。

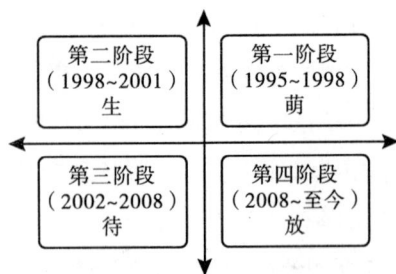

图4　中国呼叫中心的发展历程

当前中国的呼叫中心发展已经具备以下特点：第一，实施方式多样化。不仅有自建呼叫中心满足企业的客户服务、电话营销等需求，外包式、托管式呼叫中心也正在被越来越多的企业所采用。第二，解决方案多样化。为应对不同行业的需求，呼叫中心大体分为基于交换机的解决方案、基于板卡的解决方案、一体化解决方案三大类。每种解决方案各占据中国呼叫中心的一部分市场份额，具有各自的优势。第三，应用软件多样化。从最初的呼入中心向呼出中心转变，同时，新的业务类型拉动了呼叫中心软件的开发。

外包企业服务案例：上海活网数码营销有限公司

拥有近千坐席，为多家中小企业提供服务外包。在客户世界主办的"2011年中国最佳呼叫中心——金耳唛大奖"活动中荣获"中国最佳呼叫中心——客户服务奖"。其不仅经营呼叫中心外包，而且可以提供坐席租赁服务。"出租裸坐席，专业IT技术团队24小时值守维护，为客户提供呼叫中心系统，支持5×8小时，7×8小时，7×12小时，7×24小时租赁，核心系统采用全套AVAYA系统，其他系统：AVAYA8730语音交换机、CISCO6509网络交换机、CTI（AVAYA AIC）、IVR（AVAYA VP）、AVAYA CMS……录音系统采用的是以色列NICE系统，客户管理系统（CRM）采用的是过河兵。"

（二）未来前景和短期方向

未来中国呼叫中心行业的发展将面临五个方面的变化：第一，智能终端的应用。呼叫中心产生的原始形式是电话互动，但未来将发展丰富的智能终端应用，如实时消息、离线留言、电子邮件、可视电话等。而很多新兴的移动通信手段还处在发展和变化阶段，彼此之间关联度低，外包业如果能够将其结合起来，将为客户提供内容丰富的一站式服务，尤其是网络聊天和语音分析这类呼叫中心技术，在未来将经历强劲的增长。第二，建立云呼叫中心。云计算已经成为IT技术发展的大趋势，云呼叫中心将利用其弹性坐席和开放、兼容等优势及营销、服务、管理等功能，成为企业提升竞争优势的重要载体。传统的"客服"将消失。第三，虚拟呼叫中心的建立。随着通信技术的发展，更多的员工将成为分散的宅男宅女，组成卫星办公室，不仅节约办公场地、办公设备、通勤成本等方面的费用，而且可以使坐席代表扩展到各地各行各业的专家学者，使客户服务的内容更加专业化。远程指导接生的情节不再是浪漫喜剧。第四，呼叫中心智慧化。例如，客户来电时，屏幕上将显示客户的呼叫历史、个人偏好等，以便更好地进行客户分析和人性化服务，也有助于将出现频率高的问题转为自助服务，节约人工成本。第五，外包及托管迅速发展。运营成本低、管理效果好的外包呼叫中心和托管呼叫中心将受到越来越多企业的青睐，外包和内设互相配合互相补充，成为企业为客户提供更高质量的客户机制保障。

短期内中国客户服务外包可能朝以下五个方向发展：第一，专注汉语服务。中国是世界上人口最多的国家，在国外投资的中国企业和中国商人、出国旅游的中国公民等越来越多，在别国遇到语言不通的情况下更需要专业的汉语服务，例如求医、问路、投资分析、政策指导、旅游景点介绍等服务，中国外包可以充分发挥比较优势，做分包的、专业的汉语客户服务。第二，伴随着网络的快速发展，网购等网络消费将成为客户服务外包的一个重点发展领域，因此一部分外包企业会分离出来从事与现代物流相关的客户服务。第三，中国已建立许多服务外包示范城市，行业集聚的区位优势将吸引更多的发包商与接包商，在岸客户服务外包业务将保持快速的粗放式增长。第四，许多城市纷纷出现市长热线、助老热线、公用事业热线等，未来公共服务和公用事业呼叫中心外包将成为一大趋势。这对节约公共管理成本有很大的意义。第五，呼叫中心属于劳动密集型产业，虚拟的"跑腿传话"小徒弟角色，可以为刚刚毕业或即将毕业的大学生提供实习机会，成为他们进入自己主修专业领域的踏板。

客服问题待解案例：中央国债登记结算公司

公司成立之初，业务种类处于推广和创建过程中，组织结构按照业务的分类进行设置，没有专设客服部。随着债券市场发展，客户数和业务量快速增长，客户咨询和业务处理量也按几何比例增加。2005年成立了客户服务部及发行服务部，启用统一的客服热线。2006年，尝试性建立了简单功能的客户电话服务平台，着力解决客户咨询电话无法得到快速响应、客户信息未得到有效整合、客户需求未能得到集中分析和快速回馈等问题。2007年公司确定了各部门分工合作、客服热线与日常办公电话互为补充的方针，实现了客服热线与各部门业务支持电话的一键式转接，规范了电话值守的分工与规范。

客服热线的统一起到了三个方面的作用：一是专人、专时值守，基本保证了客户咨询电话的接听率；二是对客户咨询电话的统一引导，避免了客户来电咨询的盲目性；三是减轻了客户来电对业务操作的干扰。客户服务现在形成三个层次：第一层次：自助服务。通过网站、客户端、语音查询系统向客户提供自助式服务。第二层次：一般咨询。通过客服热线提供基本业务咨询，各业务部门通过公布服务热线或岗位电话的方式提供咨询。第三层次：专业服务。专业性业务咨询经客户服务部直接处理或转接或回馈至公司其他部门给予研究解决。

迄今并无建立呼叫中心或使用外包服务的计划。公司2012年进行了一次没有对外公布的内部调查，结果显示公司内部对客服"仍不满意"。

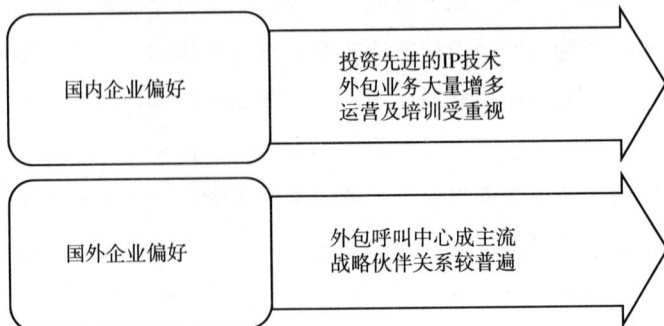

图5　客户服务管理发展阶段的国内外差异

四　问题和建议

（一）政府主导的粗放式发展问题

从 Gartner 对全球 BPO 环境测评可以发现，各国政府的扶持政策和基础设施水平，对 BPO 产业发展至关重要。客户服务外包等 BPO 业务，大多需要特定的通信网络等基础设施支撑，而目前国内各地建设的产业园区则以期望中的 IPO 为目标，无论硬件设施、优惠政策等，总是偏向于 IPO。政府主导的外包产业发展很容易变成粗放式发展，软件园只有超前的高标准硬件外形，没有充满生机、内容丰富的"软"件企业。知识经济、服务经济所强调的都是以人为本思想。而很多地处偏僻新城区的软件园很容易变成"空巢"，优惠政策引来的未必是凤凰。即便在优惠政策鼓励下，呼叫中心等 BPO 企业设立起来，或者因为找不到业务订单而倒闭，或者因为成本倒逼误入歧途。2010 年保监会曾经明令禁止利用电话"地毯式轰炸模式"推销保险的行为，"售前咨询"的语音服务一旦脱离规范很容易蜕变为扰民的噪音，无论业务代表在电话里的声音多么圆润。硅谷的发展、中关村的繁荣，均得益于当年便宜的地价、便宜的房价、便宜的生活成本。而地方政府主导的园区发展却偏好高端、华丽和"先进"，以便在招商引资的时候争取优质企业入园。

以"地段最好的软件园"著称的青岛软件园，显然没有将呼叫中心外包列入发展计划。软件园建有 5000 平方米就餐区，可容纳 3000 人同时就餐，中、日、韩餐和各种风味小吃满足个性化需求；园内的宾馆有 143 个房间，按四星级标准建设。但入园企业显然羽翼未丰，如青岛中科软件股份有限公司、青岛创立科技开发有限公司、青岛驿通未来科技有限公司等，与浪潮、东软相比，短期里还很难望其项背。幸而软件园本身不谋求上市融资或利润最大化，而是专注于培养和孵化。

外包园区政策案例：青岛软件园

入园的软件企业可以享受 3% 税率的增值税优惠政策，"两免三减半"

243

的所得税优惠政策；对国家规划布局内的重点软件企业，当年未享受免税优惠的减按 10% 的税率征收企业所得税；软件企业人员薪酬和培训费，可按实际发生额在企业所得税税前列支等。之外还有青岛市政策：每年奖励做出突出贡献并与企业签订 2 年以上《劳动合同》的高级专业人员；符合条件的企业新录用的大学生（含大专），签订 2 年以上《劳动合同》，给予企业培训资助；国内外著名企业来青投资服务外包，从业人员达到 100 人以上，给予一次性奖励；国内外著名服务外包企业和培训机构来青投资，连续 3 年给予一定房屋补贴；对服务外包年营业额超过 500 万元，其中离岸业务超过 50% 以上的企业，连续 3 年给予奖励；对企业传输网络费每年给予补助；对企业参加境外服务外包推介会、网站建设、出国考察等宣传活动给予资助；对服务外包企业取得 CMM、CMMI、PCMM、SAS70、ISO27001/BS7799、ISO20000 以及跨国企业特定的管理体系等相关国际认证的，按照级别分别给予补助。

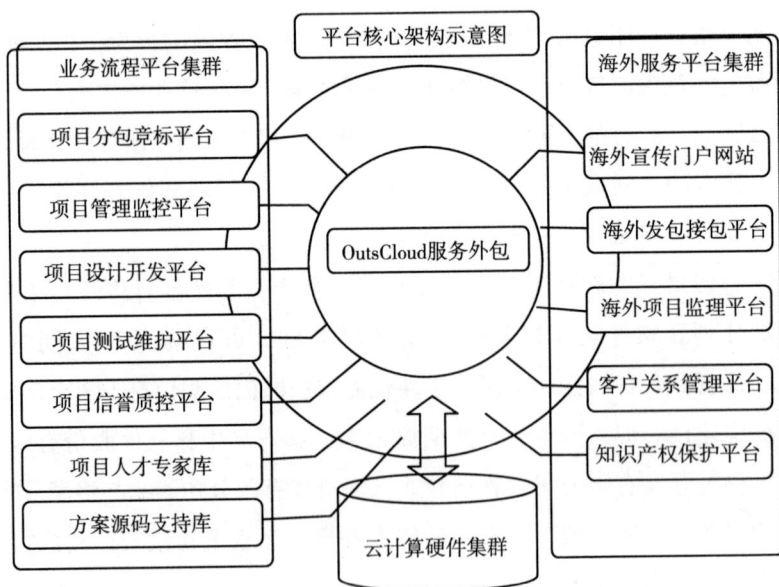

图6　青岛软件园的全方位支撑体系

图片来源：青岛软件园。

（二）建议扶持政策遵循顺其自然的原则

各地政府对外包企业的扶持力度很大，这对外包产业的发展无疑起到了巨大的推动作用。但是，越俎代庖的"嫌疑"也很大，有可能落得"费力不讨好，栽树讨人嫌"。以呼叫中心外包行业为例，激励其离岸外包业务达到50%以上的目标显然有点揠苗助长，完全忽视了BPO内在本质是提高管理水平而非创汇能力。目前中国的呼叫中心外包应该主要发展境内客户，通过在岸外包提高水平、扩大规模，然后才是以比较优势争取离岸业务。再者，政府扶持外包产业的财税政策，应该落实在企业身上，而非仅限于园区之内，尤其是政府开办的园区。

建议把园区建设看做对城市未来的捐赠，把园区管理看做非营利性公益事业，尽快将园区内设的风险投资基金移交给地方人大监管的专家委员会，按照公共财政的要求披露全部投资和财务信息。

政府越位通常和政府缺位形影不离。呼叫中心的特殊性，使其监管成为难题，因为呼叫中心涉及通信业、制造业以及软件服务业等多个领域，随着业态的发展还会涉及更多的领域，当务之急是尽快帮助呼叫中心行业协会制订可操作的、有足够约束力的行业标准。着力规范从业人员的行为，健全行业协会对从业人员职业操守的内在约束机制，完善诸如保护商业机密和私人信息的相关法律和制度建设。

数据资料来源

1. CTI 论坛。
2. Gartner 网站。
3. 中国服务外包网。
4. 东软网站。
5. 埃森哲网站。

区 域 篇

B.15

北京市服务外包产业的发展现状与趋势

曲龄年*

摘　要：

本文总结了北京服务外包发展特色：离岸服务外包业务持续强劲增长，业务来源国分布呈现集中化态势，服务结构调整步伐加快、KPO 增长迅猛，产业集聚日益加速、辐射效应初见成效；分析了企业竞争优势、面临的机遇和挑战，预测了北京服务外包产业发展趋势：进行全球化布局，实现规模化扩张；探寻高端发展路径；积极进行海外市场开拓；加大政府扶持力度，完善产业促进体系；行业组织积极推动打造北京服务外包品牌。

关键词：

北京服务外包　服务外包交易中心

近年来，国家、北京市委市政府高度重视服务外包产业的发展，将其作为加快经济发展方式转变、培育首都经济新增长点、推进"世界城市"和"国

---

* 曲龄年，北京服务外包企业协会。

际商贸中心"建设的重要战略选择。

2006 年，商务部推出服务外包"千百十工程"，北京成为"中国服务外包基地城市"；2007 年，北京服务外包产业规模为 4.25 亿美元；2009 年，国务院批准北京成为"中国服务外包示范城市"，在金融危机的大环境下，北京的离岸服务外包实现了逆势快速增长，市场规模比 2008 年翻了一番，达到 10.48 亿美元；2011 年，北京的离岸服务外包继续保持高速增长态势，市场规模为 24.48 亿元，同比增长 59.2%，服务外包领域也在不断拓宽，由原来的以信息业和软件业为主，发展到生物医药、金融电信、呼叫中心等领域。

在政策的引导和支持下，北京市服务外包产业凭借独特的市场、人才、技术、基础设施等综合优势，业务快速增长，产业高度集聚，规模不断扩张，实力显著增强，始终位居全国服务外包领军城市地位，正逐步走向"规模化、高端化、国际化"。北京发展服务外包的战略目标是，到 2013 年，把北京打造成为具有较强国际竞争力的全球服务外包接包中心，在北京形成"国际行业客户交付中心聚集、国际研发中心聚集、服务外包企业总部聚集"。2013 年，北京将形成具有国际影响力的服务外包交易中心，同时形成具有高端化、国际化和多核化内涵的北京服务外包品牌。

一 服务外包产业发展总体概况

（一）离岸服务外包业务持续强劲增长

根据商务部"服务外包及软件出口信息管理系统"统计数据，2011 年度北京市共签订服务外包出口合同 5884 份，协议金额 39.8 亿美元，同比增长 94.8%。其中，离岸服务外包执行额 24.5 亿美元，同比增长 59.3%，占全国离岸服务外包总额的 10.3%。

从整体上看，2000~2011 年的 11 年时间，离岸外包规模扩大了 50 多倍，年复合增长率高达 43.9%，已形成了美、日、欧三大核心业务圈。2012 年北京市离岸服务外包继续保持强劲增长势头，1~6 月份，登记离岸服务外包合同 2483 份，离岸服务外包执行金额 15.2 亿美元，预计 2012 年全年离岸服务外包执行金额将突破 30 亿美元，同比增长 38%。

2008~2012 年北京离岸服务外包规模见图 1。

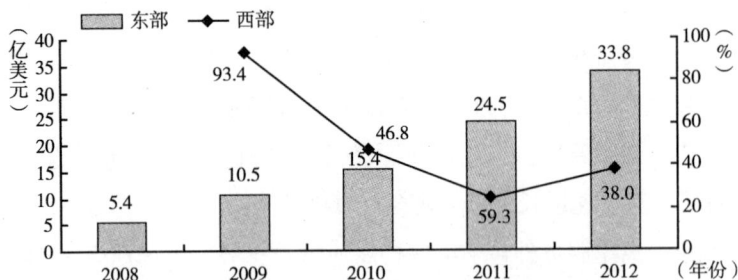

图1　2008～2012年北京离岸服务外包规模

资料来源：北京市商务委，北京服务外包企业协会整理。

（二）业务来源国分布呈现集中化态势

北京服务外包来源国分布较为集中，2011年度北京离岸外包市场份额前十的国家和地区依次为美国、日本、荷兰、芬兰、新加坡、爱尔兰、英属维尔京群岛、中国香港、韩国和瑞士，这些国家和地区占北京离岸服务外包业务总额的93.2%。

2011年，来自美国与日本的发包额占北京承接离岸服务外包业务总额的49.4%。其中美国继续保持北京服务外包市场最大发包国地位，发包额为8.33亿美元，同比增长87.1%，占北京离岸服务外包业务总额的34%；日本为第二大发包国，发包额为3.76亿美元，同比增长34.9%，占北京离岸服务外包业务总额的15.4%（见图2）。

（三）服务结构调整步伐加快，KPO增长迅猛

北京离岸服务外包业务正在逐步由低端服务逐步向价值链高端延伸，产业咨询、解决方案能力、软件与信息系统架构设计、研发服务外包等高附加值、高技术含量的业务比重不断上升。

2011年，北京的知识流程外包市场，特别是以生物医药研发为代表的高端KPO业务迅速兴起，北京KPO执行额为3.54亿美元，同比增长了207.9%，占离岸服务外包执行额的7.7%，提升了6.7个百分点（见图3）。

2011年，北京信息技术外包（ITO）业务执行额为17.98亿美元，同比增长49.7%，在离岸业务执行总额中所占比重为73.4%；业务流程外包（BPO）业务执行额为2.97亿，同比增长34.4%，占离岸服务业务执行总额的12.1%。

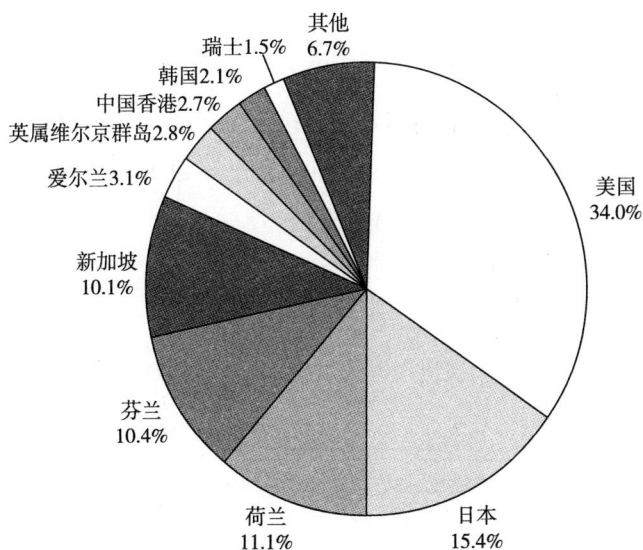

图 2　2011 年北京离岸服务外包来源国和地区分布

资料来源：北京市商务委，北京服务外包企业协会整理。

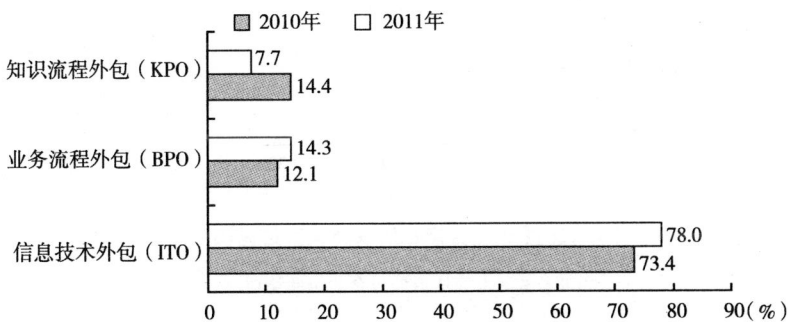

图 3　2010～2011 年北京离岸服务外包业务结构分布

资料来源：北京市商务委，北京服务外包企业协会整理。

（四）产业集聚日益加速，辐射效应初见成效

良好的产业基础和多年的市场培育，使北京市已成为跨国公司在中国发展的首选城市和本土外包企业成长的沃土。尤其在高新技术产业基础雄厚的区域，形成了服务外包企业群体和服务外包产业的聚集。

目前，已有微软、谷歌、诺基亚等 350 家外资公司在北京设立独立研发机

构，其中世界500强企业46家。中关村软件园和朝阳CBD被誉为我国IT服务外包产业的"发祥地"和"集聚区"，聚集了IBM研发中心、Oracle亚太研发中心、汤森路透全球研发中心等国际顶级接包企业研发中心和文思创新、软通动力、博彦科技等国内服务外包领先企业总部，形成了中国最大的服务外包产业集群，具有国内最强大的服务外包交付能力。

2011年，海淀区以10.9亿美元的离岸外包收入高居各区县榜首，朝阳区位列第二，离岸外包执行金额为7.01亿美元。上述两个集聚区占北京市离岸服务外包市场规模的73%，呈现出蓬勃发展态势，辐射效应初见成效（见图4）。

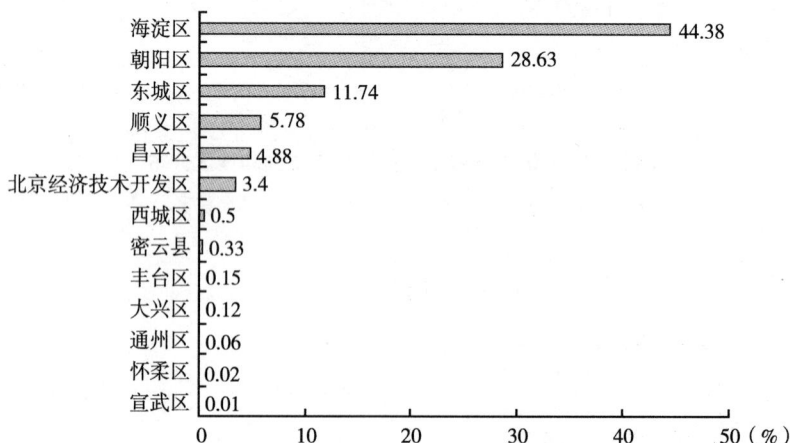

图4　2011年北京离岸服务外包区域结构分布

资料来源：北京市商务委，北京服务外包企业协会整理。

二　北京服务外包企业竞争优势

（一）企业规模稳步扩张

伴随着北京服务外包产业规模的迅速增长，北京本土服务外包企业进入了高速发展时期。截至2011年底，北京市离岸外包业务额千万美元以上的企业有53家，较2010年增加18家，其中离岸业务额超亿美元的企业有4家。外包从业人员共计 20.95 万人，新增 2.6 万人。千人以上企业有 17 家，人员总规模超过 1 万人的企业有 3 家。2011 年全国十大服务外包领军企业中，有 4 家是北京的企业。在百家中国服务外包成长型企业名单上，有 18 家北京企业入选，其中 6 家企业为新入选企业。

文思创新、软通动力是美国波音公司信息技术提供商（全国仅 3 家）；软通动力、博彦科技、护航科技、奥博杰天、一正启源等被评为微软金牌能力合作伙伴。在 IAOP[①] 评选出的全球外包年度 100 强企业榜单中，中国企业数量不断攀升。2008 年入榜企业有 6 家，2009 年有 12 家，2010 年有 13 家，北京市有 4 家企业榜上有名，并且位次不断提升，文思创新和海辉已进入 40 强。

在 IDC[②] 核算的中国对欧美离岸软件开发服务商评比中，文思创新连续 4 年稳居榜首，中软国际排名第 4。据不完全统计，目前约有 50 家外包企业在海外设立分支机构 130 余家，主要集中在北美、欧洲以及东南亚地区。这些在离岸服务外包市场建立的交付中心，将进一步促进外包企业与国际产业链接轨。

（二）行业优势逐步显现

随着服务外包产业的快速发展和国际发包商对服务供货商需求的提升，北京市服务外包企业的业务内容逐渐从单一化向多元化发展，部分外包企业以自有核心技术为客户提供高端服务，建立了全方位、专业化的高端服务体系，逐步在国际市场上站稳脚跟，获得了国际买家的重视。文思创新、软通动力、中软国际等国内领先外包企业已能够为客户提供包括研究及开发、企业解决方案、应用软件开发和维护、质量保证和测试等在内的全方位信息服务，行业涉及科技、电信、金融、制造、零售及分销等领域。

软通动力进入国际顶级发包商全球采购视野，承揽了国际顶级航空企业的

---

① IAOP（International Association of Outsourcing Professionals，国际外包专业协会）是全球领先的服务外包专业协会。
② IDC（International Data Corporation，国际数据公司）是全球著名的信息技术、电信行业和消费科技市场咨询、顾问和活动服务专业提供商。在 IT 领域的市场跟踪数据已经成为行业标准。

飞行软件测试业务，凸显北京服务外包"高端化"的技术优势。文思创新从全球 30 多个国家招募外籍员工组成"多国部队"，凭借过硬的技术，从微软 windows 7 的兼容性和稳定性测试外包待选合作伙伴中脱颖而出，得到了微软总部考察团的高度评价，在与国际顶级服务外包公司竞争中脱颖而出。微软将文思创新定为 windows 7 软件兼容测试业务的合作伙伴，凸显北京服务外包"国际化"的竞争优势。中科创达公司凭借安卓（Andriod）核心技术的领先优势，与全球 3G 智慧手机的第一大芯片供货商美国高通公司，在安卓系统开发、亚太客户支持、生态环境建设方面达成全面外包合作协议。

对日外包的龙头企业中讯软件集团逐步建立起"端到端"的 IT 服务，在经历日本大地震的消极影响后，2011 年度业务额在总量上突破 5000 万美元（增长率超过 10%），市场份额仍保持较大竞争优势。康龙化成、保诺科技等医药研发外包企业敏锐捕捉市场契机，前瞻性地建立一些疾病模型，达到业界领先水平。目前，康龙化成已建成亚洲地区最大的大动物科研中心。业务的高端延伸，为北京市服务外包产业保持龙头引领地位提供了有力保障。

（三）企业资质水平快速提升

各类国际认证的获取对于北京服务外包企业参与国际市场竞争起到了积极的促进作用。比如，美国发包方客户大多采取整体外包的方式，而且项目开发周期较长，需要供货商具有一定的规模和开发大型项目的经验，CMM/CMMI3 或以上等级资格认证是获得欧美订单的重要门槛。另一方面，通过参加国际认证，切实提升项目管理水平和程控能力，实现更高质量的服务交付。截至 2010 年底，中国服务外包企业共获得六类国际资质认证达 2810 个（包括 CMMI、CMM、PCMM、ISO2001、SAS70、ISO27001）。在中国服务外包十大领军和百家成长型企业中，有 60% 通过了 ISO9001 认证，58.2% 的服务提供商通过了 CMM/CMMI 认证，48.2% 的企业通过了 ISO27001/BS7799 国际信息安全认证。其中，北京服务外包企业通过 ISO27001/BS7799 信息安全认证的比例达到了 77.3%，高于整体水平 29.1 个百分点，充分说明了北京服务外包企业在信息安全保护方面足够重视并具备国际竞争力。在北京年收入超过 100 万美元的信息技术服务外包企业中，有 90% 的企业获得了 CMM/CMMI3 级以上国际认证，其中通过 CMM/CMMI4 级认证的企业达到 20 家，通过 CMM/CMMI5 级的企业达到 12 家。

（四）上市融资备受资本青睐

服务外包产业的发展壮大，使北京本土外包企业日益受到资本市场的青睐。2003 年以后，部分北京服务外包企业迅速发展壮大，并相继通过上市拓展国外市场，塑造中国软件与信息服务外包产业的品牌。如中软国际 2003 年于香港创业板上市，2008 年转至主板；中讯计算机 2004 年于香港主板上市；文思创新 2007 年于美国纽交所上市；海辉软件 2010 年于美国纳斯达克上市；软通动力 2010 年于美国纽交所上市。

2012 年 1 月博彦科技在深圳证券交易所中小企业版挂牌上市，成为北京市首家在境内上市的以服务外包为主营业务的大型服务外包企业。这是继中软国际、中讯计算机、文思创新、海辉软件、软通动力等 5 家企业在境外（香港、美国）上市后，北京市服务外包企业又一次成功登陆资本市场。至此，曾入选中国服务外包十大领军企业的 6 家北京企业已全部上市，形成了北京服务外包企业在国内、国际资本市场集体亮相的态势，将使北京市服务外包产业获得更多国内、国际市场的关注，进一步促进与国际发包商的合作。

三　北京服务外包产业发展面临的机遇与挑战

（一）良好的政策环境

北京市委、市政府高度重视服务外包产业的发展，始终将发展服务外包产业作为落实科学发展观、推进"世界城市"建设和培育首都经济新增长点的重要战略选择。北京市委、市政府建立了由主管副市长牵头，市商务委负责日常工作，市发展改革委、市经济和信息化委、市科委、市教委、市财政局等 16 个部门组成的联席会议制度，在促进服务外包工作中形成合力，共同商讨服务外包产业发展的重大事项，协调解决发展过程中的重大问题，群策群力为促进北京市服务外包产业发展出谋划策。

自 2009 年起，北京市先后出台了 9 项促进服务外包发展的政策措施，涉及资金支持、税收减免、海关监管、用人用工等领域。服务外包示范区所在地政府也出台了示范区鼓励政策。市区两级政策相互联动、错位支持，紧贴企业需求，从支持服务外包企业开拓国际市场、加强服务外包公共平台建设、引导和鼓励服务外包企业做大做强、鼓励多种形式的服务外包人才培养以及劳动用工等多方面全面优化北京市服务外包产业发展环境，为服务外包产业提升整体能力和水平营造了良好的氛围。

北京市政府加大资金支持，建立贷款担保，创造有利的资金环境。2011年组织 77 家企业、1 家培训机构、2 家企业 2 项国际认证项目、4 个服务外包公共平台项目申请国家服务外包发展专项资金；累计 84 家企业获得市级配套资金；30 家企业获得区县配套资金。以上项目共获得财政资金支持超过 1 亿元。2011 年有 59 家企业通过技术先进型企业资格年审，预计减征所得税 700余万元。同时，按照政策规定，从事离岸服务外包业务的企业可自行享受营业税减免政策，据测算全年免征营业税上亿元。

自 2003 年起建立软件外包企业贷款担保绿色通道，解决了中小软件外包企业融资难问题。2011 年，绿色信道执行单位北京中关村科技担保有限公司为 22 家企业提供了担保服务，担保金额为 1.76 亿元，同比增长 39.02%。截至 2011 年底，北京中关村科技担保有限公司累计为 91 家企业提供了担保服务，融资担保金额高达 7.41 亿元。

（二）技术与人才优势

北京以人才、教育、科技资源优势吸引着越来越多的跨国公司在北京设立研发中心。特别是北京总部经济的迅速发展，已经吸引了众多跨国公司地区总部、研发中心、国内大企业集团等总部聚集，因此，北京在对美国服务外包的发展中充分采用了离岸开发中心 ODC（Offshore Development Center）模式，即美国客户直接在中国建立子公司，成立其位于中国的离岸开发中心，为总部提供软件开发服务。北京服务外包企业在针对不同行业的解决方案、定制型大规模系统的开发能力的积累以及云计算等尖端技术等方面的创新能量正在被释放出来，与美国、日本等国家形成了良好的互补态势。

根据商务部统计资料，2009～2011年，中国服务外包从业人数以43.4%的年均复合增长率迅速增长，北京市也一直在致力于加大服务外包人才供给。在认定首批服务外包培训机构和实习实训基地的基础上，进一步推动"中国服务外包人才培训中心（北京）"的发展；中关村软件园发展有限公司与北京联合大学共同建设了"服务外包产学研用示范平台"，积极探索企学对接新模式；北京市开放式服务外包培训平台建设项目进展顺利，将于2012年内建成；北软教育等培训机构坚持标准化的教学管理，通过联盟合作的方式大力引进新的服务外包课程体系；中软资源等实习实训基地积极与在京高校开展合作，2011年度为400余名高校学生提供了实习机会，帮助在校学生提前进入工作状态，实现从学校到企业的"零过渡"。目前，北京市已逐步形成"高校（培训机构）—服务外包企业实习实训基地—服务外包企业"的人才培养路径。

（三）成本优势正在减弱

目前北京服务外包企业的大部分经营指标仍集中于降低和节省成本，而且是通过较低程度的过程自动化和改变雇员的金字塔结构来实现，而通过低端流程中劳动力套利达到的成本削减正面临着薪水不断上涨的问题，这就蚕食了各服务提供商在帮助客户削减BPO中的成本方面的长期能力。

尽管近年来北京服务外包企业保持了规模增长，但利润下降的情况却普遍存在。一方面，服务外包提供商面临着诸如企业人力成本偏高、高端人才匮乏、融资管道单一、研发投入不足、外汇管制制约等诸多挑战，另一方面，基于其他各种硬性商务成本的上涨，如商务办公场所的租赁、人员社保压力、自有设备的引进以及人民币的升值等影响因素，经营成本不断上升，服务外包企业的利润空间进一步下降，给企业的发展带来了极大压力。

（四）市场需求增速放缓

2012年，受金融危机与欧债危机的不利影响，以美国、欧洲、日本为代表的发达经济体整体经济复苏缓慢，有专家表示，中国经济也正在进入弱增长周期。全球整体经济的不景气对服务外包总支出将产生负面效应，2012 年上半年，尽管北京服务外包市场需求依然增长，但项目单价基本已经没有提升空间，发包企业的预算投资周期也明显加长。

预计从 2012 年下半年开始，国际服务外包发包国对服务外包项目的投资将更为紧缩，加上国内市场服务外包需求的能量尚未规模化释放，北京服务外包企业面临着服务外包买家市场需求释放增速放缓的挑战。

（五）企业规模竞争力尚存在差距

以印度为例，目前，印度已涌现出一批具有极强竞争能力的服务企业，在全球市场与知名跨国服务供货商一起展开竞争，而中国尚缺乏在国际市场具备话语权的领军企业。

从服务外包企业收入规模对比来看，印度 2011 财年年收入超过 10 亿美元的企业有 9 家，年收入在 1 亿~10 亿美元的企业数有 80 家左右，排名首位的 TCS 集团收入达到了 81.9 亿美元。而北京目前尚没有年收入超过 10 亿美元的服务外包企业，入围中国服务外包领军企业的 4 家北京企业，排名首位的企业 2011 年营业额也仅是突破了 3 亿美元。

从服务外包企业人员规模对比来看，2011 财年，印度排名前三位的大型企业人员规模均超过 10 万人，而北京排名前三位的服务外包企业人员规模最多的只有 1.4 万人。

四　北京服务外包产业发展趋势

尽管当前全球经济面临着较大的不确定性，但业界对未来几年全球离岸服务外包市场依然前景看好。IDC 预计未来 5 年，全球离岸服务外包市场规模仍将有 15% 以上的增长，中国承接的离岸信息技术外包（ITO）和业务流程外包（BPO）市场规模将有持续 20% 以上的增长。

从国际服务外包产业发展路径来看，未来 3~5 年，是北京市服务外包产业发展的关键时期，是产业做大、做强，形成具备国际竞争力产业集群的关键时段。政府部门将因势利导，引导产业持续、快速、健康发展。

（一）进行全球化布局，实现规模化扩张

服务外包产业的并购，现正成为国际服务外包企业抢占市场份额，进入新行业、新市场，获取专业性的知识、技术和资产的重要方式，是中国企业走出国门、布局海外、进行全球博弈的一个重要手段。目前，我国服务外包业已经具备了一定的产业规模，一些服务外包企业已经具备了走出国门参与全球服务外包产业并购整合的实力，外部环境也提供了海外并购的时机。中国企业想要扩大规模及行业影响力，增强企业接包能力，提升企业市场的竞争力，争取在国际接包市场上更多的话语权，需要迅速整合资源，而跨国并购无疑是实现这一目标最直接最有效的手段。

从2006年开始，中国服务外包领军企业已经陆续在实施海外并购，大致有三种模式：一是扩大规模，加强核心能力。针对同服务领域企业的并购，加强企业在某一细分领域的规模和能力；二是延伸产业链，针对核心服务上下游关联领域的并购，扩大服务的范围，特别是向产业链高端迁移；三是提升在岸服务水平，进入全新的潜力服务领域，特别是收购后以国外团队管理在岸业务方向。通过推进海外并购，快速推进产业国际化步伐，已是我国服务外包产业的一个重要战略选择，并将成为企业今后拓展市场、完善产业链的重要手段之一。

（二）探寻高端发展路径

1. 积极培养自身的创新能力和整体解决方案的能力

目前，软件与服务技术和应用模式的创新几乎无处不在，IT向移动、互联、云智慧化的技术融合为服务外包效率大幅提高打下了坚实的基础；商业模式向以用户为中心转变，服务外包技术体系和业务领域越来越专业化，SAAS、云计算、移动互联网等将改变服务外包商业交付模式；一体化服务平台的新体系将逐步形成，服务外包产业的竞争也将从单一服务产品的竞争发展为集软件开发、部署与运行为一体的服务的竞争。

技术创新能力是服务外包企业的生命源泉，也可以帮助企业在承接离岸业务的同质化竞争道路上走得更加长远。在离岸服务外包业务中，由于发包方对

承包方的技术水准有较高要求，承接服务外包的企业在研发经费和研发人员投入强度方面需要承担的压力比较大。未来中国的服务外包企业仍需要继续提高研发投入，特别是重视技术创新主体（研发人员）的培育，采取积极的政策鼓励员工创新，提高技术的消化吸收与创新能力，研发自主知识产权的行业经验解决方案，并不断提高在收入结构中的比重，带给企业更大、更宽泛的市场选择和机遇。

2. 构筑"战略合作伙伴"解决方案合作驱动共赢

对于接包商来说，在确保全球外包解决方案战略合作伙伴合作模式能长期取得成功这一方面，专业技能、卓越的流程、利用技术提高运营效率的能力以及更大的可伸缩性等因素将起到极为重要的作用，并且也是未来差异化竞争的关键。企业中的一些组织和机构利用这些优势，深入了解客户群体，以创造出更好的产品解决方案，提高市场核心竞争力并降低运营成本。

随着客户对于从 IT 行业获取更多直接价值以及推动增长和创新的前瞻性策略的需求增加，服务提供商正在采用更加灵活的方式，通过不断创新的多元化新型合作关系、区域市场联盟和行业管道营销等新的商业合作模式实现卓越的运营。

（三）积极进行海外市场开拓

1. 开拓美国市场

美国服务外包市场十分成熟并具有很高的成长性，已成为北京最大离岸服务外包市场，也是应该重点开拓的市场。北京服务外包企业在规模快速成长的同时，应迅速提高美国在岸服务交付能力，拓展美国市场管道，加大核心服务技术研发投入并逐步形成离岸行业市场的咨询和解决方案能力，整体提升服务外包企业的竞争实力。

客户现地的交付能力对于开拓客户所在国的服务外包市场至关重要。"充分利用国外的高端人力资源，应该积极建设在美国的现地交付能力"，应该是北京服务外包企业积极努力的方向。

金融危机和美国的经济放缓使得美国的服务外包人才市场供给不断增加，这给北京的服务外包企业带来了招募美国服务外包人才的机会。北京服务外包企业应该加快在美国现地的本地化进度，积极招募美国现地的服务外包人才，提升企业的整体竞争力。

2. 开拓日本市场

我国在日本外包市场占据优势位置，日本市场虽然成长性不高，但存量可观，应积极维护并开发新的商业机会，日本服务外包市场仍将是北京服务外包企业主要关注的离岸市场之一。

传统的中日合作模式是通过外包方式活用中国的人力资源，达到降低成本提高价格优势的目的。该模式中，日资供货商是甲方，北京的服务提供商是乙方，因此，日本企业通常的做法是"希望和了解我们公司的合作伙伴加强进一步紧密合作"。

创新的中日合作模式是日本企业采用"双向活用中国"战略，不仅利用北京的服务外包人才降低成本，还通过将日本企业的成功解决方案拿到北京，与合作伙伴一起经过本土化后，服务于中国本土市场。该模式的特点是在新型商务环境中，对日本发包方而言，中国的业务伙伴熟悉日资供货商的优势、特性固然重要，但是熟知中国市场和用户企业将提高业务成功的可能性。因此，北京服务外包企业可抓住日本企业采取"同已经深入中国客户、中国市场的中国供货商加强合作关系"的战略机遇，共同开拓中国市场。

3. 开拓欧洲市场

尽管欧洲市场具有相当规模，但由于欧洲市场多语言多文化特点突出，服务外包商务模式又以东欧近岸服务外包为主，目前机会还不够成熟。应不离不弃，积极渗透，探索机会。

针对欧洲不同国家的文化和思维习惯，可分别制定相应的服务战略。例如，德国、法国和意大利对离岸服务外包意识比较保守，可以采取在周边设立服务中心的策略，例如在德国的杜塞尔多夫和东欧的布达佩斯。而相对比较开放的北欧国家和荷兰、比利时、卢森堡而言，可以把针对他们的服务中心设在中国。有效的交流是消除隔阂建立信任的根本，通过小规模项目合作渗透欧洲市场，依靠良好质量逐渐赢得信誉，既是有效途径也符合欧洲企业解决问题和做事的态度与方法，由此才能建立长期的较大规模的外包合作关系。

在北京服务外包提供商进入欧洲市场的行业领域选择方面，计算/通信、维护和物流是欧洲最大的服务外包领域,金融服务和电信业则是主要的行业市场,凭借中国的研发优势,高科技也应是重点发掘的领域。与此同时,也可以关注一些其他的市场机会,如欧洲一些零售业巨头在海外扩张的同时需要离岸服务外包服务。

(四)加大政府扶持力度,完善产业促进体系

根据服务外包发展中出现的新情况,北京市将完善市级服务外包发展配套资金管理办法、技术先进型企业认定管理办法等政策措施,创新支持方式,加大支持力度,发挥好政策的杠杆、引导作用;协调质检、海关、外汇等部门,不断提高贸易便利化水平;推进服务外包示范区建设,加强与重点园区、重点企业、重点培训机构的工作联系机制,及时掌握行业发展动态,促进产业健康发展,不断探索支持服务外包产业发展的新思路、新举措。

进一步完善支持服务外包人才培训政策,加大支持力度;积极开展第二批服务外包培训中心及实习实训基地认定工作;推动国家级服务外包人才培养实验区建设。通过各种培训,实现 2012 年新增 5000 人就业,实现"十二五"期间培训 5 万人的目标。

加强与相关研究机构、高端国际咨询公司的合作,研究北京服务外包高端化路径,开展服务外包高端培训,积极探索服务外包高端化发展之路,提升行业整体水平;大力拓展附加值高的业务形态,向价值链的高端延伸;加强部门协调,促进在岸服务外包业务的释放。不断促进北京市服务外包规模化、高端化和国际化,将北京打造成为全球服务外包中高端业务的着陆点和市场中心。

(五)行业组织积极推动打造北京服务外包品牌

北京服务外包企业协会(Beijing Association of Sourcing Service, BASS, 以下简称"协会")成立近五年来,努力团结从事信息服务与业务流程外包的企业,在国家和北京市服务外包产业政策与发展战略指导下,搭建政企桥梁,开拓国际市场,提升企业能力,开展行业自律,为达到"提升北京服务外包企业的整体竞争力和国际形象,促进北京服务外包产业健康发展"的目标而不懈努力。

协会作为北京服务外包产业在国际市场的代言人，致力于通过与其他国家行业机构、咨询机构、客户团体的公平对话，获得国际社会对中国及北京服务外包产业的正确认识，维护中国企业和企业家的合法权益。为推进北京市服务外包产业发展，扩大北京市企业的国际国内影响力，打造"北京服务，全球共享"，协会积极利用各类活动，为服务外包企业搭建参与国际国内竞争的平台，2011 年组织企业参加全球服务外包界最具影响力的国际、国内盛会，如NASSCOM 印度（国际）软件及服务业领袖大会、美国高德纳外包峰会、第三届中国服务外包交易博览会、第九届中国国际软件和信息服务交易会等境内外推介活动，参与企业近 70 余家，为企业寻找新商机和国际买家创造条件。

协会将进一步积极打造国际商务平台，提升北京服务外包国际影响力。通过组织企业参加国际、国内知名展会、考察、路演、项目接洽等各种活动，积极展开离岸市场游说，为企业提供针对性强的推介服务，开拓国际服务外包市场。促进北京服务外包产业与全球市场需求的接轨，使中国成为全球服务外包的主要交付地；促进北京服务外包企业能力提升和向产业链上游发展，从而进入全球市场竞争体系。

协会将充分发挥桥梁和纽带作用，以统一的形象对外开展国际营销，为北京服务外包企业提供整体的国际宣传策划服务和有针对性的市场推介服务。充分利用京交会、大连软交会、高德纳外包峰会、IT 大会、软件高峰会及中国（香港）服务贸易洽谈会等各类展会平台，加强外包领域的国际国内合作，支持企业开拓国际市场，打造出一批具有核心竞争力的离岸外包骨干企业。继续加强品牌建设，与国际行业媒体合作开展"北京服务、全球共享"系列宣传活动，打造北京服务外包的整体形象和国际品牌，提升知名度。

B.16
大连市软件和信息技术服务业发展研究

邵 松*

摘 要：

　　本文从产业运营状况、企业情况等方面，运用大量翔实的数据和直观的图表，深入分析了大连软件和信息技术服务业发展状况；总结了取得的成就、形成的特点、存在的主要矛盾和问题；提出了大连软件和信息技术服务业发展的目标与思路，以及 2012 年大连软件和信息技术服务业发展的重点和主要措施：打造千亿产业集群、确保产业高速增长，优化产业结构、促进转型升级，提升创新能力、再造发展优势，实施人才工程、打造人才高地，优化区域布局、加快重点园区建设，着力打造国内一流的产业成长环境。

关键词：

　　大连高新区　软件和信息技术服务业

　　大连软件和信息技术服务业经过十多年发展，积累了丰富的人才、技术和经验，目前已经建立起了较深厚的产业基础和优化的产业发展环境。2011 年，面对复杂的国内外经济形势，大连市委、市政府，着力转变发展方式，大力推进全域城市化，加快"三个中心和一个集聚区"建设，呈现出经济较快发展、社会事业全面进步、民生质量稳步提升的大好局面。软件和信息技术服务业作为市委市政府重点发展的产业，2011 年，继续保持高速发展，企业实力不断增强，产业结构转型的趋势愈发明显，在全市经济中的支柱地位进一步加强，为加快经济结构调整，起到了重要作用。

---

* 邵松，大连软件研究院。

一 大连软件和信息技术服务业发展状况分析

（一）产业运营状况分析

2011 年，大连软件和信息技术服务业规模进一步扩大，产业结构进一步优化，服务外包出口在国内保持领先；企业实力不断增强，大企业战略取得明显效果；产业发展环境更加优化，产业基础设施建设投入力度继续加大，产业政策趋于成熟；人力资源培育和引进优势明显，产业人才规模继续扩大；企业的创新能力不断提高。高新区作为大连软件和信息技术服务业主要集聚区，产业特色和优势更加突出。2012 年，大连高新区将成为全国第一个软件和服务外包产业千亿产业集群。

1. 产业规模

（1）销售收入。2011 年，大连市软件和信息技术服务业实现销售收入 705.6 亿元，增长 31.9%（见图 1）。

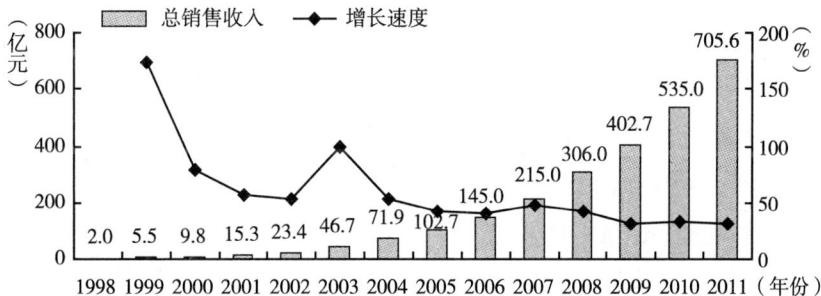

图1 1998~2011 年大连软件和信息技术服务业规模与增长速度

大连软件和信息技术服务业在经过十多年的高速增长后，受到国际软件服务外包增速放缓等因素的影响，继续保持高位增长比较困难。虽然大连在网络产业、动漫游戏、工业软件等方面的发展仍然比较突出，但它们对于整个行业增长率的贡献有限。

（2）产业增加值。大连的软件和信息技术服务业增加值已经达到销售收入的三分之二。由于软件和信息技术服务业领域属于智力集中型产业，其产品和服务具有较高的附加值，因此增加值率较高。从 2008 年开始，大连软件和信息技术服务业增加值占大连市国民生产总值的比重超过 5%，2011 年达到7.6%（见表1）。

表 1　大连软件和信息技术服务业增加值规模及在经济中的地位

年份	2001	2002	2003	2004	2005	2006	2007	2008	2009	2010	2011
软件业增加值（亿元）	7.2	11.6	23.2	30.8	42.9	84.1	136.6	205.8	270.9	355	467.8
软件业销售收入（亿元）	15.3	23.4	46.7	71.9	102.7	145	215	306	402.7	535	705.6
大连 GDP（现价）（亿元）	1236	1406	1633	1962	2150	2570	3131	3858	4417	5158	6150
增加值率（%）	47.1	49.6	49.7	42.8	41.8	58.0	63.5	67.3	67.3	66.4	66.3
软件业增加值占 GDP 之比（%）	0.6	0.8	1.4	1.6	2.0	3.3	4.4	5.3	6.1	6.9	7.6

（3）软件服务外包业务。大连作为软件服务外包业的主要城市，其软件服务外包的销售收入增长非常显著。2011 年软件服务外包销售收入是 2003 年的 68 倍，年均复合增长率达到 69.5%，远高于同期整个产业 46% 的增长速度。2011 年，软件服务外包的增速比 2010 年有所下调，但仍然高于产业整体增长水平（见图2）。

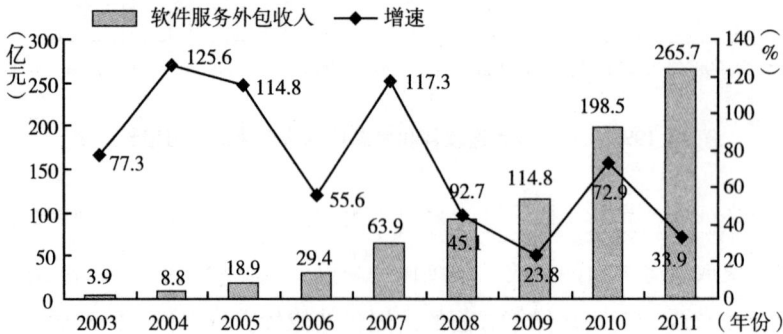

图 2　2003～2011 年大连软件服务外包业的规模和增速

2. 产业结构

（1）产业业务结构。由于工信部统计报表的改变，从 2009 年开始，软件业统计的业务类型由五项增加为六项。主要的变化是将"软件技术服务"细分为"信息技术咨询服务"和"数据处理与运营服务"，并对"系统集成"进行了微调，其中加入了"信息技术运维"等内容。

根据上述调整，2011 年，大连软件和信息技术服务业中，软件产品销售收入 219.8 亿元，占比 31.2%；信息系统集成服务销售收入 102.7 亿元，占比 14.5%；信息技术咨询服务销售收入 143 亿元，占比 20.3%；数据处理和营运服务销售收入 158.2 亿元，占比 22.4%；嵌入式系统软件销售收入 79.5 亿元，占比 11.3%；IC 设计销售收入 2 亿元，占比 0.3%（见图 3）。

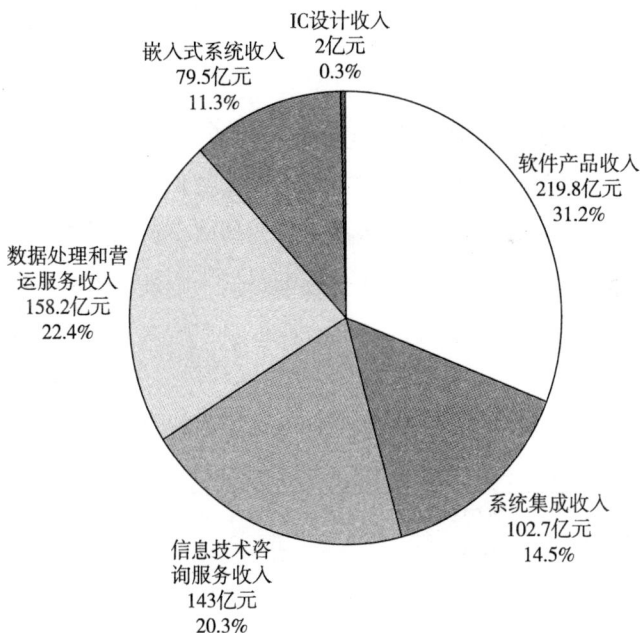

图 3 2011 年大连软件和信息技术服务业收入构成

从 2003 年到 2011 年，大连软件和信息技术服务业增长最快的业务是系统集成，从 2003 年销售收入 1.4 亿元到 2011 年的 102.7 亿元，年均增长 71.1%；其次是软件产品业务，从 2003 年销售收入 12 亿元到 2011 年的 219.8 亿元，年均增长43.8%；嵌入式系统软件年均增长26.3%，增长较慢，而IC设计业务则波动比较大，同时增长也不快。近三年，软件产品、数据处理与运营服务业务增长较快，年均增长分别为61.2%、54.8%，远高于其他业务的增长（见表2）。

表2　2003～2011年大连软件和信息技术服务业各业务收入

单位：亿元

年份	2003	2004	2005	2006	2007	2008	2009	2010	2011
软件产业销售收入	46.7	71.9	102.7	145	215	306.2	402.7	535	705.6
软件产品收入	12	17	17.8	31.5	52.9	77.3	84.6	158.2	219.8
系统集成收入	1.4	2.7	8.9	31.7	28.9	30.6	48.7	68.2	102.7
信息技术咨询	21.1	32.8	56.3	44.4	87.7	139.6	132.1	136.3	143.0
数据处理与运营服务							66	92.6	158.2
嵌入式系统收入	12.2	19.4	19.7	35.5	43.3	53.1	67.3	75.3	79.5
IC设计收入				1.9	2.4	2.6	4	4.5	2.03

纵观2003～2011年大连软件和信息技术服务业结构变化，软件产品销售收入占比经历从高到低再到高的过程，基本能够刻画出大连软件产品开发所走过的路程。而软件技术服务销售收入的占比逐渐减小，也反映了大连软件产业目前的发展方向；嵌入式系统软件占比逐渐降低，则表现出电子硬件制造产业发展逐渐低迷（见表3）。

表3　2003～2011年大连软件和信息技术服务业业务结构

单位：%

年份	2003	2004	2005	2006	2007	2008	2009	2010	2011
软件产品	25.7	23.6	17.3	21.7	24.6	25.3	21.0	29.6	31.2
信息系统集成服务	3	3.8	8.7	21.9	13.4	10	12.1	12.7	14.5
软件技术服务　信息技术咨询服务	45.2	45.6	54.8	30.6	40.9	45.6	32.8	25.5	20.3
数据处理与运营服务							16.4	17.3	22.4
嵌入式系统软件	26.1	27	19.2	24.5	20.1	18.3	16.7	14.1	11.3
IC设计				1.3	1.1	0.8	1.0	0.8	0.3

（2）国内外市场结构。国内市场一直是大连软件和信息技术服务业赖以生存的主要市场。大连软件和信息技术服务业国内市场的销售份额一直占

72%以上，最高的年份达到80%多。2008年以来，国内市场所占的比例都在76%以上，但2011年略有降低（见图4）。

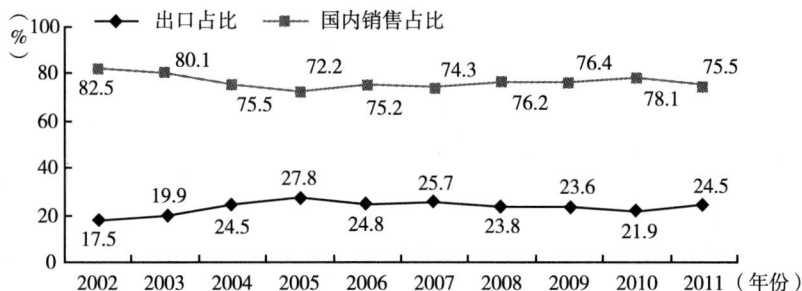

图4　2002～2011年国内外市场销售结构变化

（3）软件服务外包市场结构。2002年以来，大连软件服务外包收入占软件和信息技术服务业总收入的比重逐年增加，已经由2002年的9.4%提高到了2011年的37.7%，是目前国内占比最高的城市。高速增长的软件服务外包业务大大提高了其在整个产业的地位。但近两年大连软件服务外包业务提升幅度呈现放缓趋势，2011年占比仅比2010年的37.1%提高了0.6个百分点（见图5）。

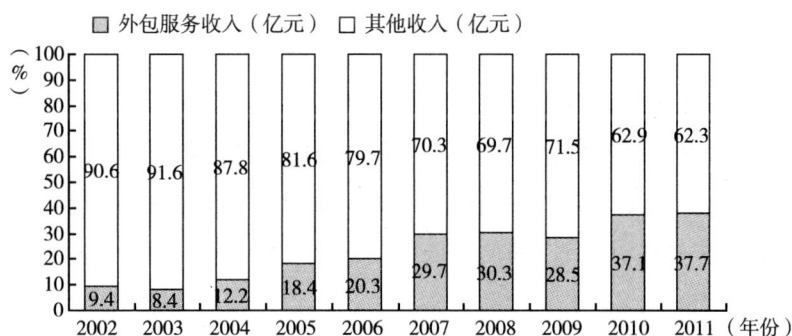

图5　2002～2011年服务外包占行业比重的变化

3. 产业出口

在世界经济形势尚未摆脱衰退的背景下，特别是受到日本地震以及汇率上升等因素影响，大连软件出口依然取得了较大幅度的增长。2011年，大连软件和信息技术服务业出口达 23 亿美元，同比增长 27.8%。但大连软件出口未摆脱金融危机以及汇率不断升高造成的不利影响，出口增速连续两年呈现下降趋势（见图 6）。

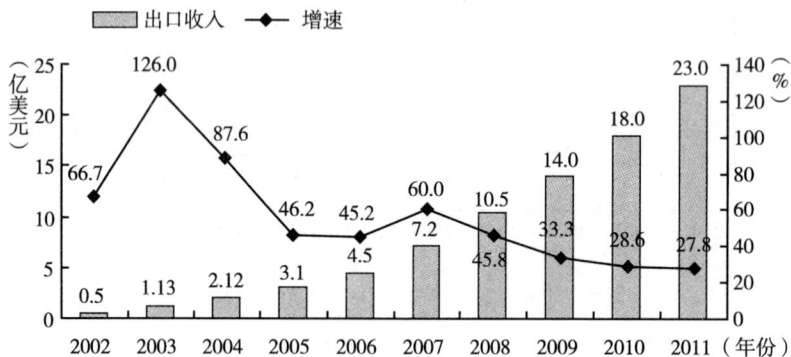

图 6   大连软件和信息技术服务业出口

目前，大连有 185 家企业直接从事软件出口业务。其中有 6 家企业出口额超过 1 亿美元，30 家企业出口超过 1000 万美元，95 家超过 100 万美元。此外，还有 100 多家企业为大型出口提供人力派遣服务，间接开展软件外包业务。

2011 年，大连软件与信息技术服务业出口中，软件产品、系统集成服务、信息技术咨询服务、数据处理与运营服务和嵌入式系统软件的出口额分别为 5.15 亿美元、0.29 亿美元、9.76 亿美元、5.55 亿美元和 2.25 亿美元，分别占总出口的 22.4%、1.3%、42.4%、24.1% 和 9.8%（见图 7）。

与 2010 年相比，软件产品的出口份额下降幅度很大，由 56% 降到 22.4%。信息技术咨询服务和数据处理与运营服务出口份额增加明显，分别由 22% 和 9.9% 增长到 42.4% 和 24.1%。信息技术咨询服务和数据处理与运营服务两项合计的出口份额由 31.9% 增加到 66.5%，翻了一番多。嵌入式系统软件出口增加了 1 个百分点，而 IC 设计出口则由占比 2.2% 降到接近于零。

另外，在总出口中，软件服务外包 2011 年出口 19.3 亿美元，增长 33.1%，增速比上年提高 3.6 个百分点，超过整个行业增速和行业出口增速。软件服务外包出口占总出口的 83.9%，比上年的 80.6% 又提高了 3.3 个百分点（见表 4）。

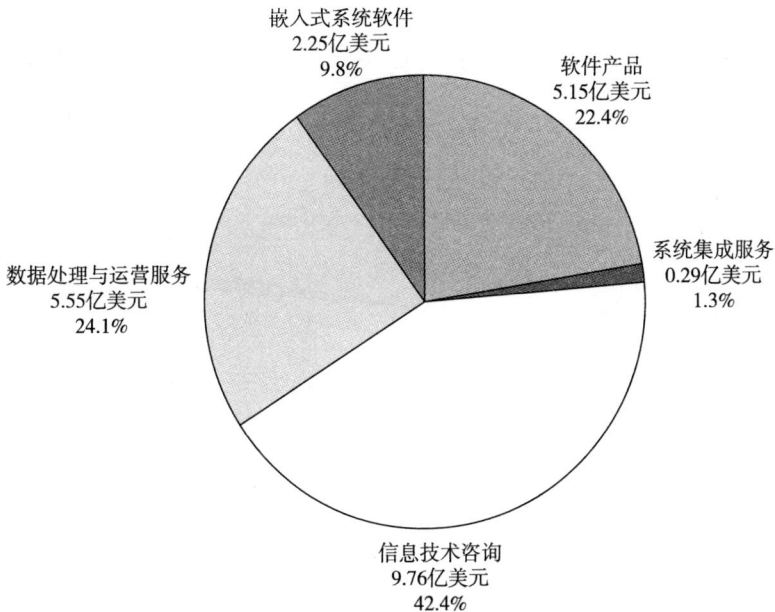

图 7　2011 年大连软件和信息技术服务业出口构成

表 4　软件服务外包出口

单位：亿美元

年　度	2008	2009	2010	2011
出　口	10.5	14	18	23
外包出口	6.4	11.2	14.5	19.3
占比(%)	60.97	80	80.6	83.9

　　日本是大连软件与信息技术服务业出口的主要目的地，2011 年占 71.4%，出口额 16.42 亿美元；欧美出口占 22.4%，出口额 5.16 亿美元；出口到韩国的占 1.2%，出口额 0.28 亿美元；其他国家占 5.0%，出口额 1.14 亿美元（见图 8）。

　　经过近几年的发展，大连软件的出口结构发生了显著改变，对日出口占比下降明显，由 2010 年的占比 94.1% 下降到 2011 年的 71.4%，而对欧美出口则大幅上升，由 2010 年的占总出口 1.8% 上升到 22.4%。一升一降，反映了近几年大连市软件服务外包产业努力推动欧美出口所取得的成果（见表 5）。

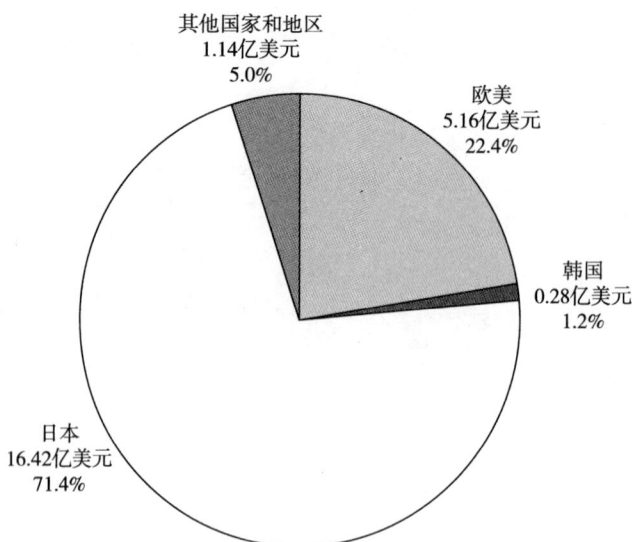

图8　出口国别构成

表5　2010～2011年出口国别结构变化

国　别	2010 年		2011 年	
	出口额(亿美元)	占比(%)	出口额(亿美元)	占比(%)
日　本	16.93	94.1	16.42	71.4
欧　美	0.32	1.8	5.16	22.4
韩　国	0.15	0.8	0.28	1.2
其他国家	0.6	3.3	1.14	5.0
合　计	18	100.0	23.00	100.0

2011 年，大连软件对日出口出现负增长，体现了日本软件信息服务业衰退对大连软件出口的影响。对欧美出口的增加，显示行业出口过于依赖日本市场的状况有所改变，提高了出口抗风险能力。但对日出口仍然占出口的71.4%，对日出口依赖度仍然很大。

4. 行业利润

2011 年全行业实现总利润57.1 亿元，比上年增长 14%；企均利润476 万元，比上年减少8.8%；人均利润4.3 万元，比上年下降 10.4%。尽管企业的销售收入仍然在高速增长，但企业利润并没有与销售收入同步增长（见表6）。

表6　2010~2011年产业利润变化情况

年度		2010	2011
产业销售收入	数量(亿元)	355	705.6
	增长率(%)	32.9	31.9
产业利润	数量(亿元)	50.1	57.1
	增长率(%)	32.2	14.0
企均利润	数量(万元)	522	476
	增长率(%)	15.7	-8.8
人均利润	数量(亿元)	4.8	4.3
	增长率(%)	6.8	-10.4

2011年，大连软件和信息技术服务业销售利润率为8.1%，比上年有所下降。这是由于企业的经营成本大幅上升，企业的利润空间减小。人均利润率也出现比较明显的下降。

（二）企业情况

大连依托丰富的人才资源、技术基础和管理经验，培育和引进了一大批国内外软件和信息技术服务业企业。2011年，大连软件和信息技术服务业企业规模达到1200家，企业的实力明显增强，企业竞争能力明显提高。大企业在创造就业机会、抗击风险以及创新等方面的示范作用和引领能力进一步显现。但由于经营成本增高，企业的生存能力正在经受考验。

1. 企业数量及增长

（1）企业总量及增长。截至2011年底，大连软件和信息技术服务业企业有1200家，比上年增加了240家，增长25%（见图9）。

（2）经双软认定的软件企业数量及增长。大连行业主管部门、高新区重视产业政策的落实，积极推动双软认证工作。到2011年大连累计有经认定的软件企业448家，平均年认定软件企业41家（见图10）。

2. 企业结构

大连主要从事软件开发的企业占全部行业企业的50%以上。2011年，软件产品开发类企业有642家、信息系统集成类企业有199家、信息技术咨询服务类企业有225家、数据处理与运营服务类企业有94家、嵌入式系统软件开

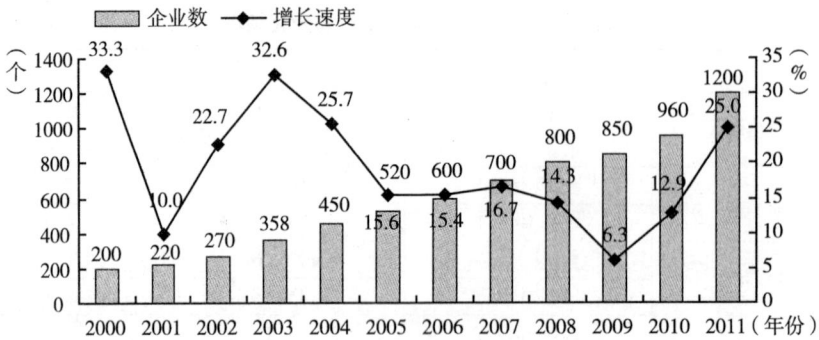

图9　大连软件和信息技术服务企业数量

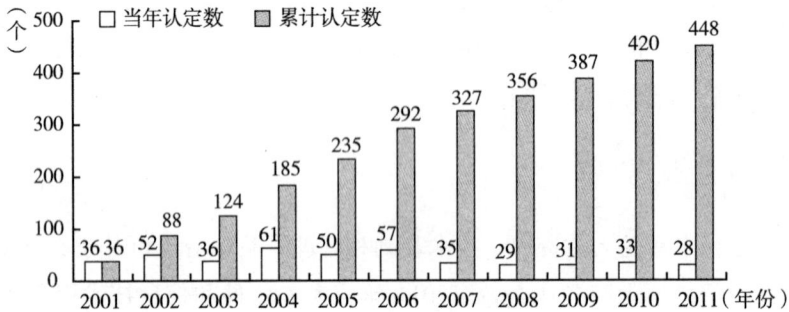

图10　大连软件企业认定情况

发类企业有 35 家及 IC 设计类企业有 6 家，分别比 2010 年增加 101 家、68 家、33 家、19 家、19 家及 1 家；在整个行业中所占比例分别为 53.5%、16.6%、18.7%、7.8%、2.9%和 0.5%（见图 11）。

各类企业所占的比重未发生明显变化。软件产品开发类企业占比较上年减少 3 个百分点，而信息系统集成类企业增加了 3 个百分点。嵌入式系统软件开发类企业占比略有增加，其他没有变化。

在全部 1200 家企业中，外资企业（包括中外合资合作、外商独资以及外商股份制企业等）307 家，占 25.6%；港澳台资企业（包括与港澳台商合资合作、港澳台商独资、港澳台商股份制公司等）32 家，占 2.7%；内资企业（包括国有集体企业、股份制企业以及有限责任公司等）861 家，占 71.7%（见图 12）。

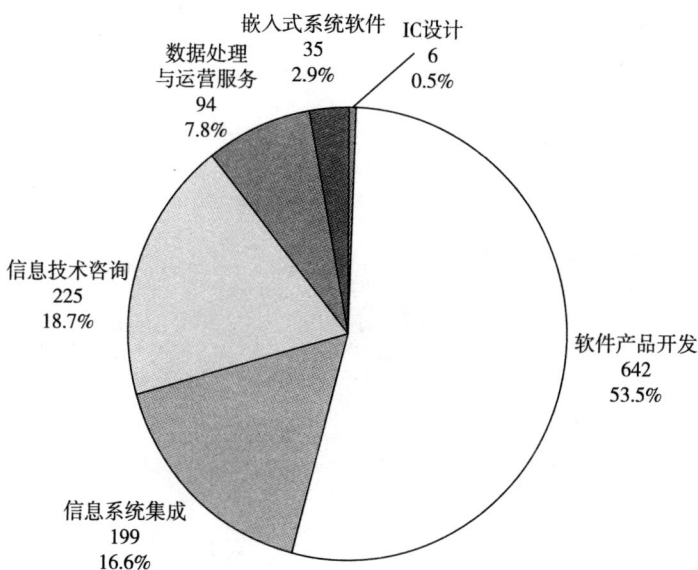

图 11　各业务类型企业构成

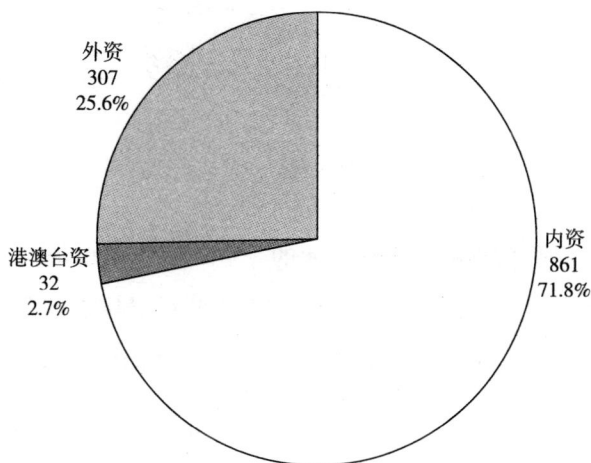

图 12　内外资企业构成

3. 企业规模

（1）按销售收入划分。从企业销售收入来看，2011 年，销售收入超过 1 亿元的企业达到 77 个，占 6.4%；销售收入大于 1000 万元小于 1 亿元的企业有 324 家，占企业总数的 27%；销售收入介于 100 万元与 1000 万元之间的有 311 家，占 25.9%；销售收入低于 100 万元的企业有 488 家，占企业总数的 40.7%（见图 13）。

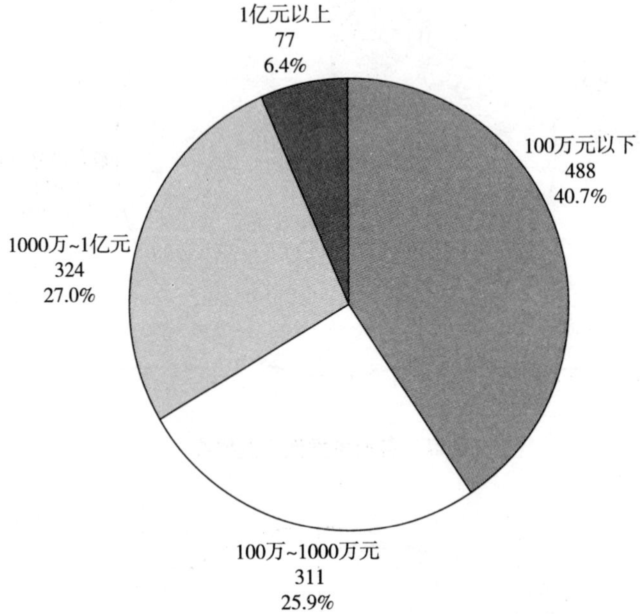

图 13　按销售收入规模划分的企业构成

过去几年，销售收入超过 100 万元的企业比重不断增加。2008 年销售收入超过 100 万元的企业占比只有 35.4%，2011 年已经增加到 59.3%。销售收入超过 100 万元的企业中，收入 1000 万元到 1 亿元的企业占比增长最快，由 2008 年的 13.5% 增加到 27.0%，三年翻了一番；与此同时，销售收入低于 100 万元的企业明显减少（见表 7）。

2011 年，大连软件与信息技术服务业企业平均销售收入为 5880 万元，比 2010 年的 5573 万元增长 5.5%，企业平均规模增速明显放慢（见图 14）。

2011 年，销售收入前 30 家企业的收入之和占全市软件与信息技术服务业总销售收入的 59.3%，比 2010 年 66.6% 减少 7.3 个百分点，而比 2009 年的 82.4% 减少了 23.1 个百分点，产业集中度明显降低（见表 8）。

表7　2008~2011年销售收入规模分布

		收入<100万元	100≤收入<1000万元	1000万元≤收入<1亿元	1亿元≤收入
2011年	数量	488	311	324	77
	占比(%)	40.7	25.9	27.0	6.4
2010年	数量	431	251	217	61
	占比(%)	44.9	26.1	22.6	6.4
2009年	数量	471	189	156	34
	占比(%)	55.4	22.2	18.4	4.0
2008年	数量	517	150	108	25
	占比(%)	64.6	18.8	13.5	3.1

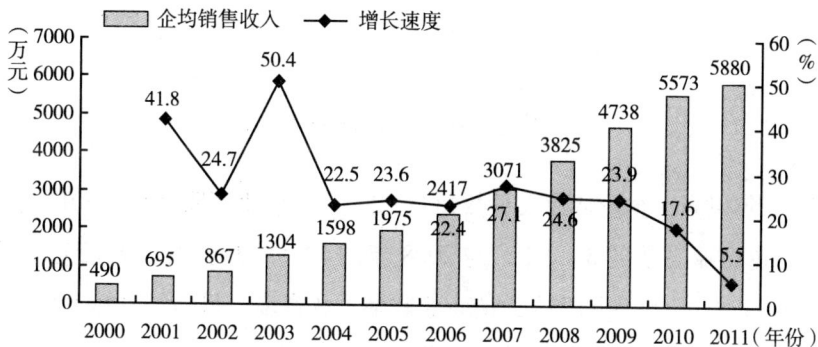

图14　2000~2011年企业平均销售收入变化情况

表8　产业集中度

	2003年	2004年	2005年	2006年	2007年	2008年	2009年	2010年	2011年
软件产业销售收入(亿元)	46.7	71.9	102.7	145	215	306.2	402.7	535	705.4
前30家企业销售收入(亿元)	35.3	32.5	62	75.7	172.2	264.3	331.8	356.4	418.4
占比(%)	75.6	45.2	60.4	52.2	80.1	86.3	82.4	66.6	59.3

（2）按从业人员数划分。2011年，大连软件和信息技术服务企业中，13家企业从业人员数超过1000人。从业人员超过300人的企业有81家，占企业总数的6.8%；从业人员数不超过百人的企业有795家，占企业总数的66.3%。企业人员规模分布情况见图15。

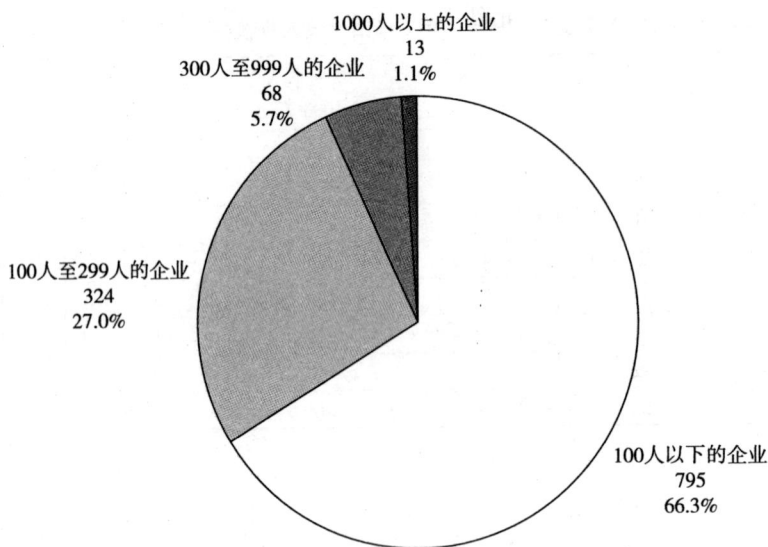

图15　企业员工数量构成

2008 年以来，企业从业人员数超过 100 人的企业不断增加，2011 年达到 405 家，占企业总数的 33.8%，与 2008 年的 14.5% 相比有较大幅度的提高。2008~2011 年，100 人到 299 人的企业数翻了两番多。目前，虽然 100 人以下企业总体数量还占大多数，但占比在不断下降（见表9）。

表9　2008~2011 年企业人员规模分布变化情况

	100 人以下		100~299 人		300~999 人		1000 人以上	
	数量	占比（%）	数量	占比（%）	数量	占比（%）	数量	占比（%）
2011 年	795	66.3	324	27.0	68	5.7	13	1.1
2010 年	737	76.8	149	15.5	60	6.3	14	1.5
2009 年	713	83.9	92	10.8	35	4.1	10	1.2
2008 年	684	85.5	77	9.6	29	3.6	10	1.3

4. 企业利润

企业规模越大赢利能力越强。2011 年，大连软件与信息技术服务业企业的平均利润为 476 万元，同比减少 8.8%。有 78% 的企业实现赢利，比 2009 年提高约 25 个百分点。销售收入大于 1000 万元的 401 家企业中，95% 的企业实现赢利；销售收入 100 万元到 1000 万元之间的 311 家企业中，74% 赢利；而销售收入低于 100 万元的 488 家企业也有 36% 实现了赢利（见表 10）。

表 10　企业赢利状况

企业销售收入	企业数量（家）	赢利企业（家）	亏损企业（家）	赢利企业占比（%）
大于 1000 万元	401	381	20	95
100 万 ~ 1000 万元	311	230	81	74
小于 100 万元	488	176	312	36
企业总数	1200	787	413	66

（1）企业赢利状况分析。大型企业获得产业利润的绝大部分。2011 年，销售收入超过 1 亿元的企业虽然只占企业总数的 6.4%，但其销售收入占总销售收入的 70.7%，利润占总利润的 60.2%；销售收入超过 1000 万元而低于 1 亿元的企业占企业总数的 27%，销售收入和利润占比分别为 26.7% 和 39.2%。销售收入超过 1000 万元的企业合计只占企业总数的三分之一，但销售收入占总销售收入达到 97.4%，利润占 99.4%（见表 11）。

表 11　企业经营情况分析

企业销售收入	企业		销售收入		利润	
	数量（个）	占比（%）	数额（亿元）	占比（%）	数额（亿元）	占比（%）
大于 1 亿元	77	6.4	499.2	70.7	34.4	60.2
1000 万 ~ 1 亿元	324	27.0	188.3	26.7	22.4	39.2
100 万 ~ 1000 万元	311	25.9	14.7	2.1	1.3	2.3
小于 100 万元	488	40.7	3.4	0.5	−1	−1.8
合　　计	1200	100.0	705.6	100.0	57.1	100.0

（2）企业赢利能力分析。大型企业的资产利用水平较高，中型企业的销售利润率和成本费用利润率比较高。2011 年，大连软件和信息技术服务业销售净利润率、成本费用利润率和总资产利润率分别为 8.1%、8.3% 和 13.0%。在销售利润率、成本费用利润率方面，销售收入在 1000 万 ~ 1 亿元之间的中型企业两项数据都最高，其次为小型企业，大型企业相对较低；在总资产利润率方面，大型企业显示出优势，总资产利润率高达 24.4%，显示大型企业的

资产利用水平较高。而销售收入 100 万元以下的企业，大部分是初创企业，企业总体处于亏损状态（见表 12）。

表 12　企业赢利能力分析

企业销售收入	销售收入（亿元）	成本费用（亿元）	资产总额（亿元）	利润（亿元）	销售净利润率	成本费用利润率	总资产利润率
大于 1 亿元	499.2	480.6	141.2	34.4	6.9	7.2	24.4
1000 万 ~1 亿元	188.3	191.8	227.4	22.4	11.9	11.7	9.9
100 万 ~1000 万元	14.7	13.5	64.9	1.3	8.8	9.6	2.0
小于 100 万元	3.4	2.7	4.6	−1	−29.4	−37.0	−21.7
合计/平均	705.6	688.6	438.1	57.1	8.1	8.3	13.0

注：销售净利润率 = 利润总额/销售收入净额 ×100%；成本费用利润率 = 利润总额/成本费用总额 ×100%；总资产利润率 = 利润总量/资产平均总额 ×100%。

从企业的经济类型看，内资企业显示出较强的赢利能力。大连内资企业的销售净利润率、成本费用利润率和资产利润率分别达到 11.0%、12.2% 和 14.0%，明显高于外资企业。外资企业销售净利润率以及成本费用利润率偏低，说明其经营成本偏高（见表 13）。

表 13　按经济类型分析企业赢利能力

	内资企业	外资企业	港澳台资企业	合计
销售利润（亿元）	36.8	18.6	1.7	57.1
成本费用（亿元）	301.1	256.1	25.5	557.2
总资产（亿元）	263.1	146.5	28.5	438.1
销售收入（亿元）	334.7	342.4	28.5	705.6
销售净利润率（%）	11.0	5.4	6.0	8.1
成本费用利润率（%）	12.2	7.3	6.7	10.2
资产利润率（%）	14.0	12.7	6.0	13.0

注：利润总额/销售收入净额 ×100%；成本费用利润率 = 利润总额/成本费用总额 ×100%；总资产利润率 = 利润总量/资产平均总额 ×100%。

二　大连软件和信息技术服务业基本评价

（一）成就与特点

经过十几年的发展，大连的软件和信息服务业已从发展期升级到转型期，即将进入扩大新兴产业规模的新时期。近年来，大连抓住"两化融合"、"三网融合"、"文化产业振兴"等契机，着力推进网络产业、设计产业等新兴产业发展，这些新兴产业已成为大连经济增长的新动力。依托软件和服务外包产业积累的技术、产品、服务和管理水平的优势，大连还致力于推动金融后台服务、嵌入式系统、云计算、物联网和总部经济等产业发展。

国际化、民办官助的软件园、服务外包以及引进跨国大企业是大连软件和信息技术服务业十多年发展的基本特色。近几年，大连在原有产业基础上，大力推动自主创新，通过从引进、消化吸收再创新到自主创新，大连软件产品和服务的自主创新已经取得丰硕成果。扶大引强战略的实施效果明显，骨干企业实力逐渐增强，竞争能力持续提高。同时，大力发展高端服务业，产业结构得到优化。通过高度聚集，集中优势资源发展产业，并通过资源合理配置，使得优势特色产业更为突出。

1. 国际化程度进一步提高

大连软件与信息技术服务业的国际化主要表现在出口、引进世界 500 强和国际领先企业、引进国际化企业管理和服务质量标准、引进国际化人才和进行人才的国际化培养方面。

2011 年，大连软件和信息技术服务业的出口占比达到将近 25%，并取得了一个大突破，由完全依赖出口日本向出口日美均衡化方向发展；大连引进的外资软件和信息技术服务业企业达 310 多家，已经占总企业数的四分之一强，其中，引进世界 500 强软件和服务外包企业已经达到 80 多家。

近几年，大连加大引进和培育国际化人才的力度。为了适应企业对国际化人才的需求，大连有意识引进国际教育机构进入大连；政府有关部门组织软件企业多次赴海外举行大型 IT 人才招聘会，收到了良好效果；通过举办海外人才招聘会和举办"海外学子创业周"，吸引大批在海外学习或工作的人员到大连创新创业。大连注重引进国外智力，通过聘请日、美等国家的外籍专家，提高企业的技术、市场及管理水平。现有来自日本、美国、印度、韩国、爱尔兰等国的软件工程师在大连工作。

大连坚持国际产业技术、管理标准。政府鼓励大连的软件公司按照国际标准生产软件，增强融入国际市场的能力。截至 2011 年底，大连共有 50 多家企业通过各级 CMM/CMMI 评估，实施 CMM 及 CMMI 评估，对于提升整个行业的管理水平和国际竞争能力具有重要意义。

2. 服务外包与自主创新共同发展

大连软件和信息技术服务业的发展，从一开始就坚持走国际化的道路，一方面抢抓全球服务外包转移的历史机遇，为大连在软件服务外包业务上争得一席之地，把大连软件产业纳入到全球软件和服务业的产业链条之中。另一方面，积极引进更多的创新要素，学习国外知识创新的经验，为今后的自主创新，奠定良好的基础。大连先后引进微软、英特尔、HP、IBM、戴尔等 64 个世界 500 强企业投资项目，相继成立了埃森哲全球研发中心等近 20 个世界 500 强企业投资研发中心。全球前十大 ITO 和 BPO 服务供货商中，已有 6 家在大连开展外包业务。

在引进国外先进技术、先进的管理和创新理念的同时，大连积极实施"走出去"战略，建立大连（日本）软件园，并为大连拓展欧美 IT 市场创造条件。同时，支持和引导本土企业走国际化的道路，东软集团、华信计算机、海辉集团等一大批企业不断开拓国际市场，形成了软件出口和服务外包领域的产业优势，大连也为这些企业不断进行的自主创新完成了资金和技术、人才的积累。

2011 年，在软件产品开发领域通过从引进、消化吸收再创新到自主创新，大连的软件产品在物流、自动控制等领域技术和管理均已达到国际水平。在中国的信息化和工业化融合，电信网、广播电视网和互联网"三网融合"过程中催生了中国首创的煤炭物流系统、首个高清互动数字家庭系统等一批自主创新软件产品。

3. 产业结构调整稳步推进

软件服务外包仍然是大连市软件和信息技术服务业的主要业务领域，软件产品开发得到加强。2011 年，软件服务外包收入 301 亿元，同比增长 32%，在整个行业所占的比重保持不变；软件产品实现收入 219.8 亿元，同比增长 39%，在行业中的比重由上年的 29.6% 上升到 31.2%。同时，2011 年系统集成服务收入大幅度提高，同比增长 51%，在行业的占比也由 12.7% 上升到 14.6%。

在继续大力发展软件和服务外包业务的同时，有能力的企业开始将主要精力逐步转移到行业应用和解决方案上来，为装备制造、物流等行业和行政部门提供研究设计、程控、企业管理等服务，逐步使大连软件业的核心竞争力从目前的成本控制、订单导向转为依靠自主创新引导应用为主，并以此破解整个行业受劳动力价格上升和外汇波动影响的问题，切实提升产业层次和水平，促进软件和服务外包产业向产业链和价值链的高端迈进。软件产品销售收入占比的提高以及系统集成服务收入的大幅提高，充分说明大连市软件企业自主创新能力得到加强，竞争能力得到提高。

4. 空间聚集效应日益明显

大连高新区成为大连市软件和服务外包产业发展的主体，也成为软件和服务外包产业集聚度最高的区域。2011年，大连高新区聚集的软件企业数占全市总量的76%，软件业务收入占全市总量的85%，软件业务出口占全市总量的90%，经认定的软件企业占全市总量的78%。

2011年，大连高新区软件和服务外包企业总数达到960家，从业人员突破10万人。

2011年11月，科技部授予大连高新区"国家创新型软件产业集群"称号，成为全国唯一的创新型软件产业集群。2012年，国家工信部又授予大连高新区全国首批软件和信息服务类"国家新型工业化示范基地"称号。

目前，大连高新区世界500强企业已有80家，年内还将引进10个世界500强项目。越来越多跨国企业的到来，不断提升着大连软件业的业务层级，推动了产业升级。

大连高新区软件和服务外包在企业规模、平均增速、销售收入、空间潜力、产学合作、品牌形象等方面都走在了全国前列，并先后获得"国家软件产业基地"、"国家软件出口基地"、"中国服务外包示范城市"、"中国服务外包基地城市"、"软件产业国际化示范城市"等国家颁发给软件和服务外包的所有荣誉。

5. 特色产业更加突出

大连致力于打造产业特色，对网络产业、动漫产业和设计产业等特色产业持续投入。2011年，大连网络产业规模迅速增长，收入突破200亿元；动漫游戏产业销售收入超过100亿元；设计产业销售收入达到38亿元。云计算产业发展快速推进，建成了"健康云"、"培训云"、"物联网监管云"，"软件测试云"和云数据中心正在加紧建设。大连高新区被授予"国家创新型特色园区"，高新区软件和信息服务产业集群被授予全国"创新型软件产业集群"、"辽宁省软件和信息服务业示范产业集群"称号。

大连软件和服务外包产业已经走上了一条独具特色的创新发展之路。旅顺南路软件产业带已具规模，软件研发、网络产业、动漫产业、设计产业、信息技术服务等特色产业开始形成。工业设计、供应链管理和金融后台服务等产业集群初步形成。

6. 企业实力逐渐增强，竞争能力持续提高

企业规模和竞争力快速提升，国内外影响力日益扩大。截至2011年底，大连市软件企业总量超过1200家，其中收入过亿元的企业达到77家，收入占大连市软件业务收入总量的比重为72%。大连汇集了60多家世界500强IT企业，软件和服务外包位居国内城市前列，业务类型多样，尤其在对日外包方面独具特色。大连软件和信息技术服务外包出口比例占全国软件和信息服务出口的32.7%。东软、华信和海辉已经连续多年占据中国软件服务外包出口前三位。

（二）存在的主要矛盾和问题

随着产业发展进入新的阶段，大连软件和服务外包产业也暴露出新的矛盾和问题。政策环境还有很大提高改善的空间，政府支持产业发展的资金还未能满足产业快速发展的要求；成本上升的压力使得企业增长后劲不足，要求企业必须走高端高效之路，加快转型、加强创新成为当前企业面临的紧迫任务；企业国际影响力和海外布局不够，关键的产品和服务没有占据国际主流市场。

1. 产业规模较小

大连市的软件和信息技术服务业产业规模虽在持续扩大，但总体规模在主要城市中仅处于中等水平，与大连市作为产业发展先导城市的地位不符。这主要是由于长期以来大连市软件和信息技术服务业侧重于服务外包领域和日韩等局部国际市场，市场领域和业务范围相对局限。面向国内市场的行业应用以及对传统行业的渗透力不足，对产业发展的支撑作用不足。因此，大连市软件和信息服务业未来必须加快拓宽业务领域、全面拓展国内外市场，为产业发展提供驱动力，增强产业发展的持续力。

2. 缺乏大型国际化、集团化的龙头企业

大连市软件和信息服务企业规模普遍偏小，千人以上企业仅 11 家，年业务收入超 10 亿元的企业仅 5 家，进入国家软件业务收入百强的企业仅 2 家。同软件和信息服务先进国家相比，大连市大企业不够大不够强，小企业不够专不够精。骨干企业整合发展资源的能力不足，带动产业链的作用不突出。因此，大连软件和信息服务业未来必须着重扶持和打造上规模、上水平并具有创新力、影响力和号召力的领军企业，发挥其龙头带动作用，健全产业体系，增强产业发展的牵引力。

3. 人才结构仍然不合理

虽然经过多年的努力，大连在软件和信息技术服务业人力资源培养方面取得了很大成绩，极大地缓解了人才短缺问题对企业的困扰，但从目前来看，人才结构仍然不合理，缺乏软件架构师、系统分析师等高级专业人才和项目主管、测试主管等复合型人才，能带领企业发展的领军型人才更是凤毛麟角，难以支撑企业业务升级和产业做大做强。因此，大连软件和信息服务业未来必须加强高层次人才队伍建设，注重重点领域和紧缺专业人才培养，积极引进海内外优秀高水平人才，调整优化产业人才结构，满足产业高端化发展需要，增强产业发展的支撑力。

4. 创新研发能力不强

大连现有的创新支持平台比较分散，没有发挥应有作用。缺乏大型、骨干研发机构和公共研发平台，政府扶持的公共研发平台发展速度较慢，现有的公共研发平台没有发挥对创新的支撑作用。企业研发能力普遍不强，信息技术创新能力偏低，具有完全自主知识产权的软件产品较少。截至 2011 年底，大连软件产品认定和软件著作权登记数量累计分别为 3173 件和 2504 件，仅占全国软件产品认定和软件著作权登记数量的 2.6% 和 2.3%，与大连软件和信息技术服务业在全国所处地位不符。

5. 网络环境亟须改善

大连网络产业的高速增长及产业规模的迅速扩大，迫切需要加速推进城市网络基础设施和公共技术平台建设，为网络产业发展创造一个良好的基础网络

和技术环境。大连宽带业务虽然发展较快，但是相对滞后于日益增长的高带宽需求。2011 年，大连互联网出口带宽不足 400G，宽带用户为 146 万，宽带普及率约为 24%。深圳宽带普及率 2010 年就已经达到 69%，出口带宽 2009 年就超过 400G。2010 年底，杭州全市互联网出口带宽超过 593G，宽带用户 210 万户，宽带普及率超过 25%。北京、上海宽带普及率都已经超过 30%。相对而言，大连网络基础设施建设以及互联网应用的严重滞后将制约大连网络产业的发展，从而影响大连软件和信息技术服务业发展。

6. 经营成本开始上升，企业利润空间缩小

软件外包是人才密集型产业，低成本优势容易获得国际市场。中国人力资源成本的上涨，对软件和信息技术服务业企业来说是一个重大考验。2009 年，大连软件和信息服务业从业人员的人均工资只有 5.3 万元，2011 年达到 6.7 万元，增长 26.4%，而同期人均销售收入仅增长 10.1%，成本增长明显高于收入增长。同时，包括社会保险在内的其他企业成本也在增长。总成本的增长大大压缩了企业的利润空间，企业生存压力加大。

7. 产业促进支持体系不健全

尽管大连对产业环境尤其是在载体、政策、资金等方面有一定的支持力度，但缺乏产业促进体系。在品牌推广、市场开拓、投融资中介以及企业家培育等方面的扶持力度还明显不足。

另外，大连的公共技术支持平台建设分散，应用不充分，没有发挥应有的效能。在政府支持下，大连目前建有动漫、开源、IC 设计以及人才教育培养等方面多个公共技术支持和服务平台，但服务水平比较低，对产业的支撑作用不大。

三 大连软件和信息技术服务业发展的目标与思路

（一）总体目标

2012 年，大连软件和信息技术服务业继续稳步快速发展，产业规模将达到 930 亿元，出口达到 32 亿美元，从业人员超过 15 万人。

到 2015 年，软件和信息服务业规模超过 1500 亿元，出口超过 50 亿美元，从业人员超过 20 万人，产业增加值占地区 GDP 比重进一步提高；产业体系基本健全，业务形态较为齐备，大中小企业构成合理，产业环境优良，产业对城市经济结构调整、发展方式转变、人民生活水平提高的支撑能力明显提升；企业创新能力显著增强，产业层级大幅提升，"大连软件"、"大连服务"和"软件城市"品牌初步确立，成为我国重要的软件和信息服务业自主研发基地、软件出口基地和高端服务外包承接基地，在国内外的影响力显著增强。

（二）发展思路

1. 指导思想

以工业软件和高端信息技术服务为重点领域，坚持"创新驱动、融合发展"的发展模式，坚持技术创新与市场应用双引擎驱动、软件产品与信息服务互动共进、产业进步与工业生产和经济社会发展整体紧密融合的发展思路，推动产业转型升级，大力发展新一代信息技术，努力提升大连软件和信息服务业的影响力、带动力、辐射力和凝聚力，推动产业的高端化、集聚化和特色化发展，使软件和信息服务业发展成为大连市的支柱产业之一。

2. 战略重点

（1）加强自主创新，增强核心竞争力。以外包服务承接为基础，注重业务经验积累，促进关键技术的引进、消化、吸收再创新和自主创新有机结合，大力支持重点领域技术创新与模式创新，加速关键技术和核心产品研发，加速新兴业态培育，力争在若干领域取得突破；注重信息技术在工业信息化和社会信息化中的应用，鼓励自主创新，提高知识产权拥有量，提升软件产品和信息服务的市场竞争力；促进产业创新体系的建立和完善，推动技术创新、模式创新与制度创新相结合，充分发挥产业发展诸要素的作用，不断优化产业创新环境，为产业创新奠定坚实支撑。

（2）加快产业高端化进程，提升产业层级。把握软件技术和业务模式创新趋势，以实现产业升级为目标，将业务领域扩展与产业结构调整优化结合起来，延伸和完善产业价值链；重点培育和积极引进研发型企业和机构，加快对现有企业的升级改造，着力发展技术密集型的新兴产业和高附加值业务，引导产业向高级化发展，提高产业辐射力和竞争力；抓住新一轮国际产业转移带来的机遇，以业务流程外包和知识流程外包为发展重点，提升服务外包产业层次和水平，推动产业向价值链高端发展。

（3）由做大向做强迈进，增强产业实力。以大产业打造和大市场培育为基础，通过重大项目带动，形成若干在国内外处于领先水平的优势领域和一批市场潜力大、规模增长快、产品附加值高的软件产品和信息服务。通过重点企业扶持，形成若干具有创新力、竞争力、牵引力的大型龙头骨干企业和与之配套、覆盖产业链相关环节的产业集群。通过鼓励企业兼并重组，组建产业联盟，逐步实现由企业独立发展向联合共赢发展转变，加快提高产业的整体竞争力。通过品牌园区打造，实现产业的集聚化、规模化、体系化发展，促进产业布局优化，形成各具特色、相互支撑、优势互补、融合联动的产业发展格局，增强产业整体实力，提高产业发展质量。

（4）加快国内市场开发，由离岸向在岸延伸，扩展发展空间。继续发挥面向国际市场的服务外包产业基础的特有优势，进一步提升软件和信息技术服务国际外包能力和水平，继续巩固日本市场、进一步拓展欧美市场；依托离岸外包积累的技术、管理、人才等产业优势，大力拓展东北乃至全国的信息化建设和信息技术应用市场，加快国内软件和信息服务业务承接，加快自主知识产权工业软件、行业解决方案等产品和服务的推广应用，以内需市场支撑大连软件和信息技术服务产业的持续发展。

（5）加大对龙头骨干企业的支持力度。软件产业在调整产业结构、转变经济发展方式中的重要作用日益凸显。软件服务业在经济社会发展中应更好地发挥支撑服务的作用，尤其是为调整产业结构、转变经济发展方式提供支撑服务，而支持软件服务业发展的一个重要措施，就是要打造、扶持软件服务业的龙头企业。

（6）积极推动与其他产业的融合发展。传统产业改造和产业结构优化升级为软件和信息技术服务业发展提供了巨大的市场空间。紧紧抓住"两化融合"、"三网融合"等发展战略带来的发展机遇和巨大商机，拓展市场需求，加快工业软件产业发展，提升传统产业经营管理、技术研发、生产控制和销售服务水平，提升装备制造业的信息技术含量和智能化水平。整合资源优势发展工业软件，提升传统产业经营管理、技术研发、生产控制和服务水平，提升装备制造业等传统优势产业的信息技术含量和智能化水平。

四　2012 年大连软件和信息技术服务业发展的重点和主要措施

（一）打造千亿产业集群，确保产业高速增长

经过 10 多年的发展，大连高新区以软件和服务外包业为主的特色企业已达 1000 多家，其中年收入超过 10 亿元的企业已达 13 家，拥有东软、华信、海辉 3 家连续 7 年蝉联全国出口前三名的本土企业，有 IBM、埃森哲等 70 家世界 500 强软件企业，具备了向千亿产业集群迈进的坚实基础。同时，大连在对日、韩软件和信息服务外包领域已经积累了丰富的经验，拥有语言、成本、技术、基础设施、人力资源等方面的优势。

2012 年，高新区将通过发展大型企业、推进转型升级、实施人才保障、改善基础环境和完善政策等五项工程，确保以软件服务外包为主导的特色产业收入突破 1100 亿元大关，成为全国第一个软件和服务外包千亿产业集群。

为了加快软件和服务外包业的发展速度，在激烈的市场竞争中保持独特的优势，大连高新区将采取"万人企业计划"、"招大引强"等六项举措，按照"万人"目标，积极鼓励已有较大企业注资扩容，迅速提升规模和发展水平；通过更加积极有效的办法培育中小企业做大做强，以建立中小企业联盟的形式来提升企业的项目承接能力和竞争力。

（二）优化产业结构，促进转型升级

在坚持发展软件和服务外包业的同时，全力抓好网络、动漫、设计、科技金融和教育培训等新兴产业的发展，启动云计算产业推进工程、电子商务产业推进工程和企业创新提升工程。软件和服务外包业积极支持骨干企业快速发展，推动一批发展实力强的企业迅速形成规模，确保 50% 以上的增速；网络产业在继续推进泰德煤网、亿谷信息（中国玉米网）、威兰德集团（航运在

287

线）、东北亚现货商品交易所等龙头企业快速发展的同时，抓好中小企业的扶持和培育，使其迅速成为支柱型产业；动漫产业以推动规模化动漫游戏项目和对日动漫游戏服务为重点，在不断提升创新能力的基础上，加大原创作品的生产能力，拉长产业链，保持良好的产业发展态势；设计产业在加快推动中冶焦耐等一批国内知名龙头企业快速发展的基础上，积极扶持一批中小企业迅速壮大。

通过加强与船舶交通、装备制造、汽车、医疗器械、电子信息产品等行业企业合作，以集成电路设计、软件设计为重点，提供高端化的信息技术产品设计开发服务。面向政务、金融、交通、物流、能源、医疗、教育等领域，发展数据处理、容灾备份、呼叫中心等业务，支持自主可控的信息安全软件、基于生物特征的身份认证的安全监控产品以及网络运维、数据安全、防病毒软件等产品的研制，提高信息技术应用水平。面向物流管理、电子商务管理、在线娱乐、在线教育等领域开发和建设支撑平台，提供增值服务。聚焦先进制造业和现代服务业重点领域，加快推进电子商务体系建设，推动第三方电子商务平台发展。

（三）提升创新能力，再造发展优势

以高新区创新驱动示范区建设为契机，全面提升大连软件产业创新能力，再造产业发展优势。随着产业发展要素成本的提高以及各地产业政策逐渐趋同，大连软件产业原有的竞争优势逐渐消失，因此要注重提高创新能力，以创新驱动产业发展。

通过发展理念创新、体制机制创新以及科技创新，打造以企业为主体，以政府引导推动、产学研用全面合作、配套服务为支撑的创新体系。2012年，重点引导企业在拓展"两化融合"、移动互联网、动漫游、物联网、云计算等方面的技术创新和商业模式创新。

（四）实施人才工程，打造人才高地

构筑政府引导和扶持，高校、社会机构和企业共同参与的多层次人才培育体系。依托大连理工大学和东软信息学院，整合软件人才培养教育资源，建立

面向企业不同层次需求的实用型软件人才培养模式，实现教育与产业的对接。引进和利用知名培训机构，面向在职人员开展专业培训，提高软件从业人员的技能和素质。依托企业建立面向毕业生和技术人员的培训平台，为产业发展提供更多的适用人才。

加大高端人才的引进力度，充分利用"海创周"和"软交会"两个平台，吸引高端人才来连发展；积极开展软件人才国际和国内巡回招聘活动，采取团队引进、核心人才引进等方式，聚集一批掌握关键技术、擅长顶层设计的软件产业领军人才。

大连高新区应着眼特色主导产业发展需求，全面提升引进人才、培养人才、稳定人才工作水平，为建设软件和信息服务产业千亿集群提供有力支撑。通过海创工程、企业招聘团进校园等活动，加大人才引进力度，并实施高级人才奖励和应届毕业生特别岗位补贴等政策，以满足网络、设计和云计算等特色主导产业发展需求。

（五）优化区域布局，加快重点园区建设

加快制定和实施园区建设、企业培育、公共服务平台建设、投融资促进、创新机制完善、信誉体系构建、基础设施建设和人才汇聚等方面的政策措施，营造适合软件和信息技术服务企业发展的良好氛围，打造最具吸引力的软件和信息技术服务产业知名城市。

（六）着力打造国内一流的产业成长环境

加强人才队伍建设，打造服务外包行业的人力资源优势。要加大对相关教育的投入和扶持力度，加强职业技术教育体系建设，加强对各种人才的培养；加快服务外包行业自身的软硬件建设，吸引并留住人才。强化大连教育资源优势，建立健全人才教育培训体系，加强国际化、高层次、复合型、专业性人才培养；加强高端人才、领军型人才的培育和引进，打造高素质的企业家队伍。

加强政策扶持和引导，做大做强服务外包产业。对具有一定优势、一定规模的服务外包企业要重点扶持，帮助其实现规模化、国际化；要依托高新区，完善产业链条，提高产业聚集度，实现抱团发展。

加大对服务外包产业的资金支持。通过资金优惠和出口补贴，鼓励服务外包企业走出国门，实现国际化。同时，加强对服务外包产业基础设施的建设，完善投资环境，吸引外来投资，建立离岸自建中心。

完善产业支撑服务体系，推进公共服务支撑平台建设。按照政府推动、企业主动和社会互动的运作模式，依托软件企业、高等院校、软件园区的优势资源，围绕重点发展领域和企业的共性需求，在对日外包、工业软件、动漫游、设计以及电子商务等领域，充分发挥现有产业公共服务平台作用，提升平台服务水平，加快推进各平台服务资源整合，建立功能完善、布局合理、满足产业国际化发展要求的统一的产业公共服务体系，为企业提供基础性和专业化服务。完善和提升嵌入式系统公共开发服务平台、软件公共技术服务平台、软件测试平台、开源软件公共开发服务平台、动漫游戏公共技术服务平台、集成电路设计产业公共服务平台、软件人才培训公共服务平台、知识产权保护服务平台等的运营与服务能力，为企业提供技术支撑、知识产权保护以及人力资源保障。

推动创新型技术支撑平台建设，重点建设第三方电子商务综合服务平台、工业软件公共服务平台、集成电路设计公共技术服务平台等综合集成服务平台建设。

B.17
苏州市服务外包发展的特点、问题与对策

摘 要：

本文分析了苏州服务外包发展的特点、发展服务外包的优势和困难，提出了苏州服务外包发展思路及对策建议：抓好服务外包"十二五"发展规划的实施工作；加强服务外包投资促进工作；扎实推进服务外包人才引进和培养工程；打造各具特色服务外包载体；加大政策推进的力度。

关键词：

苏州服务外包 苏州工业园区

近年来，苏州市政府把加快发展服务外包作为加快推动经济转型升级、促进经济又好又快发展的一项重要举措来抓，制定激励政策，打造服务发展高平台，营造服务发展新环境，在推进市场开拓、提升产业层次、形成产业集聚上取得了明显成效。

一 苏州服务外包发展的特点

苏州市服务外包产业起步早、发展速度快、企业数量多、就业规模大，已成为苏州市现代服务业发展的一大亮点。全市服务外包企业数从 2008 年底的 357 家，增至 2011 年的 1600 家，企业数翻了两番；从业人数由 3.6 万人增至 16 万人，年均增长 45%；接包合同额从 6.3 亿美元增至 35.7 亿美元，年均增

---

* 陈卫明、徐国良，苏州市经信委。

长55%（见表1）。

2007年，苏州工业园区被认定为全国唯一的中国服务外包示范基地，2009年，苏州市被国务院批准为中国服务外包示范城市。昆山市、太仓市和花桥经济开发区、苏州高新区、张家港经济开发区、常熟东南经济开发区等8家开发区分别被认定为省级国际服务外包示范基地和示范。可以说，最近三年，苏州市服务外包产业经历了由小到大、由弱变强、由点到面、量增质升的发展阶段，不仅是苏州市服务外包实现跨越发展的一个时期，也是取得成效最为显著的一个阶段。

表1 接包合同额和从业人数表

	2008年	2009年	2010年	2011年
接包合同额（亿美元）	6.3	13.9	22.7	35.7
从业人数（万人）	3.6	8.8	12.0	16.0

（一）服务外包规模加速扩张

2011年，在商务部服务外包系统新注册企业数488家，累计注册企业数1600家；新增通过CMM/CMMI3级以上国际认证企业7家，累计86家，其中6家企业通过了CMMI5级认证；新增通过ISO27001认证企业26家，累计102家；从业人数累计16万人，其中大专以上学历约占65%；接包合同额和离岸执行额分别达到35.7亿美元和20.1亿美元，比上年分别增长57.4%和58.6%。

（二）产业加速集聚，接包市场多元化

苏州已形成软件开发、设计研发、金融后台服务、动漫创意、生物医药研发以及物流与供应链管理等六大服务外包支柱产业。与此同时，离岸市场拓展取得重大进展，国际交往日益频繁，目前苏州与83个国家（地区）有服务外包业务往来，其中来自美国的合同数量最多，其次是日本和中国台湾（见表2）。

表 2　2011 年苏州市离岸业务外包市场分布

单位：%

国家和地区	占比	国家和地区	占比
美国	27.90	中国台湾、中国香港和新加坡	24.90
西欧	22.10	其他地区	8.9
日、韩	16.2		

（三）业态分布不断优化

从业务流程分类看，苏州市已实现了信息技术外包（ITO）、业务流程外包（BPO）和知识流程服务外包（KPO）的全覆盖。

表 3　业务流程分类占比

单位：%

业务流程分类	服务业务收入占比	业务流程分类	服务业务收入占比
ITO	43	KPO	46
BPO	11	合计	100

（四）服务外包载体不断优化

从服务外包的区域分布看，苏州工业园区、高新区、昆山和太仓形成了重点集聚区。目前，苏州工业园区国际科技园和中新科技城、苏州高新区科技城和创业园、昆山花桥国际商务城和软件园、常熟大学科技园和科技城、太仓 LOFT 创意产业园和国际服务外包园、吴中科技园和太湖科创产业园等服务外包载体相继建成或正在抓紧建设中，全市服务外包专业功能载体建筑面积已达 500 万平方米，初步形成苏州工业园区——"中国模式服务外包产业第一园"、昆山花桥国际商务城——"中国金融 BPO 示范区"、苏州高新区——"华东地区软件服务外包中心"、吴中经济开发区——"生物医药研发高地"的品牌效应。昆山花桥国际商务城和常熟东南经济开发区分别入选"2010 年度中国服务外包最佳示范园区十强"。

（五）公共服务平台特色明显，产业拉动作用显著

各级政府和园区重视公共服务平台建设，已建或在建一大批高标准、高效

服务外包蓝皮书

率、低价格的公共服务平台，对苏州的服务外包产业带动效益明显。其中吴中区的动物实验开放服务平台成为生物医药研发企业落户的重要因素，苏州工业园区在建的国科综合资料中心符合国际最高标准 TierIV（容错级数据中心标准），将成为华东地区最重要的资料平台之一。

二 苏州服务外包发展的优势

（一）制造业基础好

服务外包和制造业的发展虽不是两条并行的直线，但制造业的发展为服务外包产业提供了基础条件。苏州制造业产业体系完善，发展水平高，尤其是新兴产业和高新技术产业的快速发展，为服务外包提供了广阔的市场需求。2011年，全市实现工业总产值 3.33 万亿元，其中规模以上工业总产值 2.82 万亿元，成为仅次于上海的工业大市、制造业强市。

（二）外向经济带动大

苏州是一个高度开放的城市，以开放型经济著称。2011 年全市进出口总额突破 3000 亿美元，实际利用外资近 90 亿美元，外资企业近 1.8 万家，世界 500 强企业中有 141 家落户苏州。外资企业的发展既有力地推动了苏州经济的发展，又有效地带动了苏州服务外包企业的发展，为服务外包企业开拓国际市场搭建了平台。苏州服务外包企业中近一半是外资企业，有 188 家企业通过了国际、国内认证，很多跨国公司将共享服务中心落户苏州，承接集团内的研发设计等高端业务。

（三）区位优势明显

苏州紧靠上海，区位优势十分明显，交通便捷，上海浦东、虹桥机场，苏南硕放机场，京沪高铁，沪宁高速及港口运输、电信通信的发展，都为苏州服务外包经济的快速发展奠定了基础。至 2011 年底，全市公路总里程 13047 公里，其中高速公路 535 公里，互联网宽带用户达到 220.5 万户；2011 年，全市旅客周转量 274.6 亿人公里，货物周转量 149.8 亿吨公里。

294

（四）人力资源丰富

苏州人文环境好、人力资源丰富。目前，全市各类人才近 160 万人，在苏高等院校 20 多所，尤其是"苏州工业园区服务外包职业学院"为苏州发展服务外包经济培养了大批专业人才。在苏州注册的各类社会培训机构近 300 家，专门从事企业内训的培训机构突破 1000 家，这些为苏州市发展服务外包产业提供了人力智力支持。

（五）政策日趋完善

为了支持服务外包产业发展，市委、市政府出台了一系列专项政策，先后制定了《关于促进服务外包发展的若干意见》、《苏州市服务外包产业跨越发展计划》、《关于加快服务外包人才培养的若干意见》等一系列促进服务外包经济发展的政策措施，在税费资金、员工培训、市场开拓等方面给予政策扶持，并为服务外包企业提供优质服务。

三　苏州服务外包发展的困难

（一）缺乏中高端专业技能人才

现有高等教育的人才培养模式难以适应服务外包快速发展的需求，区域内高校适用专业人才培养数量不足，人力资源基础结构不合理，中高端专业技能人才相对缺乏、人才吸引力还不强，一定程度上制约了苏州服务外包的发展。

（二）企业规模偏小、效益偏弱

目前，苏州市服务外包企业规模偏小、整体水平不高、承接业务大部分处于低端。针对 400 多家服务外包企业的调查数据显示，2011 年苏州市服务外包企业户均从业人员 123 人、人均营业额仅 39.6 万元，营业收入利润率（毛利率）为 4.5%，主营业务成本水平 72.3%；与 2010 年相比，营业收入、成本、利润分别增长 22.6%、19.4% 和 16.8%，劳动者报酬、利息支出和销售费用分别增长 45.6%、139.5% 和 41.6%。

（三）产业集聚度不高、品牌影响力不强

苏州市虽有一定数量的服务外包企业，也形成了一定规模的产业经济，但总体看产业集聚能力还不强，企业品牌的影响力还不大，"苏州服务"与"苏州制造"相比还显得过于稚嫩。

四　苏州市服务外包发展思路及对策建议

服务外包业作为高端现代服务业的重要组成部分，是苏州市发展新经济、优化和提升产业结构的重要引擎，是实现"保增长、调结构、促转型"目标的重要抓手。

（一）抓好服务外包"十二五"发展规划的实施工作

根据苏州市服务外包"十二五"发展规划的总体部署，到2015年，全市实现接包合同额达到150亿美元，离岸执行额达到70亿美元，集聚千人以上规模的大型服务外包企业累计数达到近90家，从业人数累计达到30万人。为此，要进一步落实全市服务外包产业布局、功能定位规划，做到各区域有所侧重，形成特色，努力实现区域之间的错位竞争和联动发展。同时，要出台更具竞争力的政策措施，加快引进龙头企业和扶优扶强中小企业。围绕规划提出的开创新局面、培育新核心、构建新动力、形成新载体、开拓新空间和构筑新格局等六大主要任务，早作谋划，着手组织实施服务外包企业"小巨人"工程、服务外包"人才倍增"工程、服务外包"战略招商"工程等服务外包专项工程。

（二）加强服务外包投资促进工作

加快引进一批龙头型、规模型、基地型服务外包企业，是实现服务外包跨越发展的基础，也是提升服务外包发展水平的关键所在。一要围绕服务外包"十二五"规划确定的重点招商领域和重点行业，发挥《苏州市服务外包产业招商指引》对示范园区和招商人员的指导和服务作用，坚持"走出去"和"引进来"相结合的服务外包投资促进工作机制，进一步加大对全球和国内服

务外包百强企业的招商力度，着力推进一批国内外知名的外包企业落户。要继续以服务外包为主题，组织好市政府赴境外的投资促进活动。组织好第四届国际服务外包合作大会和第三届服务外包博览会的参会工作。拟与中国服务外包研究中心等深入合作，共同举办中国（苏州）服务外包创新发展与国际合作年会。协助配合各服务外包示范区举办的 SSON（共享服务和外包）中国峰会、金融外包峰会等服务外包投资促进活动。二要积极培育一批规模型本土企业。对品牌优势明显、发展潜力大的本土外包企业，进行重点指导、重点服务、重点支持，帮助其做大做强。三要充分发挥苏州制造业强市的优势，吸引已在苏落户的跨国公司制造企业将其数据中心、共享中心向苏州市转移。

（三）扎实推进服务外包人才引进和培养工程

全力构筑具有吸引力的服务外包人才高地，打造服务外包人才集聚地。一要加强人才培训工作。在苏州市高校资源相对较弱，人才储备不足的背景下，要积极寻求国际知名外包企业、培训和咨询管理机构，将其作为战略合作伙伴，通过引进先进的人才培训理念和模式，共建专业化的服务外包人才培训基地。要根据服务外包产业发展的需要，推动人才培训机制创新，各培训机构要设计制定与国际接轨的服务外包课程体系，提高专业学科与企业需求的结合度，通过委托培训、定制培训和定向培训等创新模式，缩短企业用工适应时间，帮助企业培养一批急需的技能型、实用型人才。二要加快引进人才。大力吸引海内外具有从事服务外包经验、对国际外包市场熟悉的项目经理以上的中高端人才，特别是引进一批入选国家"千人计划"、省高层次"双创人才计划"和市"姑苏人才计划"的服务外包领军人才。同时，商务、劳动人事部门加强合作，共同组织服务外包企业赴武汉、成都、西安等地开展校园招聘活动，吸引更多的服务外包实用型人才向苏州市集聚，帮助企业解决招聘难的问题。三要加快建立服务外包人才库。依托苏州市服务外包人才培养实训中心，加快建立服务外包人才库，形成服务外包人才集聚的"蓄水池"效应，以人才集聚优势，构筑服务外包的发展优势。

（四）打造各具特色服务外包载体

把服务外包载体建设作为推进服务外包产业发展的切入点，加大力度，重点突破，形成特色。一要合理规划服务外包园区布局。要按照建设集办公、生活、休闲、娱乐于一体的高质量服务外包集聚园区的要求，进一步完善各级服务外包载体的基础设施建设。要按照服务外包"十二五"规划确立的空间布局，精心规划建设一批各具特色的服务外包载体和园区，实现错位发展，积极吸引大企业进园、小企业进楼，切实发挥各类载体对企业发展的承载、孵化和促进作用。二要创新服务外包园区开发建设模式。积极与国内外先进服务外包园区开发商合作，共同建设运营服务外包专业园区，努力形成各具特色的个性化、专业化布局。三要强化公共技术平台建设。各级政府要加大对各类公共技术平台的投入力度，努力为服务外包企业提供必要的技术支撑和公共服务，提升服务外包产业公共服务功能，形成"平台共建、信息共通、资源共享"的良性格局。

（五）加大政策推进的力度

2011年苏州市出台了《关于促进服务外包跨越发展的若干政策》，新一轮政策对服务外包企业和机构的支持力度和扶持范围进一步扩大。为此，要全力组织好符合条件的服务外包企业、培训机构和平台做好资金的申报工作，加大政策的宣讲力度，帮助企业吃透政策、用好政策、用足政策，通过财政资金"四两拨千斤"的杠杆效应，引导本市外包企业不断做大做强，推动全市服务外包产业跨越发展。

B.18
成都市服务外包产业发展的现状与未来

李 皓*

摘 要：

本文总结了成都服务外包产业发展的特点；研究了企业业务发展情况、行业协会的桥梁和纽带作用以及成都服务外包产业发展的机遇与挑战；分析了成都市服务外包人才学历结构、职能结构、语言结构及薪酬变化、人才流向趋势以及人才需求、人才引进及人才培养状况；提出了推动成都服务外包产业可持续发展的若干政策措施：制度创新方面，从机制上保障对产业的持续推动；政策创新方面，始终着力于引导企业做大做强；服务创新方面，为产业链提供要素保障；业务创新方面，构建成都服务外包的发展模式。

关键词：

成都服务外包产业 创新 服务外包人才

2006 年，成都成为全国首批"服务外包基地城市"。2008 年，成都成功举办了"首届中国国际服务外包交易博览会"，塑造了"成都——全球服务外包新兴城市"的新形象，成都跻身全球服务外包新兴城市 50 强，名列第 37 位。2009 年，成都被国务院确定为全国 21 个"服务外包示范城市"之一。

近年来，成都市委市政府一直高度重视服务外包产业发展，将其作为成都"奋力打造西部经济核心增长极"的战略性新兴产业。在政策的引导和支持下，成都凭借在人才、成本、环境上的三重优势，正加快提升承接服务外包产业转移的能力，努力成为国际服务外包产业大规模转移的重要承接地和国内服务外包产业由东向西转移的主要目的地。

---

* 李皓，成都市商务局。

一 成都服务外包产业发展总体概况

（一）企业聚集明显

2011年，成都服务外包产业持续发力，行业及企业发展取得新的突破。成都以优良的人居环境、充足的人力资源、较低的商务成本以及优质的政府服务等，成为国内外服务外包企业投资合作的首选地。目前，全球服务外包前10强的埃森哲、IBM、维布络3家企业以及全球前100强的21家企业落户成都；中国服务外包10大领军企业已有6家在成都设立了分支机构；超过40家跨国集团企业在成都设立了全球交付中心、共享服务中心或研发中心；9家成都本土企业进入"2012年度中国服务外包成长性企业100强"，初步形成了世界500强及知名跨国公司、国内著名服务外包企业和本地众多成长型企业共同构成的服务外包产业集群。

（二）产业发展迅速

根据商务部服务外包业务管理和统计系统统计，2011年成都市离岸服务外包合同登记金额达6.1亿美元，同比增长47.08%，实际执行金额4.7亿美元，同比增长80.91%（见图1），离岸服务外包合同金额和执行金额继续位居西部第一。

近三年，成都服务外包实现高速增长，离岸服务外包合同金额年均增长90%，执行金额年均增长115%。

截至2011年底，在商务部服务外包业务管理和统计系统里登记离岸服务外包的企业达330家，相比2010年新增62家。全市千人以上服务外包企业10家，离岸执行金额千万美元以上的企业有12家。

目前，全市通过CMMI、ISO27001以及ISO20000等国际资质认证的外包企业数持续上升，其中全市通过CMMI3以上认证的企业70余家，通过ISO27001认证的企业30家，通过ISO20000认证的企业13家，标志着成都的服务外包企业交付能力日臻成熟。

2011年，成都市离岸执行金额超过2000万美元（含2000万美元）的企

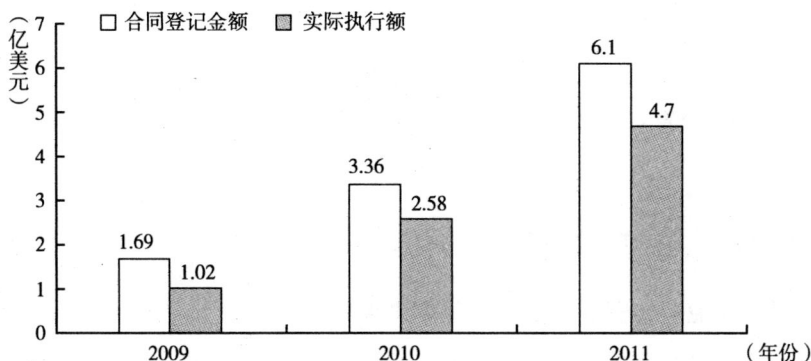

图1　2009～2011年成都离岸服务外包规模

资料来源：成都市商务局。

业有4家；离岸执行金额达800万～2000万美元的企业超过10家。上述企业累计离岸执行金额占全市服务外包执行总额的73.9%，成为成都市服务外包产业推进和产值贡献的重要力量。

（三）区域发展格局逐步形成

在成都市服务外包产业规划的指导下，"一个中心、多点聚集、梯度转移"的空间发展格局初步形成。天府新城高新技术产业区是成都服务外包产业的中心区域；锦江区、青羊区、金牛区、武侯区、成华区等中心城区逐渐聚集形成特色的服务外包园区或专业楼宇；随着产业发展的需要，逐步向以西郊的温江区、崇州市、郫县、都江堰市为重点的二、三圈层进行梯度转移。

高新区凭借传统的优势和扎实的信息产业基础，继续稳步壮大软件及服务外包领域的产业聚集力量，2011年，高新区离岸合同金额4.66亿美元，增长72.6%，离岸执行金额3.84亿美元，增长113.3%，约占全市离岸合同执行总金额的84.8%。除高新区以外，锦江、青羊、金牛、武侯、成华五城区也发力打造各具特色和侧重点的服务外包园区，并培育、引进相应的服务外包企业和培训机构，各区企业离岸业务有较大突破，五城区共计服务外包离岸合同额1.13亿美元，离岸执行金额0.6亿美元，约占全市的13.2%；与此同时，龙泉、温江、都江堰、双流等二、三圈层区域也高度重视，结合本区域原有的产业基础，服务外包产业实现了稳步发展，离岸合同金额达 1031. 77 万美元，离岸执行金额为 872. 38 万美元。

作为现代服务业重要组成部分的服务外包产业，正按照规划的步伐，逐步呈现出多层次、全方位、欣欣向荣发展的局面。

（四）服务外包业务呈现新的变化

1. KPO 业务比例大大高于全国平均水平

2011 年，成都市信息技术外包服务（ITO）和知识流程外包服务（KPO）是服务外包供货商的主要服务方式，超过全市服务外包总收入的90%。其中，ITO 业务约占全市离岸合同金额的60.4%，BPO 业务约占全市离岸合同金额的7.2%，KPO 业务约占32.4%。与全国水平相比，ITO 业务的总量与全国 ITO 业务总量相当，但BPO 业务和 KPO 业务与全国水平相比差距较大。由于成都的工程设计类企业居多，因而全市 KPO 业务比例大大高出了全国平均水平。而 BPO 业务虽然在成都具有良好的发展前景，但目前仍处于起步发展阶段，所占比例偏小（见图2）。

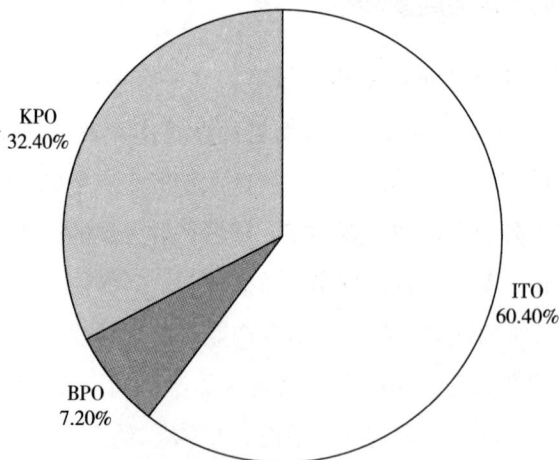

图2　2011 年成都市服务外包离岸业务类型图

资料来源：商务部服务外包业务管理及统计系统登记数据。

2. 非洲市场业务来源迅速增加

商务部服务外包业务管理和统计系统显示，传统优势地区仍保持领先，美国仍是成都离岸外包业务最大的发包来源地，欧洲、日韩、港台为离岸服务外包业务的主要来源地。

从离岸服务外包具体执行金额比例来看，2011 年，美国市场占全市服务外包业务所承接的整个市场发包量的比例已上升至 40.9%，欧洲市场约占整体发包市场的 14.8%，非洲市场约占整体发包市场的 12.5%，日韩市场约占整体发包市场的 10.5%。

与 2010 年相比，发包地区比例最大的变化在于非洲占比的明显提升（2010 年非洲比例微小）和东南亚占比的下降（2010 年东南亚占比为 19%），这主要源于目前此两个地区的外包业务主要为工程外包设计业务。2010 年成都市的工程类设计外包项目主要集中在东南亚地区，而 2011 年，几个大的工程设计项目都出现在非洲，因此形成了两地区数据占比的较大变化。无疑，发展中国家集中地区大量开展的工程项目所带来的设计外包及服务，已成为成都市离岸外包业务中的重要贡献板块（见图 3）。

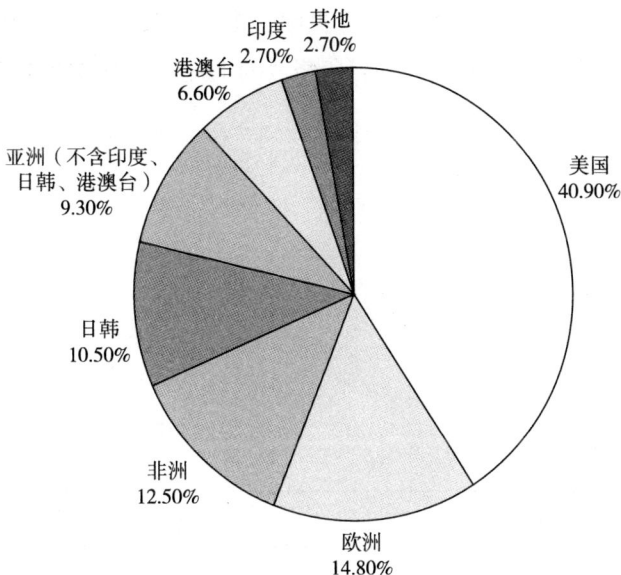

图 3　2011 年成都市服务外包离岸业务的发包地区分布

资料来源：商务部服务外包业务管理及统计系统登记数据。

303

二 成都服务外包企业业务发展情况

2011 年，成都市服务外包离岸执行金额前 30 强企业，总计离岸执行金额约为 4 亿美元，占全市离岸执行总额的 86%。

（一）典型服务外包企业的行业分布

行业领域表示目标客户市场所涉足的垂直行业领域，即金融、政府与教育、制造、零售、信息服务业、能源、运输以及卫生健康等八大行业，其中通信和动漫归类于信息服务业（根据中国国际投资促进会最新发布的行业研究报告标准）。

从行业划分来看，最受成都前 30 强服务外包企业关注的行业为信息服务业（含通信和游戏动漫）（见图 4），这与国际及中国的外包行业趋势十分吻合。

制造业释放出的生产性服务外包需求所带来的业绩表现较好，由"中国制造"向"中国服务"延展的业务将更深、更广，其市场前景值得关注。同时，能源行业中的大型国际工程项目所释放的工程设计外包业务吸引了成都较多设计类院所的目光。

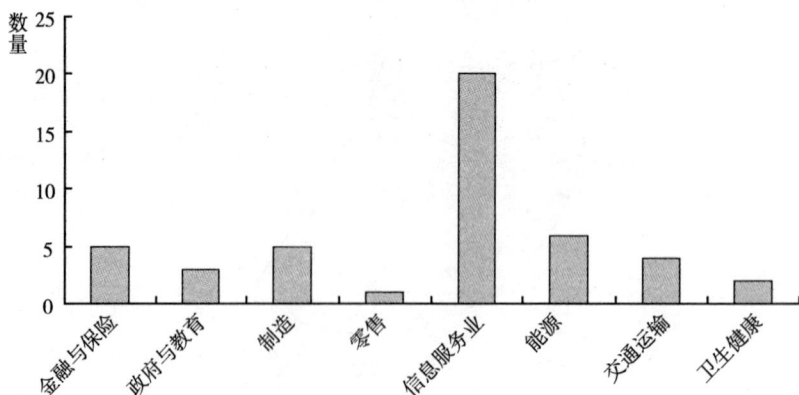

图 4 2011 年典型服务外包企业行业分布

资料来源：2011 年全市服务外包离岸执行金额前 30 强企业。

（二）典型服务外包企业 2011 年发展趋势

以下资料来源为成都市 60 家重点服务外包企业的调研结果。

随着我国人力成本的普遍上涨、人民币持续升值、订单利润缩减、更多新兴服务外包承接地竞争等新的挑战及压力出现，国际服务外包产业出现了新变化，服务外包日益向产业高端发展。企业将逐渐从外延式增长向内伸式增长方向转变，企业将更加重视专业技术的积累和差异化发展，如技术创新、商业模式创新、细分领域突破等，以不断向产业链高端前进。

根据调研反映，2012 年企业不仅在人数、场地规模上有所增长，同时在行业的拓展、业绩上都有所增长。

在接包地区的分布上，预期仍将主要集中在美国，同时企业拟进一步加大对欧洲和日本地区的开拓力度，同时随着国内 IT 服务和外包市场需求的不断释放和成熟，企业拟拓展的接包地区也将持续关注国内市场。

在垂直行业领域的拓展方面，2011 年企业关注最多的仍然是信息服务、金融两大行业。同时，2012 年企业还将进一步加大对政府与教育、交通运输行业等的关注。

2012 年受访企业的业务预测情况如下：

（1）外包执行金额增长率在 10% 以下的有 16 家；

（2）外包执行金额增长率在 10% ~ 30%（含 10%）的有 19 家；

（3）外包执行金额增长率在 30% ~ 50%（含 30%）的有 10 家；

（4）外包执行金额增长率在 50%（含 50%）的有 14 家。

另外，受访的 20 家服务外包企业在 2012 年会有融资需求，融资总需求约为 4 亿元，将主要用于企业流动资金、项目资金、固定资产投资等。目前部分企业拥有自主研发的产品并拥有专利，或具有优质、稳定的外包订单。但支持用此类资产作信贷抵押的银行及金融产品仍然缺乏。

三　行业协会充分发挥桥梁和纽带作用

2009 年 6 月 30 日，成都服务外包行业协会正式成立，作为全国较早成立的服务外包协会，其由民间独立运作。理事长由企业负责人轮值，协会秘书长及秘书处所有人员全部由社会招聘。协会自成立以来，充分发挥桥梁和纽带作用，在产业研究、人才培养、企业服务、平台建设等方面发挥了重要作用，在全国服务外包行业中拥有较好的声誉。

（一）架好政府与产业交流的高效通道

从日常的服务外包产业宣传、企业走访、外包资料统计、企业政策咨询，到专项的产业课题调研、规划参与、政策建议等，协会通过政府与产业间的桥梁搭建、对话沟通、报告及专项提议的提交，帮助成都服务外包产业的宏观指导政策与微观实际更加贴近，协助政府的产业环境优化更加满足企业需求，从而让纽带和桥梁的中间力量最终助力于整个地区产业生态环境的合理营造。

（二）以市场拓展为重点、以人才建设为依托，促进企业做大做强

成都服务外包行业协会从成立伊始，便按照产业链环节间的平台纽带定位，紧密围绕对企业发展影响较大的"市场、人才、资金"等环节，整合资源、细化服务，为企业提供发展的各类有效的平台支撑。

1. 在市场拓展平台搭建方面，协会在政府部门的引导和支持下，积极组织成都服务外包企业赴海内外参加各类与服务外包相关的行业峰会、论坛、考察等，以期帮助企业强化市场推广、逐步扩大行业影响

到目前为止，"香港国际信息科技博览会"成都团已是第七次抱团参展并取得丰硕成果；"东京国际动漫展"也是第三次以独立城市展台参展；"美国Gartner外包峰会"成都团第三次以独立城市名义参会及发表主题宣讲……另外，成都服务外包产业以团体方式也多次赴日本、印度、新加坡等国进行投资促进、产业交流。同时，在成都本地举行的大型国际活动中，继2008年首届中国服务外包博览会在成都成功举办后，中—日、中—印、中—欧创新发展等服务外包主题高峰论坛也连续在成都举办。

成都服务外包企业虽然体量不大，但是在这样的公共市场平台上，通过"抱团呐喊"的方式，也让世界更多听到了来自成都这座城市的声音、成都外包新兴产业蓬勃发展的声音以及成都企业孜孜不倦向前求发展的声音。成都与

世界更近，成都企业与国际外包业务的合作机会更加深入和广泛。

2. 在产业人才的培养和引进方面，在人才环境的积极营造方面，协会同样投入较大精力，扎实做好平台的服务和产业的引导

一方面，协会面向服务外包企业以及培训机构，引入国际、国内高端资源，组织各类型的产业内学习分享、专业培训、研讨活动。另一方面，针对产业新进入的从业者以及还未进入产业的在校学生，协会特别联合政府部门、专家、企业等，开展系列丰富的"校园行"公益讲座、技能大赛、科技节等活动，希望通过此类公共活动的开展，持续提升服务外包产业在社会的认知度、获得学校更广泛的参与支持以及帮助学生在校期间积累对新兴产业的基础认识并创造近距离接触产业的机会。

与此同时，2010 年 10 月，成都服务外包行业在线培训公共平台（http：//training. cdcass. org. cn）建成并投入试运行。在线培训平台作为线下工作的扩展，通过互动网络实现产业主管部门、服务外包企业、高校及服务外包人才培训机构、学习者之间的专业培训、交流互动，从宏观到微观渐进的角度，实时展现和分享服务外包产业国际国内的信息，分享国际国内知名院校的在线培训课程，并聚焦成都服务外包的魅力及规划，让更多的业内人士及未来从业者关注成都服务外包产业的发展。在线培训公共平台除了为在校学生及拟从业者有效搭建了动态了解服务外包产业信息的窗口外，也更近距离帮助搭建与服务外包企业对话及互动的平台，为广大学习者和拟从业者开拓知识视野、学习专业理论并实践、进行思维拓展及软素质提升创造良好机会。

3. 协会围绕中小服务外包企业普遍存在的融资难问题，积极探索金融助力服务外包产业发展的相关工作

鉴于大多数本土的服务外包企业有别于传统企业的特点，如个头小、资金少、大多数无固定抵押房产、信贷困难等，协会积极与省市金融主管部门、服务业主管部门、金融机构等单位加强联系，积极组织行业内的融资需求调研、企业与金融机构的对接活动等，并在银行面向软件及服务外包中小企业的信贷产品创新方面献计献策，力争协助相关部门加快推进针对服务外包产业发展的金融创新试点工作，为满足服务外包企业金融需求探索出更加便捷有效的途径及方式。

目前，以成都高新区为代表的"梯形融资模式"的实践，针对科技型中小企业在种子期、初创期、成长期和成熟期等不同成长阶段所对应的不同层次、不同功能的融资需求，充分发挥政府的引导作用和市场的纽带功能，已经通过债权融资、股权融资、上市融资等多种方式，创造性地构建起"科技型中小企业梯形融资模式"，较为有效地破解了区内中小企业融资难题。目前，协会也在积极努力将高新区的成功理念和经验往更多的区域和地市推广。

四　成都服务外包产业发展的机遇与挑战

（一）产业发展的机遇

1. 国际服务业转移加速

在以"降低综合成本、强化核心竞争力、扩大经济规模"为核心内容的新一轮全球产业布局调整和技术革命浪潮中，跨国公司向低成本新兴市场国家大规模转移非核心业务不断提速。2010 年之后，伴随着全球主要经济体从经济衰退中复苏，服务外包产业也走出金融危机后的艰难调整期，逐渐步入回升阶段。按照 NASSCOM 的统计，发达国家的 GDP 增长与服务需求增长和离岸服务增长三者之间的比例关系为 1∶2∶4，虽然发达国家受 GDP 增长放缓的制约，但由于其具有良好数理逻辑基础的工程技术人员供给不足、人力成本高以及对服务外包管理能力日益成熟等综合因素推动，发达国家的离岸发包业务仍呈快速增长趋势。根据 IDC（国际资料中心）预测，2015 年全球服务外包市场规模将达到 1 万亿美元，发展潜力巨大。

2. 国内服务外包产业呈现梯度转移

近几年，中国服务外包呈现出腾跃式发展。2011 年，我国服务外包快速增长，企业承接国际（离岸）服务外包合同执行金额 238.3 亿美元，同比增长 65.0%，比上年提高 22 个百分点。我国服务外包产业国际市场份额也进一步扩大，2011 年我国承接服务外包占全球的 23.2%，比上年提高 6.3 个百分点，已成为全球继印度之后的第二大离岸外包目的地国家。

在中央"逐步实现'中国制造'向'中国创造'和'中国服务'的转型

战略"指引下，服务外包作为战略型新兴产业，已定位为国家产业发展的重要方向。国家对外开放格局正由过去的"向东向南沿海开放"转为"向东向南沿海开放和向西内陆开放并重"，西部地区发展已摆上了国家区域发展的优先位置。伴随着新一轮西部大开发、成渝经济区建设和天府新区建设的深入实施，作为西部特大中心城市、"国家服务外包示范城市"，成都在全国发展大局中的战略地位将更加重要，并将迎来更多与沿海区域协同共赢的机会。

与此同时，中国环渤海、长三角、珠三角等东部沿海主要外包城市受人力成本上升、房租高涨等商务成本攀升制约，正逐渐失去承接新一轮服务外包固有的接包优势。国内服务外包产业从东向西转移加速，成都后发优势明显。

（二）面临的挑战

1. 城市间同质化竞争加剧

2006 年，全国"千百十工程"实施以来，以示范城市为主体，以外包企业为落脚点，以政策为手段，自上而下全面推动产业蓬勃发展。目前，21 个服务外包示范城市已经成为我国服务外包产业发展的主力军，同时还有 30 多个非示范城市也将服务外包纳入城市发展的重要战略之中，各示范与非示范城市围绕服务外包产业，在吸引投资、产业聚集等方面展开了激烈的竞争，同质化现象十分严重。

2. 快速攀升的成本压力，使比较优势减弱

随着中国城市化水平的快速提升，城市的综合成本压力也随之快速增加，特别是一线城市，其中最为明显的是人力成本增长过快。专业机构数据显示，2011 年，服务外包企业进行了普遍调薪，薪酬水平平均提高 12%，部分一线城市甚至提高 16% 以上，极大地削弱了原有的中低成本优势。

3. 中高端人才不足仍然是制约服务外包快速发展的重要因素

基础人才充足是我国重点服务外包城市的一大优势，但中高端人才匮乏，具备熟悉国际商业模式、掌握重要市场、人脉资源，并具有较深厚的纵深行业经验的中高端人才缺乏，仍是制约产业发展的重要因素，也造成人力资源成本过快增长。同时，院校相关课程的设置和实际应用的切合度不高，师资力量的项目实战背景薄弱，毕业生与产业适用性人才的要求还有差距等，也在一定程

度上影响了产业的发展。

4. 企业整体规模偏小、业务价值链相对低端

我国目前尚未形成能与印度企业相抗衡的服务外包企业集团。而就成都市而言，虽然跨国公司、国内领军企业和本土企业形成了一定的聚集，但企业规模普遍偏小，尚无一家企业规模超过 5000 人，企业规模大都在 500 人以内，而且业务相对处于低端。

5. 中国外包品牌有待进一步提升

总体而言，中国外包的品牌影响力不够，特别是海外市场，无论是城市品牌还是企业知名度都较低。同时，服务外包品牌形象缺乏有高度、更专业的包装，更具特色的定位，凝练的精神提炼以及持续专业的传播手段及费用投入等。

五 以创新为驱动，实现服务外包产业的可持续发展

（一）制度创新，从机制上保障对产业的持续推动

2006 年，成都市成立了以市长为组长的全市服务外包发展工作领导小组，统筹协调全市服务外包产业的推进工作，建立了市级相关部门参加的联席会议制度。市长召开的每季度一次的外商投资企业座谈会，让服务外包外资企业可以将问题直接反映给市长。设立知识产权保护法庭及在服务外包协会设立版权保护工作室，使知识产权保持落到实处。2007 年市政府出台了《关于加快成都市服务外包产业发展的若干意见》，先后出台了系列支持和促进服务外包企业成长和人才引进培养的政策措施。2009 年，毕马威为成都市编制了《成都服务外包产业发展规划》，《规划》描述了成都市服务外包的发展目标、总体布局、产业组合以及规划实施路径等。

（二）政策创新，始终着力于引导企业做大做强

从 2008 年开始，成都市逐步制定了一整套支持企业发展的政策措施，除配套商务部人才培养和国际资质认证等，重点着眼于招大引强，着力于扶优扶

强，将支持重点放在鼓励和支持企业扩大规模、增强竞争力上，支持企业海外投资并购，形成龙头企业的带动效应。一批企业迅速成长，近两年，仅成都天府软件园就以每年净增 1 万人的速度扩张。

（三）服务创新，为产业链提供要素保障

成都市把服务外包作为战略性新兴产业，大力提高服务意识，围绕产业链的整体构建，积极配置各生产性要素。

1. 树立"产城一体"观念，将园区融入城市发展之中

成都市现有 6 个市级以上服务外包示范园区以及部分特色载体，其中天府软件园作为成都软件与服务外包产业发展的核心载体，拥有一流的楼宇设施，已投入使用面积达 110 万平方米，是国内规模最大的集中建设的软件园以及发展态势最好的软件园之一，聚集了 IBM、SAP、爱立信、DHL、马士基、埃森哲、Wipro、华为、腾讯、阿里巴巴等数百家国内外知名企业以及一大批本土企业，由于园区的良性高速发展，以至于现在出现入驻企业"等候入园"的现象。

成都天府软件园的快速成长，得益于成都城市禀赋与软件及服务外包产业的高度契合，得益于园区发展与城市发展的深度融合，这种创新式的"产城一体"的发展理念，保障了园区的持续良性发展。天府软件园连接并延伸了政府各种服务职能，在天府软件园，帮助企业低成本高质量完成初级人才"最后一公里"的人才转化和中高端人才引进是最重要的服务之一，目前，已经建立了成熟完善的人才服务体系，得到了企业的高度认可和欢迎。

2. 以人才引进和培养为重点，打造产业核心竞争力

一是按照"中端和基础人才靠培养，高端人才靠引进"的基本思路，制定了《成都市中长期人才发展规划纲要》，出台了《成都市引进高层次创新创业人才实施办法》。

二是引进美国肯耐珂萨、麻省大学、NIIT、清华万博等国际化培训和人力资源机构，拓展高端人才培养和引进管道，并提供相应的政策支持。依托院校联盟、行业协会及社团组织，开展多方位的合作，深化成都大学、西南石油大学等与印度 TCS 公司的合作。

三是以国家级成都服务外包人才培训中心为平台，包括电子科大在内的33 家经认证的培训机构为骨干，构建由政府、行业协会、大专院校、专业培训机构、企业组成的多元、立体、在线和线下互动的人才培养体系，为产业基础人才提供了较为充分的保障。

3. 加快平台构建，为产业发展提供保障

成都市从完善平台框架结构、理顺平台运营模式着手，加快服务外包平台构建，促进了全市的软硬件资源共享。

一是公共技术平台建设。近两年，一批重大公共技术平台陆续投入运营，极大的支撑了服务外包产业的可持续发展。如位于成都高新区的中国西部信息中心总投资近 10 亿元，储存能力超过 1000TB，核心出口带宽达 1450G，是目前西部最大的数据灾备中心。成都云计算中心是国内第一个商业化运营的超算中心，也是国内第一个同时为政务应用和科学计算服务的超算中心，更是国内第一个规模化实用化的云计算中心。高新区公共技术支撑平台是中国西部最大的国家级公共技术平台，拥有 IC 设计测试实验室、集群渲染与高清非编中心、信息安全专题实验室、演示验证中心、测试中心、Android 实验室、手机测试平台、海外游戏平台等，为企业提供了强大的技术支持服务。

二是公共培训平台建设。建立了成都服务外包行业在线培训公共平台，为在校学生及拟从业者有效搭建了动态了解服务外包产业信息、学习专业理论及实践的平台。建立成都软件人才培训联盟，专注于满足成都软件及信息服务外包产业的人才需要。

三是公共信息平台建设。建立了成都市服务外包公共信息平台、对日外包公共平台、成都—北欧服务外包公共平台等系列信息平台，整合本地产业资源，搭建起对日、对欧的管道，促成了一大批国际一流服务外包发包商、协会组织来访、业务合作和投资合作。

4. 促进外包释放，为企业发展提供商机

随着国家西部大开发战略的不断推进，以及成都"五大兴市战略"的实施，成都服务外包显示出巨大的商机。目前，成都市各行业各领域的服务外包需求旺盛，同时成都是一个开放度较高，发包意识较强，发包战略稳定的城市，已在智能城市、智慧交通、医疗卫生、旅游信息、金融服务等方面释放了外包需求。

（四）业务创新，构建成都服务外包的发展模式

在大力发展软件开发、通信研发等业务的同时，成都市力求在重点垂直细分领域取得突破。

1. 大力发展金融服务外包

金融服务外包是成都市西部金融中心和服务外包示范城市建设中重要的支撑内容，为此，成都市在国内较早推出了金融外包系列规划和政策措施，包括《成都市金融产业发展规划》、《关于加快我市金融服务外包业发展的若干意见》、《成都市金融服务外包产业发展行动计划》等，这些改善措施是目前国内金融服务外包产业针对性最强、扶持力度最大的产业政策体系。同时，通过《行动计划》，提出了金融服务外包的产业发展路径，并首次明确提出金融综合服务外包能力建设，以及金融服务外包创新的重要作用。

2. 大力发展生物医药外包

在近年跨国生物医药企业将新药研发、临床试验和生产制造纷纷转移至中国的趋势下，作为"国家生物产业基地"和"中国服务外包示范城市"的成都积极应对，内培外引，生物医药外包产业已初具规模。引导成立了生物医药外包服务联盟。通过行业组织，成员单位实施资源整合、品牌共享，行业水平得到了整体提升，能够为客户提供包括早期药物发现、临床前研究、各期临床试验、药物基因组学、信息学、药物经济学及药效追踪等方面的"一站式"研发服务，同时，在药物安全性评价服务、药物化学与合成化学外包、以生物芯片为基础的分子诊断服务等领域具备一定的实力和特色。

3. 促进移动互联网与服务外包的融合

成都市以高新区为重点，将移动互联网作为未来重点发展的战略性产业之一。高新区拿出 10 亿元作为移动互联网发展专项资金，用于重点项目（企业）引进、优势潜力企业培育、公共服务平台建设与运营、高端人才引进等。并以移动智能终端等硬件研发制造为基础、以移动互联网软件平台为核心、以基于移动互联网应用开发及服务为突破，着力把成都高新区打造成为国内一流、有国际影响力的移动互联网产业聚集地，成为我国移动互联网领域的创新资源聚集区和产业发展增长极。随着移动互联网产业在成都的逐步成熟和聚

集，贯穿基础层、应用层、增值服务层等的新产业链发展，也将为成都的外包企业带来更多的外包机会。

4. 通过企业的不断实践，探索业务模式创新

鼓励服务外包企业勇于从多角度尝试创新，并向产业链高端努力。如成都巅峰软件率先提出并积极倡导的 OBC 模式。巅峰以自身在中国服务外包市场的经验和积累为基础，以对行业发展趋势以及客户需求的深刻洞察为导向，以全球最前沿的 ICT 技术和整合解决方案为手段，为客户提供从咨询规划、实施交付，到运维服务在内的全程外包服务解决方案。成都维纳软件在商业模式上进行探索，试图走出一条综合商社模式的服务外包企业发展路径。

5. 培育产业创新氛围，打造"外包创新在成都"的城市新名片

随着全球市场形势的变化和内部成本压力的上升，服务外包正由低成本、简单服务向产业链的更高端升级，创新是未来中国服务外包产业发展的关键因素，成都希望能率先在全国产业发展中提出并强化"服务外包产业的创新因子"，形成"外包到中国，创新在成都"的独特行业地位和产业定位。2012 年7 月在成都成功举办了"首届（2012）中国创新服务外包峰会"，超过 300 位海内外行业专家、企业及院校高层以及政府主管部门、园区代表出席了大会。

大会通过产业发展、资本、新技术、园区、人才等方面的主旨演讲、高端对话以及启动问鼎·蓝鲸投融资项目的征集活动、服务外包产业最佳创新实践评选启动、服务外包企业创新宣言以及《2011 成都服务外包产业人才发展报告》发布等内容，从不同视角、不同层面，进行思想的碰撞及交流，形成了服务外包产业进入创新时代、创新需要资本支持、企业是创新主体、实现园区创新升级发展、完善创新人才培训体系等 5 点共识。

六　结束语

30 年发展制造业的道路告诉我们，最明智的现代服务业产业发展途径是通过引进消化再创新，不断引进国外先进技术、商业模式和行业经验，通过中国市场的消化和培育，不断推动形成自身的品牌和核心能力，最终形成能够在全球市场具备竞争力的一批企业。

　　服务外包作为现代服务业最重要的领域之一，同样需要以创新的精神和模式推进外包产业的可持续发展与升级，在传统外包的基础上为全球客户提供中国市场实践的附加价值。即通过服务外包的方法不断把全球最好的服务技术、产品和解决方案引入中国，并结合中国市场的需要和特点加以技术创新、模式创新。

　　现在，成都已经吸引了一大批跨国企业将自己的研发和服务中心设在成都，成都外包也已成为中国承接世界服务外包的一个重要品牌。

　　今后，成都将在最适宜外包的城市天然禀赋条件、人才基础、具竞争力的成本优势之上，以"创新创造"为驱动，使这座全球最具活力的服务外包新兴城市，快速发展成为一座"创新外包"的魅力新城！

B.19

附录：成都市服务外包人才队伍建设初探

陈小兵　徐洁*

一　成都市服务外包人才现状分析

（一）中国服务外包产业人才状况

随着中国服务外包产业比重的迅速增长，中国服务外包产业从业人员规模也迅速增长，截至2011年底，中国服务外包企业共有从业人员374.58万人，2011年新增从业人员82.12万人，其中新增大学（含大专）毕业生就业人员50.24万人，占61.17%，成为吸纳大学生就业的重要管道。

中国服务外包人才主要集中在21个中国服务外包示范城市。其中21个示范城市共有从业人员289.17万人，占77.2%，其他地区共有从业人数85.41万人，占22.8%。

中国服务外包人才呈现智力密集性特点，整体素质较高。在374.58万人中大学以上学历301.42万人，占80.47%，其他学历73.16万人，占19.53%。（资料来源《2011成都服务外包产业人才发展报告》）

（二）成都市总体人才结构

2011年，成都市人才资源总量为226.97万人。其中：企业经营管理人才17.23万人，占7.59%；专业技术人才81.17万人，占35.76%；技能人才78.92万人，占34.77%；人才总量比上年增长了24.83万人，增幅12.28%。全市各类人才中，具有大专以上学历或者初级以上职称的人员129.28万人，占人才总量的56.96%。成都市总体人才结构见表1（资料来源：成都市人事局《成都市人才资源状况报告》）

---

* 陈小兵、徐洁，成都市商务局、成都市服务外包行业协会。

表 1　成都市总体人才结构

单位：万人

类别	研究生		本科		大专		中专及以下	
	人数	比重(%)	人数	比重(%)	人数	比重(%)	人数	比重(%)
企业经营管理人才	0.52	3.02	7.29	42.31	6.65	38.60	2.77	16.07
专业技术人才	2.97	3.66	32.37	39.88	37.21	45.84	8.62	10.62
技能人才	0.04	0.05	7.29	9.24	23.94	30.33	47.65	60.38

（三）成都服务外包产业人才状况

1. 成都服务外包产业从业人员状况

目前，成都服务外包产业共有从业人员 15.32 万人，他们在成都服务外包企业中从事研发、生产、应用、管理及市场营销、教育及人才培养、信息技术服务等工作，成为成都服务外包产业发展的一支产业大军。

（1）学历比例。在成都市服务外包从业人员中，以大学及以上学历人才居多。2011 年大学及以上学历的从业人员占人员总数的 80%，其中 62% 拥有本科学历，18% 拥有硕士及以上学历（见图 1）。相比 2010 年的人才结构，2011 年服务外包从业人员智力密集程度越来越高，整体素质呈现逐步提升趋势。

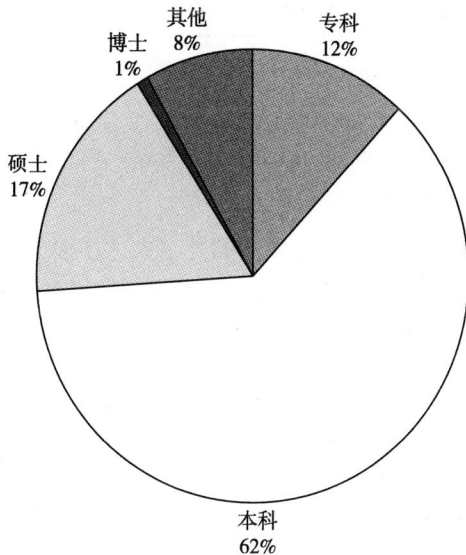

图 1　2011 年成都服务外包从业人员学历结构

317

（2）职能结构。从结构上看，成都市服务外包人才具有层次性（见图2）：一是高层的领军型、创业型人才，他们既懂技术，又懂管理，熟悉客户语言和文化背景，精通国际外包行业规则，具有国际市场开拓能力；二是中高层的技术骨干，他们是掌握外包基础知识，具有外包项目实战经验，能够带领外包团队的中级技术和管理人员，主要是以软件工程师为代表的中高级工程师；三是基层的基础人才，以程序员为主。

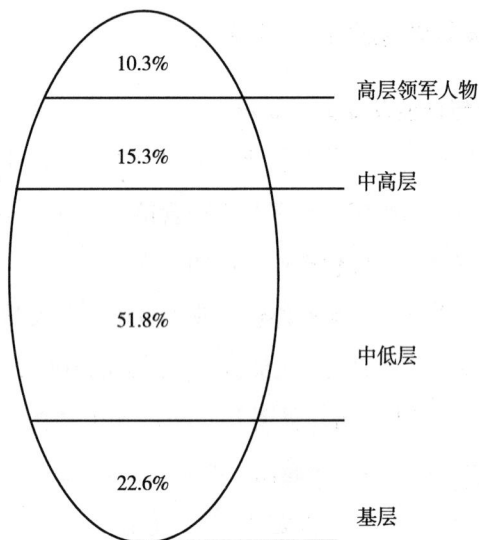

图2　成都市服务外包人才职能结构及百分比

按职位分，成都市服务外包人才中，技术类人员占81.61%，职能管理类占2.99%，其他类占15.40%（见图3）。

（3）语言。成都市服务外包人才中的外语人才主要为英语人才，占67%，其余11%为日语人才，9%为韩语人才，三种语言已占全部语言人才的近90%，其余小语种人才数目稀缺（见图4）。目前包括日语、韩语在内的高附加值小语种发包项目逐渐增多，已占离岸发包市场的34%，语言类人才以后将会更多。

2. 薪酬变化情况

成都相对较低的人力成本以及人才的稳定性，成为大力发展服务外包的核心竞争力。成都市普通在职职工平均人力成本在服务外包示范城市中处于中游

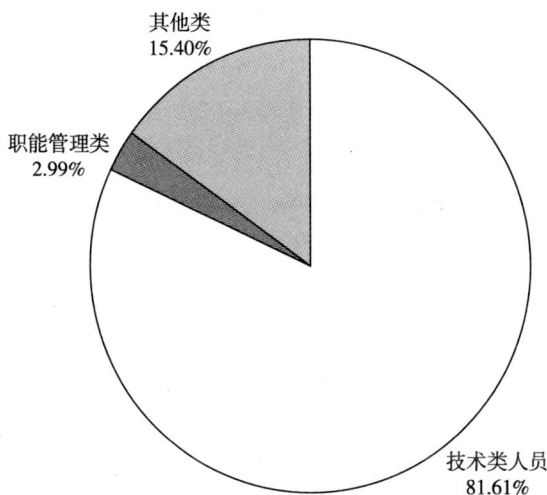

图 3　成都市服务外包人才职位分类百分比

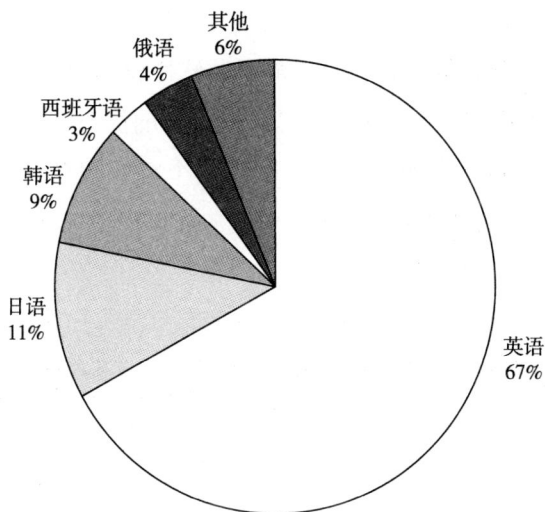

图 4　成都服务外包产业人才语言统计

水平，同一线城市相比具有一定的成本优势。

　　成都 IT 专业人员的平均劳动力成本同一线城市相比平均低 20% 左右，其中成都服务外包人力成本为上海的 73.9%、北京的 82%、深圳的 74.6%。

职位级别对应的薪资。针对成都市服务外包产业人才需求结构，将企业各主要职能部门的员工基本工资水平（年薪）按照三个级别进行的统计分析，反映了成都服务外包行业高中低三个层次的平均人员薪资情况（见表2）。

表2 成都市服务外包产业职位级别基本薪资情况

职 能	职位级别及基本工资水平（平均值：元）		
	一般职员	专业技术人员	高工及主管
财 务 会 计	26780	52786	79230
管理信息系统	30460	60520	90289
人力资源部门	28500	65987	102865
行 政 后 勤	22769	50700	78900
技 术 服 务	33656	67578	108198
研 究 与 开 发	40376	76279	129874
外 包 及 销 售	46231	85750	133776

行业领域对应的薪资。目前，成都市在软件业、金融业、通信业、制造业、生物医药等行业的服务外包领域已形成一定的优势，市场发展初具规模。通过软件业、电信业、金融业和生物医药四个行业服务外包从业人员薪酬（年薪）调研资料，反映了成都市场目前服务外包行业各领域的平均人员薪资情况（见表3）。

表3 成都市服务外包产业行业领域对应基本薪资

行业分类	职位级别及基本薪资水平（平均值，元）		
	一般职员	专业技术人员	高工及主管
软 件 业	27230	66889	105463
电 信 业	26247	56769	92895
金 融 业	36573	79758	127436
生物医学	24659	59648	10237

成都市服务外包人力资源成本增长情况。按照从业年限区分，将成都市服务外包产业从业人员分为应届毕业生、1~5年工作年限、5~10年工作年限、

10 年以上工作年限，以此进行了近三年的平均薪资的调查和比较。2009 ~ 2010 年成都服务外包人才的薪资涨幅基本控制在 7% 左右，比较平稳。2011 年，成都地区服务外包人才薪资增长较快，超过 12%，其中，中高层人才薪资涨幅达 15% 左右（见图 5）。

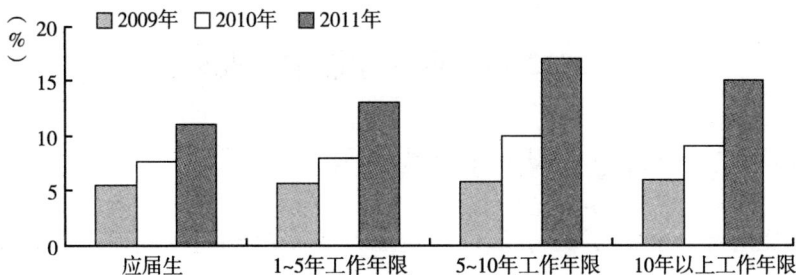

图 5　近三年成都市服务外包产业从业人员薪资增长率

3. 服务外包人才流向趋势

随着产业的快速发展，越来越多的人才回流，愿意回到成都工作，肯耐珂萨人才服务有限公司对 5000 份的抽样调查发现，在外的服务外包人才中：35 岁以后愿意来成都发展的达到 63%。这类人群主要有 5 类人：在成都有读书经历的服务外包人才（18%）；毕业后在成都有过工作经验的服务外包人才（26%）；四川籍的服务外包人才（46%）；有亲属关系在成都的服务外包人才（10%）；这 5 类人才对成都的服务外包行业的发展有着重要的推动作用，他们将自己在一线城市的经验和理论，毫无保留地带回到成都的服务外包产业的发展中来。

4. 中高端人才引进

为推动产业的快速发展，国家和地方制定了相关政策，吸引更多的中高端人才到地方就业，为地方产业服务。2011 年，成都市委组织部出台了《成都市引进高层次创新创业人才实施办法》，高新区出台了《成都高新区鼓励高层次人才进区创新创业实施办法》等相关政策，吸引更多高端人才。同时，成都服务外包行业协会也加强与国内外相关机构的合作，积极引进人才。例如，联合美国麻省大学—麻省国际学院（UMASS）、美国国际文化交流中心

（CCE）等国际院校、联盟，启动打造中国（成都）—美国软件及服务外包人才交流培训平台，希望以美国为重要支点，为成都市软件及服务外包的国际化人才培养探索出一条富有价值的可行之路，共同推进成都服务外包产业的蓬勃发展。

二　2012 年企业人才需求状况分析

（一）2012 年企业对人才的需求分析

根据对部分企业的调研，2012 年企业新增人员需求中，研发占 39.3%；测试占 12.5%；BPO 需求占 26.9%；数字媒体占 5.4%；管理占 3.1%；商务/销售占 2.6%；其他需求占 10.2%（见图 6）。

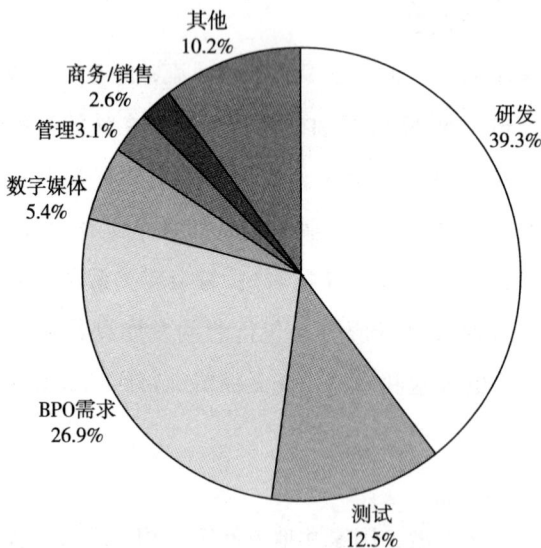

图 6　2012 年服务外包企业人力需求类别占比

2012 年预测 BPO 人才需求最大的领域将是呼叫服务。近年来，呼叫服务发展迅猛，《成都市呼叫中心行业人力资源情况调查报告》显示，2012 年成都市呼叫服务领域将新增坐席量至少 1 万人，主要分布在运营商、财险、互联网等行业（见图 7）。

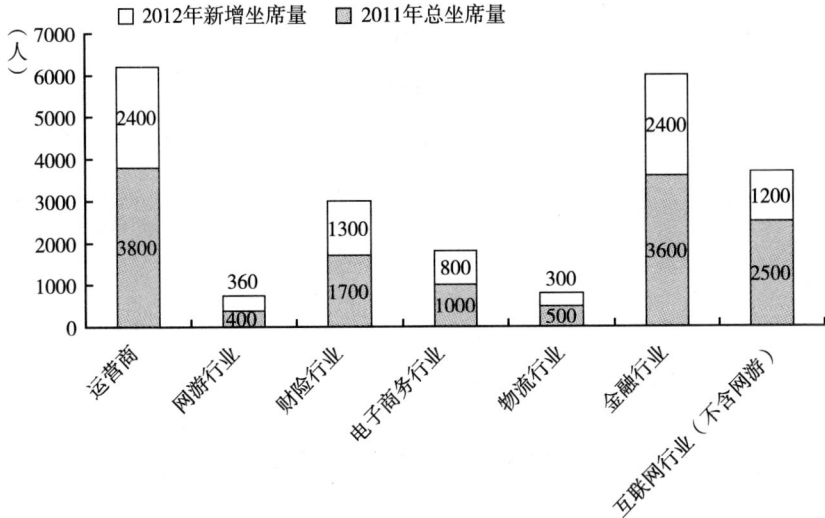

图7　呼叫中心 2011 年坐席及 2011 年新增坐席量

（二）服务外包企业对员工的学历要求

从各服务外包企业回馈的对员工学历的要求来看，研发工程师及软件测试工程师一般要求有本科及以上学历，程序设计员、软件测试员一般要求大专及以上学历；BPO 和数字媒体类的岗位对学历的要求范围较为广泛，可涉及从中专、大专至本科，特别是数字媒体有些岗位，企业对人员学历基本无要求，更多的是看重员工对美术的领悟、创新和实践等基础能力。

（三）企业的招聘途径及方式

数据统计显示，服务外包企业招聘人才的优先选择管道依次为：与专业网站合作招聘、校园招聘会、社会招聘、其他（如业内推荐等）、离散式网络招聘、猎头公司。最主要的管道是与专业网站长期合作招聘、校园招聘会、社会招聘会、其他（如企业员工推荐等）、与猎头公司合作（见图 8）。

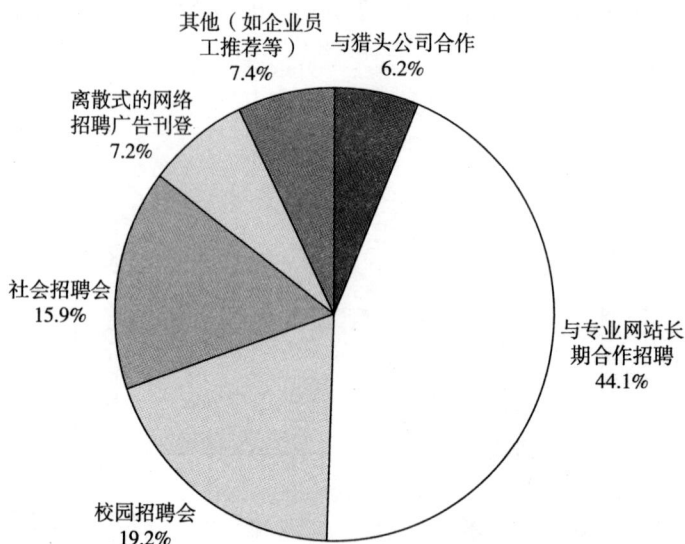

其他（如企业员工推荐等）7.4%
与猎头公司合作 6.2%
离散式的网络招聘广告刊登 7.2%
社会招聘会 15.9%
校园招聘会 19.2%
与专业网站长期合作招聘 44.1%

图8　企业人才招聘方式比例

（四）职位类别预测

根据"人力资源蓝皮书（2012）"对职位类别的预测，企业对技术类人才需求仍将集中在 C/C++、JAVA 等主流技术上（见图9），但由于 ITO 企

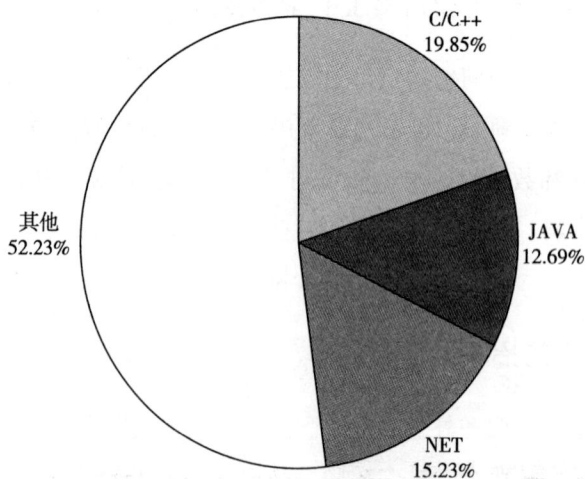

C/C++ 19.85%
JAVA 12.69%
NET 15.23%
其他 52.23%

图9　企业对主流技术需求

资料来源："人力资源蓝皮书（2012）"。

业承接的项目越来越多元化，云计算、物联网、移动 3G、三网融合等新技术、新应用将在 2012 年引发新的人才聚焦，因此，其他新技术类人才的需求也将逐步增大。

三　成都市服务外包人才培养举措

（一）校企合作定制人才培养

目前，成都拥有高等院校 50 所，在校学生（含大专生）61.7 万人，年毕业人数 15.6 万人，其中，服务外包相关专业 2011 年应届毕业生总数为 7.2 万人。一批国家和地方的重点大学都设有电子信息工程、计算机科学与技术、金融、物流等与服务外包相关的专业，为服务外包企业培养不同层次、不同职位的人才。

成都的院校和企业积极合作，共同打造服务外包产业所需人才。2011 年，塔塔信息技术有限公司（TCS）与成都大学、西南财经大学天府学院、西南石油大学组建"塔塔定制班"，联合培养 ITO 方向人才；成都资讯工程学院与佰合国利校企合作，创新人才培养模式，通过"虚拟学院、专业融合、分类培养"的方式，现已建成目前校企合作校内最大的首期 200 坐席的实战型 BPO——呼叫中心人才实训基地；成都现代职业技术学校与成都巅峰软件有限公司共建"联合工作室"，设立"数据处理中心"，并与日本纽康株式会社合作共建"人才培养基地"，实现师资共建，引进项目，真正实现"校企一体化"；清华万博与新都职中、中和职中等联合培养网络工程人才；股瑞特科技与中和职中等 10 所院校联合培养对日 BPO 人才等。通过深度开展校企合作，为学生实习、实训、就业提供岗位和机会，实现学校与企业人才培养的无缝对接。

（二）加强专业建设，推出新专业

为加快促进呼叫中心的快速发展，解决企业急需的与产业结合的大量人才，国家教育部于 2010 年分别在中职和高职的专业目录中增加了"客户信息服务"（090900）和"呼叫中心服务与管理"（590319），并鼓励本科院校和研究生院校根据专业需求建立相关实验室以提升学生实践体验和能力。国家发展服务外包产业政策明确，趋势明显，为服务外包产业的快速发展提供行业指导。

（三）增加培训机构，引入新生力量

人才培养作为服务外包发展的核心环节，得到了相关主管部门的高度重视。作为国家授予的"服务外包人才培训中心（成都）"，2011 年，成都市商务局联合市教育局、市人力资源和社会保障局新认定了 9 家服务外包人才培训机构。截止到目前，成都市共认定服务外包人才培训机构 33 家，为产业人才的可持续发展提供了重要保障。培训机构在成都市服务外包领导小组的指导和服务外包人才培训中心（成都）的牵头下，初步形成了高等院校、职业技术学校、培训机构、企业实训部门所共同互补构建的服务外包人才培训体系。

（四）加强培训，为产业提供支撑

根据成都市 19 家服务外包人才培训机构调查问卷回馈发现，培训机构培训种类多样，培训项目多，针对服务外包企业不同层次的人才制定了不同的课程标准。

2011 年，上述服务外包人才培训机构共培训 3.4 万人，其中软件研发类培训占比较大，年培训 14544 人，占培训总量的 42.73%，BPO 类培训 6549 人，占培训总量的 19.24%，网络、数据库、方案解决，管理类，语言类，数字媒体类分别占培训总量的 11.24%、13.40%、0.63%、6.01%，其他培训占培训总量的 6.74%（见图 10）。

在 2011 年培训机构人才培训工作中，在职人员参加培训的人数为 12145 人，占总培训人数的 35.7%，非在职人员的人数为 21889 人，占培训总量的 64.3%。其中 1.2 万人被定制，占总培训人数的 35.0%。在职人员与非在职人员具体参加培训情况如图 11 所示。

目前，服务外包人才培训周期主要为 3 个月以下、3~6 个月和 6 个月以

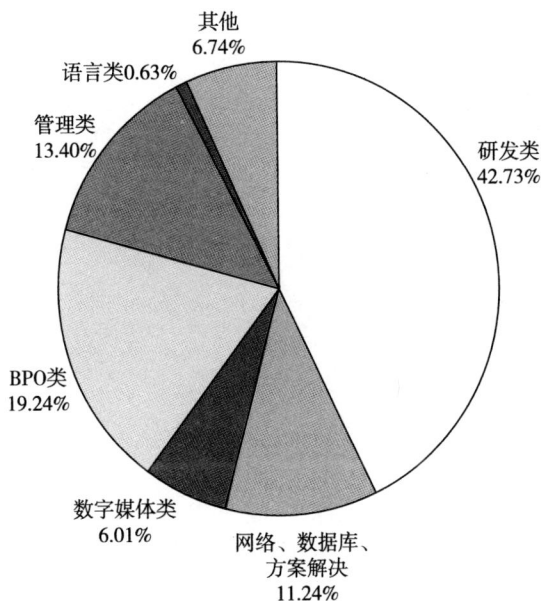

图10　外包培训机构培训类别比例

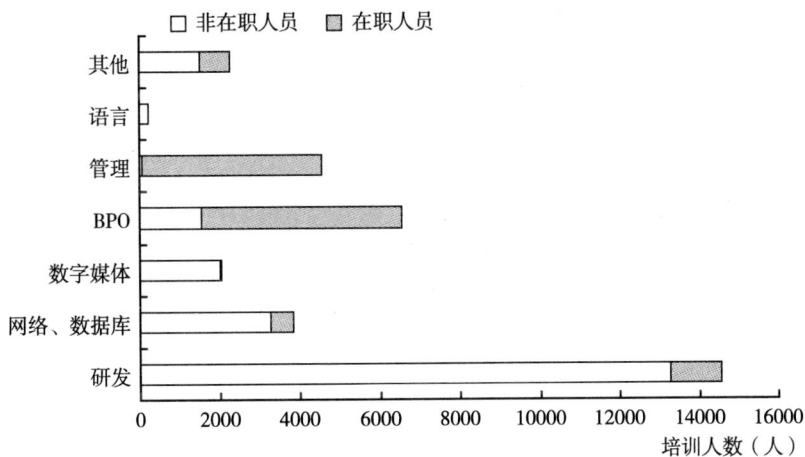

图11　在职人员与非在职人员参加培训情况

上形式的培训，其中 3 个月以下的短期培训占比较大。从 19 家培训机构反馈的 128 个培训项目来看，3 个月以下的短期培训占到 43.2%（见图 12）。

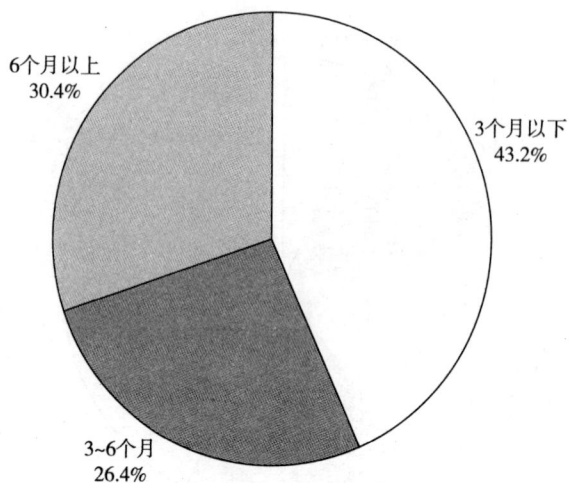

图12　外包培训机构项目培训周期比例

B.20
合肥市服务外包产业发展的现状与思考

王天健[*]

摘　要：

　　本文分析了合肥服务外包发展的现状，提出了促进合肥服务外包产业发展的若干思考：依托人力资源丰富、区位交通便利、商务成本低廉、投资环境优良四大优势，建设"一个城市、四个中心"，实施"511520工程"，重点发展"七大领域"，紧紧抓住"五个抓手"，将合肥打造成具有鲜明特色和国内一流水平的服务外包示范城市。

关键词：

　　服务外包　合肥市服务外包产业

　　"十一五"期间，合肥服务外包产业取得长足发展，2007年12月，合肥即被商务部、科技部、教育部等认定为全国第十二个"服务外包基地城市"；2009年1月，国务院办公厅正式确定合肥为全国服务外包示范城市。作为新兴的战略性产业和绿色产业，服务外包必将成为"十二五"期间带动合肥经济持续、稳定、高速发展的重要产业之一，大力发展服务外包产业是合肥贯彻科学发展观、优化产业结构、提升城市竞争力的战略选择和重要途径，这对于合肥市经济社会跨越发展具有重要战略意义。

一　合肥服务外包发展现状

　　近年来，合肥市以推进中国服务外包示范城市建设为抓手，在健全工作机

王天健，合肥市商务局。

制、完善政策体系、加快园区建设、培育企业主体、引进重点项目、创新人才培训等方面，不断加大工作推进力度，促进全市服务外包产业快速发展。

（一）产业规模不断扩大

2006年合肥申报"中国服务外包基地城市"时，全市服务外包企业仅有26家，从业人员不足5000人，服务外包接包合同执行金额约5亿元人民币。经过5年多的发展，目前合肥市有服务外包企业350余家，从业人员6万余人，2011年接包合同执行金额接近65亿元人民币，5年间，企业数、从业人员数、执行金额均增长了12倍多，年均复合增长率在60%以上，产业规模飞速扩张。

（二）发展环境日益改善

合肥市委、市政府高度重视服务外包产业发展，成立了由分管市长任组长，包括27个政府部门、县（市）区政府及示范园区在内的促进服务外包产业发展领导小组，协调解决全市服务外包发展的重大问题，并建立了领导小组成员单位间工作协调机制。高度重视服务外包公共服务平台建设，目前已建成"合肥服务外包公共服务平台"、"国家软件与信息服务外包公共支撑平台合肥中心"、"合肥服务外包人才培训中心"等一批支撑和服务平台。重视发挥协会、机构的桥梁纽带作用，已成立合肥服务外包专家顾问委员会，借助外脑和专家智慧，促进产业发展。

（三）政策力度不断加大

在贯彻落实国家、省级有关政策基础上，合肥市政府和有关示范园区先后出台一系列促进服务外包产业发展的政策措施，进一步完善了国家、省、市、区（园区）四级政策体系。2007年出台了《合肥市关于促进服务外包产业发展的若干意见》；2010年出台了《合肥市关于促进服务外包产业发展的实施意见》；2008年至今，在全市支持服务业发展政策上不断加大对服务外包的支持力度。示范园区中，合肥高新区已出台《关于鼓励软件、动漫和服务外包产业发展的若干政策》，合肥经开区已出台《创新创业园入园企业扶持奖励政策》等。2007 年至今，市、县（区）两级财政已累计兑现服务外包支持资金近 2 亿元，其中不含规费减免、基础建设投入等。在全市 14 个重点支持现代服务业门类中，服务外包专项支持资金占到 1/5 的份额。

（四）企业实力不断增强

近年来，合肥市涌现出科大讯飞、思科合肥、UPS 亚太区服务共享中心等一批具有代表性的服务外包重点企业，其中科大恒星、联发科技、易商数码等企业连续四年荣登中国服务外包成长型企业百强榜单，科大恒星公司 2011 年顺利通过了标志着软件开发最高水平的 CMMI（开发能力成熟度模型集成）5 级认证，成为安徽省首家通过该标准的企业，全市技术先进型服务企业数量达到 28 家。全市服务外包年执行金额超 1000 万美元的企业数量已达到 15 家以上。

（五）外包领域不断拓展

从以前主要集中在以软件研发为主的信息技术外包（ITO）领域，逐步拓展到动漫网游设计、医学检测外包、电子商务外包、共享服务中心、金融后台服务、云计算外包、数据挖掘处理等技术性业务流程外包（BPO）和工业设计、新产品研发、农业技术研发等技术性知识流程外包（KPO）领域。行业门类日益齐备，结构不断优化，其中 ITO 业务比重占到 50.5%，BPO 业务比重占到 30.2%，KPO 业务比重上升势头迅猛，由往年的 5% 左右增长到 2011 年的近 20%。

（六）发包市场渐趋多元化

合肥市离岸外包业务来源地日趋多元化，目前合肥市已有近 50 家企业开展离岸服务外包业务，从原来主要从日本、美国等接包，现已扩展到北美、欧洲、东南亚、非洲等 33 个国家和地区，其中金额超 1000 万美元的有 6 个国家和地区。

（七）聚集效应逐渐凸显

近年来，合肥市大力加强服务外包园区载体建设，充分发挥各类载体对服务外包产业发展的承载、集聚和孵化作用。目前全市共有合肥高新区、合肥经开区和安徽服务外包产业园等 3 个国家服务外包示范园区，蜀山经济开发区、滨湖新区、包河区等 3 个市级服务外包示范园区。高新区以软件研发外包、呼叫中心、动漫网游等为特色，在完善合肥软件园、留学生创业园、科技企业孵化器等十多个载体的基础上，正在重点打造国家级动漫和服务外包基地，目前已聚集了以联发科技、科大讯飞、科大恒星、思科合肥为代表的一批软件信息技术外包企业以及完美世界、智明星通、幸星数字、阿尔法等一批动漫网游外包企业；经开区以集成电路设计、人力资源外包等为特色，依托出口加工区大力发展第三方物流和供应链管理外包，聚集了以联合利华服务、中外运合肥、易德人力、龙迅半导体为代表的一批技术性业务流程外包企业；安徽服务外包产业园以服务共享、人才培训等为特色，聚集了以 UPS 亚太区服务共享中心、商务部家电下乡和以旧换新呼叫中心为代表的一批共享服务中心和呼叫中心企业，安徽省政府批准的全省首家电子商务产业园也落户该园区。服务外包产业集聚度逐年提高，其中高新区集聚了全市近 60% 的服务外包企业，以及全市 50% 的服务外包执行额。利用楼宇经济在主城区发展服务外包产业，其中包河、庐阳、蜀山等取得较大突破，上述三区的企业数和执行金额分别占到全市的 28.9% 和 30.2%。

（八）人才培训不断扩大

合肥现有包含中国科技大学、合肥工业大学、安徽大学等重点院校在内的高校 59 所，科研院所 344 个，每年近 10 万毕业生中，服务外包相关专业的毕业生约占到 30%。在人才培训方面，依托高等院校密集、人力资源丰富的优势，不断加强合肥服务外包人才培训基地建设。积极组织省内高等院校、培训机构与企业对接，完善服务外包人才培训"学分互换"制度，不断加大对人才培训的财政支持力度。目前，已初步建立了由服务外包企业、高等院校、职教机构和社会力量办学的多元化、多层次人才教育培训体系。有全国服务外包考试管理中心合肥运营中心、IBM 软件人才实训基地、卡内基梅隆—惠普（CMU-HP）软件人才培训项目等各类培训机构 20 余家，年培训人员近万人，建立实习实训基地 30 个。合肥学院开设了国家级服务外包特色专业——计算机科学与技术（服务外包方向），安徽新华学院开设了省级服务外包特色班，并成立了安徽省首家动漫学院，安徽工商职业学院等高校也陆续设置了与服务外包相关的专业课程。

纵向来看，合肥市服务外包产业取得了很大进步，但横向上与沪宁杭等城市相比，在总量规模及整体竞争力上，还存在较大差距，也存在一些需要解决的现实问题，如支持政策在针对性、导向性、前瞻性等方面需要进一步集成创新；企业规模相对偏小，缺乏领军企业；企业从事的大多是中低端的服务外包业务，附加值低，直接承接国际外包业务能力相对较弱，缺乏自主知识产权和核心竞争力；服务外包产业特色不够鲜明、优势不够明显；在巩固日美等传统市场的同时，需要进一步拓展欧洲、南美新兴市场；人才结构并不十分合理，中高端复合型人才紧缺且流失率较高。

二 促进合肥服务外包产业发展若干思考

合肥市委、市政府高度重视服务外包产业发展，在全市"十二五"规划中明确提出：要大力发展服务外包产业，建设国内先进的服务外包示范城市。合肥市第十次党代会报告指出：加快发展现代服务业，推动城市功能开发和新型业态繁荣，重点推进合肥国际金融后台服务基地和国家级动漫和服务外包产业基地等一批服务业集聚区建设。在2012年市政府工作报告中则提出要大力发展服务外包产业和其他新兴服务业态，推进服务外包示范城市建设。

今后几年，将是合肥市服务外包产业发展的重要黄金机遇期，迫切需要其主动顺应全球产业结构由"工业型经济"向"服务型经济"转型的趋势，抢抓国际服务业转移和国内服务外包产业迅速发展的战略机遇，继续把发展服务外包产业作为贯彻落实科学发展观、调整产业结构、转变增长方式的重要抓手，始终坚持产城一体化、产业规模化和内部差异化的理念，以政策引导、项目带动、创新推动，形成产业发展的长效推进机制，将合肥打造成具有鲜明特色和国内一流水平的服务外包示范城市。

（一）发展条件——"四个优势"

一是依托合肥人力资源丰富的优势。合肥拥有59所各类高等院校、344

个各类研发机构、50 万在校大学生，要充分发挥人力资源和科大、安大、工大等高校校友网络的优势，鼓励和加强外包领域自主创新，培养和引进高素质专业人才，拓展和巩固海外发包市场。

二是依托合肥区位交通便利的优势。合肥毗邻沪宁杭等长三角核心城市，高速铁路、高速公路、航空、水路交通十分便捷，要充分发挥区位交通优势，分享沪宁杭等区域核心城市的"溢出效应"，加快服务外包人才、资本、信息、创意的集聚。

三是依托合肥商务成本低廉的优势。作为长三角区域城市，合肥是中部最靠近沿海地区的省会城市，但是各项生产要素成本远低于沿海城市，包括薪资水平、商品房价格、商用水电气价格都低于国内重点城市的平均水平，要充分发挥综合商务成本低廉的优势，积极承接沿海服务外包产业转移。

四是依托合肥投资环境优良的优势。近年来，合肥深入推进政府机关效能改革，坚持不懈地优化投资发展环境，打造法制型、服务型、责任型政府，不仅为各类企业提供合法、高效、阳光的政务服务环境，而且注重创新服务方式，形成了一套行之有效的做法，能够满足各类企业发展多方面的需求。目前已有 35 家境外五百强企业在合肥投资，要充分发挥投资环境优良的优势，通过已入驻企业的口碑与名片效应，积极吸引跨国公司来合肥自建外包中心或共享中心，并吸引知名服务外包企业入驻。

（二）发展思路——建设"一个城市、四个中心"

着力建设具有鲜明特色的服务外包示范城市，重点建设"金融后台服务中心"、"呼叫中心"、"共享服务中心"和"电子商务服务中心"等 4 个中心，促进产业集聚，打响"中国服务、合肥特色"的城市品牌。

（三）发展目标——实施"511520 工程"（即 50 亿美元执行额，1000 家服务外包企业，15 个示范园区，20 万从业人员）

一是产业规模进一步扩大。力争到 2015 年全市服务外包接包合同执行金额达到 50 亿美元，年均增长率 50% 以上。

二是企业实力进一步增强。力争到 2015 年全市服务外包企业数量达到

1000 家，引进全球 100 强服务外包企业 10 家以上。

三是载体建设进一步加强。以现有的国家级和市级示范园区为坚实发展基础，结合合肥城市总体发展布局，建设多个服务外包专业园区，形成一批具有合肥特色的服务外包产业基地。力争到 2015 年服务外包示范园区总数达到 15 家。

四是吸纳就业进一步扩大。力争到 2015 年底，全市服务外包从业人数达到 20 万人以上，其中吸纳大学毕业生 15 万人以上。

（四）发展重点——"七大领域"

"十二五"期间，合肥市将立足于国内外服务外包产业发展特点，立足于合肥经济结构调整和产业发展升级，立足于打通服务外包产业链上下游，重点发展以下七个领域：金融服务外包、信息技术外包（含动漫网游）、电子商务外包、呼叫中心、共享服务中心、人力资源外包、工业（工程）设计外包等，加快形成一批知识价值高、市场前景广、产业带动明显的服务外包特色领域。

1. 金融服务外包

"十二五"期间，合肥市将依托滨湖新区金融后台服务基地，重点培育引进包括单据处理、现金集约处理外包、档案管理、容灾备份、银行卡业务、客户服务外包（呼叫中心）、会计财务、数据处理中心、定损理赔、欺诈分析、证券投资研究等业务类型在内的金融服务外包企业，构建完整的金融服务外包产业链。

2. 信息技术外包（含动漫网游）

"十二五"期间，合肥市将依托高新区软件园，重点引进全球知名 IT 公司来合肥设立研发中心或离岸交付中心，重点引进中国软件业务收入百强企业和国家规划布局内重点软件企业入驻合肥，重点培育本地企业向产业链高端延伸。依托高新区动漫和外包基地，重点引进三维动画外包、影视剧特效制作外包、网络游戏制作外包、手机游戏制作外包等动漫网游企业。

3. 电子商务外包

"十二五"期间，合肥市将依托合肥（蜀山）国际电子商务产业园，重点引进一批 B2B、B2C、C2C 等经营模式的电子商务企业，重点培育本地家电、工程机械、农业、商贸等领域的行业电子商务企业，以及电子商务基础服务、信息服务、认证服务、金融服务、物流服务等关联企业。

4. 呼叫中心

"十二五"期间，合肥市将依托高新区呼叫中心之都建设，重点引进电信、金融、汽车、IT、家电等领域的自建、外包、托管及设备租赁等多种形态的呼叫中心，以及与之相配套的技术及设备提供、系统集成、外包运营、呼叫中心建设、运营管理咨询、呼叫中心坐席培训等产业链各个环节的企业。

5. 共享服务中心

"十二五"期间，合肥市将依托滨湖新区优良的交通、生态、医疗、教育、购物和休闲环境，重点引进世界 500 强和中国 500 强企业在合肥设立其共享服务中心，提供行政后勤、维修支持、财务收支、应收账款清收、投诉处理、售后服务、物流配送、人力资源管理、IT 管理服务、法律事务等外包服务。

6. 人力资源外包

"十二五"期间，合肥市将依托高等院校密集、人才储备丰富的优势，培育引进集人才招聘、人才派遣、人才咨询、人才培训于一体的人力资源外包企业落户。

7. 工业（工程）设计外包

"十二五"期间，合肥市将依托合肥工业大学等一批高等院校以及合肥水泥研究院等一批重点企业，重点引进培育汽车、家电、水泥、电信、电力等领域的工业设计、工程设计和技术研发外包企业。

（五）发展保障——"五个抓手"

1. 以科学有效的工作推进机制为抓手

一是健全完善合肥市促进服务外包产业发展领导小组例会制度和部门间工作协调机制；二是加快建立全市服务外包产业任务分解机制和目标考核机制；三是加快组建市级服务外包研究机构；四是加快组建市级服务外包行业协会；五是加大舆论宣传力度和氛围营造强度。

2. 以起点高远的产业发展规划为抓手

坚持科学规划引领产业发展，注重借鉴印度、爱尔兰等国家以及沪宁杭等城市的先进经验，致力于打造城市外包品牌，依托国内外权威研究和咨询机构，高起点规划、高标准定位，制定中长期规划。

3. 以特色鲜明的示范园区建设为抓手

建设形成国家级示范园区、省级示范园区、市级示范园以及园中园等多层次的发展格局，利用政府开发建设、开发商主导建设、外包企业自行建设等多种开发模式，建设一批各具特色的服务外包示范园区和载体。

4. 以层次分明的外包人才培训为抓手

一是大力吸引服务外包产业中高端人才，特别是具有丰富服务外包从业经验和对国际外包市场熟悉的中高端专业技术人才和管理人才。二是充分发挥中科大、安大、合工大、合肥学院等院校软件学院、计算机信息等专业的优势，着力培养中高端人才，充分发挥合肥大批高职院校的作用，着力培养适用性基础人才。三是积极探索服务外包人才培养新模式，支持创办校企结合的服务外包人才实训基地。四是建立服务外包人才培训联盟，搭建服务外包企业、培训机构和高等院校间的合作桥梁。

5. 以重点突出的招商引资为抓手

一是围绕重点地区招商，如环渤海、长三角、珠三角等地区以及日、美、欧等业务发包地。二是围绕重点领域招商。围绕合肥市七个重点发展领域，重点针对世界 500 强、全球外包 100 强、中国软件业务收入百强企业等招商。三是围绕重点展会招商。利用好中国国际服务外包交易博览会、全球服务外包大会、中部博览会、徽商大会、软交会、京交会等展会平台。四是围绕重点项目招商。围绕滨湖新区国际金融后台服务基地、高新区国家级动漫和外包基地、合肥（蜀山）国际电子商务产业园、安徽服务外包产业园二期等重点项目，加快推进联想合肥基地、浪潮云计算中心、中科大先进技术研究院、HP 云计算中心和 IBM 服务外包主题园区等一批在建在谈重点项目的进度。五是围绕重点人才招商。加强与中科大、工大、安大的战略合作，利用其海外校友在IT、互联网领域的影响力和人脉资源，将合肥作为跨国公司外包转移的首选目的地。

B.21
西安市服务外包产业发展的
成就及其政策措施

麻晓勤 *

摘　要：

　　本文分析了西安发展服务外包的比较优势、服务外包产业发展特点和成绩、推进产业发展的政策措施、服务外包示范园区基本情况，制定了下一步总体目标：努力将西安建设成为国际知名的服务外包交付中心、中国服务外包研发中心、中国服务外包专业人才培训中心以及服务外包创新发展领先区，成为具有国际门户和资源配置功能的国家服务外包示范城市，并提出了今后的重点发展领域和重点任务。

关键词：

　　服务外包　西安市服务外包产业

　　西安市是商务部首批认定的 5 个中国服务外包基地城市之一，也是国务院确定的 21 个 "中国服务外包示范城市" 之一。近年来，西安紧紧抓住新一轮全球产业结构调整和国家支持服务外包业发展的机遇，充分发挥科教、人才优势，制定和落实扶持政策，推动服务外包实现了快速发展。

一　西安发展服务外包的比较优势

1. 科技实力雄厚

　　西安是我国重要的教育与科研中心之一，电子信息类科技人员有 25 万人，

---

　　* 麻晓勤，西安市商务局。

综合科技实力位列全国第三。

2. 人力资源丰富

西安拥有 100 多所各类大专院校，在校生达 80 余万人，每年软件信息类毕业生约 4 万人，外语类毕业生 2 万多人，民办高校数量列全国第一，丰富的人力资源覆盖服务外包所需的各类专业。

3. 商务成本低

根据各地统计机关公布的数字，西安市在岗职工（月）平均工资仅为北京当地的 66.5%、上海的 75.3%；城市居民人均生活消费支出仅为北京的 60.6%、上海的 60.9%。此外，房租、水电费、通信费等成本在中国大城市中也有比较优势。

4. 人员流动性低

西安人具有踏实、诚信和求稳的性格特点，员工对职业有认同感和归属感，由此表现出的人员稳定性优于东南和沿海地区。据统计，西安软件企业的人才流动率仅为 8.6%，大大低于东部沿海地区。

5. 产业成熟度高

西安是全国四个拥有软件基地和软件出口基地"双基地称号"的城市之一，现已形成了面向欧美日台的六大服务外包企业群体：即软件开发、数据处理流程外包、软件应用解决方案、研发中心技术基地、金融服务呼叫中心、工程软件外包业务。

6. 人员培训机制健全

西安交通大学、西北工业大学、西安电子科技大学以及西北大学都成立了软件学院。2009 年由西安高新区与西安文理学院联合专门成立了西安软件服务外包学院，启动了面向社会、高校的人才与产业相结合的培训机制。此外，还有加中、深蓝、开创天诚等一大批专业培训机构。

7. 通信及交通便利

作为中国西部地区最大的通信中心，西安拥有光缆数字微波、卫星、程控交换等多种通信手段，城市骨干网出口总带宽已达 87.5 千兆，西安拥有飞往国内各大城市的国内航线 100 多条，通往国际主要城市的国际航线 27 条。此外，西安是陕西电网的负荷中心，为西安供电的西北电网电力充裕，是国家"西电东输"的主要电力源。

8. 政府重视度高

西安市政府已将软件和服务外包产业确定为全市优先发展的重点产业,制定出台了一系列政策措施,从加强园区基础设施建设、扶持企业做大做强、鼓励企业开拓国际市场、加大人才培养力度、优化产业发展环境等各方面给予奖励补助。各示范园区也纷纷拿出了具体办法和举措,进一步加大了对服务外包产业的扶持力度。

二 西安服务外包产业发展特点

概括起来,西安服务外包产业表现出以下七大特点:

一是企业多。西安拥有 1050 多家软件和服务外包企业。

二是起步早。从 20 世纪 90 年代初就开始起步,至今已有近二十年的发展历史。

三是发展快。近年来以年均 50% 以上的速度在发展。

四是价值高。许多企业从事以研发和 KPO 为主的高端业务,附加值高。

五是类型全。ITO、BPO、KPO、动漫、呼叫中心的各产业类型在西安都有一批代表性企业。

六是实力强。各企业具有自己的核心竞争力,整体具备了较强的实力。

七是园区各具特色。目前西安已初步形成了"围绕一个主导园区,建设多个专业园区"的空间发展新格局。其中西安高新区软件园发展最为完善、成熟。全市约 80% 的服务外包企业集中在软件园,区内拥有功能完备的公共服务平台、人才培训平台和技术服务中心。西安经开区提出了以发展生产性服务业为支撑的产业发展定位,重点引进了智慧电网、新能源等投入产出较高、集研发与制造于一体的工业企业,正在打造工业设计产业园、资料灾备中心等特色园区。西安碑林科技产业园将动漫及软件服务外包作为碑林区"退二进三"重点发展的产业方向,搭建了"西安碑林动漫产业平台"。其目前已成为全市动漫产业集聚区。西安浐灞生态区紧紧围绕建设西部国际金融中心这一目标,致力于打造金融服务外包专业园区。此外,航天基地、航空基地均发挥区位优势,各有侧重推进产业发展。

三 西安市服务外包产业取得的主要成绩

一是全面落实国家和省市扶持政策，服务外包产业实现了又好又快发展。

据商务部统计，截至 2011 年底，全市服务外包离岸合同金额达到 3.87 亿美元，同比增长 32%，完成全年 3.3 亿美元目标任务的 117%。从 2006 年至 2011 年的六年间，西安市服务外包离岸业务实现了七倍增长，产值实现了翻两番。目前，全市拥有软件和服务外包企业达到 1050 多家，从业人员规模突破 10 万人，承接离岸外包业务的国别市场已达 48 个国家和地区，全市服务外包产业实现了又好又快发展。

二是服务外包综合实力提升，跃居全国投资吸引力第二。

2011 年，中国外包网从产业基础、禀赋资源、经济环境、配套设施和政府支持等方面对全国 21 个服务外包示范城市和 35 个非示范城市进行了横向评比，西安凭借科技实力雄厚、人力资源丰富、商务成本低、人员流动性少、产业成熟度高、人员培训机制健全、通信及交通便利等诸多优势，荣获 2011 年度中国服务外包城市投资吸引力第二名。这充分体现出近年来全市上下整合资源，齐心协力共推产业发展的突出成效。与此同时，在第三届中国服务外包园区十强评选中，西安软件园荣列前五名。

三是产业聚集度显著提升，全球外包领军企业纷纷进驻。

近年来，一大批国内外知名的行业领军企业纷纷落户西安。以中国银行全球客服中心、法国施耐德电气全球研发中心、IBM 智慧城市解决方案研发中心、日本 NTT 资料公司西安开发运维中心以及创新软件开发中心等为代表的重大项目成功落户西安市，这些标杆企业的落户，对西安推进软件服务外包产业升级、促进产业形成集聚效应以及提升西安国际化水平具有重要意义。

四是服务外包"十二五"规划正式发布，明确了产业发展的战略目标。

2011 年，西安市服务外包"十二五"发展规划正式发布。规划指出了全市服务外包产业的战略定位、未来目标和发展路径，提出了将把西安建设成为国际知名的服务外包交付中心、中国西部研发设计服务外包领先基地、中国西部服务外包专业人才培训中心以及服务外包创新发展领先区，成为具有国际门户和资源配置功能的国家服务外包示范城市。

五是积极开展投资促进工作，"西安智慧，服务全球"的品牌享誉海内外。

西安市商务局组织相关示范园区和企业赴香港参加了由商务部和香港贸发局共同主办的第五届中国（香港）国际服务贸易洽谈会，并代表 21 个示范城市在港举办了西安服务外包论坛，引起了香港各界的广泛关注；由西安市软件和服务外包产业发展领导小组和中国计算机学会共同主办了"中国计算机学会青年精英大会暨云计算与智慧城市建设论坛"，论坛汇聚了清华、北大、浙大等业内的著名专家学者、行业精英百余人，共同为西安软件和服务外包产业建言献策，为打造"智慧西安"描绘未来蓝图；借助宣传"西安世园会"契机，在大连成功举办了"西安世园会暨西安旅游·服务外包推介会"。会议不仅成功推介了西安世园会，而且全面展示了西安产业发展的优良环境，搭建了西安—大连服务外包交流合作的平台，成为产业服务全市经济社会发展，城市宣传推介与产业招商结合的范例。

特别值得一提的是，2011 年 6 月 24 日，在德国汉堡国际动漫颁奖盛典上，来自中国西安的动画短片《太阳神树》，摘得 2011 年度德国汉堡国际动漫大赛的四大奖项之一的"中国国家奖"。《太阳神树》由陕西飞鸟文化发展有限公司创作，该片以"中国古典神话故事的深刻内涵，汉唐壁画独特的艺术风格"得到了德国评委和现场观众的高度评价。《太阳神树》的获奖标志着近年来西安动漫产业在国家和省市各级政策支持下的迅速崛起，寓意着西安这座文明古都以自己特有的文化底蕴和新兴战略产业加快了国际化大都市建设的步伐。

六是注重创新人才培养和服务模式，保障专业人才供给。

首先建设多层级、分领域的人才动态信息库。截至目前西安人才库累计登记企业 800 家，平均每月发布招聘信息 50 余条，并实现了与中华英才网、园区网站等的链接交换。其次以建设西安软件服务外包学院为依托，"外引内训"专业人才，鼓励引导全市各类高等院校共同加快服务外包人才培养。特别是高端人才培养与引进已见成效，全年外派到国外学习培训的人数超过 200 人，共引进国（海）内外中高端人才 300 余人。另外，实施面向企业的多层次人才培训计划。

围绕项目申报、认证、IT 技能、管理、语言、产业政策等开展一系列优质培训，全方位提升从业人员工作技能，为企业提供"高智"服务。

七是加强信息安全、知识产权保护工作，优化产业发展环境。

近年来，行业内自主创新成果不断涌现。2011 年新增软件类知识产权产品共计 1020 件，软件著作权、产品登记累计超过 2500 件，平均每家企业每年增加知识产权 1 件。

三茗科技先后申请了 14 项发明专利、2 项集成电路布图设计登记、44 项计算机软件著作权及多项专有技术，其一键恢复技术被 IBM、宏碁等计算机生产厂商广泛应用，预装到每个计算机。协同软件是目前国内最完整的集成中间件系列产品提供商，拥有全球最快的工作流管理系统和数十个行业的 2000 多个应用案例，获得国家"核高基"项目支持。在知识产权保护方面，加强与市科技局和市工信委等部门的联系，建立和完善服务外包企业知识产权信誉档案，评定企业信用等级并向全社会公布，按国际惯例切实维护发包商权益。

八是构建企业交流平台，西安服务外包协会正式成立。

为全面贯彻国务院有关精神，积极落实商务部"千百十工程"，经西安市民政局批准，西安服务外包协会正式成立。协会按照西安市服务外包"十二五"规划的要求，积极搭建政企桥梁，促进政企沟通互动，推动行业自律，维护企业合法权益，整合"官、产、商、学、研"各方资源共推产业发展。

四　推进产业发展的政策措施

为了推进产业快速发展，西安市政府近年来先后制定出台了《西安市人民政府关于进一步加快发展软件和服务外包产业的若干意见》、《西安市软件服务外包产业发展专项资金管理暂行办法》、《西安市技术先进型服务企业认定管理办法》等一系列政策措施，加大了对服务外包产业的扶持力度。西安高新区也出台了《西安高新区促进软件及服务外包产业发展扶持政策》、经开区出台了《关于促进服务外包产业发展的扶持政策及实施办法》等，另外航天基地、航空基地、碑林科技产业园、国际港务区和浐灞金融商务区均相继出台了区内的服务外包扶持政策，为入园企业提供最全面的政策支持。

2011 年，全力落实国家、省、市、区级政策，对企业开拓国内外市场，资金补助额度从 5 万元提高到 10 万元；增设了对示范园区与企业合作搭建公共服务平台给予最高 200 万元的资金支持；增加了对培训机构课件体系建设最高给予 50 万元的资金补助等。进一步完善并优化了专项资金项目申报程序，组织召开了项目申报专题说明会并现场答疑，全力为企业和培训机构争取国家"千百十工程"人才培训资金、省级和市级服务外包扶持资金。

五　服务外包示范园区基本情况

坚持服务外包空间布局与城市功能相结合、与产业基地相结合、与新城拓展相结合的思路，形成了以西安高新区为核心，以经济开发区、国家航天产业基地、阎良航空产业基地、碑林科技园、浐灞金融商务区、国际港务区为集聚区的服务外包重点地区。

（一）一核

——西安高新区服务外包产业中心。产业中心主要由西安软件园、西安服务外包基地、西安软件新城三部分区域组成。该中心充分利用高新区品牌、政策、人才、环境等综合优势，以发展高端服务外包为主要特色，以集聚承接跨国公司服务外包业务的大型骨干企业为关键突破，以推动软件新城载体建设为重点任务，着力形成软件服务外包、研发设计服务外包和金融服务外包等产业集群，带动提升西安服务外包产业的整体竞争力，进而发展成为全球软件外包交付中心、全球业务流程外包金融后台服务中心、全球软件研发中心、中国行业应用软件基地。

（二）六区

包括经济技术开发区服务外包集聚区、民用航天产业基地服务外包集聚区、阎良航空产业基地服务外包集聚区、碑林文化创意服务外包集聚区、浐灞金融服务外包集聚区和国际港务区服务外包集聚区。

——经济技术开发区服务外包集聚区。该集聚区主要包括西安工业设计产业园、草滩生态产业园两部分。以云服务外包为核心，重点发展以嵌入式软件为延伸的研发设计服务，以数据录入、数据加工及呼叫中心等为主的业务流程外包服务，致力于打造全球 IT 基础设施管理服务中心、西部研发设计服务外包中心。

——民用航天产业基地服务外包集聚区。该集聚区主要包括航天基地服务外包园区和卫星应用产业园区两部分。结合航天基地产业特点，以卫星技术为支撑，以嵌入式软件开发及服务、工业软件为重点，发展地理信息服务、导航芯片开发、地面接收软件及产品研发、卫星电视直播、卫星远程教育、卫星应用领域软件开发等外包服务，致力于发展成为全球嵌入式软件研发中心、中国地理信息服务中心。

——阎良航空产业基地服务外包集聚区。该集聚区依托阎良航空产业基地基础雄厚、航空人才资源丰富、航空科研能力领先等优势，积极发展飞行培训、航空旅游等相关服务外包行业，致力于发展成为国内领先的航空特色服务外包基地。

——国际港务区服务外包集聚区。该集聚区以西安综合保税区为载体，重点发展服务于物流、商贸、金融等产业的服务外包行业，推动园区物流信息化、商贸信息化、金融信息化发展，致力于发展成为西部重要的物流服务外包基地。

——碑林文化创意服务外包集聚区。该集聚区以动漫游戏产业为核心，大力发展数字出版、动漫游戏、影视制作、数字文化等外包领域，致力于发展成为国内文化创意服务外包的重要基地。

——浐灞金融服务外包集聚区。该集聚区依托浐灞金融商务区，积极发展金融机构资料中心、清算中心、资金结算中心、银行卡中心、培训中心、灾备中心，致力于发展成为全国金融服务外包创新中心，重要的离岸金融服务外包业务承接中心、全国主要金融机构的在岸金融外包服务中心。

六　下一步总体目标

以加快发展方式转变为主线，以提高自主创新能力为动力，以专业人才队伍建设为支撑，以现有优势产业和服务外包园区为依托，围绕西安国际化大都市建设目标，做强知识流程服务外包、做优信息技术服务外包、做大业务流程服务外包，大力培育新兴增长点，积极探索发展新模式，努力将西安建设成为国际知名的服务外包交付中心、中国服务外包研发中心、中国服务外包专业人才培训中心以及服务外包创新发展领先区，成为具有国际门户和资源配置功能的国家服务外包示范城市。

总体目标：

1. 产业规模进一步扩大

进一步做大服务外包产业规模，力争到 2015 年产业总产值达到 1300 亿元，承接离岸服务外包业务执行额达到 15 亿美元。

2. 企业实力进一步增强

力争到 2015 年服务外包企业数量达到 1500 家，取得 CMM、CMMI、PCMM、ISO20000、ISO27001、SAS70 等国际认证的企业数量达到 100 家以上，技术先进型服务外包企业达到 80 家。引进 30 家世界 500 强企业从事服务外包业务，培育万人服务外包企业 3 家，销售额超 10 亿元的大型服务外包企业 3 家。

3. 载体建设进一步加强

以西安软件园为主导区，以经开区、航空基地、航天基地、浐灞生态区内的专业服务外包园区及碑林动漫产业平台为辐射区，结合西安城市总体布局，构建 10 个具有西安特色的服务外包专业园区。

4. 人才结构进一步优化

"十二五"期间共吸纳 21 万人就业，其中大学毕业生 15 万人，到 2015 年末，西安服务外包从业人员力争达到 30 万人以上。

5. 品牌效应进一步凸显

全力打造"中国服务，西安创造"的服务外包品牌，不断提高品牌的影响力。

七　重点发展领域

（一）研发设计服务外包

"十二五"期间着力形成若干具备相当技术能力和市场规模的知识服务外

包产业集群。电力领域重点发展电站设计、调试、运营、培训以及后期维护、智慧电网管理等。通信技术领域重点发展基础网络运营、管理、服务及业务培训，网络数字内容产品优化与开发，网络设备安装与调试等。装备制造领域重点支持制造企业剥离服务环节，发展产品设计与研发、管理咨询、数据处理和配套服务等。地理导航领域重点发展手机 GPS 导航芯片开发、导航卫星应用、GIS 地理信息服务等。生物医药领域重点发展符合国际规范的新型药物安全评价、药理药效、药代、新型制剂、临床试验、医疗器械和医学检验技术服务等。能源化工领域重点发展勘探数据采集、处理、解释以及钻井、测井、完井工艺设计和采油采煤技术外包等。

（二）软件服务外包

"十二五"期间以做大产业规模、集聚龙头企业、提升创新能力为路径，不断优化产业价值链，重点发展嵌入式软件、定制软件、行业应用软件、软件包、系统软件和软件测试、产品全球化服务、软件集成以及维护管理等服务外包，着力拓展软件咨询、灾备中心、数据服务等延伸业务，把西安打造成为全球软件交付中心和全球 IT 基础设施管理服务中心。

（三）金融服务外包

以优化金融发展环境、集聚金融地区总部机构、培育金融产业集群为突破口，着力吸引国内外金融机构设立后台服务基地，逐步向高端服务领域拓展。重点发展数据处理、数据挖掘与分析、风险预警、信息安全、移动支付、远程运行维护和数据中心服务等业务，着力将西安打造成为我国西部主要的金融共享服务中心。

（四）文化创意服务外包

以增强创新能力、打造自主品牌、完善公共平台为突破口，依托碑林动漫产业平台等载体，加快发展文化创意服务外包，重点聚焦 3D 模型外包、国际动画加工、原创动画开发、漫画数字化应用、影视特效制作、媒体后台数据库等领域。

（五）政府公共服务外包

要加大体制机制创新力度，鼓励各级政府将自身非核心业务剥离出来，重点发展信息技术开发与咨询、运营维护、测试、数据处理、系统集成、培训及租赁等领域。

（六）云服务

以发展新一代信息技术产业为契机，积极推进云计算基础设施建设，打造云服务技术平台，鼓励跨国公司在西安设立云服务中心。重点发展在线软件交付、在线系统维护以及基于软件运营服务的呼叫中心、虚拟服务器、虚拟存储服务、自动化网络设备服务以及提供带宽等领域。

（七）其他领域

发挥服务外包对经济社会发展的带动作用，加快专业教育培训、旅游会展服务、会展策划与布置、知识产权评估、咨询、现代物流服务外包等业务的发展。

八　重点任务

（一）不断提高国际发展水平

加强与欧美和其他全球服务外包主要发包地相关机构建立联系机制，定期或不定期举行招商洽谈会，大力引进国际知名外包企业，以及具有接包和发包双重能力的跨国龙头企业，吸引跨国公司在西安设立地区总部、研发中心、交付中心等。通过办好中国国际服务外包大会，强势推出并打响"中国服务，西安创造"的品牌。

（二）切实增强企业创新能力

重点建设集创新资源共享、成果转化、企业孵化、投融资和技术教育等于一体的服务平台，鼓励服务外包企业通过自建、共建、联建等多种形式建立服务外包研发机构。鼓励服务外包企业与高校和科研机构开展深度合作，建设一批企业技术中心、工程中心、工程实验室，构建一批产业技术联盟。

（三）全面优化人才资源结构

支持社会资本单独或联合设立人才培训基地，完善人才培养体系，大力引进全球高端人才，尤其是具备语言能力、熟悉西方商业模式和制度环境的复合型国际人才，推动政府、高校、企业、园区合作共建大学生实训基地，为西安本地的大学生开拓就业管道。

（四）大力改善整体发展环境

加强公共服务平台建设，建立知识产权保护平台，制定服务外包数据保密规则，开展知识产权保护试点。提高服务外包载体建设能级，按照国际先进园区建设标准，逐步建成一批专业化服务外包园区。

（五）着重加强区域协调发展

争取与北京、上海等一线城市建立服务外包园区联盟和服务外包人才流动机制，共同举办高峰论坛，实现资源共享、品牌共建。整合现有服务外包园区资源，发挥各园区优势，形成不同的优势产业集群，相互促进、协同发展。

B.22
济南市软件出口发展研究

舒婕[*]

摘　要：

　　本文介绍了2011年济南市服务外包各项任务目标完成情况、所采取的主要工作措施、当前存在的主要问题以及软件产业发展和软件出口的基本情况和主要特点，分析了济南市发展软件出口的政策措施、主要优势和发展潜能，提出了"十二五"规划发展目标和主要工作措施。

关键词：

　　济南市服务外包　济南市软件出口

　　济南市是被工信部正式认定的中国三大软件名城之一，是我国21个服务外包示范城市之一和11个软件出口（创新）基地城市之一。济南市软件和信息服务业及软件出口取得了跨越式发展，为全市经济增长转方式、调结构发挥了积极的作用。

一　2011年济南市服务外包产业发展状况

（一）2011年各项任务目标完成情况

　　2011年，济南市登记承接服务外包合同2754份，合同金额6.6亿美元，同比增长52%。完成离岸外包执行金额4.5亿美元，同比增长106%。其中信息技术外包（ITO）离岸执行额1.94亿美元，同比增长81%；业务流程外包

* 舒婕，济南市商务局。

（BPO）离岸执行额 0.38 亿美元，同比增长 7%；技术性知识流程外包（KPO）离岸执行额 2.19 亿美元，同比增长 2 倍。离岸业务主要来自日本、印度和欧美，ITO 和 KPO 业务发展迅速。

2011 年，全市新增服务外包企业 65 家，其中新引进企业 30 家。微软、微创、网新等微软合作伙伴相继落户济南市，全市服务外包企业累计达到 265 家，就业人数达到 5 万多人；2011 年培训服务外包实用人才 1.4 万人，实现服务外包人才就业 6000 多人。

（二）2011 年所采取的主要工作措施

1. 全力以赴，抓好服务外包招商引进

一是加快推进与微软战略合作的步伐。4 月份成功举办"第四届微软（中国）软件外包事业高峰论坛"，国内外顶级外包企业领袖齐聚济南，成为济南市少有的高层次活动；5 月份举办微软创新（济南分区）大赛；11 月份微软济南分公司正式成立；12 月份微软与济南市服务外包培训机构举行联合培养人才签约仪式；通过微软介绍，先后赴北京、上海等地拜访微软合作伙伴近 15 家，其中微创、网新已经落地，中软、博彦、信必优等领军企业正在考察洽谈。以上活动进一步促进了济南市与微软的合作，加深了国内外服务外包企业对济南市的认识和了解。二是赴日本、欧洲、港台等地开展服务外包境外招商活动，拜访了 NTT DATA、大和总研、富士软件、电讯盈科、高柏信息、英国 ATOS UK、英国 T-SYSTEMS、德意志银行等一批知名企业，召开了多场推介说明会，形成了一批在谈项目。三是参加商务部举办的杭州服博会、大连软交会、北京服贸会等一系列专业展会，结识了一批发包和接包客户。四是接待了日本 NEC 合作伙伴代表团和夏普、美国 CSC 等一批跨国公司，增进了国外服务供货商对济南市的了解。五是促进日本 NEC、日立和美国微软在济南市发包中心的建设，形成"国外市场本地化"，以离岸外包业务吸引国内外企业来济南市投资发展，承接服务外包业务。

2. 锲而不舍，推进服务外包园区规划建设

一是总面积 160 万平方米的"齐鲁外包城"项目加快推进，陆续开工，15 万平方米的"银荷大厦"开始入驻企业。讯和、北京东方道迩等国内外知

名企业都已提出 5 万平方米以上的独立楼宇需求。二是为推动郑庄服务外包园区尽快建设，与市中区先后赴大连、苏州、无锡、杭州、蛇口等地学习先进经验，拜访腾飞、裕廊、亿达等专业园区设计开发商，加快确定合作伙伴。三是抓住高铁西客站发展机遇，积极推动西区大学科技园、西客站周边"泉城软件园"等园区规划建设和企业引进。四是充分发挥好国家公共服务平台资金的引导作用，在齐鲁软件园和西区大学科技园，按照差异化功能分工，加快建设云计算公共技术支撑平台，为企业提供便利服务。

3. 求实创新，加快服务外包人才培养和引进

一是与微软创新合作，在济南市第一个试点微软全球外包人才培养和考试认证的新培训模式，未来三年计划培养 10000 名合格微软软件外包工程师，为微软合作伙伴及其他软件外包企业进驻济南市，以及开展欧美外包业务打下坚实基础。二是继续推动师创和浪潮等培训机构扩大与高校合办软件外包专业，将实战课程提前植入到学生学业中去，规模性地培养企业适用人才。三是进一步优化人才培养和引进扶持政策，突破条条框框束缚，把人才培养作为发展服务外包产业的重中之重。

4. 服务贸易、服务外包统计和软件出口合同审批与制证工作扎实推进

各县（市）区商务局进一步完善健全服务贸易、服务外包统计申报体系，强化统计力量。

5. 加强服务外包知识产权保护工作

作为全国首批"知识产权保护示范城市"之一，济南市制定了《济南市知识产权战略纲要》，成立了中国（济南）知识产权维权援助中心，开通了"12330"知识产权维权援助与举报投诉热线，建立了知识产权保护长效机制，具备了为服务外包企业提供知识产权保护的良好基础。

（三）当前存在的主要问题

1. 自身的业务素质和能力水平还不能适应服务外包发展的高要求

服务外包涵盖很多新知识、新科技、新领域、新方式，处室人员的知识结构和综合素质，还有很大差距，工作开展还处在初级、被动应付状态，尤其在外包招商、园区建设等方面，还缺乏好招数、好方法，需要深入学习、探索、开拓。

2. 配套完善的服务外包载体明显不足

除齐鲁软件园外，济南市目前还没有成规模的服务外包园区，并且现有园区的服务功能和配套设施也存在明显不足。

3. 对知名企业的招商难度加大，招商能力、项目落实还很不够

全国各个示范城市纷纷出招，招商的竞争日益白热化，而大型外包企业资源有限，济南市综合实力和整体影响力在全国外包示范城市中还处于靠后位置。对全球外包100强、中国外包成长性企业100强的了解、把握还很不够，联络管道还不广。对现有已经结识的客商跟踪、对在谈项目的推进落实也需要下大气力。

二　济南市软件产业发展和软件出口基本情况

（一）基本情况

为贯彻国家软件产业发展战略，促进软件产业快速发展，济南市在2008年初提出了"部省共建济南软件城"战略构想。2009年，温家宝总理在视察华天软件时提出，"从制造到创造，软件是个桥梁，软件开发好了，可以改变济南，也可以改变山东"。此后，在省委省政府的关心支援下，市委市政府把软件产业定位为济南第一优先鼓励发展的产业，举全市之力创建中国软件名城，济南软件产业规模和发展质量迅速提升，相继被国家授予"国家信息通信国际创新园"、"国家软件产业基地"、"国家软件出口创新基地"、"中国服务外包示范城市"、"国家动漫产业发展基地"和"中日IT桥梁工程师交流示范基地"。2011年11月25日，被工业和信息化部正式授予"中国软件名城"，成为全国继南京之后第二个获此殊荣的城市，济南市软件和信息技术服务业已纳入国家软件和信息服务业重点规划布局。

产业规模：自软件名城创建以来，济南市软件产业实现了跨越式发展，年均增长率达30%以上。2011年，全市实现软件业务收入830亿元（行业统计数），同比增长36%，占全省的比例为62.5%，规模和独立软件综合实力居全省首位，列全国十五个副省级城市第五位。全市现有软件企业

1200 多家，软件从业人员超过 16 万人，经认定的软件企业 565 家，登记软件产品 2584 个，国家认定的软件企业数和软件产品数继续名列山东省第一。

产业布局：目前已形成以齐鲁软件园国家级软件产业基地为龙头，历下软件园、长清园区基地为补充的"多园多基地"产业发展格局。其中，齐鲁软件园建设规模位居全国 11 个国家级软件产业基地前列，入园企业 830 余家。建设高水平中国软件名城、保持软件和信息服务业可持续发展，拓展发展新空间尤为重要。"十二五"期间，在东部城区提升齐鲁软件园国家软件产业基地的承载能力，巩固其核心地位；在西部新城区规划 12.5 平方公里建设"一谷一园"软件和信息服务业新聚集区，实现与北京、上海等高铁沿线城市的"零"对接，提高承接产业转移的能力。在京沪高铁西客站南北两侧，建设占地约 100 公顷（1500 亩），总建筑面积约 300 万平方米的泉城软件园，将泉城软件园作为桥头堡，向西南延伸，在长清区利用长清大学城的人才优势，园博园文化创意元素，规划建设占地 11.5 平方公里，总投资 30 亿元的软件名城西部软件谷，形成"一城两翼、多园多基地"的软件产业新格局。

产业结构：济南市软件产业主要涵盖软件产品、系统集成、信息技术咨询服务、数据处理和运营服务、嵌入式系统软件和 IC 设计六大领域，其中，软件产品占比最高在 40% 左右，信息技术咨询服务和信息系统集成分别约占 23% 和 19%，数据处理运营服务和 IC 设计增速逐年上升，软件产品服务化、网络化趋势明显。

目前全市 1200 多家软件企业中，经认定的软件企业 565 家。全市先后有 7 家企业入围国家规划布局内重点软件企业，11 家企业入围全国软件百强企业，44 家企业通过 CMM/CMMI 认证，13 家企业通过 ISO27001 认证，9 家软件企业成功上市，均居山东省第一位。

全市拥有中间件、行业应用、信息安全等 6 大领域近 3000 种软件产品，自主知识产权率 95% 以上，按照国家标准登记的软件产品 2584 个。浪潮、中创位居"中国自主品牌软件产品十强"，入围企业数连续 5 年居全国之首。浪潮 ERP 被评为软件首家"中国名牌"。涌现出中创中间件、华天三维 CAD、地纬社保软件、中孚信息安全产品、神思识别终端、积成电力控制系统、星科教学仿真等在国内市场占有率位居前列的品牌软件产品。

公共服务平台：全市拥有软件类国家级超算中心、国家级企业技术中心、国家级重点实验室各 1 家，省级软件工程技术中心 28 家，省级工程技术中心 36 家，省级重点实验室 4 家，省级其他研发机构 2 家。

已建成齐鲁软件园公共技术服务平台、济南—中国软件名城综合服务平台等综合性公共服务平台，以及动漫游戏渲染平台、济南市云计算中心平台等专业性公共服务平台。

全市软件从业人员中本科以上学历人员比重超过 80%。全市拥有齐鲁软件园（国家软件人才国际培训基地）、山东大学软件学院（国家示范性软件学院）等国家级和省级软件人才培训基地 12 家，浪潮培训学院、师创软件培训中心、华天软件工程学院、济南木田培训学校等培训机构 51 家，年培训人员超过 5 万人次，每年能安排 3 万多名大学生就业。

（二）主要特点

1. 新兴业态蓬勃发展，产业规模大幅提升

一是软件外包业务增长迅速。2011 年，全市软件外包企业超过 70 家。形成了以 NEC 软件、凌佳科技、浪潮世科、济南讯和、亿帆科技为代表的信息技术外包（ITO）；以东方道迩、优创、戈尔特西斯、旅科、易普特为代表的业务流程外包（BPO）；以泰华电讯、冶金设计院、山东电力基本建设等为代表的工程设计研发外包（KPO）；以奥润智、呀咔咔为代表的动漫创意外包；以华芯国际、力创赢芯等为代表的集成电路设计外包等多个产业集群。二是动漫游戏产业规模不断扩大。主要涵盖了动漫制作、网络游戏研发运营、衍生品业和人才培训等领域，初步形成创意、设计、生产、销售、开发一体化的产业链条，高新区山东动漫游戏产业基地、槐荫区齐鲁动漫游戏产业基地、长清区动漫游戏研发基地和交易市场各具特色，形成东、中、西点式集聚，带状发展的格局。三是云计算、物联网产业发展良好。山东省云计算中心成立并与浪潮集团合作共同打造最大的区域性云计算中心，其承建的"山东省软件和信息服务云计算平台"项目进展顺利，平台部署了基于中创软件国产中间件开发

的各项软件和服务的集成应用，可满足 500 家软件企业完成开发设计工作；山东省标准化研究院、东港印务、神思电子等一批具有一定竞争实力的 RFID 企业 RFID 技术已在济南市交通、公共安全、生产制造等领域得到广泛应用。

2. 产业集聚力进一步提高，国际影响力不断扩大

微软、IBM、甲骨文、沃尔沃、日立、NEC 等知名企业先后在济南设立分支机构。美国 power 集团、三浦灵狐等行业龙头企业相继落户济南，累计投资达 20 亿元人民币。投资 20 亿元、建筑面积 24 万平方米的华强高端服务业基地已建成投入使用，航天软件园正式挂牌，一大批软件企业纷纷落户。部省市联合举办的中国（济南）国际信息技术博览会已成为国内享有盛名的知名 IT 展会，已成功举办五届，2012 年 4 月底举办第六届。

3. 企业创新能力显著增强，核心竞争力全面提升

通过实施企业技术中心"升级计划"，截至 2011 年底，已有国家重点实验室 1 家，国家级企业技术中心 9 家，各类企业技术中心 85 家，各类工程技术中心 75 家，省级软件工程技术中心 28 家。中创中间件和浪潮"楼上"平台等项目先后获得国家产业基金重大支持，5 个项目入选国家"核、高、基"重大专项，企业的研发水平和能力均得到全面提升。

济南软件在自主品牌方面全国领先。浪潮、中创位居"中国自主品牌软件产品十强"之列，浪潮高居榜首，入围企业数连续 5 年居全国之首。中国第一款云计算数据中心操作系统——云海操作系统在浪潮研发成功，标志着我国在全球云计算竞争焦点领域取得重大突破。目前，全市软件研发投入占软件业务收入的比重超过 10%。

4. 产业发展载体全城布局，承载能力大幅提高

齐鲁软件园建设规模位居全国 11 个国家级软件产业基地前列，入园企业 830 家。历下软件园、长清软件园作为省级软件园，与齐鲁软件园优势互补、错位发展。大学科技园、环保科技园、留学人员创业园等特色园区已经成为济南软件和信息服务业载体建设的重要补充部分，形成"多园多基地"的城市发展格局。另外，围绕中国软件名城建设，济南市相继在东部城区开工建设 240 万平方米的齐鲁外包城，在西客站片区建设占地约 1743 亩、总建筑面积达 350 万平方米的中国软件名城二期工程，重点发展软件研发与信息技术服务、服务外包、互联网、数字内容等产业，随着京沪高铁的开通，实现与北京、上海的产业转移对接。济南市先后被命名为国家信息通信国际创新园、国家创新型试点城市、国家软件出口创新基地、中国服务外包示范城市、国家动漫产业发展基地和中日 IT 桥梁工程师交流示范基地，并获得"数字动漫政府推进奖"、"中国软件和服务外包政府推进奖"、"软件与信息服务外包最佳投资环境奖"、"中国工业软件政府推进奖"等称号，在国内确立了优势地位。

5. 人才队伍持续快速壮大，人才结构得到有效改善

通过高校培养、专业培训、国内外引进人才等多种方式，全市软件产业从业人员已经达到 16 万。本科以上学历人员所占比例已达 90%。扎实推进"中日 IT 桥梁工程师交流示范基地"、"5150 引才计划"和"百千万引才工程"。在全市列入"5150 引才计划"引进的海内外高层次创新创业人才中，软件人才约占 50%。"中创软件人才奖"通过了国家科技部的正式认定，成为迄今为止通过国家认定的社会力量设奖中唯一专门面向计算机软件领域的奖项，46人获得软件人才奖。齐鲁大学生计算机软件竞赛规模和影响力不断扩大，已扩大到南京、石家庄等周边省市，参加人数达到 2.5 万人次。实施校企对接工程，校企联合的定制化人才培养模式，大学生见习基地、特色实训基地的具体实施和建设缓解了企业对实用型人才的需求，人才结构得到有效改善。

三 济南市发展软件出口的政策措施、主要优势和发展潜能

（一）主要政策措施

（1）出台了一系列鼓励发展软件出口的政策。推出软件出口按增量进行奖励，每出口 1 美元奖励人民币 0.2 元，表彰奖励"优秀软件外包企业"，对获得全国软件百强、市软件十强和国家规划布局内的重点软件企业实施奖励。上调 CMMI 和 ISO27001 等国际认证补贴金额（CMMI3 认证由原来补贴 15 万元提高到 20 万元、CMMI 认证由 20 万元提高到 30 万元、CMMI5 认证由 30 万元提高到 50 万元，ISO27001 认证补贴提高到 15 万元），扶持软件外包人才培

训和创新等措施，进一步优化了济南的软件服务业和软件出口的发展环境。

（2）开通了国际数字直航网络，满足软件出口企业国际通信需求。共支持开通 2 条 155M 国际数字直航网络，直达国际互联网通信关口局，极大地提升了济南市通信网路国际出口的承载能力。

（3）设立保管绿色通道，提升通信网路国际出口的承载能力。最大限度地简化软件产品报关程序，在软件产品出口报关用时、手续便捷性、足不出户和出口奖励四个方面居国内领先水平，促进了软件出口的快速发展。

（4）创造性地提出建设中日 IT 桥梁工程师交流示范基地，解决软件中高层次人才紧缺困难。针对软件出口和软件外包企业在发展中遇到的"不缺订单、缺人才"的问题，济南市创新提出了聘请一批日本 IT 退休工程师来济工作，建立国内首家"中日 IT 桥梁工程师交流示范基地"的思路，得到国家工信部和国家外专局的肯定和支持，并于 2008 年 9 月举行了揭牌仪式。为鼓励和支持桥梁工程师到济南市软件出口和软件外包企业工作，对聘请企业，每聘请 1 人给予 5 万元奖励。目前吸引了日本、美国和韩国等大批高层次 IT 人才到济南市软件出口和软件外包企业工作，已经签约 IT 桥梁工程师 50 名，并建立了 100 余人的桥梁工程师数据库和公共服务平台，软件出口和软件外包企业中高端人才不足和缺乏问题得到初步解决。

（5）积极搭建"行业联盟"产业合作平台，增强中小企业的集群创新能力。成立软件外包合作联盟、动漫游戏产业联盟，将从事软件出口和外包的企业组合起来，抱团发展，共同承接国外大单，降低了企业发展的成本，提升了企业的核心竞争力。

（6）建设济南软件与信息服务公共技术服务平台，提升公共服务水平，从根本上提升了济南市软件服务业园区支持软件出口的公共服务能力。

（7）对符合条件的软件外包和动漫游戏企业进行"双软"认定，使软件外包企业能享受国家对软件企业的优惠政策。

（二）主要特色优势和发展潜能

济南市发展软件出口有许多优势条件，其中最主要的是拥有齐鲁软件园这个非常好的载体。

齐鲁软件园成立于 1995 年 11 月，规划面积 6.5 平方公里，1997 年 3 月被科技部认定为全国首批"国家火炬计划软件产业基地"；2001 年 7 月园区被工信部、国家发改委认定为"国家软件产业基地"，2006 年"国家信息通信国际创新园"、"国家软件出口基地"、"国家服务外包基地城市"等三个"国字号"招牌先后落户园区，随后又先后获得"国家服务外包示范区"、"国家动漫产业发展基地"、"国家软件人才国际培训基地"、"中日 IT 桥梁工程师交流示范基地"、"山东省重点服务业园区"等殊荣。2011 年，入园企业达到 830 家，总销售收入 720 亿元，比上年度增长 13.6%。其中软件销售收入 458 亿元，比上年度增长 18.6%。园区的产业聚集和产业发展能力日渐凸显。在产业布局上，园区已形成软件、集成电路、数字化装备、网络通信和信息服务五大主体产业。目前，在入园企业中，规模以上企业达 170 家，国家重点规划布局内的软件企业 5 家，有 9 家企业入选全国软件百强企业，境内外上市公司 7 家。软件从业人员达到 6 万多人。

济南市软件产业已形成"基础研究—应用开发—产业化"发展的良好格局。中间件软件，ERP 软件，CAD/CAM 软件，信息安全软件，流程管理软件，政府、矿山、电力、石油、交通等行业应用软件产品处于国内领先水平。中创 Infor 系列中间件产品服务在 61% 的中央机关、部委级政府客户得到应用，工作流产品在部分软件企业开发中得到应用；浪潮 ERP 连续 5 年国内增长率高居第一，成为首批软件类"中国名牌产品"；国内第一个具有自主知识产权的高端三维 CAD/CAM 软件由华天软件成功推出。由浪潮集团承建的济南云计算中心成功入选国内首批云计算（基地）中心联盟。

具体来讲，济南市发展软件出口具有以下特色优势和发展潜能：

1. 已形成发展软件出口的园区聚集效应

济南市将技术、人才、资金、政策、服务等资源在齐鲁软件园这个平台上充分整合，使企业与企业、企业与大学和科研院所、企业与中介服务机构开展多方面的交流与合作，实现了资金、技术、人才等要素资源的互动与集成，促进联盟企业间产业链中各个环节实现多赢的格局，形成了技术研究和开发的完整体系，减轻每家企业所承担的高研发投入的压力。

2. 建立了国内一流的各种高水平的公共技术支撑平台

济南市在齐鲁软件园建设了"公共软硬件技术支撑平台",涵盖了包括软件开发、过程管理、测试和应用、软件出口、外包服务、动漫集群渲染等在内的软件开发全过程技术支持环境。新建和扩建了"电力行业软件开发创新平台"、"软件和信息服务外包公共技术支撑平台"、"动漫集群渲染平台"、"嵌入式软件开发技术平台"、"基于通信行业的公共技术服务平台"、"虚拟技术实验室"等行业应用技术支撑平台,累计投入近两亿元。通过技术支撑公共平台的建设,可为济南市软件出口企业提供技术支持和服务,构建共性软件平台及大型应用软件数据库等关键技术群,实现信息共享。

3. 打造多方位软件出口人才培养服务体系

针对济南市对软件人才的迫切需求,建立起了一套以软件产业发展为核心的人才培养服务体系。一是建设公共人才实训基地。吸引国内外知名培训机构进驻,为企业开展人才实训。二是开展校企对接工程。开展校企人才联合培养,形成了与38所高校的合作体系。在山大齐鲁软件学院、济南大学、经济学院、财政学院、山东建筑大学等16所高校设立齐鲁软件园特色班、定制班,针对企业需求培养人才。三是建立高端人才引进培养体系。在国内知名招聘网站设立齐鲁软件园招聘专区,为软件出口企业组织面向全球的高端人才招聘活动。高起点规划、高规格建设,营造优质产业环境。

四 "十二五"规划发展目标和主要工作措施

(一)"十二五"发展目标

"十二五"将是济南市软件出口产业发展的黄金五年,是实现跨越式发展的关键时期。济南市将按照"一、三、五、七、九"的整体发展思路加快推进软件出口发展。

(1)"一个工作目标",即大力营造环境拉动软件出口产业发展。

(2)营造三大产业环境,即世界一流的载体环境,高水平政府服务体系环境,以人才、资金、知识产权保护为重点的产业推进环境。

（3）提升五大软件出口产业，即软件、网络通信、信息技术服务、数字装备、半导体集成电路产业。

（4）构建七大技术平台，即软件开发与测试平台、集成电路 EDA 设计平台、数字媒体平台、通信测试平台、先进控制技术平台、信息安全与量子技术研发平台、千万亿次超级计算平台。

（5）形成九大软件出口产业集群，即电力电子软件产业集群、网络通信产业集群、交通运输软件产业集群、城市管理产业集群、集成电路设计集群、高技术服务产业集群、离岸信息服务外包集群、数字装备产业集群、制造业信息化产业集群。

到"十二五"末，济南市将努力打造成为基础功能完善、布局合理、产业重点突出的软件出口产业基地城市，成为山东和环渤海经济圈软件出口产业发展的龙头，成为亚洲特别是东北亚地区知名的软件出口产业发展基地之一。

（二）"十二五"期间主要措施

"十二五"期间将进一步完善组织推进体系、突出载体支撑、加大财政支持、加快人才培养、做好知识产权保护等重点工作。

1. 完善组织推进体系

建立软件出口联席会议制度，研究、协调和解决软件出口产业发展中的重大问题。明确责任，抓好落实，协同推进。由市商务部门牵头与全市各示范基地、培训机构签订相应协议，进一步明确工作目标，创新发展思路，分解落实各项工作任务，集聚各方面的力量共同推动软件出口产业的发展。

2. 加快软件出口支撑载体建设

（1）积极推进"齐鲁外包城"建设。齐鲁外包城一期，依托齐鲁软件园现有载体，外围七个独立地块构成围绕主核的七个副核心。齐鲁外包城一期规划建设 160 万平方米的软件、外包研发基地和配套公寓，规划总投资 80 亿～100 亿元。其中：15 万平方米的"银荷大厦"项目已建成投入使用。奥盛大厦项目已于 2010 年 12 月动工，规划面积 22.8 万平方米，目前意向购买企业有 121家，其中软件出口、信息服务类和业务流程服务类企业 100 家，其他类别企业21 家；过 10 亿元企业 2 家，过亿元企业 7 家，过 5000 万元企业 12 家；意向购买面积 15 万平方米以上企业 1 家，5 万平方米以上企业 4 家，1 万平方米以上企业 6 家，2000 平方米以上企业 34 家，1000 平方米以上企业 42 家。

齐鲁外包城一期将作为园区软件研发区的核心，重点发展软件、数据处理、呼叫中心、设计与创意、测试服务、集成电路设计、游戏动漫等离岸和在岸外包业务，同时兼顾引进外包产业所需要的人才培训、金融、商业和生活服务配套项目，分期实施、滚动发展，最终达到新增入驻企业 1000 家、从业人员 6 万至 8 万人、年营业额 20 亿美元的规模，建成集生产、生活、生态于一体的世界知名服务外包和软件出口基地。

同时，距离现有基地 10 公里处规划了齐鲁外包城二期，总规划面积约 2.94 平方公里。齐鲁外包城二期将适时开工建设，重点引进发展软件服务开发外包、数据处理外包、金融服务外包、工业设计与创意、数据处理中心、产品检验检测等企业和机构。将打造集"工作、生活、服务、生态"多功能于一体的技术新城，形成新知识经济与服务外包产业的融合，打造各级企业的空间聚集，最终形成独具特色的国际化软件出口和服务外包城。

（2）加快推进孙村 ICT 产业基地建设。孙村 ICT 产业基地规划建筑面积 34 万平方米，主要帮助中小型 ICT 企业生产性项目落地。该基地建成后将聚集 30 家以上相关企业入园发展，项目全部投产后，可实现年销售收入 50 亿元、利税 5 亿元；产业基地将重点实施计算机硬件、工业电子、汽车电子及电信基础设备的产业化发展，着力打造园区信息通信产业基地。目前，ICT 产业基地正在进行市政道路、管线等规划、施工工程；已有 8 家企业签约落户，计划总投资达到 15.6 亿元，规划面积 24.6 万平方米，项目将于 2012 年 8 月建成。

3. 加快建立人才培养与引进体系

一是加快软件出口适用人才的培养体系建设。努力打造一批专业培训机构集聚的软件出口人才培训基地，不断扩大软件出口人才培训规模，鼓励高校在专业设置、课程改进、教学实践等方面的改革，做好大学、培训机构、企业"三位一体"的紧密对接，对三者的人才培养实行"订单培养，分段负责，流程作业"，在各大专院校积极推行"3 + 1"、"2 + 1"教学培养模式。鼓励国内外著名培训机构在济南市设立分支机构。鼓励济南市服务外包企业自办或与高校合办专业人才培训机构。加强对教师队伍的实训，引进国外相关专业专家及华人工程师来济访问、授课。二是加强软件出口中高端人才的培养和引进体系建设。鼓励软件出口企业和培训机构以出境实训等方式加大对中高端人才的培养力度，对其培训成本给予相应资助。

4. 加大财政扶持力度，完善政策引导推动体系

调整完善济南市软件出口发展促进政策，积极争取用足用好国家和省级扶持政策，重点向园区建设、人才培训和引进、企业做强做大、优化发展环境、招商和奖励等方面倾斜。在政策制定上避免在先进城市后面"跟随"，敢为人先，大胆创新，一步到位。各县区也要配套制定出台各自的软件出口优惠扶持政策，拿出一定的财政资金进行配套，专项用于软件出口的发展。将发改、经信、科技、人事等部门的政策向软件出口产业聚集。

5. 建立健全软件出口知识产权和信息安全保护体系

在全市服务外包示范基地内设立知识产权和信息安全举报投诉保护服务站和保护基金，集中受理对软件出口和服务外包知识产权侵权和信息泄露的举报投诉，为软件出口企业提供方便、快捷、专业的知识产权创造、保护、管理、运用、咨询等服务。出台保护软件出口知识产权和信息安全保护的相关地方法规，设立保护基金，建立行业诚信数据库，加强从业人员诚信管理，规范市场秩序，奖励扶持诚实守信的软件出口企业。严惩软件出口知识产权和信息安全违法违规行为，维护软件出口市场秩序。对侵权案件，实行先行赔付机制，采取刑事手段侦查、民事手段诉讼的方法处理侵权案件，进一步形成尊重知识产权和信息安全的良好氛围。

国际经验篇

International Experience

B.23

爱尔兰、印度、俄罗斯
发展服务外包比较研究

李 辉*

摘 要：

    爱尔兰、印度、俄罗斯三国是发展服务外包中的代表性国家，各有特点。其中，爱尔兰凭借其独特的地理位置优势和人才优势成为欧洲的 ICT 产品和服务外包中心，印度是当今世界上离岸服务外包的最重要承接国，俄罗斯是近期随着近岸外包和 IT 技术外包向高端延伸后的新兴国家。但其中也有共性因素，首先是人力资源禀赋的重要性和由此引申出来的服务外包业务模式特性，其次稳定的经济政治环境、相近的文化社会氛围都是开展服务外包业务的必要条件，政府应该积极促进本国服务外包企业拓展业务领域、创新业务模式，更好地融入全球经济。

关键词：

    爱尔兰 印度 俄罗斯 服务外包

---

* 李辉，国务院办公厅。

一 欧洲软件外包中心——爱尔兰

1973 年，爱尔兰加入欧盟，这是一个重要的历史转折点。在这之前，爱尔兰只是一个位于欧洲边缘的以农业和畜牧业为主的经济落后国家，而此后，充分利用靠近欧洲的特定地理优势，爱尔兰将自己建设成为欧洲高技术产品的组装分销集散地，经济在其后的四十年取得了突飞猛进的发展。20 世纪 90 年代以来，爱尔兰经济年均增长率达到 8%，居欧盟各国首位，被称为"凯尔特虎"。

软件和服务外包产业在爱尔兰的经济发展中发挥了重要作用。目前在欧洲市场上，43% 的计算机、60% 的配套软件都是在爱尔兰生产的。爱尔兰有"欧洲软件之都"、"新硅谷"、"软件王国"、"欧洲高科技中心"等众多称誉，形成了以电子、计算机等高新科技产业为支柱的产业结构，软件业则成为爱尔兰的龙头产业。截止到 2008 年底，爱尔兰拥有软件企业超过 900 家，其中外国投资企业 140 家，从业人员达 2.4 万人，软件销售收入总额超过 240 亿欧元，出口的产品和服务总额达 230 亿欧元以上。

2008 年以来的国际金融危机给爱尔兰以沉重打击。2008 年和 2009 年，爱尔兰 GDP 增长率下降到 -3% 和 -7.5%，政府财政赤字却高达 GDP 的 7.3% 和 14.3%，政府债务达到 GDP 的 64%。2010 年 9 月，爱尔兰政府债务因为救助银行业而迅速提升至 GDP 的 100% 左右，最终爱尔兰不得不接受欧盟 850 亿欧元的援助。

爱尔兰的金融危机主要与外资银行大量投资于房地产业导致房地产泡沫有关，而软件业、服务外包等实体经济的基础并没有受到实质性损伤，长期看仍具备持续增长的潜力。

（一）爱尔兰服务外包发展阶段

爱尔兰软件和信息服务业的发展始于 20 世纪 70 年代，崛起于 80 年代后期，90 年代中期迅速发展，形成了自己独特的发展模式，成为服务外包强国。爱尔兰的软件和服务外包产业发展经历了以下三个阶段：

1. 萌芽和起步阶段（1970~1985 年）

20 世纪 70 年代初期，计算机系统开始进入企业应用，形成了一个新兴的服务和需求市场，爱尔兰开始利用自己的语言和地理优势吸引海外软件企业，特别是美国软件企业进驻。70 年代中期，第一批爱尔兰本土的软件开发和服务公司诞生了，主要是利用国外的软件产品对用户开展服务，帮助用户维护已有的计算机系统，针对用户已有软件进行修改和二次开发，满足本土化需要。同时也生产一些产品，但利润较低，专业化服务是这一时期的主要特征。在爱尔兰的最大软件生产商是美国公司，他们选择爱尔兰作为生产基地，并向全球出口产品。

1981 年，爱尔兰政府制定了《国际服务业鼓励计划》，鼓励国外服务企业向爱尔兰投资的同时，也鼓励有足够实力和经验的爱尔兰服务企业进行对外投资。其中的投融资政策惠及了正处于发展阶段的爱尔兰信息服务业。

2. 发展阶段（1986~1995 年）

国内软件产业逐步发展成为一个新兴产业，开始向国际市场销售。随着时间的推移和软件产业的发展，爱尔兰的所有大公司在开展软件服务和本地化的基础上，开始使用爱尔兰的年轻人才进行自主软件的开发工作。爱尔兰本国开始开发新产品并向国际市场销售。同时，跨国公司的进驻，在培训、管理等方面给予爱尔兰员工丰富的国际经验，在政府等各方面的激励机制的支持下，本土的软件产业逐渐发展起来。

80 年代中期以来，爱尔兰政府将信息通信技术、生物技术和新型材料技术作为未来发展的三个领域，在投入、人才培养等方面制定了一系列政策，并通过爱尔兰企业局和爱尔兰科学基金会等科技管理机构对公共和大学研究机构以及企业的研究与开发提供资金支持、指导和协调。20 世纪 80 年代末，爱尔兰利用了以欧盟结构资金（Structural Funds）为代表的欧盟基金资源和研究计划的大量经费资助开展科研，这些基金数字最高时占到爱尔兰 GDP 的 6%。通过大量吸纳和使用此类资金进行连续的产业升级和技术研究计划，使得爱尔兰获得了很好的收益。而且，爱尔兰的香农（Shannon）开发区也发挥了积极作用，成为著名的服务外包基地。

在诸多相关政策的鼓励下，80 年代末，爱尔兰国内出现了很多新兴的软件和信息服务公司。爱尔兰本土的软件产业公司规模较小，主要从事服务和开发两种类型。从事服务的公司仍旧针对爱尔兰和西欧相关大型企业自身运行的信息系统和专用软件进行运行维护服务，以及针对软件和需求进行二次开发。从事开发的公司主要业务集中在两个领域：承接国外大型公司软件的开发业务，进行代码和程序流程开发；开发专用软件产品，比如数据库、客户服务系统等。同时，在国外公司先进经验和本土特点的结合下，爱尔兰本身也开始诞生了一些诸如 Adlo 等规模较大的软件公司，这些软件公司着力于一些跨国公司忽略的领域，有针对性地进行产品开发，取得了不错的发展。

3. 高速发展阶段（1996 年至今），跨国公司大量进驻，本土企业迅速成长

1996 年以来，大量的社会资金和风险资本、外国资本以及跨国软件公司进入爱尔兰软件产业，国内从事软件产业的公司由 1995 年的 390 多家急剧增加到 2008 年的将近 1000 家。爱尔兰已经成为欧洲国家吸引外资最多的国家之一，其中 41% 的国外投资来自美国，15% 来自英国，其余来自德国、日本和法国等。

跨国公司数量仅占爱尔兰软件公司总量的 16%，但是却占软件业总收入的 82%、出口的 88% 和从业人员的 50%。本土企业在很多方面处于劣势。从生产率看，本土企业为 86470 美元/人，而跨国公司为 651178 美元/人。从企业规模看，本土企业平均为 16 个员工，年收入 140 万美元，而跨国公司平均雇佣 84 名员工，年均收入 550 万美元。

目前，爱尔兰是摩托罗拉、IBM、Intel、Lotus 等公司在欧盟总部的所在地，世界 10 大软件公司有 7 家在爱尔兰办厂，有的还设立了研究开发中心。爱尔兰软件产业 90% 以上的就业机会、销售收入和出口收入都是由跨国公司在爱尔兰的机构创造的。许多后起的爱尔兰公司也演变成许多专项市场公司，在一些专业领域处于领先地位，并通过上市、并购等手段来拓展国际市场，提高竞争力。这一时期，国际业务开始迅速发展，爱尔兰在呼叫中心领域取得成功。许多国际公司利用先进的电信技术及本地制作的软件将爱尔兰作为远程销售和远程支持中心基地，主要职能是电话销售、计算机及系统软硬件的技术与客户支持以及航空、酒店、其他住宿服务的预订及客户服务等。爱尔兰已发展成为整个欧洲呼叫领域无可争议的领先者。

爱尔兰软件企业主要从事包括开发和定制、本地化和版本翻译、生产和销售，以及技术支持等商业活动。爱尔兰软件企业主要涉及的领域包括通信产品、银行金融、软件工具及中间件、互联网工具及应用、多媒体与计算机辅助培训等，经过多年的努力，逐步在工业嵌入、移动通信、企业管理、中间件、加密技术和安全等领域成为国际领先者；另外，在服务业领域同样取得了长足的进步，如财务服务、客户服务、远程学习、呼叫中心等。

进入 21 世纪以来，爱尔兰软件产业的规模仍在不断上升。软件产业的增长率始终保持在 10% 以上，爱尔兰软件产业已经进入一个良性发展的阶段，稳稳地占据了世界软件产业的一席之地。据爱尔兰国家软件理事会统计，到 2008 年底，爱尔兰拥有 900 多家软件企业，其中外资企业 140 多家，软件从业人员 2.4 万人，软件产品和服务出口额 230 亿欧元，占国内软件总产值（240 亿欧元）的 95% 以上，成为全球软件和信息服务的出口大国。

（二）爱尔兰发展服务外包的主要政策

1. 大力吸引外资，提供全面的政策支持

在爱尔兰的 ITO 甚至整个经济的起步发展中，外资都起到了十分重要的作用。爱尔兰曾经是个经济比较落后的国家，缺少企业文化氛围。为了改变这种状况营造良好的投资环境，政府更新了通信网路，建立了世界一流的电信通信设施，同时制定了各种优惠政策来吸引外资的进入。

在税收政策方面，爱尔兰因其经济较落后这一特殊情况，享有欧盟最低的税率。税收优惠政策包括：对 1998 年 7 月 31 日前在当地注册的制造业公司，在 2010 年前最高只征收 10% 的公司所得税，2011 年提高到 12.5%；对 1998 年 7 月 31 日前在当地注册的国际服务企业，在 2005 年前最高只征收 10% 的公司所得税，2006 年提高到 12.5%；对工厂、建筑和设备给予折旧补贴，不扣赋税；在爱尔兰获得专利并开发的产品免征所得税；公司利润可以自由汇出爱尔兰等。作为对比，同时期英、法、德等欧洲国家的公司所得税率分别大约为 33%、38% 和 58%。爱尔兰个人所得税也较低，已婚职员平均纳税额为其总收入的 5%，在 OECD 国家中排名倒数第 7 位。

津贴政策包括：对资本投资包括地基、建筑和设备给予补贴，边境和中西

部地区最高，达到资本支出额的 40%，都柏林则为 17.5%；对创造长期全职就业机会的公司实施就业资助，资助额度从人均 1250 欧元到 12500 欧元不等；对在爱尔兰成立的外商投资企业，由 IDA 提供培训资助，而负责促进爱尔兰本土企业发展的爱尔兰企业局与申请公司密切合作，帮助公司制定培训方案并确保符合 IDA 的资助要求；对两类研发项目提供资助，一种是公司建立或升级改造常设研发职能部门和设备，另一种是有相当研发实力的公司的高质量高风险研究项目。这些政策既适用于制造业，也适用于服务业。

政府为促进本国的服务外包产业的发展，制定了一系列的支持措施和政策：包括营造完善的法律环境、制定税收优惠政策和明确的政府企业政策。例如，制定了电子商务法，承认电子合同及电子签名的法律效力，实行税率优惠和政府补贴政策，在自由贸易区内注册的公司进口物品免征增值税，等等。

2. 劳动力成本相对较低，且教育水平高

爱尔兰虽然只有 400 多万人口，但是半数人口处于 28 岁以下年龄段，劳动力资源相对丰富。而且，相对于欧盟的标准，爱尔兰的劳动力成本较低。1995 年爱尔兰平均每小时的补偿成本（Compensation Cost，包括额外的非工资成本）低于 15 美元，而德国超过 30 美元，法国接近 20 美元，意大利也超过了 15 美元。爱尔兰工会代表大会（SIPTU）协调相关工会组织和爱尔兰商业与雇主联合会（IBEC）之间达成一系列协议，双方共同采取较为灵活的薪资谈判政策，最大程度减少了劳资纠纷和摩擦，保证了企业运作的顺利进行。很长时间，爱尔兰成为西欧劳资纠纷最少的地区，外资企业更加青睐相对稳定的爱尔兰。

爱尔兰良好的教育体系为软件产业发展奠定了坚实的基础。爱尔兰政府历来重视增加教育投入。20 世纪 60 年代，教育投资占 GDP 的比重有了很大提高，从 1961～1962 年的 3% 提高到了 1973～1974 年的 6.3%。爱尔兰还对工程类专业进行了扩招，增加了计算机类课程的种类。据 OECD1998 年的统计，爱尔兰工程类专业毕业生占比为 10.3%，而意大利为 5.5%，美国为 4.8%，计算机应用专业毕业生占比为 14.6%，而 OECD 国家平均为 4.4%。1967 年，爱尔兰开始实行中等教育免费，90 年代以后，爱尔兰开始实行免费大学教育。根据 OECD 资料，1996 年爱尔兰 25 岁到 34 岁年龄段大约有 66% 的人完成了高中教育，受过高等教育的比重达到28%。语言方面，爱尔兰大学毕业生年近40岁的人中，有40%至少在国外工作过1年，中学毕业生中有73%以上学习过一门欧洲语言。爱尔兰的软件专业教育方式有其独特之处，软件专业前两年学习基础知识，第三年在生产一线实习，第四年进行独立设计。这样，大学生在毕业之后就具有了实际工作经验和项目领导能力。另外，爱尔兰的高校具有较强的IT开发实力。跨国公司投资爱尔兰的原因之一，就是其具有较强的研发能力和能够适应信息技术高速发展的人才。

3. 充分利用地缘、文化优势，构建完善的法律环境

爱尔兰是英语国家又是欧盟成员国，欧盟成员国公民在爱尔兰享有务工自由，劳动力流动便捷。欧盟市场有20多种语言的实际需求，爱尔兰可以吸引欧盟区其他国家双语和多语技术人才，将美国软件公司的产品欧版化，即翻译成为不同语言的软件产品这样爱尔兰就成为了美国公司进入欧盟市场的门户。另外，由于历史原因，美国有4000万爱尔兰侨民，差不多每个爱尔兰人都能在美国找到亲戚，也促进了爱尔兰和美国IT产业的联系。爱尔兰软件从业人员中，有相当一部分曾在IBM、微软、Oracle、北方电讯、爱立信等公司总部或者爱尔兰分公司工作过，他们曾经的工作经历构成了以后创业的良好基础。

爱尔兰法律环境完善，在知识产权、专利等方面沿袭欧洲惯例，有着严格、有效的法律规范。特别是政府于1999年制定出台了《电子商务法》，承认电子合同及电子签名的法律效力，允许软件的加密开发，为信息服务外包发展创造了条件。

4. 香农开发区的特别作用

爱尔兰香农开发区始建于1959年，是全球最早的经济开发区。该开发区涉及航空业、信息通信技术、计算机软件和电子产品、国际服务、工程配送、化学及制药等多个行业，已经成为爱尔兰最大的FDI聚集地，也是全球最重要的服务外包基地之一。

爱尔兰政府给予香农开发区多方面支持。爱尔兰政府向香农开发公司投入资金，由该公司以100~130年长期租赁方式，向政府支付较低租金取得建设用地，然后低价转租给开发区企业，保证了开发区地价既平稳又颇具竞争力。除了全国范围的低所得税率，爱尔兰政府仍给香农开发区的企业一定财政补贴，受惠对象为资金密集型项目、技术密集型项目、扩大经营规模的企业、提升研发能力的企业以及安置就业人员较多的企业等。如企业雇员在 100 人以上且经营状况良好，可获得 100 万欧元的补贴。

开发区与高校建立了密切联系。香农开发公司是香农开发区的运营主体。1984 年香农开发公司投资与爱尔兰国立大学的利默里克共同建立了爱尔兰第一个国家科技园区——利默里克国家科技园，其后该公司又与其他大学合作，在香农开发区周边陆续建立四个科技园，形成了独特的"香农知识网络"。他们依靠高校知识资源和科研设施方面的优势，在每个科技园设立企业孵化中心，为扶植高科技和知识型企业创业提供必要的中介、孵化服务；从欧盟和其他国家的国际性研究资助机构、政府和半政府部门、工业实体吸引资金，资助香农科技园的发展建设；并且利用这些科研机构，培训专业应用人才，确保满足区内企业对高素质人力资源的需求，使开发区实现向技术及知识密集型产业的转变和发展。

二　无冕之王——印度发展经验

印度是跨国公司开展国际离岸服务外包的首选国家，被 Gartner 称为"离岸外包服务的无冕之王"，其发展外包服务业已经有 20 多年的历史，目前已经占据了全球 IPO 市场 61% 的份额，BPO 和 KPO35% 的市场份额。

全球金融危机以来，跨国公司面临更大的成本压力，离岸服务外包合同也呈现以短单、散单为主的特征，这给印度的外包带来了巨大压力。但印度服务外包仍然实现了大幅度增长。据印度 NASSCOM 统计，2011 财年，全球技术与相关服务部门支出（包括 IT 服务、BPO 业务、软件包［packaged software］、硬件）超过 1.7 万亿美元，同比增长 5.4%。其中，IT 服务从 5860 亿美元增长到 6050 亿美元，增长 3.3%；BPO 从 1470 亿美元增长到 1530 亿美元，增长 4.3%；软件包从 2930 亿美元增长到 3090 亿美元，增长 5.6%；工程与研发（不包含在 1.7 万亿里面）从 11250 亿美元增长到 11500 亿美元，增长 2.2%。NASSCOM 预计 2012 财年，印度国内 IT-BPO 业务收入将达到 9180 亿卢比，同比增长 17%。主要的驱动因素分别是：经济增长、技术的快速进步、印度企业竞争力增强、政府更为重视，以及 IT 技术实现的新商业模式，等等。其中，IT 服务预计增长 17.8%，软件产品预计增长 13.3%，BPO 业务预计增长 16.9%。NASSCOM 预计 2012 财年，由于降低成本、进入本地市场、创新与融资需求等多方面原因，全球外包业务将持续增长，印度 IT-BPO 业务出口将增长 11%~14%。

印度的发展经验值得我们认真研究与借鉴。在具体的影响因素方面，印度高素质低成本的人力资源、发达的高等教育技术教育体系、高效率稳健的金融体系、严格的知识产权保护法律法规、产业园区政策、行业协会的积极作用等，都对其今天外包产业的成功起到了积极作用。但同时，特定的历史发展机缘也是一个重要原因。

（一）印度外包发展的三个阶段

印度 IT 产业发展较早，但是以信息技术外包（ITO）为发端的服务外包主要是从 20 世纪 90 年代末期开始。

1. 第一阶段（1997~1999 年）

"千年虫"危机给印度公司提供了第一批外包订单，因为美国公司开始将 ITES（IT Enabled Services，IT 技术驱动服务）服务向海外外包。自 1996 年以来，印度公司开始为世界各国解决千年虫问题。通用电气资本服务公司（General Electric Capital Services）是第一个在印度开展 BPO 外包的跨国公司。在应对"千年虫"危机的过程中，印度的设计和工程公司不仅挣到了 30 多亿美元，更重要的是在这一过程中印度的软件公司表明了自己的价值，开始成为世界级的计算机及网络软件商品的供货商。1997 年 GECS 在印度建立了第一个国际呼叫中心，主要承担货币收款、信用卡服务和数据管理等任务。其他跨国公司也相继跟进，建立了自己的全资离岸外包机构。大多数此类机构都集中在新德里（New Delhi）、孟买（Mumbai）和班加罗尔（Bangalore）。这一阶段，基础设施、可靠的电力和通信服务的缺乏以及政府限制性的管制都给 BPO 的进一步增长带来了障碍。这方面其他领先的跨国公司还包括英国航空（British Airway）、汇丰银行、瑞士再保险和美国运通。

另外，由于从硅谷归来的科技人员的努力，印度在计算机设备和无线电话方面的成功范例也比比皆是，而且印度的公司擅长芯片设计，在得到卡内基—梅隆软件工程学会最高评价的全球 21 家公司中，有 12 家来自印度。

2. 第二阶段（1999~2000 年）

大量合资企业、风险基金建立的印度第三方外包企业开始出现。其中许多是原来在跨国公司建立的外包企业中工作过的员工建立的。孟买、新德里和班加罗尔仍然是 BPO 外包的首选地。在这一阶段，许多项目的启动和印度的大企业有关，这些大企业包括 Hero 集团、Reliance、Hiranandani 和 Godrej。但相当比例的新企业规模较小，只有 50~100 个席位（call center），而且一般集中在低技能、常规性的业务领域，这些业务的竞争力来自成本优势。更多更为先进一些的外包企业倾向于集中在增加值更高的产品上。

3. 第三阶段（2001 年至今）

这一阶段，印度的外包产业继续增长、成熟并巩固。NASSCOM 认为，ITES-BPO 部门内部的增长主要来源于大公司，这些大公司可以为客户提供很多服务，包括可测量性（scalability）、交付能力（delivery capability）、历史记录查询（trackrecord）、客户指派（customer referral）等。从 2001 财年到 2003 财年，跨国公司自己的外包单位占全部外包企业的比重从 42.6% 上升到了 57.8%，而第三方外包提供商的比重从 57.4% 下降到了 42.2%。

这一阶段，印度著名的软件服务厂商，包括 Infosys、Wipro、Satyam 进入了 BPO 外包市场，大量的并购案例也是这一阶段的一个显著特征。2003 年，BPO 业内有 574 起并购案例，2004 年有 353 起，总值大约为 5 亿美元。随着市场成熟，很多小型的 BPO 企业难以生存。据 Gartner 公司估计，到 2005 年，印度前 15 位的国内 BPO 企业中大约有 70% 将会或者被收购、兼并，或者被边缘化。Forrester Research 也报告竞争性的中小规模 BPO 供货商为了和全球性大公司竞争可能合并业务。

（二）影响印度服务外包发展的因素

1. 人力资源

印度人力资源优势一般并不是指人口的绝对数量，而是指具有较高教育水平、同时工资水平又远远低于美国的劳动力数量。

2004 年，印度劳动力总数为 4.822 亿，超过 270 所大学和 2400 所职业学校每年毕业 200 万能够讲英语的计算机专业毕业生。这些毕业生能够以比美国同行低得多的工资承担同样的工作。普遍认为，这是印度最大的优势。

表 1 和表 2 分别列出了美国和印度特定工作岗位的工资水平和印度与其他发展中国家相比，程序员工资的差异。

表 1　美国和印度的工资水平差异（2002～2003）

单位：美元

类　　别	美国每小时工资	印度每小时工资	硅谷每小时工资
电话服务中心操作员	12.57	<1	13.24
健康记录技术员、医务记录员	13.17	1.5～2	14.54
PayrollClerk	15.17	1.5～2	19.5
资料录入	20	1.5～2	24.44
法律助理、律师帮办	17.86	6～8	NA
会计	23.35	6～10	27
计算机编程	28.9	3～10	38.85
金融研究分析	33～35	6～15	34
软件设计	60	6	NA
软件工程	120	18	NA
入门级编程员（年薪）	50000～60000	8000～10000	NA

资料来源：NASSCOM，HindustanTimes，McKinseyGlobalInstitute，U.CalBerkeley，DepartmentofLabor（BLS）.

表 2　各国程序员工资水平（2003）

国　　家	工资范围（年，美元）	国　　家	工资范围（年，美元）
波兰与匈牙利	4800～8000	中　国	8952
印度	5880～11000	加拿大	28174
菲律宾	6564	爱尔兰	23000～34000
马来西亚	7200	以色列	15000～38000
俄罗斯	5000～7500	美　国	60000～80000

资料来源：Bardhan，andCynthia（2003）.

可见，印度不仅对美国有优势，对包括中国在内的其他很多发展中国家也有明显优势。平均而言，印度的人员工资只是美国的 1/10～1/5。作为一个对比，中国工程师数量也很多，不逊于印度，但英语水平和项目管理素质普遍不如印度同行，工资水平则要高 15% 左右。

但是，印度严格的劳动立法对更好地发挥劳动力资源优势带来了一定的障碍。印度目前存在的劳动立法使公司难以解雇员工，降低了劳动力市场的弹性。

1947 年印度独立前夕通过的《产业争议法》（Industrial Disputes Act，IDA）是关于劳动用工的一个关键法律，其核心内容是规范企业招聘和解聘员工的条件和程序。它明确规定，所有超过 100 人的企业，在解雇员工时，必须获得州政府的批准。印度是一个民主国家，否决一个雇主的解雇请求，损失的是一票。批准一个解雇请求，损失的是成百上千或更多的选票。政治家从自身利益出发，非常符合情理地几乎从来不批准雇主解雇员工的请求。

印度的劳动立法造成的影响深远。首先，雇主在作出扩大生产的决策时，往往尽可能少使用劳动力，这一倾向和印度劳动力丰富的比较优势是完全相悖的。正如爱德华·卢斯（2006）所发现的："在印度，作出雇佣职工的决定之前，你必须确信自己拥有足够的耐心来应对长坐绝食，还必须准备充足的诉讼费用。'如果我要扩大规模，一定是按照资本密集型的方式而不是劳动密集型的方式。'"其次，为了在减少本公司雇佣职工的同时保持生产环节的运转，很多公司选择将某些生产环节外包给小规模的家庭手工业或者其他非正式就业组织。印度庞大的劳动力大军中仅仅有不到 7% 的人是被正式的经济体雇佣的，即印度人所说的"有组织的部门"。在大约 4.7 亿劳动人口中，只有 3500 万人拥有稳定的工作，也只有这 3500 万人缴纳个人所得税，其中 2100 万是政府的直接雇员。相对应的概念是"无组织的经济体中"就业，包括在家饲养牲畜、挤奶，或者加入到季节性变换的临时农业工人中，经营小商店和街边零售摊，等等。

2. 印度教育

印度政府历来重视高等教育，并对教育给予大量财政投入。目前印度发达的高等教育和技术教育是促进服务外包产业发展的重要因素。但是，印度教育也还存在质量不够高、基础教育重视不够等问题，影响了经济发展的后劲。

印度高等教育发达，在发展中国家中名列前茅，是高等教育发展的大国。

印度拥有的科技人员总数居世界第三位，仅低于美国和俄罗斯，而懂英语的技术人才居世界第二位，仅次于美国。根据印度人力资源开发部发布的 2001 年的教育统计公报，印度有 237 所大学，10600 所学院（1998 年的学院分类统计如下：文、理、商学院 7199 所、工程和技术学院 458 所、医学院 769 所、教育学院 848 所、综合学院 1051 所），在校生 707.8 万名，教师 33.1 万名。237 所大学中，除 38 所专业大学外，其他均为综合大学，每所大学有几十到几百所附属学院，学科门类齐全。加尔各答大学就有 200 余所附属学院；德里大学有 78 所学院，25 万在校生，其中 13 万在继续教育学院（相当于我国的成人教育学院）学习，在读研究生近 3 万名，教职工 8000 多名，图书馆藏书 135 万册。

根据联合国教科文组织的数据（UNESCO，2007），考察全球教育公共支出在不同国家间的分配，会发现印度的教育公共支出和其经济实力基本相当。按照 PPP 汇率计算，印度公共教育支出占全球的比重为 5.2%，而中国为 5.9%；与之相匹配，印度的 GDP（按 PPP 汇率折算）占全球的比重大约为 6%，中国 GDP 占全球大约为 14%。5～25 岁适龄教育人口占全球的比重，印度大约为 19%，中国大约为 18%。中印比较，相对于人口规模，教育公共支出都明显不足，但是与 GDP 的规模相比，印度要比中国更为匹配，都在大约 6% 左右，而中国虽然生产了大约全球 14% 的 GDP，但是公共投入教育的经费却只占全球的 5.9%。

印度的高等教育包括大学、大学级学院、国家重点学院和一般学院。大学有中央和邦属两类，分别经中央议会和邦议会批准成立。经费分别来自中央政府和邦政府。中央政府可通过大学拨款委员会向邦属大学提供部分资金。大学级学院是指有较高教学和科研水平的学院。国家重点学院是政府建立的某些专门医学院、工业技术学院和管理学院。其他有文学院、理学院、商学院、艺术学院、师范学院、农学院和体育学院。一般学院是由邦政府、社会团体、慈善机构和私人创办的高等教育机构。

20 世纪 50 年代，印度按照美国麻省理工学院的样子，在全国陆续建起了 6 个"印度理工学院"（目前已有 7 所）。这些学院从印度各地招收最优秀的学生，聘请世界各国知名学者授课，其毕业生质量堪与美国麻省理工学院的大学生媲美。这些毕业生逐渐成为缔造印度 IT 产业大厦的精英。在香港《亚洲新闻》周刊 2000 年的排行榜中，亚洲最好的 10 所科技大学中，就有 5 所是印度的大学。印度现在每年培养 100 万工程学毕业生（相比之下，美国和欧洲各自为 10 万）。印度的软件公司大多聚集在 5 所国立工科大学研究生院周围，可以方便地从研究生院获得软件人才。

印度还鼓励私营部门积极参与信息技术人才培训，尽管其学历不为政府所承认，但各信息培训公司仍然生意兴隆，仅私营国家信息技术学院及安得拉邦技术学院，每年就要对 30 万人进行信息技术资格培训。

高等信息技术教育的发展，使印度软件技术人才济济，仅软件编程人员就多达 140 多万。正如摩托罗拉公司环球软件部总经理阿姆里什·莫迪所说："我们之所以来印度，是因为这里人才济济。"正是因为印度的高等教育培养了丰富的科技人才，才使得印度斯坦咨询公司、维普洛信息技术公司、巴拉特信息技术公司、TISL 公司、NIIT 公司、安得拉技术公司等一大批专门从事软件开发的公司相继产生。比如，班加罗尔的软件人才远远超过亚洲任何一个城市，从 20 世纪 50 年代它就是印度的科研之都，这里汇集了印度一些优秀的技术和管理研究机构，有 77 所工程学院，每年可为社会输送 3 万名工程技术人才，其中 1/3 是信息技术专业人员。

设在克勒格布尔、孟买、钦内、坎普尔、德里和高哈蒂等地的 7 个技术学院在世界享有盛誉。它们有一流的设备，能培养一流的科技人才。印度高级软件人才大都出自这些学校，学生水平可与美国麻省理工学院和法国巴黎综合技术大学的学生相媲美。班加罗尔的科学学院也享有国际声誉。设在艾哈迈达巴德、班加罗尔、加尔各答、勒克瑙、卡利卡特和印多尔的 6 个管理学院，培养高质量的管理人才，入学考试录取的分数线很高，为最热门的学校。毕业生通常被跨国公司、财团和政府部门以高薪争相聘用。

但是，印度高等教育也存在一些问题。麦肯锡公司的另一份报告发现，只有 25% 的印度工程师能够成功地竞争从美国外包的技术工作。尽管信息技术公司和其他繁荣企业对人才的需求几乎永难满足，但是印度还是有近百万名工程毕业生失业。多数二流的学院已经出现了严重的教员短缺，甚至印度理工学院也开始面临这个问题。多数印度理工类学院有 25% 到 30% 的教师职务空缺，而许多教师在以后几年内会退休。

3. 知识产权保护

印度保护知识产权的法律体系比较健全，处罚措施也比较严格。印度知识产权法律体系包括版权法、商标法、专利法、设计法、地理标识法等。印度政府很注意根据形势的发展对相关法律及时进行调整和修订。比如印度曾多次对版权法进行修订，目前的版权法被认为是世界上最严格也是最接近国际惯例的版权法之一。该版权法对侵权行为规定了严厉的民事与刑事处罚条款。印度于1999年、2002年、2004年还对《专利法》进行了3次大幅修订，使之与国际惯例完全接轨。

印度知识产权保护法律体系也经历了一个发展过程。20世纪90年代以前，印度的软件产业和其他发展中国家一样，备受盗版猖獗、知识产权保护不力两大问题困扰。1994年印度议会对1957年的版权法进行了彻底的修订，于1995年5月10日正式生效。从内容上来看，该法是世界上最严格也是最接近国际惯例的版权法之一，它除了明确规范版权人及使用者的权利、责任、义务和利益之外，并依据WTO中《与贸易有关的知识产权保护协议》TRIPS的基本原则，首次将计算机软件列入保护范围，对数据库知识产权、以源代码或目标代码表达的计算机程序、著作出租权的保护范围、权利限制与作品的合理使用等方面进行了重大调整，进一步向国际惯例和WTO的有关协议靠近。更重要的是，该版权法对侵犯版权的行为规定了严厉的民事与刑事指控，根据其违法情节可处以5万到20万卢比罚款，或3年以下、7天以上的监禁。经过立法与执法的不懈努力，印度软件的盗版比率降低了30%，不仅使印度软件产品免受美国301条款的制裁，源源出口美国，更大大提高了以美国软件厂商为首的西方跨国软件企业到印度投资设厂及建立软件研发机构的意愿。

1999年12月30日，印度进一步对版权法进行了修订，并于2000年1月15日正式实施。通过此次修订，印度版权法实现了与国际上通行的《与贸易有关的知识产权保护协议》（TRIPs）的完全接轨。此外，印度在1999年还颁布了《国际版权规则》，将版权的保护扩展至WTO所有成员。2000年10月，印度《信息技术法》正式生效，该法对非法传播计算机病毒、干扰服务、复制软件、篡改源文件、伪造电子签名等违法行为规定了具体的惩治条款。

目前，除了《版权法》，印度的《合同法》和《刑法》也都设有专门条款保护知识产权。

政府相关部门也在为保护知识产权编织更严密的安全网。为了保护知识产权，除配合司法机构打击盗版外，信息技术部还建立了"软件标准、测试和质量认证机构"、"计算机应急反应小组"等专门机构。人力资源发展部为警察开设了"普法课"，专门讲授有关维护知识产权的相关法律知识。

1993 年，印度软件业和服务公司协会（NASSCOM）在全国开展了一项使用正版软件的全民宣传活动。通过张贴广告、举办讲座、实地演出等各种形式"唤醒"人们保护知识产权的意识。以后每年该组织都开展多项宣传活动，特别是在"世界知识产权日"前后，其宣传活动更是异常密集。

2005 年 4 月 26 日，NASSCOM 协同商业软件联盟印度委员会公布了一条免费电话热线，专门接听有关软件盗版的举报电话。为了激励人们踊跃举报，该组织还对举报者给予奖励，奖励金额最高达到 50 万卢比。印度国家专利局计划于 2006 年年底前将专利审查员名额增加一倍，达到 600 人，并考虑建议高等法院及最高法院增设专利及知识财产权速审法庭。

印度对知识产权的保护取得了成效。1995 年印度的盗版率就有明显下降。2002～2006 年，其盗版率下降了 10 个百分点，为 GDP 增加了 21 亿美元的产值，创造了 4.8 万个新工作岗位。商业软件联盟印度委员会主席古普塔认为："在法律制裁和全民教育的共同作用下，印度的反盗版战争取得了阶段性成果。"

4. 产业园区发展

印度是较早建立出口加工区等特定产业园区的国家。最近几年，政府为了促进出口，加快了对软件园区、出口加工区、经济特区等特定产业园区的建设。但是，这些园区在鼓励出口等方面的实际作用有限。我们这里将其统称为"产业园区"。

印度早期的出口加工区，共有 7 个，分别是：1965 年在古吉拉特邦的根德拉建立的出口加工区，1972 年在孟买设立的圣克鲁斯电子出口加工区，1983 年分别在北方邦的德诺伊达、西孟加拉国邦的弗尔达、卡拉拉邦的科钦、泰米尔纳德邦的清奈设立的四个出口加工区和 1989 年在安得拉邦维扎加帕特设立的出口加工区。

专门的软件园及电信港建设计划，应当追溯到甘地母子执政的20世纪80年代"六五"计划时期。

1982年英·甘地访美时接受了旅美印裔科学家的建议，在泰米尔纳德邦科塔吉里投资1.25亿美元建设印度第一个科技园，进行软件、微电子、电信、药学、生物工程等尖端技术的研究开发。科技园的建设吸引了相当数量的回国科技人才，为90年代软件产业及其他高科技产业的发展打下了初步的基础。

在拉·甘地和拉奥主政时期，先后成立了电子部和"软件开发促进局"（Software Development Promotion Agency，SDPA），实施软件园与电信港的建设计划，先后在班加罗尔、马德拉斯、海得拉巴、孟买、浦那、甘地那加尔、斋浦尔及加尔各答等地设立了17个软件园区。为了促进软件出口，吸引外国投资，印度电子部、SDPA与政府有关部委和立法部门紧密合作陆续制定了如下政策与计划：

（1）税收优惠政策。印度税法规定，符合条件的软件企业在2010年前免征所得税。对软件研发所必须进口的软件实施零关税优惠；对为开发软件而进口的硬设备也实行不同档次的关税减让。在国内注册的软件企业，若在5年内实现外汇净收入25万美元以上，则进口设备可享受零关税，国内采购的中间产品免除地方税。

（2）金融优惠政策。印度政府努力为软件产业创造良好的金融环境，除了大力吸收跨国风险投资之外，还在主要政策性金融机构设立软件产业风险投资基金，为软件企业提供信贷扶持。大力推动符合条件的软件企业公开上市集资，截至2000年6月，在印度国内上市的软件企业的总市值已达610亿美元。此外，放宽了软件出口企业通过国际融资收购国外软件企业的有关限制，使印度软件企业通过收购、兼并，进一步向集团化和跨国化方向发展。

（3）"电信港（Teleport）"计划。印度的"电信港"计划是其软件产业政策中最具特色的内容之一，所谓"电信港"就是由高速宽带通信设施、跨国通信网路、数字交换与传输设施、卫星地面站所组成的网络系统。为了顺利实施这一计划，印度政府打破了几十年由国营电信企业垄断的体制，取消了电信设备的特许生产制度，除了向外资开放电信产业以外，并正逐步实施电信部门私有化的计划。据世界电信港协会（World Teleport Association）统计，目前全世界有一百多个电信港已开始建成并营运，其中印度以班加罗尔为首的主要软件园中的"电信港"设施基本上达到或超过了世界电信港的标准和要求。

（4）软件人才政策。印度中央及各邦政府在培训软件人才方面制定了若干具体政策：第一，除了继续扶持、加强原有正规的理工技术学院（其中以孟买、德里、班加罗尔、马德拉斯、坎普尔及加尔各答等地的技术学院最有名气）在信息技术及软件产业高级人才培养方面的传统优势之外，还在近3000所中学、400所大专院校开设不同层次的计算机软、硬件课程，形成多层次的人才培训体系，以满足软件产业发展的多种需求。以印度软件之都班加罗尔为例，除了十余家20世纪50年代就已赫赫有名的科研院所、名牌大学之外，还有近八十所小型工程技术学院，每年共培养3万名工程师，其中三分之一是各种软件人才。第二，开放私人资本和外资从事计算机软、硬件的专业教育，如印度最大的私人计算机教育机构APTECH已在印度全国设立1000家以上的分校，聘请具有丰富实践经验的企业家和软件工程师讲学并辅以现场实习，大大提高了软件人才解决实际问题的能力。第三，海外印裔人口有近2000万人，其中有3000余人属于各科技领域的顶尖人才，大多分布在欧美国家，主要集中在美国。自80年代以来，历届印度政府在税收、股权、金融扶持、工资待遇、来去自由、创业辅导、子女教育等方面制定了一整套优惠政策以吸收大批印度海外科技人才回国。事实证明，这些先后回国的人才已成为印度包括软件产业在内的高科技产业发展的中坚力量。

5. 行业协会

印度国家软件与服务公司行业协会（The National Association of Software and Services Companies，NASSCOM）在推动印度软件外包产业发展方面起到了积极的作用。

NASSCOM主要在以下几个方面发挥了重要作用。

（1）推动电信产业开放和私有化。NASSCOM通过多方交涉最后促成政府开放电信业，实施电信产业私有化，结果使ISP供货商从1个发展到150个，VSNL网络连接费用从原来的每小时30卢比降低到包月500卢比。产业杂志

Dataquest 主编 L. Subramanyam 对此评论说："对于 50 ~ 100 人的小型公司而言，不用整天花费时间跟充满官僚作风的机构打交道，不必花费昂贵的租金也能得到 Internet 网络连接，小公司确实从这项政策中获益最大。"对于经常需要 24 小时不间断网络连接的软件外包企业来说，这项政策举措大大减低了其运作成本，尤其是对资金缺乏的中小企业来讲，更是性命攸关。

（2）推动政府颁布反盗版法，协助警方破获盗版案件。面对 20 世纪 90 年代初日益猖獗的国内盗版问题，NASSCOM 及时推动政府颁布了反盗版法，并与警方大力合作，在 1995 年 8 月主导成立了反盗版热线，有效地遏制了盗版问题可能对印度软件产业发展造成的危害。反盗版热线对提供有效情报的举报人给予一定的奖金，在其成立后的前 15 个月就收到了 6000 多条有效举报，协助警方破获了大量巨额的盗版案件，增强了国内民众的知识产权保护意识，提高了国家软件和信息技术领域内的知识产权保护力度。

（3）规范软件外包业务流程，创建外包业务发展论坛。为方便国内企业承接 BPO 业务，NASSCOM 把与软件产业有关的信息分成 ITES-BPO（信息技术驱动的服务业业务流程外包）、新兴公司（中小公司）、创新、人力资源、产品质量、工程技术服务几个组成部分，并建立相关的论坛，为成员之间互相交换产业观点、进行商业联系、交流业务心得提供重要平台。各论坛的负责人通常由会员企业的 CEO 担任，多数为印度或全球在相关领域领先的公司 CEO，有时候也由政府机构的高层官员担任，每个论坛就相关领域的国际国内环境分析、国家软件出口政策、近期焦点问题、潜在威胁和机遇分析、市场发展趋势、技术走向等方面进行专题讨论，并由业界有影响的机构和分析师定期做出分析报告，就国际软件市场潜力、数据库、市场管道、价格及价格分布结构、数据通信、人才需求以及相关硬件发展条件等进行分析，以使会员企业及时把握国际市场信息，了解全球不同国家的商务知识，包括税收、立法、移民政策、征兵以及商标等方面的信息和政策。

6. 外部发展环境

除了自身因素以外，印度外包产业迅速发展也和外部发展机遇紧密相连。

"千年虫"危机给全球计算机带来了一个大难题，也给金融等重要部门带来了严重的安全威胁，而印度却通过利用"千年虫"的发展机遇，快速地发展了自己的软件外包产业并迅速将其扩展为服务外包。

早在 20 世纪 80 年代末和 90 年代初，德州仪器就来印度做芯片设计。在美国的主要设计者都是印度人，所以干脆就让他们回印度工作，利用当时还相当初级的通信网络进行联系。通用电气 CEO 韦尔奇 1989 年到印度，完全相信印度可以帮通用电气创造智慧优势，甚至表示"你不可能发现比他们更理想的合作伙伴"。印度当时已经对 IBM 等外国科技公司关闭市场，印度企业正自己设厂生产 PC 和服务器。韦尔奇认为，如果印度可以替自己生产，一定也能替通用电气生产。于是通用电气开始跟 Wipro 展开合作。这是最早在印度开始的软件外包。

到了 90 年代末，光纤把印度和美国连接了起来，另外，千年虫危机也开始显现。从水利到空中交通指挥，世界各地有太多管理系统都是靠计算机，万一都危机了，会是一场全球危机。调整工作庞大且繁琐。世界上谁有足够的软件工程师能全部做完？答案是印度，因为有那么多家公私立的理工学院及计算机学校，培养出一大堆工程人才。美国《商业周刊》和《福布斯》杂志感叹道："印度有着无穷无尽的技术人才储备。"

"千年虫"危机给了印度软件业难得的发展机遇。NASSCOM 曾经估计解决"千年虫"危机这一个商机可能给印度软件业带来 50 亿美元的收入，后来的统计显示有所偏差，但也一般都在 25 亿 ~ 30 亿美元之间。

更重要的是，原本让业界深为担心的"千年虫"危机在印度软件人员的协助下顺利解决，这使美国等发达国家的大公司充分认识到了印度软件业和软件人员的潜力，也认识到了在全球互联网的支持下，一种新型的发展模式已经出现。"外包到印度"（Outsourcing to India）很快成为潮流，各个大公司纷纷通过将非核心业务外包到印度来获取成本的节约。

与其他发展中国家相比，印度还有一些优势使其能够更好地为美国市场服务。

第一，印度所处的时区优势。印度处于东四区（GMT + 4.5），这使它能够正好和美国互补，形成一个完整的 24 ×7 的服务。这是美国很多公司选择在印度设立呼叫中心的一个重要原因。

第二，印度实行资本主义民主政治，并且一直没有大的政治动荡。印度自 1947 年独立以来政治体制就实行议会民主制，总统是国家的首脑，总理是实际的执政者，由议会多数党决定其人选。独立以来，虽然印度在英·甘地第一次执政时期曾经实行过"紧急状态"，出现过侵犯宪法的行为，也曾经多次爆发印度教与锡克教、伊斯兰教等教派之间的冲突，甚至在 2002 年还出现过印度教和伊斯兰教的暴乱，但是总体上看，印度保持了民主政体的稳定状态。国家没有经历过影响深远的大动荡。这在 90 年代经济改革以后，成为吸引西方投资者的另外一个有利因素。

20 世纪 90 年代以来，印度政坛更迭频繁，国大党的拉奥政府和人民党的瓦杰帕伊政府相继执政，虽然如此，但是印度的对外开放、对内改革的步伐并没有受到影响，始终保持了经济改革的稳步推进。这些都为印度服务外包产业创造了良好的发展环境。

（三）印度服务外包发展的最新动态

1. 在金融危机中继续保持高速增长

金融危机以来，尽管美国和其他一些发达国家的贸易保护盛行，但是印度劳动和就业部门公布的数据显示，在 2010 ~ 2011 财年期间，印度总的就业人数增加了 97.9 万人，其中信息技术和业务流程外包部门新增就业人数达 66.5 万人，其次为汽车制造部门创造的就业人数达到 11.1 万人。印度仍然是全球离岸外包市场的首选目的国。

2. 实现向更高水平外包模式升级

威普罗（Wipro）、Infosys 等印度服务外包巨头正在积极探索超越 BPO、KPO 之外的新型外包模式。一个例子是发达国家的医疗护理。美国的医疗保健体系不堪重负，可用的护理人员数量远远不及需要照顾的病人，医院无力聘请大批外勤护工，这样做的成本难以承受，而且管理这么多护工也相当棘手。慢性病患者很难在家获得护理服务，许多病人涌入医院，造成医院拥挤不堪，真正亟须治疗的病人难以找到一张空闲的病床。

高知特（Cognizant）和维普罗（Wipro）等印度外包巨头正在探索并应用他们的解决方案。根据其计划，护理人员将在便携设备、一流软件和高速网络的武装下提供外勤服务，特别是人性化抚慰。而她们收集的所有生命体征和医疗数据都会被分成两大类，凡是需要立即采取行动的数据——例如心电图上的可疑波动——由当地指挥中心加以分析，其他各种数据均传输到位于印度的运营中心，存入数据库并得到分析，供长期治疗参考。印度外包公司掌控、运作其中的一切，包括外勤护工、美国运营中心、印度运营中心、所有 IT 设备和基础设施。这些公司收购各种资产，加以整合和转型，以打造此类业务，它们还为工作中的外勤护士提供更为成熟完善的本地市场呼叫中心服务，收购拥有外勤护士团队的公司。如今，一整套由印度工作站控制的家庭护理解决方案已经建成，可供医疗提供商和各项健康计划选用。

3. 劳动力成本上升

劳动力成本上升也是印度企业必须面对的一个长期而又迫切的问题。本次国际金融危机以来，由于薪资水平的上涨和商业环境的优化，Tata 咨询（TCS）、Infosys、Wipro 和 HCL 开始着手将定价提升 5%，此外，通货膨胀、核心员工匮乏等因素也促使外包合同价格不断上涨。大部分新签合同都新设了工资上涨、汇率波动、通货膨胀等风险因素的相关条款。而如花旗银行、JP 摩根、Telstra、沃尔玛以及美国运通等大客户的费率已较 3 年前上涨了 1% ~ 3%。

另外，由于本土劳动力成本上升，美国部分地区客服行业员工薪酬已经降至与印度相似，印度外包企业甚至开始在美国设立呼叫中心。据《华盛顿邮报》报道，几家主要合作伙伴在北美的印度大型外包公司正逐渐在北美招募更多员工，例如本部在孟买的安吉斯传播。"它们招募的主要是电话接线员。大多数人是没有大学文凭的非洲移民。有些甚至高中都没毕业。"印度宙斯盾通讯在美国纽约设立了呼叫中心，雇佣北美地区的工人，对学历、族裔等都没有要求。这种把基地设在合作伙伴附近的外包新模式，安吉斯传播的高管称之为"近距离外包"、"登陆外包"或"跨海外包"。

4. 面临来自其他国家的激烈竞争

印度在外包领域的优势地位正逐渐受到中国、中东欧和东南亚等国的激烈竞争，特别是呼叫中心领域，菲律宾正在快速赶超。自 2006 年起，菲律宾 BPO 产业年均增长率达到了 46%，成为该国低迷经济大环境下少有的朝阳产业。尽管 BPO 产业刚刚兴起十余年，但其产值已从 2001 年的 3.5 亿美元增长到 2011 年的 90 亿美元，有分析家指出 2012 年 BPO 产值有望超过 100 亿美元。

2011 年，菲律宾呼叫中心协会（Contact Center Associations）数据显示：该国呼叫中心外包产业从业人员已达 350000 人（印度为 330000 人），以微弱优势超越印度成为该产业排名首位的国家。剑桥 Forrest 研究中心的外包专家 John McCarthy 表示："尽管菲律宾在呼叫中心领域仍属新兴国家，没有完善的营销策略，但是菲律宾显然已成为美国公司首选的呼叫中心外包地。"2010 年，菲律宾的呼叫中心产业营收约为 65 亿美元。2011 年，还将会有更多的跨国企业在菲律宾建立呼叫中心，产业营收有望继续增长。取得这一业绩，菲律宾出色的英语教育水平功不可没。另外，业内人士表示，在印度解决一个问题可能需要 6～7 个电话呼叫，而在菲律宾则只需要 1～2 个。2010 年，印度新设立了39 个服务中心（delivery center），而其他国家也没有落后太多，东欧新设立 32个，拉美新设立 27 个，菲律宾有 25 个，中国有 16 个，还有 6 个在非洲。

三　后起之秀——俄罗斯

俄罗斯的服务外包特别是软件外包是在最近几年才逐步发展起来的，是该领域的后起之秀。2010 年，俄罗斯软件出口总额达到 31 亿美元，比 2009 年的 27.5 亿美元增长了 13%（见图 1）。2010 年年末，俄罗斯软件市场上已有12～15 家员工人数超过千人的公司。

（一）俄罗斯外包产业发展模式

俄罗斯软件开发商在 20 世纪 90 年代开始出现。当时，俄罗斯经济黯淡，很多科技人才在大学办公室里开始了他们的外包服务，政府发放的工资和科研津贴在通货膨胀的经济形式下少得可怜，几乎难以谋生。另有一些"非办公室"创业者，他们在个人狭小的公寓里艰难发展。

市场在不断壮大的同时，发展方式也发生了转变，即由直接外包逐渐向提供成熟的整体解决方案和系统集成转变。目前俄罗斯有 7 家软件公司挤入全球一百大，这 7 家公司每年的营业额逾 5 亿美元。例如，在俄罗斯 Reksoft 公司的全部收入中，有 55% 来自信息技术服务，45% 来自定制研发。俄罗斯 Artezio 公司收入 2010 年与 2009 年持平，但定制研发收入占比从 40% 上升到 60%。除了俄罗斯首都地区外，其他地区外包公司的工资都很低，在吸引人才方面很难与中国和印度相比。所以，俄罗斯企业把主要业务逐渐转向咨询和集成。

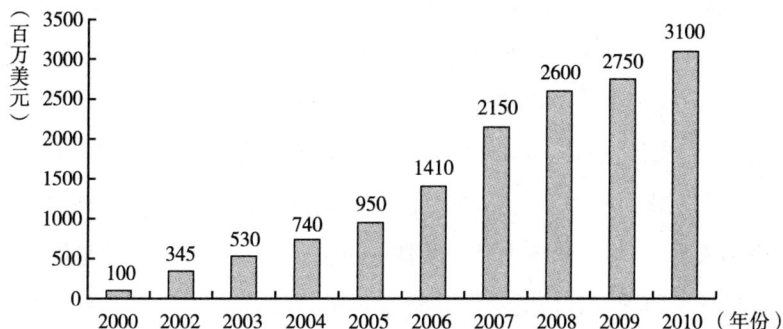

图 1　俄罗斯软件出口总额

资料来源：俄罗斯软件协会。

当前在俄罗斯提供 IT 软件相关服务的公司，主要被分为三大类。

第一类是由系统集成商组成。最初，他们都是专注于国内市场的 IT 硬件经销商，经过多年经营，直到建立起稳定的硬件销售管道后，他们逐渐开始提供 IT 服务，并为其客户提供某方面的软件开发。目前，这些 IT 企业只是依靠其子公司（通常以不同的品牌运作，与其母公司并不关联）拓展业务，而其自身仍着眼于系统集成、咨询和硬件销售。

第二类是一开始就将业务方向瞄准在为其西方客户提供软件开发服务上。这部分公司还包括了一些 20 世纪 90 年代的 "老前辈"，诸如 Auriga、EPAM Systems、Mera Networks、Reksoft、Starsoft、Development Labs（目前已被 Exigen Services 并购）、VDI（目前已被 EPAM 并购）等。这些公司将主要精力放在了美国、西欧、德国（包括其他德语国家）以及斯堪的纳维亚半岛。

第三类是跨国公司研发中心和科学研究机构，约占软件出口总量的 15%。目前已有十多家大型跨国公司在俄罗斯设立了自己的软件研发中心。其中包括阿尔卡特、Borland、克赖斯勒、戴尔、爱立信、Google、惠普、华为、英特尔、LG Softlab、摩托罗拉、三星、西门子、Sun Microsystems、Teleca、T-Systems 公司等。俄罗斯联邦良好的经济环境、训练有素的技术人员、出色的教育机构、深厚的技术底蕴，是吸引跨国公司在这里设立研发中心的重要因素。

最近多份调查显示，尽管受到全球经济问题影响，俄罗斯 IT 业的投资前景仍然被普遍看好。根据各大报章和期刊报道，半数以上的世界大型公司都与俄罗斯存在软件外包业务联系。最近 9 个月中，微软、思科（与 UFG 联盟）、Sun Microsystems 和其他一些公司已经相继宣布了在俄投资软件开发产业的计划。拟议的投资金额从 1000 万美元到 3 亿美元不等。

英特尔俄罗斯区总裁 Steve Chase 说："如果你有棘手的任务，请交给美国人；如果你有困难的任务，请交给印度人；如果你有不可能完成的任务，那么，请交给俄国人吧。"纵观俄罗斯整个软件业历史，复杂计算和科学密集型软件已经成为其传统优势项目，作为这一趋势的延续，高科技客户（需要为尖端技术提供相应的软件产品），便成为许多服务提供商的最爱和工作战略重点。

（二）"近岸外包"的受益者

东欧国家正在逐渐成为大量跨国公司开展服务外包业务的新的目的地国家，这种靠近母国的外包方式也被称为"近岸外包"（near shore outsourcing），以区别于一般的离岸外包，两者的区别见表 3。而俄罗斯服务外包的发展则是近岸外包发展的一个方面。

表 3　东欧国家离岸外包与近岸外包的区别

	离岸外包	近岸外包
地理位置	印度、中国、菲律宾、东欧和亚洲其他国家	加拿大、墨西哥和中南美洲其他国家
劳动力工资	成本最低	比美英低，比亚洲高
政治风险	因国家而不同	一般很低，也有少数例外
人力资源储备	对人才的激烈竞争导致员工流失率较高，中国的人才具有不稳定性，东欧国家各有差异	劳动力队伍尤其稳定，有长期的员工队伍
基础设施	因国家而不同，易受自然和基础设施事件的影响，到美国的通信成本很高	通常很好但有变化，易受自然和基础设施事件的影响（电力供应）
教育	大量高素质的技术人才储备，主要是工程和技术人员	西方式的教育制度，了解美国商界并联系紧密，技术人才资源储备在印度和中国后面
时差	差 6~12 个小时	差 3 个小时或不足 3 个小时
商业文化	仍缺少商业意识，缺少与美国商业文化的协同效应	西方文化主导，尤其是西班牙和葡萄牙语区，大多数公司采用西方假期制度

IT 业务外包到东欧的 5 个理由。第一，员工技术水准较高。苏联的教育体系非常重视工科和理科，所以东欧地区的很多国家现在拥有一大批计算机方面的高素质人才，而劳动力成本却比英国低得多。第二，文化背景相似。从外包服务来说东欧比印度等国具有明显优势，因为员工倾向于更多地采取积极合作而非简单的流程驱动来解决问题。第三，时区优势。东欧覆盖的面积很大，但是区域内的大部分国家与英国仅数小时的时差，这使工作时间的交流更加方便及时。第四，数据保护。东欧国家属于欧盟成员国，这对需要遵循《数据保护法案》的项目是个不错的选择。第五，劳动力市场持续增长。以罗马尼亚为例，2009 年 IT 从业人员数量增长了 12%，乌克兰以超过 9% 的增长率紧随其后。

（三）俄罗斯的强大理工科技人才基础

俄罗斯具有强大而深厚的理工科技人才基础，这是它区别于印度等国家的重要特征，也是近年来其服务外包产业能够迅速发展的最重要基础。

俄国每年有大约 25 万受过 IT 专业高等教育的人才进入市场，同人口是它 5 倍的印度一样多。这些毕业生中的大多数受过良好教育，88% 拥有受过 5 年教育的专科学位，66% 拥有受过 6 年教育的研究生学位。联合国教育科学文化组织（UNESCO）的调查报告中说俄罗斯的高校毕业生 50% 与科学专业相关，这个比例在软件出口国家中是最高的。俄国工资低廉，而员工受过高水平的数学和科学训练，在解决疑难问题时显现出无与伦比的创造性和灵活性。

优秀学生源源不断，使俄罗斯劳动力市场拥有巨大潜力。根据 Frost& Sullivan 统计，每千人中软件开发人员的数量俄罗斯排名世界第一，科学家和工程师数量排名第三，遥遥领先于印度和中国。根据联合国教科文组织（UNESCO）和德国联邦统计局资料，俄罗斯拥有世界上数量最多的科学专业学生。

英国 Addison Lee 公司的 IT 总监 Peter Ingram 说，当公司需要重新编程，设计预定平台时，他首先考虑把 IT 工作外包给这里。"之前在英国我们可以自己做这些工作，但是程序员们的工资成本很高。所以我们在俄罗斯和印度各挑选了一个公司，分别给他们一周的工作量作为测试，工作内容是用新语言写源代码。"他说。"印度公司对所有事情都说没问题，把我们故意设置的错误原样照抄，而且没有询问我们任何有关业务的事情。而俄罗斯公司看了我们的方案，询问它的功能如何，并发现了其中的错误，质疑我们为什么这样设置程序。他们确实能够对我们提出异议，也有更好的参与度。"他补充道。

（四）更高级别的业务模式

与印度等国家相比，俄罗斯在高端软件研发领域更具有优势。

2003 年，Aberdeen Group 就研究发现，俄罗斯 IT 服务提供商的客户中，67% 与其同处于 IT 产业，其中 41% 为独立软件开发商。根据此项研究，俄罗斯的"工程师和软件开发人员最常参与的活动包括：核心应用程序开发项目、项目规划、需求收集与分析和规范设计。尤其需要指出的是，这些活动通常与软件离岸外包无关"。用一句话来说，如果你拥有一种高科技产品，并考虑将一些开发任务外包，那么，最好的选择就是交给俄罗斯。

德意志银行全球交易银行部总监 Daniel Marowitz 与俄罗斯外包公司 Luxoft 进行合作。Marowitz 也认同俄罗斯在外包方面有不少独特的优势。"特别值得一提的是俄罗斯和乌克兰有很多人才"，他还说，虽然公司在印度的外包服务商比俄罗斯要多，但是这样的安排是为了与不同的业务相配套。"如果让我做一个大概归纳的话，我会说印度擅长工厂模式的处理方式，并且做事快、成本划算；而东欧对实验性较强的任务来说是更好的选择。"

四　三国服务外包发展经验借鉴

本质上，离岸服务外包是一国特定素质或高素质人力资源跨国输出服务的一种方式。一般意义上的服务输出无论是承包工程项目的劳务输出还是由于商业存在需要而涉及的人员流动，都需要服务人员实现跨国流动，而建立在现代 ICT 技术基础上的服务外包则是一种不需要人员跨境流动的服务跨国提供方式，是人力资源全球配置的现代方式。因此，影响服务外包发展最关键的是人力资源因素，各国人力资源禀赋的不同决定了它们各自服务外包发展模式的不同。

　　我们对三国服务外包的分析证明了人力资源对承接离岸服务外包的重要性。爱尔兰虽然人口总量少，但是工作年龄人口比重高，而且普遍受教育程度高，作为进入欧洲的门户，很大部分 IT 软件服务是针对各个欧洲国家的语言本地化服务。印度由于其具有语言优势和 IT 软硬件产业深厚的发展基础，其服务外包的起步是从呼叫中心和处于较为低层次的代码编写阶段的 ITO 外包开始的。而俄罗斯由于其人力资源具备较高的科技和数学基础，在高端软件研发方面处于领先地位。

　　正如图 2 所示，我们可以粗略地认为在服务外包业务复杂程度和能够接受的劳动力成本之间存在一个正相关关系。

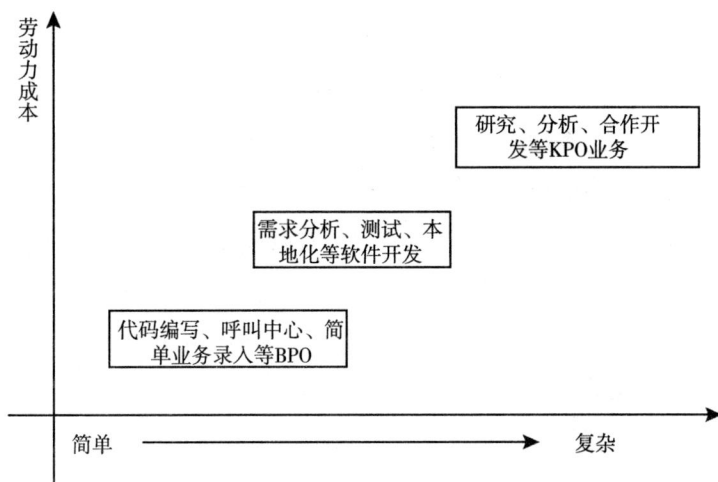

图 2　服务外包业务与劳动力成本

　　服务外包业务领域不断扩大，业务复杂程度不断提高，能够将更多的发展中国家包括进来，将更多国家的劳动力资源纳入全球服务生产重新配置的大循环中。比如，印度与美国的时差是其发展呼叫中心业务的一个特殊因素，与美国本土呼叫中心连起来正好实现 24 小时全覆盖。而包括俄罗斯在内的中东欧国家，则由于其时区与西欧很近，也成了一个特定优势。为什么？因为高端软件系统研发需要双方的频繁交流，此时时差小反而成了一个有利条件。而且，服务外包业务范围的扩大也使得跨国公司能够将更多的业务类型外包给能够以更合理的价格、更高的效率完成任务的国家。比如，俄罗斯承接具有创造性的 IT 外包业务，印度企业在美国尝试开展新型的医疗护理外包业务，等等。另外，随着爱尔兰经济快速增长，人均收入提高，原有的低成本劳动力优势逐渐消减，近几年其服务外包开始放弃一些低附加值业务，比如代码编制、测试和单纯的数据处理等，重点发展系统分析、需求分析、软件总体设计等相对技术含量高的领域。

稳定的社会政治环境、接近的文化习俗氛围能够保证业务稳定开展，获得可预期的结果，并且便于沟通。爱尔兰贴近欧洲大陆，同属于一个文化社会圈，印度曾长期是英国的殖民地，在政治法律制度上都与英国相似，俄罗斯历史上长期对欧洲有更强烈的认同感。我国发展服务外包较早的大连也主要是承接临近的日本业务。

政府在服务外包发展中的作用，体现在以下几个方面。

第一，充分利用本国人力资源、地缘、经济社会环境等方面的条件，明确本国在经济全球化中的位置。发展服务外包是发挥比较优势，融入全球经济的一个重要途径。但是也应该注意根据自身的特定人力资源禀赋，寻找适合自己的业务模式，虽然人力资源优势也是一个动态变量，可能随着经济发展、社会因素变化而变化，但是初始设定的目标不应脱离本国实际。

第二，不断完善教育体系，培养更多能够适应国际化需求的人才。即便是印度等国家，也存在高等教育毕业生无法直接胜任外包工作的情况，公司从每100 名应聘者中只能挑选出 3 名合格者。俄罗斯除了莫斯科等大型城市的少数几个大学以外，其他地区也没有足够多的合适人才。我国高等教育毕业生也大多需要经过专门培训才能胜任。政府应在做好高等教育和专科教育的同时，加强对服务外包人才的培训支持工作。

第三，创造包括经济、政治、法律等方面在内的稳定的可预期的商业环境。文化习俗和地缘等因素是没有办法选择的，但是政府可以在保持经济、政治政策稳定和构建法制社会等方面有所作为，这既有利于本国承接国际服务外包，也有利于本国各类企业在一个可预期的健康的商业环境中产生、发展、壮大。

第四，提供政策条件促进本国企业逐步实现业务升级。服务外包也有不同的层级，一个外包企业从最初简单的代码编写或者呼叫中心业务，逐步升级到参与软件设计等 KPO 阶段，这既是一个学习的过程，也是一个发展成长的过程，更是一个在良性的商业环境中向大型企业集团或跨国公司迈进的过程。政府应重点从金融、财税两方面给予支持，促进本国企业的成长。

参考文献

1. Bardhan, A. D. , and Cynthia A. Kroll, The New Wave of Outsourcing, Research Report, Fisher Center for Real Estate and Urban Economics, University of California, Berkeley, Fall 2003.

2. Economic Times, 2011, TCS, Infosys, Wipro and HCL see 5% rise in pricing on higher salary costs, http://articles. economictimes. indiatimes. com/2011 - 03 - 22/news/ 29174536_ 1_ billing-rates-pricing-new-contracts.

3. Joel D Adriano, 2011, Philippines ousts India for outsourcing top spot, http:// www. atimes. com/atimes/Southeast_ Asia/MC09Ae01. html.

4. NASSCOM, 2007, "India ITES-BPO Strategy Summit 2007: Background and Reference Resource, 6 – 7 August, 2007, Bangalore.

5. NASSCOM, 2012, " Indian IT-BPO: Trends & Insights ", " Global Sourcing ", www. nasscom. in.

6. Shishir Prasad, Mitu Jayashankar：《印度外包业当把握新的成长机遇》，花桥金融外包研究中心网站（http://www. bpo2china. com/index. php），2011。

7. 爱德华·卢斯：《不顾诸神：现代印度的奇怪崛起》（中文版），中信出版社，2007。

8. 陈平：《后起国家的软件产业：印度和爱尔兰的比较分析》，《科技进步与对策》2008 年第 25 卷第 9 期。

9. 龚文通：《印度在国际外包市场上优势渐减》，《中国高新技术产业导报》2011 年 5 月 30 日。

10. 华盛顿邮报：《印度企业在美发展外包产业"回家"》，转引自花桥金融外包研究中心网站（http://www. bpo2china. com/index. php），2011。

11. 贾丹：《印度、爱尔兰、捷克承接服务外包的政策分析及对中国的启示》，载于《开放经济下的服务业发展与创新研究》，2007。

12. 李俊蕾、揭筱纹：《爱尔兰"凯尔特虎"的经济发展模式及其对中国的启示》，《科技管理研究》2009 年第 11 期。

13. 联合国教科文组织（UNESCO）： " Global Education Digest 2007: Comparing Education Statistics Across the World", http://www. uis. unesco. org, 2007。

14. 梁剑：《论爱尔兰软件信息服务业发展历程》，《科技管理研究》2010 年第 5 期。

15. 林承节：《印度史》，人民出版社，2004。

16. 刘莹：《论产业集群的驱动因素——以爱尔兰软件业集群为例》，《经济地理》2004年第24卷第5期。

17. 彭继年、孙红燕：《爱尔兰经济奇迹中的政府作用及对我国的启示》，《合肥学院学报》（社会科学版）2006年第23卷第2期。

18. 祁鸣、李建军：《NASSCOM 在印度软件产业发展中的作用》，《中国科技论坛》2007年第10期。

19. 王瑛：《国际外包服务基地的爱尔兰发展模式》，《管理观察》2008年第8期。

20. 新华网：《印度重视知识产权保护推动创新产业发展》，www.xinhuanet.com，2006。

21. 于兴伟：《爱尔兰服务外包的发展及对中国的启示》，天津财经大学硕士学位论文，2010。

22. 中国经济网：《俄罗斯2010年软件出口超过31亿美元》，2011。

23. 中国经济网：《英国为何将IT服务外包给东欧?》，2011。

24. 周长鑫：《国际离岸服务外包的承接国发展模式比较研究》，东北财经大学硕士学位论文，2010。

25. 庄丽娟：《软件产业及其贸易的经济增长效应——基于美国、印度和中国的比较分析》，《经济理论与经济管理》2007年第2期。

ℬ.24
巴西服务外包业发展研究

钱建初[*]

摘 要:

　　巴西是世界重要的区域性服务外包中心。巴西服务外包迅猛增长,除了具有有利的区位优势、接近美国和欧洲的时区、西方文化优势、完善的基础设施、低成本的劳动力、高效的劳动生产率之外,巴西政府对技术产业部门的投资支持力度巨大,使得巴西成为极富吸引力的服务外包热土。

关键词:

　　巴西　服务外包业

一　巴西服务外包业概况

　　近年来,随着巴西经济的快速发展,巴西的服务外包业也随之迅速崛起,并成为南美最具竞争力的行业之一。从全球服务外包基地吸引力指数的排名结果来看,巴西的服务外包发展水平处于世界前列,与其经济发展的水平相匹配,而且部分指标的分值比较好。巴西在劳动力成本不具有优势的情况下,积极发展教育和 IT 技术培训,从业人员和技能的可得性这一指标的分值逐步上升。2004 年该指标分值为 0.86,2005 年达到 1.36,2009 年已经上升到 1.83。可以看出,巴西能够通过政策激励,发挥技术和人力资本优势,从而保持了自身在全球服务外包市场的竞争力。巴西已成为世界重要的区域性服务外包中心。

　　巴西 IT 和商业服务部门在整体规模和发展程度上超过印度和中国。不过,

---

　　* 钱建初,《国际贸易》杂志社。

由于本国内部存在的巨大市场需求，在很长的时期内，巴西与 IT 和商业服务有关的政府部门和企业并没有足够重视国际市场。最近几年，巴西开始密切关注国际市场，2007 年巴西位居全球服务外包吸引力指数排名第 5 位，凭借巨大的人口规模和在 IT、工程设计以及医药部门的技术优势，巴西为发展服务外包提供了足够的人员和技术，一大批世界知名跨国公司，从 IMB 到花旗银行、雀巢等开始在巴西设立 IT 服务外包中心，2008 年巴西离岸 IT 服务外包市场规模达到 14 亿美元，比 2007 年增长 75%。全球知名的跨国公司服务外包龙头企业惠尔普公司和盖普公司已经与巴西建立了较为紧密的服务外包合作关系，成为巴西外包业的重要客户。在巴西经营的跨国企业 IBM、埃森哲以及 EDS 等也看好巴西未来的经济发展潜力，积极扩大经营并雇用更多员工，以实现预期增长。全球最大的服装零售商盖普公司将其 IT 业务外包给 IBM，但是 IBM 则将这部分业务反包给了其在巴西的分公司，可见其对巴西服务外包市场的重视。全球最大的白色家电生产商惠尔普公司在巴西开设了处理公司数据中心。除了这些世界知名公司，还有很多中小企业将业务外包到巴西。凭借信息技术领域的众多服务外包订单，巴西牢牢把握住此次全球服务外包产业转移的大趋势，成为拉美地区服务外包发展最快的发展中经济体。其服务外包发展的水平已经得到印度的肯定，因为在服务外包领域处于世界领先的印度一些企业也开始通过反外包向巴西转包服务外包业务。例如，印度三大 IT 服务外包公司之一的维普罗技术公司就已经和巴西的一家软件公司开始了一项长期合作。巴西目前获得的外包服务额每年约 5 亿美元。巴西 2006 年服务外包的产值为 6 亿美元，2007 年外包业务的收入达到 8 亿美元，2011 年超过了 50 亿美元。

二 巴西服务外包业的优劣势分析

（一）巴西服务外包业的优势

巴西拥有经济增长迅猛，基础设施完善，商业知识、劳动力成本低，劳动生产率高效，区位优势有利，接近美国和欧洲的时区、西方文化等优势。除此之外，巴西政府对技术产业部门的投资支持力度很大。

1. 成本、时区及文化优势

就软件外包而言，全球的发包方主要集中在北美、西欧和日本等地，而之前美国的业务主要是发包给印度。虽然巴西的劳动力成本不像印度那么低，但仍远远低于美国。比起印度和中国，巴西最大的"卖点"也许是其时区及文化都更加接近美国。巴西主要大城市所在的时区，仅比纽约早 1～3 个小时，而印度城市一般比纽约早 11～12 个小时。美国的发包企业如果选择巴西，那么则意味着他们能克服时差问题，更好地对外包出去的业务进行监控。另外，巴西被认为同美国具有相似的价值观和文化，而印度等亚洲国家的文化常常与美国文化存在冲突。

2. 巴西教育为服务外包提供源源不断的人力资源支撑

服务外包产业的特殊性在于，其发展需要很多高素质、高智力掌握高科技的人力资本。服务外包可以说是一个高强度的脑力劳动。国家拥有足够的人才资源，能够提供源源不断的后备人力储备是服务外包产业健康发展的前提。巴西特别重视人才的培训，高等教育率超过 80% 以上，人力资本水平远远高于中国。巴西的高校聚集，提供了大量的受过高等教育的专业人才，而且巴西相应的人才培训基地和再教育机构也比较多，尤其是 IT 产业的后备人才培训，有效地填补了高校教育和专业工作之间的差距。在系统化的教育制度下，巴西构建了有利于知识人才聚集的教育环境，为服务外包产业提供了充足的技术人员。

巴西 15 岁以下的人都需要接受为期 9 年的初步教育。再经历 3 年的高中教育以后，学生可以选择进入技术学校学习一年，然后，就可以进入 IT 市场正式工作了。巴西有 2270 多所高校，在校人数达到 580 万人。每年有 24.7 万人从大学 IT 专业或技术学校毕业。

此外，与印度不同的是，巴西早已建立起了国内的 IT 服务业市场，据估计市场容量约为每年 77 亿美元。国际上很多大型 IT 技术公司早已进入巴西。现在，这些公司正重新配置其全球资源，巴西因而受益。比如，IBM 从 2004 年起陆续追加了 1 亿美元资金，扩展其在巴西的业务。同时，IBM 在巴西的雇员数量也随之快速增加。2007 年 IBM 在巴西招聘了 2000 名员工，使其在巴西的雇员总数达到了 1 万人。这些新员工主要处理新客户的业务。比如，惠尔普公司以前就委托 IBM 为其巴西分公司提供葡萄牙语的计算机服务，当 2005 年惠尔普决定将部分原先在美国运营的计算机业务外包时，这部分业务又划给了 IBM 的巴西分公司。而巴西本土的 IT 公司，尽管用国际标准衡量，其规模还非常小，但也已经开始争取来自美国大公司的外包服务。巴西大力发展教育和 IT 人才培训的结果是，巴西比拉美地区其他国家拥有了更多的编程人才。在该地区其他国家，墨西哥的 IT 人才纷纷涌向美国，智利虽然教育程度较高，但人口只有 1600 万。而巴西拥有 1.9 亿人口，这让巴西在拉美的服务外包市场中具有明显的人力资本优势。

3. 基础设施优势

生产效率的提高和经济的发展，离不开完备的基础设施尤其是高效的交通和通信设施系统。巴西特别注重在基础设施领域的投资。巴西在商业上具有重要的战略区位优势，拥有便利的机场交通系统，可以在 8～12 小时之内到达北美和欧洲的主要商业伙伴国。而且，在时区上与美国东海岸和西欧比较接近。巴西具有与发达国家相似的通信网路，2007 年末，巴西拥有 1.25 亿部移动电话用户。巴西快递业务也比较发达，大型的快递公司在全国提供便利快捷的快递服务。

4. IT 市场优势

20 世纪 80 年代，巴西禁止商用计算机进口，这刺激了本国的计算机制造业。而为了应对当时严重的通货膨胀，巴西的大银行不得不开发复杂的计算机软件系统，结果巴西比拉美地区其他国家拥有了更多的编程人才。与印度不同的是，巴西早已建立起了国内的 IT 服务业市场，据估计市场容量约为每年 77 亿美元。国际上很多大型 IT 技术公司早已进入巴西。巴西 IT 市场已经聚集了一大批的专业技术人员（大约有 170 万人），劳动力规模还在持续扩大。IT 服务业竞争力很强，2008 年巴西 IT 服务业年产值达到 286 亿美元，占据服务业部门的 35%。

巴西国内的 PC 制造商凭借规模和价格优势已经超过了戴尔和宏碁等传统的个人计算机市场领先者。巴西主机安装数量居世界第二位，在 Java 程序开放方面处于世界领先地位。一些巴西 IT 企业已经开始在国外开展业务，全球竞争能力迅速增强。

（二）巴西服务外包业的劣势

从全球服务外包目的地吸引力指数的排名上也可以看出巴西的劣势。巴西的成本劣势比较明显，而且劳动力成本逐年增加，财务吸引力逐年下降。

巴西服务外包的劣势主要表现在劳动力成本比较高上，这主要是由于其人均收入较高，因此工资就相对较高，不具备印度和中国这样的低成本优势。而且，巴西的劳动市场立法比较严格，在工人的雇佣和解雇方面存在很多的法律障碍，人为地加大了劳动力成本。巴西法律制度的一个显著特征就是特别注重保护商业环境。在劳工立法领域也是卓有成效，巴西通过立法规范劳动力市场，在1939年就创立了劳动者司法体系，1943年合并了相关法律法规，制定了劳动法。1988年巴西宪法确认了此前所有的劳动立法，而且确立了工会自治。所以，巴西的工会力量比较大，在劳动力市场上的影响力也比较大。

劳动力成本过高本来就是巴西服务外包发展的劣势，而且近年来，劳动力成本上升趋势更加明显，已经威胁到巴西服务外包产业的进一步发展，尤其是对于成本要求较高的中低端服务外包产业。巴西的劳动力成本已经不像以前那样低廉了。由于经济渐趋稳定，从2003年至今，巴西货币雷亚尔已对美元大幅升值。员工工资的上升及巴西的税制让一些公司认为，巴西在服务外包市场上的前景还不是很明朗。不过，巴西仍然可以依靠技术层面的优势，保持其在服务外包市场上的竞争力，在2012年前将获得年价值100亿美元的国际外包业务。

三　巴西服务外包业的发展趋势

巴西资源丰富，市场容量大，工业化进程加快，已经建立起了拉美最为发达的工业体系。凭借工业的支撑，其服务外包产业发展迅猛，尤其是20世纪90年代以来，巴西特别重视科技发展，研究与开发的能力和创新能力在稳步提升。巴西政府制定并实施了新生产发展政策，IT企业将享受10%与雇佣劳动力有关的税收减免。中央和地方政府将给予设备和基础设施领域的税费减免，税费激励政策加上其他的激励政策，使得巴西成为极富吸引力的服务外包基地。经济改革为生产力的进一步发展创造了良好的条件。外国投资者对巴西的发展前景看好，因此进入巴西的外国直接投资将不断增多。尽管员工工资上升以及巴西的税制让一些公司认为，巴西在服务外包市场上的前景还不是很明朗，但一些看好巴西的分析师们则认为，巴西将在服务外包市场极具竞争力。根据麦肯锡公司的说法，这个拉丁美洲人口最多的国家正在以年 450 亿美元的价值试图在外包市场中占取更大份额。巴西将很快成为拉美地区最主要的服务外包中心，在不久的将来可能跻身全球知名的服务外包中心之列。

参考文献

1. 江小涓：《服务全球化与服务外包：现状、趋势及理论分析》，人民出版社，2008。
2. 杨丹辉：《全球化：服务外包与中国的政策选择》，经济管理出版社，2010。
3. 姜荣春：《国际服务外包浪潮：理论、实证与中国战略研究》，对外经济贸易大学出版社，2009。
4. 沈琪：《战略性国际外包理论与应用》，中国人民大学出版社，2010。
5. 商务部培训中心、国际外包中心：《国际外包》，经济管理出版社，2008。
6. 中国服务外包研究中心：《中国服务外包发展报告 2012》，中国商务出版社，2012。
7. 商务部网站、新浪网、中国服务外包网、广西网。

$\mathbb{B}.25$
菲律宾服务外包业发展研究

钱建初*

摘　要：

菲律宾目前是世界上领先的服务外包目的地之一。自 2001 年开始以来，菲律宾依靠高素质的英语人才和先进的信息技术通信设施，服务外包产业发展迅速，成为发展最快的行业之一。菲律宾在服务外包产业的竞争力主要来自五个方面：广泛的英语普及；包容的文化；低廉的人力成本；与美国密切的政治关系；积极的政策扶持。

关键词：

菲律宾　服务外包业　呼叫中心

一　菲律宾服务外包业基本概况

菲律宾目前是世界上领先的服务外包目的地之一。菲律宾自 2001 年开始发展服务外包产业以来，依靠高素质的英语人才和先进的信息技术通信设施，发展迅速，服务外包产业成为菲近年来发展最快的行业之一。到 2009 年，已占有全球离岸外包市场份额的 20%，仅次于印度。2010 年菲律宾的服务外包业收入同比增长 26%，总额达 89 亿美元。其中份额最大的呼叫中心业务同比增长 21%，收入总额达 61 亿美元，菲律宾已超过印度成为呼叫中心行业的领头羊。2010 年，菲律宾共有 52.5 万人从事服务外包工作，该行业提供的就业人数同比增长 24%。菲律宾政府预计其服务外包业总产值到 2016 年将达到 250 亿美元，并提供 130 万个直接就业机会和 300 万个间接就业机会。

---

* 钱建初，《国际贸易》杂志社。

在菲律宾投资服务外包企业的国家主要是美国、日本、韩国和欧洲国家，美国在菲律宾服务外包市场占 60% ~ 70%，目前在菲律宾的主要美国客户有宝洁、戴尔、美国国际集团、花旗集团等著名跨国企业。在外包服务领域中，菲律宾专长呼叫中心、计算机软件开发、数据编译处理、动画制作、财务、人力资源、工程设计等，在软件外包中主要是提供低端技术性的服务。主要行业情况如下：

（一）呼叫中心（CALL CENTER）

该行业几年来迅猛发展，年增长率超过 100%。菲律宾目前拥有 46 家呼叫中心，几乎全部设立在首都马尼拉，第二大城市宿务有 3 家。接线位由 2000 年的不足 1000 个发展到现在的 20000 多个，职员至少 30000 人。这些公司大部分是美国设立的，经营菲律宾几乎全部的国内呼叫业务，公司内的高级程序人员需要在美国接受培训，达到一定的专业水平，并通过美国安全保障法规定的专业考试，取得合格证书。美国在菲律宾设立的主要呼叫中心有：SYKES、PEOPLESUPPORT、TELETECH、SOURCEONE、VOCATIV。菲律宾方提供服务的公司有：EPLDT、E-TELECARE、C-CUBE、SVI、CONNECT。菲律宾的呼叫中心在亚洲具有绝对的竞争优势，调查显示，在英语运用、电信基础设施、管理等方面均优于印度，经营成本低于印度。因此，美国、英国和亚洲邻国均有兴趣在菲律宾设立呼叫中心，其市场潜力巨大，在不久的将来，有望发展成为亚太地区最大的呼叫中心市场。

（二）计算机软件开发

菲律宾计算机软件开发发展已有二十多年，拥有大批计算机程序专业人才，在国际上享有较高的声誉。目前有软件开发公司 300 多家，主要向南美、欧洲、日本、亚太等地区提供服务，涉及领域有电信、银行、政府部门、学校等。其行业管理、促进机构有菲律宾信息技术委员会、菲律宾软件工业委员会等。

（三）动画制作行业

菲律宾曾为世界著名娱乐公司 WALT DISNEY、CARTOON NETWORK、

HBO 等提供制作服务，主要作品有 SCOOBY DOO、THE MASK、CAPTAIN PLANET 等。在动画设计方面，菲律宾人具有独特的艺术技巧，富于创造力，并能很快地将他们的艺术成果以英语形式表达出来，他们对作品的故事情节也有很好的理解力。以上优势，使其在亚洲处于领先地位，已被世界公认是高质量动画出产国。加之随着网络和电子商务的迅速普及，网络开发、计算机设计、广告等领域的动画制作需求越来越多，这为菲律宾创造了更多机遇。该行业娱乐领域外包来源国有美国、日本、韩国、澳大利亚、加拿大、法国，商务和教育领域来源国是中国、马来西亚、泰国。

（四）医学资料编译

医学资料编译在菲律宾是新兴的行业，但其旺盛的发展势头，将成为菲律宾服务行业的新亮点，为该国带来稳定的外汇收入。尽管菲律宾医学资料编译只占不到 1% 的美国市场份额，但发展趋势已显示出巨大潜力，年增长率达 130%。越来越多的美国公司已考虑在菲律宾设立服务机构，以应付前所未有的大量需求，目前已有 28 家编译公司和专家 1500 人。菲律宾在医疗服务方面具有世界级水平，曾向世界一流的医疗机构输送大量优秀的医学人才，他们以精湛的专业技术、良好的职业道德，在世界上赢得盛誉。菲律宾已意识到该行业能带来更多机遇，且市场潜力巨大，现已开始利用自身优势，积极开拓世界医疗服务市场。

二 菲律宾服务外包业的特点与优势

（一）主要针对美国市场

菲律宾的软件外包服务处于价值链的低端，吸引到的外包服务业务的主要来源有：美国（60%~70%）、日本（约20%）、韩国和欧洲（约10%）。菲律宾教育体系采用美国模式，在政治、经济、文化、法律、社会体制等方面都与美国相通，许多专业人员曾在美国接受过培训，熟悉美国客户要求的专业知识，双方容易交流和达成合作。

403

（二）拥有充足的人才资源

菲律宾目前拥有 2900 万技术人才、7 万名 IT 及计算机科学专业人员，每年还新增加 3.8 万大学毕业生。与其他国家相比，菲律宾技术人员精通英语，熟悉国际水平的专业知识及用户服务标准，具备良好的业务能力及职业道德。

（三）低廉的经营成本

在菲律宾开展商务活动能大幅度削减经营成本，节省各项开支。菲律宾普通劳动力成本为平均每月 234 美元，低于亚洲大多数国家，略高于印度、印度尼西亚；技术人员月薪在 400～800 美元之间；此外，由于菲律宾服务人员精通英语，熟悉西方的专业知识，还能节省上岗前的培训费用。在基础设施方面，菲律宾拥有充足的设施、完善的办公区，其租赁价格低廉，这些办公区大多由国际房地产公司管理，有合理的租赁协议。

（四）地理位置具有战略优势

菲律宾位于亚洲的中心，交通便利，飞机行程 4 小时能到达亚洲各大城市。菲律宾是当前世界经济发展最快的区域，是东西商业交流的十字路口，也是进入东盟市场的重要关口，在国际商务活动中，是海运、空运的必经之路。

三 菲律宾服务外包业政策与措施

菲律宾政府鼓励电信自由发展，启动了"投资优先计划"，将服务外包纳入优先发展产业计划，制定了一系列优惠政策。从事服务外包的企业在任何区域或经营场所均可向政府申请成为经济特区，享受优惠政策。

（一）菲律宾政府对服务外包业的扶持政策

（1）财政优惠。外国公司在经济特区开展服务外包业务，前 6 年为免税期，免税期后可继续享受优惠待遇，只交 5% 的营业税；公司还可免税进口特殊设备及材料、免缴码头使用费；在当地购买的货物和服务免交 12% 的增值税。

（2）非财政优惠。无限制使用托运设备、进口开展业务所需设备或物资时，享受通关便利；在人才引进方面，外国公民可在服务外包企业从事管理、技术和咨询岗位 5 年时间，经投资署批准，可延长期限。总裁、总经理、财务主管或与之相当的职位可居留更长时间。

（二）服务外包领域知识产权和数据信息安全保护

菲律宾政府通过"共和国法令 8293 号"颁布了《知识产权法》，并颁布了《数据安全和隐私法》，对服务外包企业通过法律给予支持。

（三）培养适应服务外包业的人才

为增强本地人才的竞争力，菲政府拨专款设立面向服务外包业的"应用型人才培训基金"，为达不到公司录用标准的求职者发放培训券，免费提供各种技能培训，还承诺将经过培训就业的人员所新增的个人所得税再用于补充培训基金。菲律宾政府已多次向上述基金拨款，每次 1000 万美元。2007 年阿罗约总统还特别为 7 万个呼叫中心职位及其他 BPO 行业工人拨款 800 万美元。

（四）海外市场开拓和品牌建设方面的具体举措

菲政府十分重视菲律宾服务外包产业的发展，除对外国投资在菲设立服务外包企业给予税收优惠政策外，还采取积极进取的宣传策略，向全球宣传菲服务外包产业的优势。

为更好地向全球市场介绍菲律宾服务外包产业的发展优势，菲律宾商业流程协会（BPAP）2009 年评选了 9 个城市作为菲律宾 BPO 产业发展的新型地区，分别是大内湖地区（Metro Laguna）、大甲美地地区（Metro Cavite）、伊洛市（Iloilo City）、达沃市（Davao City）、巴哥洛市（Bacolod City）、大邦板嘎地区（Metro Pampanga）、布拉干东部和西部地区（Bulacan East and West）、卡加颜德奥罗市（Cagayan de Oro City）、里帕市（Lipa City），这 9 个城市分别在基础设施建设（特别是信息技术和通信设施）、人才密集度、城市综合环境、产业成本低廉等方面各具优势，比较适合外国投资者在这些地区开展服务外包业务。

另外，菲律宾政府非常重视其服务外包行业发展的总体规划制定和产业政策研究和调整，隶属菲贸工部的投资署（BOI）作为投资政策的制定者和促进者，负责监管整个外包服务市场。

2004 年 7 月，菲律宾设立商业流程协会（Business Processing Association of the Philippines，BPAP），负责协调政府和民间涉及服务外包的各部门和企业，统一对外宣传，介绍菲服务外包产业的总体发展规划、产业政策走向、政府扶持措施、行业市场规模、企业具体情况等。

负责服务外包产业中各个行业研究的机构包括对外服务研究所（Foreign Service Institute，FSI），其主要为菲各级政府官员提供服务外包业务培训；菲律宾发展研究院（Philippine Institute for Development Study，PIDS），就菲律宾经济发展的中长期政策（包括服务外包产业发展中长期政策）进行研究；亚洲管理政策研究中心（Asia Institute of Management Policy Center，AIM），就经济全球化、技术市场变化、基础产业设施重组为菲律宾带来的机遇和挑战进行研究。

菲律宾因为特殊的历史背景和语言优势，在世界新一轮社会分工深化过程中抓住了机遇，其服务外包产业得到了迅猛发展，也从中获得了巨大收益。总结来看，菲律宾在服务外包产业的竞争力主要来自五个方面，分别是：广泛的英语普及、包容的文化、低廉的人力成本、与美国密切的政治关系，以及积极的政策扶持。

参考文献

1. 江小涓：《服务全球化与服务外包：现状、趋势及理论分析》，人民出版社，2008。
2. 杨丹辉：《全球化：服务外包与中国的政策选择》，经济管理出版社，2010。
3. 姜荣春：《国际服务外包浪潮：理论、实证与中国战略研究》，对外经济贸易大学出版社，2009。
4. 沈琪：《战略性国际外包理论与应用》，中国人民大学出版社，2010。
5. 商务部培训中心、国际外包中心：《国际外包》，经济管理出版社，2008。
6. 中国服务外包研究中心：《中国服务外包发展报告 2012》，中国商务出版社，2012。
7. 商务部网站、新浪网、中国服务外包网、广西网。

国内案例篇

The Domestic Case

ᗷ.26
苏州工业园区服务外包发展的经验和启示

杨建忠　黄建明*

摘　要:

苏州工业园区是中国和新加坡两国政府的重大合作项目,已成为全国发展速度最快、最具国际竞争力的开发区之一,其做法是:营造一批外包载体和公共服务平台;引进一批优质外包及共享服务项目;壮大一批现有外包企业;完善一批地方配套政策。苏州工业园区打造"中国模式服务外包第一园"品牌的经验是:制造与服务联动发展,离岸与在岸同步开拓,人才与产业共同发展,政府与企业共同推进。

关键词:

苏州工业园　服务外包

一　园区服务外包产业概况

苏州工业园区是中国和新加坡两国政府的重大合作项目,于 1994 年 2 月

---

* 杨建忠、黄建明,苏州工业园管委会。

经国务院批准设立，同年 5 月正式启动，园区行政区划 288 平方公里，其中，中新合作区 80 平方公里，下辖三个镇。经过 17 年的开发建设，苏州工业园区已成为全国发展速度最快、最具国际竞争力的开发区之一。

面对服务业全球化带来的历史性契机，苏州工业园区凭借雄厚的产业基础，以大量知识型劳动者为依托，率先推动区域经济由先进制造业向现代服务业的转型升级。截止到 2011 年底，登录系统的企业累计 554 家，从业人员 5.5 万人，企业获得各类外包相关国际认证 161 项，其中 CMM/CMMI 三级以上认证 50 项，ISO27001 认证 82 项；累计 72 家企业获得技术先进型服务企业认定；入驻园区的全球服务外包百强企业达到 10 家。ITO、BPO、KPO 业务产值的比例为 52∶22∶26。美国、台湾、日本和香港是最主要的离岸业务来源地，来自这四个区域的离岸合同签约额和执行额均占 60% 以上。具体做法如下：

1. 营造一批外包载体和公共服务平台

园区根据不同产业的特殊需求，精心打造各类服务外包载体，现已形成以国际科技园、创意产业园、腾飞苏州创新园为依托的信息技术外包集聚区；以生物产业园为依托的生物医药外包集聚区；以中新生态科技城为依托的生态科技研发外包集聚区；以中国电信苏州呼叫中心产业基地为依托的呼叫中心集聚区；以综保区为依托的商贸及供应链管理外包集聚区；以 CBD 为依托的金融财务外包集聚区；以创意泵站为依托的动漫游戏外包集聚区；以科教创新区为依托的教育及公共服务外包集聚区；以乡镇分园为依托的业务流程外包集聚区，一区多园的服务外包载体格局初具规模。

此外，园区投资十多亿元相继建设了 SAAS 公共服务平台、软件评测平台、嵌入式软件公共技术平台、中科集成电路设计中心、动漫游戏公共服务平台、综合资料服务中心、生物医药公共实验平台、人力资源服务平台、东沙湖股权投资中心、安全应急中心、市服务外包人才培训基地、呼叫中心实训基地等多个公共服务平台。"中国服务外包第一校"——服务外包职业学院第二届毕业生再次实现 100% 签约就业。通过组团招聘、储备人才库等方式帮助企业培训和引进人才；园区服务外包协会活动常态化，政企沟通更趋活跃。

2. 引进一批优质外包及共享服务项目

园区服务外包招商更加重视质量和与周边地区错位发展。继携手全球标准化协会（LISA）成功举办"2010 年软件全球化亚洲论坛"之后，又于 2011 年和 2012 年与 SSON（全球共享服务外包网络）共同举办了"中国战略共享服务与外包峰会"。引进了世界 500 强企业投资的惠普信息服务中心和 Best Shore 全球外包服务中国枢纽中心、三星半导体（中国）研究开发有限公司、琼森亚太财务共享中心、艾默生环境优化技术（苏州）研发中心、博世技术中心、百得电动工具共享服务中心、泰科电子财务共享中心、IBM 全球交付中心；培育及引进全球服务外包百强新宇软件、大宇宙商业服务、Stream（思隽）信息咨询等；入驻新电信息、凌志软件、宏智科技、方正国际、万国数据、神州数码、金光纸业研发等一批总部或职能性总部。

3. 壮大一批现有外包企业

通过企业自身的努力，截至 2011 年底，累计有 11 家全球服务外包百强企业入驻园区，72 家企业获得技术先进型服务企业新标准认定。园区服务外包企业获得各类认证（含双软企业、高新技术企业）315 项。服务外包收入超过 100 万美元的服务外包企业 173 家，其中服务外包收入超过 1000 万美元的企业 35 家。方正国际成功引进摩根大通股权投资，并与埃森哲战略合作开发区域卫生信息系统项目，成功入选中国服务外包领军企业；游戏蜗牛与俄罗斯知名游戏公司签订了高达 8000 万美元的巨额服务协议；新宇软件再次入选"全球外包企业 100 强"；新宇软件、惠普信息、万国数据等企业取得"中国绿色 IT 服务与外包创新贡献奖"。

4. 完善一批地方配套政策

苏州工业园区于 2007 年编制了《苏州工业园区服务外包产业规划》，并出台了《关于促进苏州工业园区服务外包发展的若干意见》及暂行细则，2010 年 4 月，园区管委会对暂行细则进行了修订，出台了《关于促进苏州工业园区服务外包发展的若干意见》实施细则，细则从税费优惠、荣誉奖励、房租补贴、载体建设补贴、人才奖励、员工培训、认证补贴、市场开拓补贴、通信专线补贴等多方面明确了对服务外包企业奖励方式。园区每年安排服务业（外包）专项资金，用于扶持服务业与服务外包产业发展。

二 园区服务外包发展历程

园区服务外包产业的发展经历了四个阶段。

第一阶段：学习借鉴、自发起步阶段（1994～2000 年）。1994 年 2 月，苏州工业园区开发建设，以中新合作的优势吸引了一批海外服务外包企业入驻园区。1994 年 8 月，高达计算机技术（苏州）有限公司成立，成为了园区首家中外合资服务外包企业。1998 年 10 月新电信息科技（苏州）有限公司成立，成为园区首家外商独资服务外包企业。

第二阶段：孵化培育、扶持成长阶段（2001～2005 年）。2001 年，服务外包的主要载体——苏州国际科技园首期落成。2002 年，综合保税区、独墅湖高教区启动建设。2004 年 5～6 月，胡锦涛总书记和新加坡李显龙副总理，吴仪副总理和新加坡李光耀资政相继来园区视察服务外包企业，极大地鼓舞了园区大力发展服务外包的士气。2005 年，园区的服务外包离岸执行金额达 1.5 亿美元。

第三阶段：先行先试、快速崛起阶段（2006～2009 年）。2006 年，技术先进型服务企业试点政策在园区实施。2007 年，园区被认定为首个"中国服务外包示范基地"，同年，园区出台了《关于促进苏州工业园区服务外包发展的若干意见》及暂行细则，并制定园区服务外包产业发展规划。2008 年，构建"一区多园"的发展格局，离岸外包执行金额达 3.2 亿美元。2009 年，王岐山副总理召开全国服务外包座谈会，充分肯定园区技术先进型服务企业试点政策的执行效果，并将该政策推广至全国 21 个服务外包示范城市。

第四阶段：转型升级、做强做特阶段（2010 开始）。2010 年开始，根据园区制造企业不断增加研发、采购分销、财务及人力资源管理等功能，以及中小外包企业抱团重组的愿望不断加强的形势，园区搭建外包服务平台、举办共享服务中心论坛，当年被认定为"中国服务贸易创新示范区"，并入选"中国服务外包十强园区"前三甲。2011 年，实现服务外包接包合同额 17.8 亿美元，离岸外包执行额 12.2 亿美元。

三　园区发展服务外包的主要经验

在 18 年的发展历程中，苏州工业园区始终坚持精品意识，以高起点的规划、高水平的建设、高质量的管理，全力打造国际化、现代化、信息化的创新型、生态型、幸福型新城区。

早在 2006 年，苏州工业园区就开始"有计划、有系统、有重点"地转型调整，相继启动实施了制造业升级、服务业倍增、科技跨越、生态优化"四大计划"和领军人才创业工程。2007 年，凭借被授予"中国服务外包示范基地"的契机，园区服务外包产业积极开创适合自身特点的产业发展模式，打造"中国模式服务外包第一园"的品牌。所谓"中国模式"主要体现在：制造与服务联动发展，离岸与在岸同步开拓，人才与产业共同发展，政府与企业共同推进。

（一）制造与服务联动发展

跨国企业尤其是世界 500 强公司在园区聚集程度高，以跨国公司为主的制造业拉动的服务外包内需旺盛，园区已有上千家制造业企业选择了财务外包，还有三千多家企业选择各类后勤外包。近两年来，跨国公司继制造转移后展开了新一轮的服务转移，琼森、泰科、百得、三星、博世陆续在园区设立财务、物流、IT、研发等共享服务中心，共享服务成为园区服务外包新热点。

【个案分析】操作工升格"全能运动员"，先进制造业攀升"微笑曲线"高端

1995 年，韩国三星投资 1.5 亿元在园区设立的第一家企业三星半导体（苏州）有限公司破土动工。接踵而来的是三星家电、显示器、笔记本的制造基地，园区成为三星集团海外最大的制造车间，苏州工厂成为三星笔记本计算机全球唯一生产基地。转机出现在了 2006 年，三星集团将研发中心也转移至苏州，园区三星的研发力量占到三星总部研发机构的 10%。2008 年，三星半导体全球分拨配送中心也在园区设立，作为物流分配调送的心脏，进一步降低成本，达到零库存的生产管理运作，这个机构原先仅设立在韩国本土和香港。

制造业投资项目的成功和发展需求，使研发机构和物流中心的进驻成了十分必要的步骤。2009 年 10 月，三星计算机在园区的新研发大楼启用，三星集团越发加快了研发本地化的步伐。苏州研发中心内的研发人员也从原先的 200 名增至目前的 300 多名，且研发规模与韩国总部平分秋色。未来的趋势是，三星在园区的研发中心规模将超过韩国总部。

从简单制造到逐渐开始生产高端产品、研发高端产品，集生产、研发、服务、物流配送于一体，昔日的车间操作工摇身变作"全能运动员"。

经过多年招商引资，园区已基本形成了以电子信息制造、机械制造、化学制品及医药制造、造纸及纸制品制造、金属及非金属制品制造等产业为主的制造业生产体系。根据《苏州工业园区 3 + 5 产业发展报告》，园区主导产业升级转型将突破和改善两头在外的车间式生产经营模式，提升主导产业技术发展水平和规模能级，引导和推动产业向产业链和价值链两端延伸。共享服务中心成为园区制造业转型升级的首要选择。

（二）离岸与在岸同步开拓

中国本身有很大的内需市场，所以在岸外包是中国服务外包的重要组成部分，这和印度几乎完全依赖离岸市场有明显不同。特别是在金融危机、日本海啸等因素对离岸业务有较大影响的情况下，稳步开拓在岸市场也是企业保持业务稳定增长的有效途径之一。

园区在鼓励企业增加离岸外包业务的同时，积极引导企业拓展国内的业务管道，将区内优质品牌服务提供商名单纳入境内外专业采购协会的备选名单；通过举办各类采购商和园区供货商洽谈会，帮助区内企业寻找商机；优先将政府及国有企业的服务采购交由区内服务企业。园区服务类政府采购规模从 2004 年的 5200 万元快速增长到 2011 年的约 6.3 亿元，年均增长率达 43.07%。如新宇、新电、方正等知名外包企业，都遵循着"离岸与在岸同步开拓"的思路，稳步发展。

【个案分析】重组整合，国内 IT 服务全产业链布局

1996 年日本方正株式会社在东京设立。2003 年，方正把工厂设到园区，其软件服务的业务也随之而来。在日本方正 IPO 计划遭遇 2008 年下半年的金融危机而搁浅之后，方正国际希望发挥在日本十多年的技术积累，把握好中国软件产业高速增长的市场机遇。2009 年初在与国内政府接触的过程中，苏州工业园区管委会重视区域转型升级的坚定态度，诚意邀请优秀 IT 大企业落户苏州的意愿打动了方正。2010 年 3 月方正国际通过股权重组在苏州设立了新的总部，目的是稳健发展日本等海外市场的同时，深耕国内市场，形成国内市场和海外市场"两翼齐飞"的发展格局。

在园区经济转型升级、信息技术产业政策扶植等多重利好推动下，方正全面实施 IT 品牌战略，致力于民族软件及信息化产业的发展。目前，方正国际在全球拥有 4 大研发基地、2 个合作研究中心，并在北京、苏州、武汉、东莞、江阴、东京、大阪、多伦多等地建有前方交付平台和研发基地；业务涉及金融、医疗卫生、轨道交通、媒体、地理信息等领域，实现了从 IT 咨询、解决方案设计、软件产品销售与定制开发、软硬件系统集成，到业务流程外包（BPO）、IT 系统运维的全产业链服务，国内业务成长迅速。其软件和信息技术服务全产业链布局将进一步提升方正国际的技术研发和服务能力，让国内客户及时分享到中国自己的具有国际化视野的信息化解决方案及成功经验。

（三）人才与产业共同发展

第一，重视服务外包人才的引进和培养。2011 年政府扶持企业的人才培训资金达 1195 万元，4293 人次受益。现有各类人才实训基地 9 个。2007 年底，园区开始推行优租房制度，目前已成功实施了四个优租房项目，规模达到近 50 万平方米、4500 套，可安置 12000 名人才，有效解决了人才扎根苏州的后顾之忧。

第二，聚集国内外各类高等教育资源。在总面积 11 平方公里的科教创新区里，集中了中科大、中国人民大学、南京大学、西安交大、西交利物浦大学等 19 所高等院校，从这些院校引进的也都是与园区产业发展相关的优势专业和科研力量，如 IT、纳米技术、金融管理等专业。随着研究人员的不断增加，先后有东南大学、中国科技大学、南京大学在科教创新区内建立了大学科技园，以加速科研成果产业化。科教创新区已成为 IT 研发与外包、生物医药、纳米技术、创意设计的集聚区，因此这里也成为了园区高端人才结构比例最高的区域，硕士、博士、高层次管理和技术研发人才约占从业人员总数的20%，每万名从业人员中本科及以上学历人才占比高达76%。

第三，大力发展服务外包专业人才培训机构。2008年，园区政府投资7个亿建设中国服务外包第一校——苏州工业园区服务外包职业学院，针对苏州地区服务外包领域规模最大、发展最快、前景最为看好、人才需求最为紧缺的ITO、BPO和数字媒体外包三大重点业务领域培养专业人才。学院以"合作共赢"为目标，搭建政、校、企三方合作平台，已经同40多家国内外知名服务外包企业、行业机构开展校企合作。2011年3月，独墅湖高教区举行了安永财务共享中心人才培养项目开班暨金融财务人才公共实训基地揭牌仪式，该项目人均2万元培训资金由政府埋单。7月，首期200名学员经过为期120课时的学习，共有186名学员顺利完成学业并被授予安永EYU证书，成为既具备信息操作能力和专业金融财务知识，又具有相应的外语能力和服务技能的复合型专业人才，为区内企业服务。

（四）政府与企业共同推进

园区政府的公关及贸促能力、客服能力、财政实力、运营能力十分突出，通过提供全方位的优质服务和周到的亲商服务，打造出经济效益最佳的投资环境。近几年每年安排数量服务业（服务外包）引导资金用于推动产业发展，取得了良好的效果。中新合作的背景使园区的发展受到各级政府的全面支持，各类政策在园区先行先试。中新理事会第十三次会议上，王岐山副总理再次强调将继续在服务外包方面给予园区政策支持。

服务外包产业发展硬环境方面，园区在基础设施、区域规划、交通网络、生活设施、教育体系等多方面加大投入，积极营造一流的人居环境，致力于将园区建设成为现代化、园林化、国际化的新城区。产业软环境方面，园区充分重视信息交流，搭建了各类公共信息平台为区内企业提供服务，实现了信息共享，提升了工作效率。提供融资平台，设立产业投资基金、引导补助资金、创投集团，并给予上市资金扶持。创建了优越的企业孵化环境及知识产权保护环境，支持人才创业。

B.27
大连高新区及相关园区软件和服务外包发展现状研究

邵 松*

摘 要：

　　大连已经形成以旅顺南路软件产业带为中心，各县区优势互补、协同发展的产业发展布局。目前，主要有集聚于大连高新区的大连软件园、腾飞软件园、天地软件园、七贤岭产业基地和各企业自有软件园区等软件产业基地以及刚刚起步建设的大连生态科技创新城。未来，大连将形成"一带一城多区"的产业发展布局。一带指旅顺南路软件产业带；一城指大连生态科技城；多区指在金州新区、保税区、沙河口区、中山区、西岗区的软件产业布局。

关键词：

　　大连高新区　软件产业带　服务外包产业

一　大连高新区软件和服务外包产业发展概况

　　大连高新区是大连软件和信息技术服务业的主要集聚区。高新区集聚了大连76%的软件和信息技术服务业企业，80%的产业销售收入、90%以上的出口也是在高新区完成的。大连高新区以软件和服务外包、网络动漫、工业设计、教育培训、总部经济为主的高端服务业，成为助推大连经济快速发展新的增长极。多年来，大连高新区坚持人才优先，人才的培育和引进为产业发展奠定了雄厚的基础；大连高新区坚持创新驱动，从承接简单服务外包业务起步，

---

* 邵松，大连软件研究院。

已实现了向金融后台、人力服务与培训、行业解决方案等高端服务的跨越。

2011年，大连高新区软件和服务外包企业总数达到960家，从业人员突破10万人，实现销售收入760亿元①，出口创汇25亿美元，收入和出口继续领先全国；销售收入增速已经连续两年超过50%，出口也呈现高速增长势头（见图1、图2）。

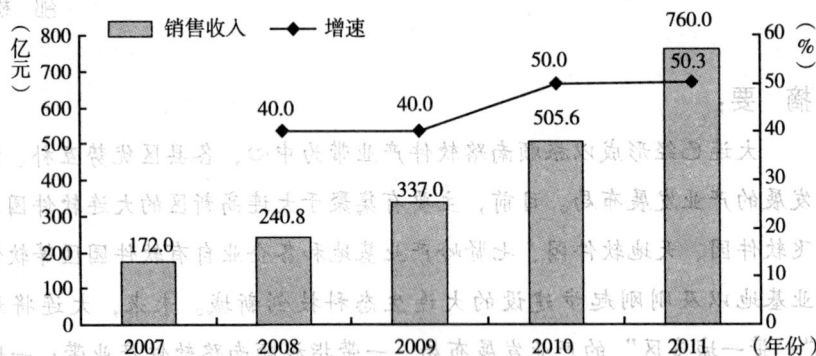

图1 大连高新区软件和服务外包销售收入和增长情况

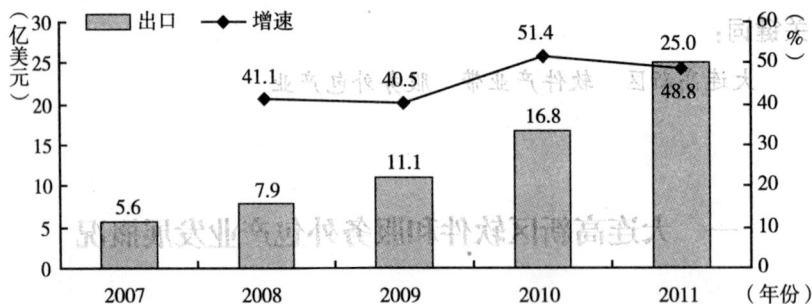

图2 大连高新区软件和服务外包出口和增长情况

截至2011年底，大连高新区已聚集软件和服务外包企业960多家，其中世界500强软件企业62家，中国知名的软件和服务外包领军企业绝大多数都

---

① 大连高新区软件和服务外包的统计范围比大连市经信委的统计范围大。市经信委统计范围包括"软件产品、信息系统集成服务、信息技术咨询服务、数据处理和营运服务、嵌入式系统软件及IC设计"。而高新区"软件和服务外包"统计范围除了大连市经信委统计的全部内容外，还包括工业设计、物流服务外包、医药服务外包和其他领域的服务外包等内容。

在大连高新区。东软、华信和海辉 3 家企业的出口额连续 6 年位居全国前三名，东软、海辉还多年跻身于 IAOP 全球外包 100 强、亚洲新兴外包 10 强之列。大连高新区软件和服务外包在企业规模、平均增速、销售收入、空间潜力、产学合作、品牌形象等方面走在全国前列，先后获得国家软件产业基地、国家软件出口基地、中国服务外包示范城市、中国服务外包基地城市、软件产业国际化示范城市、国家创新型软件产业集群等荣誉，被辽宁省命名为"示范产业集群"。

大连高新区软件和服务外包产业呈高端化、规模化、集群化发展态势。目前，高新区规模超千人、收入超 10 亿的骨干企业达到 13 家，IBM、东软两家企业员工超过了 6000 人。全球前十大软件和服务外包供货商有 8 家在高新区设有公司，东软、华信、海辉的出口收入连续 7 年蝉联全国前三名。

高新区世界 500 强项目达到 80 家，占全市的 70% 以上。随着以世界 500 强企业为代表的一批规模大、水平高、带动作用强的软件企业和配套项目陆续进驻，旅顺南路软件产业带的开发建设已经进入全面提升的阶段。

2011 年，高新区多个重大项目取得实质性进展，中国再生资源交易所、东北亚现货商品交易所、辽宁东北亚贵金属交易所等三个千亿级电子商务企业正式入驻，中国电信"离岸外包中心"项目落户。

二　旅顺南路软件产业带

旅顺南路软件产业带主要依托大连高新区的技术基础、产业基础和资源集聚基础，以大连软件园、腾飞软件园、天地软件园、七贤岭产业基地和各企业自有园区的建设为载体，重点发展软件研发、信息技术服务、金融和人力资源等高端业务流程外包、集成电路设计、互联网增值服务、工业设计、动漫网游、人才培训等业务。

（一）大连软件园

1. 大连软件园一期现状

大连软件园是大连高新区最早、最大的专业软件园区，同时也是国内最好的软件园区。大连软件园由一期和二期组成。自1998年开工建设以来，经过14年的努力，已经建设了总计200万平方米的写字楼、教学设施和生活配套设施，容纳近600家中外名企，贡献338亿元销售收入，聚集6万名软件人才工作和生活的"国际花园小区"，是国内软件出口额最大、外资企业比例最高的园区。目前已经形成国内最具国际化特色的、产学研一体的专业化软件园区和最具规模的ITO/BPO产业基地，并建设形成了一个集工作、教育、生活、商务于一体的国际化科技新城。

大连软件园先后被国家有关部委认定为"国家火炬计划软件产业基地"、"国家软件产业基地"、"国家软件出口基地"和"中国软件欧美出口工程试点基地"，国内首个"中国服务外包基地城市示范区"。2009年，荣获"China Sourcing优秀产业园区"与"中国软件和服务外包杰出园区"称号，获得联合国"全球最适宜居住小区国际大赛金奖"。

2. 大连软件园二期

随着大连软件产业的快速发展，大连软件园一期的开发已基本完成。为进一步扩大软件产业规模，大连市政府2003年正式启动旅顺南路软件产业带建设，大连软件园二期作为核心项目率先启动。旅顺南路软件产业带将以大连软件园为核心，沿大连西南海滨旅顺南路逐步向西延伸，绵延30余公里，建设成为以发展软件、智能信息服务、高等教育及相关培训为主的专项产业功能区。大连软件园二期工程规划范围为沿旅顺南路两侧，可用地面积约8.6平方公里，规划建筑面积400万平方米，总投资逾150亿元。二期包括大连腾飞软件园、大连·天地软件园等项目。

大连软件园腾飞园区已于2009年建成使用。大连软件园腾飞园区由大连软件园股份有限公司和新加坡腾飞集团合资兴建。目前，大连软件园腾飞园区一期和二期已建成20万平方米办公空间，现有日本柯尼卡·美能达、丰田通商、野村证券、美国网域存储、花旗等世界知名企业以及大连华信计算机等250多家国际国内领先的知名软件企业入驻。腾飞园区的建成将使大连的业务流程外包、信息技术外包和软件研发产业的发展成为世界的焦点。整个园区预计投资总额为2亿美元，将按照市场需求在5~8年内建成由8栋大楼组成的园区。全部建成后可以提供60万平方米的高质量商务空间。

大连·天地软件园项目由香港里安集团与亿达集团联手开发，位于旅顺南路软件产业带的核心位置，绵延12.5公里，总规划面积26.5平方公里，总建筑面积354万平方米。大连·天地软件园项目计划投资将近300亿元，先期投资已达50亿元。大连·天地软件园是一个城市级综合型知识小区，建成后办公、居住人口可高达30万人。大连·天地软件园计划用5~8年时间建设成为软件开发、配套生活软件园区，为国内、亚太区乃至全球市场提供高端的信息科技和业务流程外包服务。天地软件园将重点发展业务流程外包（BPO）、呼叫中心、教育培训业务，设立BPO园、ITO园、呼叫中心产业园及嵌入式产品研发园、多媒体产业园等园区。园区内将特设人才中心（TSC）为招募、吸引、培养企业所需人才出力，更引进印度最大、全球第二大IT培训机构NIIT以及美国上市教育机构安博集团设立的安博软件与服务外包人才实训基地等机构，每年为园区企业提供至少6000名IT工程师。园区还规划有国际领先的云计算、smart city以及IDC等基础设施，为企业提供经济有效的运营解决方案。

大连软件园的发展目标是成为"东北亚软件及信息服务中心"，即业务面向日、韩、港、台、中国内地等北亚地区，辐射北美欧洲等其他相关地区，成为国际、国内软件外包和信息服务企业集中区，成为中国最大的软件出口基地、中国最大的软件专业人才培养基地。

（二）大连动漫游戏产业基地

2011年，大连动漫游戏产业基地入驻企业达到140家，销售收入超过100亿元。目前，大连动漫游戏产业基地已进驻水晶石、金山、乾元九五、阿凡提、博涛等动漫游戏企业100余家，投入使用的楼宇面积12万余平方米。现有动画、网络游戏、手机游戏、影视、广告及用CG手段进行建筑设计等8大类产品。大连基地先后经国家广电总局批准为"国家动画产业基地"，文化部批准为"国家动漫游戏产业振兴基地"，共青团中央批准为"中国青少年数字娱乐教育产业基地"。

大连动漫游戏产业已形成以原创动画、3D技术及外包产业为核心的企业集群。目前，在国内六大动漫产业基地中，大连动漫游戏产业基地内的多家动漫企业擅长3D开发，且技术能力在国内处于领先地位并保持了良好的发展态势。

博涛、金山、千豪、水晶石、坐标数码等公司普遍在 3D 开发方面见长，且技术能力在国内处于领先水平。近年来，上述重点企业都保持了良好的发展态势。

大连多家公司都有相当规模的对日、美等国的外包业务量。大连动漫游戏产业基地大力加强与日本数字内容协会、韩国动漫协会以及美国好莱坞的联系与合作，深入促进大连动漫游戏公司对日、韩及欧美的项目国际合作。博涛多媒体、坐标数码、水晶石、新锐天地、泰康科技等公司都有相当规模的对日、韩、美等国的外包业务量。新进基地的上海皿鎏软件、东方之翼等企业，均具有较强的对日、美合作的优势。

大连动漫产业基地技术、人才资源基础较好，平台功能健全。大连高新区近年来投入巨资建设的集群渲染、动作捕捉、非线性编辑、三维立体扫描、音频采集和特技摄影等技术服务平台，在国内享有盛誉，也为数字内容产业的发展奠定了重要的基础。

大连动漫游戏人才培训体制日渐完善，大连理工大学、大连交通大学、大连工业大学、辽宁师范大学等院校均设立了动漫游戏专业，每年可为企业输送大量的技术管理人才。

未来，在国家大力发展动漫产业的全局中，大连将围绕国际数字内容产业这一核心，力争将数字内容产业打造成拥有企业 200 家、境内外上市企业 3 ~ 5 家、从业人员 1 万人、总产值 120 亿元的特色产业基地。未来 3 ~ 5 年，大连动漫游戏产业基地将规划建设总面积 1.5 平方公里的产业区，主要用于动漫游戏产业制作及展览展示中心，技术服务支持等产业发展。还将筹建动漫产业制作及展示展览中心和动漫科技馆等，吸引国内外影视业、文化业、出版业入驻，扶持动漫衍生品企业发展，鼓励文化娱乐产业参与，构建动漫运营、交易市场环境。全力扩大以动漫游为主的国际数字内容产业的规模，支撑大连高新区高端信息服务业的快速发展，建设国内最具特色、资源最优的数字元内容产业基地，实现东北亚国际数字内容产业中心区的目标。

（三）小平岛网络产业园

2011 年，大连网络产业迅猛增长，收入突破 200 亿元。小平岛电子商务产业中心区、智业广场物联网产业基地集聚了 300 家网络企业，成为大连网络产业的主要基地。

小平岛网络产业集聚区将成为以网络产业为主导的高端服务业总部示范基地，其首期网络商务总部基地已经基本建成。小平岛网络产业集聚区策划成立政、企联合产业基金组织，在石化、金属、矿产、粮油、日化等传统行业中寻找行业佼佼者，对其电子商务业务模块在网络产业运行环境、发展资金、技术顾问等方面进行扶持。同时发挥已成功入驻电子商务企业的经验优势，按产品品项进行电子商务业务的整合。小平岛网络产业集聚区还将为网络产业发展提供一流的公共技术平台，建立一流的公共服务体系。目前，因泰集团与华人医疗网已入驻。

小平岛网络产业集聚区将形成以网络产业为主导的高端服务业总部示范基地，包括网络商务总部基地、网络文化产业公园、网络金融总部基地等。首期网络商务总部基地已经基本建成，为以电子商务为主的网络产业企业总部提供2000～12000平方米欧式风情、造型各异的中型独栋办公楼，并另有约100万平方米土地可提供定制式服务。二期规划将网络文化、创意、研发产业企业的小型独栋办公楼与科技旅游项目、温泉旅游项目、山体风貌有机结合，打造全新的网络文化产业公园概念。三期网络金融总部基地则规划为网络银行、网络证券、网络保险、网络信托等企业服务的大型超高层海景办公楼。

（四）大连设计城

目前，大连设计产业主要集中于大连高新区，高新区设计产业的主要载体是大连设计城。大连设计城于2011年3月16日在大连高新区正式启用，位于大连高新区七贤岭高端服务业聚集区，规划建筑面积50万平方米。现投入使用的大连设计城服务中心，办公面积1.3万平方米，公寓面积1.1万平方米。目前，已有90多家设计类签约企业入驻大连设计城服务中心，设计项目涵盖船舶、机械、飞行器、消费电子产品、IC、新材料工艺品及建筑设计等多个领域。

大连高新区从2008年就开始探索设计产业发展模式，先后建设了工业设计园、创意孵化园，并于2010年初设立设计产业管理办公室，开始"大连设计城"项目的规划建设工作。大连设计城的发展目标是"打造国际一流的设计产业孵化平台、设计产业服务平台、设计产业交互平台"，努力建设成为中国最好、世界知名的设计产业集聚区。

（五）辽宁省集成电路设计产业基地

辽宁省集成电路设计产业基地是辽宁省政府 2005 年批准设立的省级基地，并于 2007 年 10 月 12 日正式揭牌，是东北地区唯一的集成电路设计产业基地，并于 2008 年被大连市认定为集成电路专业孵化器。基地位于大连高新区广贤路，孵化面积 17000 平方米，另外还有建筑面积 8 万平方米的高标准国际研发大厦，用于承接国际企业落户。

辽宁省集成电路设计产业基地目前已聚集 30 余家集成电路上下游企业，初步形成了完整的集成电路产业链。基地企业涵盖设计、材料、制造、封装测试、整机等业务领域。基地内的集成电路设计公共技术服务平台、IC 测试与验证技术服务平台、FPGA 创新实验室等，已经开始为企业提供专业化服务。基地培训中心与高校合作，开展针对社会及在校大学生、针对园内企业定向委培、针对 EDA 工具的培训服务，培养实战型人才，解决集成电路发展的人才瓶颈，为东北地区乃至全国提供集成电路人才储备。

（六）企业软件园

2010 年大连高新区提出建设高新区十大软件园区。高新区十大软件园区实际上包括 15 个软件园，分布在旅顺南路软件产业带，总建筑规模达 600 多万平方米，预计 5 年内建设完工，工程总投资近 500 亿元人民币。高新区十大软件园区可容纳 15 万从业人员，建成后可新增产值 1000 多亿人民币。旅顺南路软件产业带是辽宁沿海经济带开发开放国家战略的重点发展区域，是大连市未来绿色产业和低碳经济发展的重要引擎，同时也是大连经济的一个新的增长点。

旅顺南路软件产业带的开发建设已经进入全面提升的阶段，不仅吸引了世界 500 强企业和配套项目陆续进驻，更使大连本土软件企业有了进一步扩大规模、提升综合实力、快速发展的信心，已形成以软件和服务外包、网络、动漫和工业设计为主导的产业集群，一个创新型科技新城区正在迅速崛起，国家软件和服务外包基地的地位更加巩固。

十大软件园区的建设，是旅顺南路软件产业带产业布局中的重要组成部分，也是未来大连软件产业的重要聚集因子。这些园区不仅有利于各大企业与高新园区合作共赢、共同发展，对大连乃至辽宁沿海经济带的绿色经济、低碳经济的发展也将产生重要的带动作用。

1. 东软国际软件园

东软国际软件园，于 2006 年 11 月 9 日在大连高新技术产业园区奠基，一期工程总建设面积 12.6 万平方米，已于 2008 年 6 月竣工并交付使用。该软件园占地面积 50 万平方米，规划建筑面积 33 万平方米。东软软件园是一个高科技、花园式、国际一流的软件产业园区，园区可容纳 15000 名员工。

东软国际软件园定位于面向欧美、日韩的软件外包及 BPO 业务和嵌入式系统的开发，同时东软的电信、电力、金融解决方案事业部，汽车电子研发中心，东软 BPO 中心，东软领导力发展中心也将进驻园区，构成东软规模最大的离岸外包产业基地。东软软件园的建设目标是在大连建立全球领先的嵌入式软件外包研发基地，建设中国最大的面向日本的离岸外包产业基地，未来将会面向更多的东软国际合作伙伴开放，并且扩大服务外包的业务领域，构造一个能够进一步满足公司快速发展国际业务需要的产业环境。

东软国际软件园二期和三期工程，将用 8~10 年的时间完成，届时园区将容纳将近 3 万名员工。

根据规划，园区整体竣工后，预计可实现年产值 16 亿元，外包销售收入 1.8 亿美元，带动相关产业规模 40 亿元，经过 3~5 年的建设运营，吸引高级人才 300 名，实现就业达到 10000 人的规模。

2. 大连华信（国际）软件园

大连华信（国际）软件园已于 2010 年 4 月 17 日开工建设。大连华信（国际）软件园总投资约 11.6 亿元。大连华信（国际）软件园的开工建设标志着大连高新区十大软件园区的建设正式启动。大连华信（国际）软件园地处高新区旅顺南路东段的樱桃沟地段，项目研发用地面积 9 万平方米，研发总建筑面积 16 万平方米，总投资约 11.6 亿元，其中一期工程预计两年内完成。建成后从业人员将达到 1 万人。大连华信（国际）软件园计划建成国内首个零污染、零排放、自行循环体系的低碳绿色软件园，打造人与自然和谐发展的"节能、环保、低碳、绿色"国际示范软件园。大连华信聘请日本 NEC 为咨询公司，通过国际国内成熟领先的环保技术的组合运用，实现低碳、环保、节能、绿色软件园区及周边配套设施的建设。

3. 软通动力科技园

该项目位于高新区黄泥川旅顺南路南侧，占地面积约 14 万平方米，建筑面积约 18 万平方米，投资总额约 20 亿元，2012 年计划投资 10 亿元，预计 2014 年完成全部项目建设。项目建成后软通动力集团大连公司将成为软通集团大北方区总部，5 年内从业人员将达到 1 万人，并将开展包括欧美高端金融离岸业务、日本市场离岸 BPO 业务、医疗健康服务的 ITO 和 BPO 中心、物流和物联网业务交付中心等在内的多个业务。同时，软通集团将与美国卡内基梅隆大学合作，建立高端人才培训学院，5 年内达到年培训规模 5000 人次。

4. 海辉国际软件园

该项目位于高新区黄泥川旅顺南路南侧，占地面积约 10 万平方米，建设面积约 10 万平方米，投资总额约 10 亿元人民币，2012 年计划投资 3 亿元人民币。海辉国际软件园采用"绿色软件"的概念，充分体现高科技、环保及人文理念，建设成为可以容纳 5000 人，世界一流的集办公、科研、培训、生活等功能于一体的专业产业园区，2011 年完成全部规划，预计 2015 年完成全部项目建设，年产值将达 40 亿元。

5. 大连新沃金融总部基地

该项目总占地面积约 4.3 万平方米，建筑面积约 6.6 万平方米，项目总投资约 10 亿元，2012 年计划投资 5 亿元，建设年限为 3 年。建设单位为新沃置业有限公司，该公司为新沃资本控股有限公司的全资子公司。新沃资本控股有限公司是一家行业领先的股权投资及资产管理公司，下设新沃基金、新沃置业等全资子公司，管理多支产业基金。新沃资本投资领域包括地产、能源、冶金等传统产业，同时也关注生物技术、现代农业、新能源、新材料等新兴行业内的投资机会。

6. 亿达信息谷

亿达信息谷规划建筑面积 26 万平方米，其中产业 16 万平方米，配套设施和住宅 10 万平方米。整体建设周期 3 年，首期 7 万平方米产业设施于 2011 年 10 月竣工。亿达信息谷功能主要包括嵌入式产品研发和实验中心、国际数据中心、国际文件及流程处理中心、软件开发与技术支持中心、商务与服务中心等。亿达信息谷将建成一个创新的、绿色的、国际化的科技产业示范中心，成为大连软件产业和旅顺南路产业带的亮点。即将建成的亿达信息谷将作为亿达挺进信息服务业的新地标，它将以亿达信息的业务为核心，以为客户提供全面服务为目的，更好地整合信息、技术及人才资源，形成更加全面、贴近的产业服务模式，近距离实现与客户共赢未来、与合作伙伴共创价值、与员工共同成长的目标。

亿达信息谷将以"建设产业新地标"为目标，着力推动旅顺南路软件产业带的快速发展，推动大连市软件产业的发展，推动大连本土软件企业品牌和软件产业的发展。

三　大连生态科技创新城

大连生态科技创新城是大连市委、市政府落实中央政府和省委、省政府关于加快经济发展方式转变、建设创新型城市、推进全域城市化战略部署的重要举措。2010 年 5 月，大连生态科技创新城被纳入辽宁沿海经济带重点支持区域。2010 年 11 月，被国家发改委授予"国家高技术服务产业基地"称号。2011 年 3 月，被科技部认定为"国家现代服务业产业化基地"。大连市政府成立了以李万才市长为组长的大连生态科技创新城开发建设领导小组，并成立大连生态科技创新城管委会，专门负责大连生态科技创新城建设工作。

（一）大连生态科技创新城建设现状

2011 年，大连生态科技创新城实现国内生产总值 105 亿元、销售收入 308 亿元。2011 年三个起步区总开工面积约 152 万平方米，完成投资 169 亿元。生活配套区项目总投资 77 亿元，已完成 34 亿元。

核心起步区项目的产业方向是形成工业研发设计产业和生产性服务业聚集

区，由大连亿达集团投资建设，规划面积 1.35 平方公里，于 2010 年 9 月份开工，目前开工建设 30 万平方米，2012 年计划开工建设 35 万平方米。国际商务城项目的产业方向是吸纳各类企业总部，形成一个总部经济园区，由中冶集团投资建设，一期投资 27 亿元，现已完成投资 13.5 亿元。一期项目 8.8 万平方米的产业楼主体工程已全部建设完成，已经交房。北方慧谷项目的产业方向是吸纳高端呼叫中心和企业研发中心，由天津泰达和江苏一德集团投资建设，规划面积 0.5 平方公里。北方生态慧谷项目已经正式开工 6.5 万平方米综合楼和呼叫中心产业楼的建设，4.59 万平方米产业独栋办公楼、研发楼和宿舍楼正在进行基础施工，已完成投资约 2 亿元。

（二）相关政策

为了使大连生态科技创新城更快地发展，大连市委、市政府出台了《关于加快生态科技创新城开发建设的意见》（以下简称《意见》）。《意见》明确了生态科技创新城开发建设的指导思想、主要目标、基本原则、发展定位、主要任务和工作要求。《意见》提出的主要目标是，到 2015 年，生态科技创新城主要基础设施建设全部完成，科技创新产业初具规模；10 年内，生态科技创新城要成为科技领先、文化时尚、社会和谐、生态优美的现代化国际新城。

为实现上述目标，《意见》要求加强生态科技创新城组织领导、创新发展模式、赋予优惠政策。成立生态科技创新城管委会作为开发建设主体；坚持"只予不取"原则，形成人无我有、人有我优的政策洼地。重点引进国内外著名企业研发中心、著名设计公司、重点科研院所和重点大学研发机构、各类新技术新产品开发中心、科技成果转化和中介服务机构，大力发展科技研发、工业设计、创意文化、创新服务、生产性服务、教育培训、金融商务等产业，打造具有世界先进水平的产业集群。

为了全面贯彻《意见》，市政府办公厅同时印发了《大连市支持生态科技创新城开发建设的若干政策》（以下简称《若干政策》），以最优惠的政策体系支持生态科技创新城的开发建设，营造国内最佳的投资创业环境。

在《若干政策》中，明确了支持生态科技创新城开发建设的十一条优惠政策。市政府比照长兴岛国家级经济技术开发区向生态科技创新城下放权力；生态科技创新城规划区域内形成的土地出让金收益，市区两级政府5年内全额补贴给生态科技创新城；生态科技创新城每年从市补贴的土地出让金收益中留取不低于5%的资金，用于区域内公共科技基础设施和科技服务平台建设；以2009年为基数，5年内生态科技创新城所形成的税收增量地方留成部分全额用于生态科技创新城建设。

根据《若干政策》，大连市还将在生态科技创新城实施一系列减免和奖励政策。5年内其规划范围内的高新技术企业、高新技术项目（含高技术服务业项目）及生产性服务业项目，免征城市基础设施配套费。对先期入驻的高端科技服务业机构，优先认定高新技术企业或技术先进型服务企业，实际资金到位额超过2000万元的，按照总投资额6%的比例给予最高不超过300万元的补贴。支持生态科技创新城吸引高层次人才，重点引进产业急需、能带来重大经济效益和社会效益，具有世界一流水平、国内顶尖水平的领军人才和科研团队，给予20万~100万元的资金资助。支持产学研联合，对产学研结合类科技创新项目给予政策性扶持，对到生态科技创新城转化的具有较好经济效益的项目，择优给予不低于100万元的奖励。

（三）建设规划

按照规划与建设同步展开的思路，自2010年初开始，大连市有关方面启动了大连生态科技创新城的总体规划以及基础设施和项目建设。先后完成了区域概念性规划、产业发展规划、生态系统规划和智能系统的规划，开辟了三个起步区。

大连生态科技创新城管委会一年来先后组织多家国外顶尖机构编制了区域概念性规划、产业发展规划、总体发展规划。为突出区域的生态智能特色，大连生态科技创新城管委会还组织国内外权威机构编制了区域生态规划和智能规划，提出了牧城驿指数概念，编写了六部生态建设实施导则，完成全国低碳生态试点城（镇）的申报工作。在城市建设中专门设立"生态法律"，是大连生态科技创新城的首创。

2012年大连生态科技创新城预计投资150亿元，将在原有三个起步区的基础上再启动 7 个片区的开发，形成 10 区联动的城市建设格局，面积也将由原来的 65 平方公里扩展至 106 平方公里，其目的是将山林、海岸与新城融为一体，突出新城的"生态"特色。

2012 年，大连生态科技创新城迎来大发展大建设的一年。在深入推进核心起步区、国际商务城和北方生态谷三个起步区建设之外，还要全面启动未来城、国际小区等 10 大高端项目。

（四）招商引资

大连生态科技创新城的概念推出后，引起了许多国内外知名企业、研发机构的高度关注。大连生态科技创新城通过各类招商活动的推动，已经在国内外形成了一定影响。2010 年和 2011 年，先后在美国、瑞士、日本、韩国、新加坡和中国香港、中国台湾成功组织了多次专题推介会，并通过其他各种形式，走访接触了上百家国内外客户。2011 年 6 月 15 日的大连生态科技创新城启城仪式上，共有 13 个项目成功签约，目前，核心起步区产业区已开始逐步入驻客户，包括简柏特公司的服务外包中心、松下电工的智慧城市研发中心、固特异公司的共享服务中心、金山软件的研发中心、美国硅展科技公司的集成电路设计中心。其中，简柏特公司首批将入驻 800 人的开发团队，其他企业均将在 2012 年陆续入驻。

四 其他各区软件产业基地建设

中山区、西岗区、沙河口区、金州新区等结合区域基础和重点发展方向，以各特色园区为主要载体，打造成为各具特色、"专而精"的产业聚集区。

（一）中山区

中山区在公共物流信息平台、运输管理系统、仓储管理系统、场站管理系统等物流管理信息系统研发方面集聚一些企业形成了一定的产业优势。2008年，中山区成立了航运物流软件园，大连市在资金、人才、政策等多方面对入园的物流软件企业给予政策支持。

（二）西岗区

西岗区在教育、医疗卫生等领域的公共服务平台产品研发方面具有良好基础。西岗区政府先后通过政策引导、资金扶持建成了大连信息科技创新大厦、西岗区科技创业园、大连中外技术转移服务中心、大连九龙高新技术服务中心四座区域性企业孵化器。

（三）沙河口区

沙河口区在电子商务、移动商务、电子政府、信息门户、企业门户、网站开发、IT 整体解决方案、IT 服务支撑平台等领域具有良好的研发基础，产品涉及 B2B 电子商务、B2C 网上销售、C2C 电子商务、B2M 电子商务、WAP 网站开发、移动商务办公等方面的平台级软件产品及服务。沙河口区已经建设了五甲万京信息科技产业园、富民路 IT 产业大厦、半岛听涛软件信息产业大厦，构筑了国际工控中心、智业高端服务中心等科技平台载体。沙河口区软件信息服务产业园重点项目之———IT 创意产业中心及配套项目，总用地 7.4 万平方米，总投资 3.5 亿元，建立起以 IT 和创意产业为牵引的特色新经济产业聚集地，全力打造区域性"IT 总部经济"中心。

（四）金州新区

金州新区在汽车电子设计服务、机械设计服务、工业嵌入式软件、客户关系管理系统、企业入口软件、生产流程执行系统、程控系统、分布式控制系统、电子口岸系统、物流配送管理软件、分销管理软件、仓储管理软件、航运管理软件等工业软件产品及设计服务方面具有一定产业研发和应用基础。金州新区"双 D 港"新兴产业园区的建立为软件和信息服务业的发展奠定了良好的基础。"双 D 港"北部区域重点发展先进数字制造业、国际软件企业总部及研发中心；北部数字湖软件高级服务园区以英特尔配套研发、试验等服务项目为重点，重点引进国际软件总部、研发中心，大力发展行业嵌入式软件、IC设计、信息服务外包等。

B.28

中关村软件园促进 IT 服务
外包发展的实践探索

刘克峰*

摘　要：

中关村软件园软件服务外包产业规模和产业层次一直保持全国领先地位，其快速发展的经验是：筑巢引凤，引领规模化发展；建设研发基地，增强国际化水平；拓展总部基地，推进高端创新进程；完善服务体系，优化企业发展环境；成立第三方服务机构，积极促进产业发展；推进产业政策落实，加大产业支持力度；搭建市场平台，助推企业扩大市场渠道。中关村软件园的发展目标是：打造成全国服务外包的总部基地、市场交易中心和高端咨询中心。

关键词：

中关村软件园　软件服务外包

近年来，国家、北京市委市政府高度重视服务外包产业的发展，将其作为加快经济发展方式转变、培育首都经济新增长点、推进"世界城市"和"国际商贸中心"建设的重要战略选择。

中关村软件园（以下简称"软件园"）作为服务外包产业的发祥地，在中央和北京市及海淀区的大力支持下，软件服务外包产业得到了蓬勃发展，产业规模和产业层次一直保持全国领先地位，已成为推动我国 IT 服务外包产业发展的重要力量。

＊　刘克峰，中关村软件园管委会。

一 软件园服务外包产业发展现状与特点

（一）产业规模发展迅速，成为中国服务外包市场中心

作为"国家软件产业基地"，中关村软件园在服务外包领域已经形成了良好的产业基础与产业优势，聚集了一批总部性质的国际国内服务外包产业的龙头企业，被认为是我国 IT 服务外包产业的"发祥地"和"集聚区"。

目前，软件园区内具有国家火炬计划骨干企业 7 家，软件出口工程企业 5 家，规划布局重点软件企业 15 家，服务外包示范城市认定技术先进型服务企业 5 家。软件园区内服务外包企业产值以每年 40% 以上的速度增长，企业的软件产品出口额及服务外包总额约占北京总量的 60%，成为北京服务外包的主体。2011 年，园区有 3 家服务外包企业入围中国服务外包十大领军企业，形成了国内最大的接包中心和接包网络。

（二）产业高端要素集聚，龙头企业上市引领发展

软件园聚集一批国际跨国研发机构、国内最大的外包企业和一批高成长性中小 IT 服务外包企业群体，形成 IT 服务外包总部基地；聚集国际国内最顶尖的产业中介服务机构，形成产业高端咨询中心；聚集高端市场要素，在海淀区形成汇聚国际市场交流的第一磁极；聚集各级行业组织，将北京市、海淀区服务外包行业协会形成合力，形成国内最权威的行业组织中心；聚集一批产业领军人物、行业专家和高端专业人才，形成产业人才的高地。

软件园区还集聚了文思、博彦科技、软通动力等服务外包龙头企业，业务规模迅速发展壮大。文思、软通动力刚入园时都只有几百人，但现在员工都已超过 1.2 万人，年度销售额均超过 2.8 亿美元；博彦科技凭借全球化布局与交付能力、自主创新和技术研发的实力也实现了企业跨越式发展。2006 年以来，这些龙头企业相继通过上市拓展国外市场，塑造中国软件与信息服务外包产业的品牌。如文思、软通动力分别在 2007 年和 2010 年于美国纽交所上市。2012 年 1 月，博彦科技在深圳证券交易所中小企业板挂牌上市，成为北京市首家在

境内上市的以服务外包为主营业务的大型服务外包企业。这是继中软国际、中讯计算机、文思、海辉软件、软通动力等 5 家企业在境外（中国香港、美国）上市后，北京市服务外包企业又一次成功登陆资本市场，形成了北京服务外包企业在国内、国际资本市场集体亮相的态势，使北京市服务外包产业获得更多国内、国际市场的关注，进一步促进了与国际发包商的合作。

（三）产业国际化步伐加快，全球服务交付能力大幅提升

2012 年上半年，中国服务外包产业相继发生了多起较大规模的企业并购，其并购密度之高、规模之大都是前所未有的。这其中大部分参与并购的服务外包企业都坐落在软件园，意味着软件园服务外包产业进入了规模化高附加值发展的关键节点，到了"内生增长"与"外部并购"两条腿走路，快速壮大的重要发展阶段。

2012 年 4 月和 6 月，软通动力信息技术有限公司分别完成了对南京江琛科技有限公司和加拿大 Abovenet 国际公司的并购，扩展了电力行业的服务范围，提高了商业智能（BI）及数据服务能力（并购后公司员工约为 1.3 万人，预计 2012 年营收总额将超过 3.9 亿美元）。

2012 年 8 月，文思技术有限公司与海辉软件（国际）集团公司合并，中国首次出现营收突破 5 亿美元、人员规模超过两万人的重量级服务外包供货商（并购后公司员工数约为 2.3 万人，预计 2012 年营收总额将超过 6.7 亿美元）。

2012 年 8 月，博彦科技股份有限公司（以下简称"博彦科技"）与美国 ACHIEVO CORPORATION 公司签约，以现金出资 5650 万美元（约折合 3.6 亿元人民币）收购其持有的 6 家全资子公司 100% 的股权，极大地加强了博彦科技在日本离岸服务外包市场的竞争力（并购后公司员工数约为 1 万人，预计 2012 年营收总额将超过 2 亿美元）。

据了解，博彦科技称该公司将考虑每半年发生一次并购行为，软通动力目前也锁定了近十个收购目标。软件园服务外包企业组织并参与的并购活动有望在今后五到十年内保持活跃，并成为企业扩大全球市场覆盖范围和完善上下游服务能力的重要战略举措。

（四）人力资源建设卓有成效，形成外包人才培养中心

人才培养是服务外包产业可持续发展的关键。北京作为全国的首都，高校多、科研院所多，具有无可比拟的人才优势。中关村软件园作为专业化的科技园区，在科技人才培养与服务方面走在了北京市的前列，软件园培训中心目前已经聚集了包括港湾教育、赛尔教育、华训时代、CBD 教育、IEEE、普尔文、CSDN 在内的 10 余家和服务外包产业链相关的培训机构，它们为服务外包产业发展提供师资培养、测评考试、远程教育等多层次、高水平的综合性服务。

（五）行业优势逐步显现，服务外包业务向多元化发展

随着服务外包产业的快速发展和国际发包商对服务供货商需求的提升，软件园区内服务外包企业的业务内容逐渐从单一化向多元化发展，部分外包企业以自有核心技术为客户提供高端服务，建立了全方位、专业化的高端服务体系，逐步在国际市场上站稳脚跟，获得了国际买家的重视。文思、软通动力、中软国际等国内领先外包企业已能够为客户提供包括研究及开发、企业解决方案、应用软件开发和维护、质量保证和测试等在内的全方位信息服务，行业涉及科技、电信、金融、制造、零售及分销等领域。

目前，软通动力已进入国际顶级发包商全球采购视野，承揽了国际顶级航空企业的飞行软件测试业务，凸显北京服务外包"高端化"的技术优势。文思从全球 30 多个国家招募外籍员工组成"多国部队"，凭借过硬的技术，从微软 windows 7 的兼容性和稳定性测试外包待选合作伙伴中脱颖而出，得到了微软总部考察团的高度评价，在与国际顶级服务外包公司竞争中脱颖而出。微软将文思定为 windows 7 软件兼容测试业务的合作伙伴，凸显北京服务外包"国际化"的竞争优势。

二　促进服务外包发展的经验

（一）筑巢引凤，引领规模化发展

中关村软件园环境清新优美、基础与服务设施完善，致力于打造自主创新

活跃、产业高度聚集、要素资源汇聚的专业园区，吸引了文思、软通动力、博彦科技等本土服务外包领军企业和 TCS 等具有全球影响力的软件和服务外包企业入驻，作为国内首家国际高端服务外包转移中心的新世基也在园区内成立。因此，国际著名咨询公司 Gartner 将软件园称为"中国服务外包一条街"。

经过多年的发展，中关村软件园的软件和服务外包行业在国内已处于领先地位。文思在为欧美市场提供离岸软件开发的行业企业中位居中国第一；博彦科技拥有惠普公司在亚洲地区最大的打印机测试中心；软通动力成为金融、电信、能源、交通、公用事业等行业重要的 IT 综合服务提供商和战略合作伙伴。中国本土 IT 服务商正在直接向全球一线行业买家提供服务，并与美国和印度服务外包企业共同竞技全球市场。

中关村软件园孵化器是园区中小微创新创业企业的孵育和孵化平台。孵化器培育了诸如世纪华拓、帮帮伍科技、美国泰码、艾普斯科技、德望高高科技等一批优质服务外包企业和优秀企业家，并为服务外包产业发展提供了后备发展力量，形成了软件园中服务外包小微创新企业的成长平台。

（二）建设研发基地，增强国际化水平

一方面，软件园拥有一批国际级接包企业的研发中心，包括 IBM 全球八大研究院之一、IBM 第五大研发中心、IBM 亚洲最大信息支持中心、Oracle 亚太研发中心、汤森路透全球八大研发中心之一、伟创力全球研发中心等。

另一方面，软件园还拥有一批国家级研发中心，包括曙光、南瑞、中核能源、中科大洋、信威、汉王、华为北研所、国家信息安全技术中心、中国银联信息中心等机构。

另外，文思、软通动力和博彦科技等中国大型服务外包企业研发基地也集聚于园区内。这些研发中心的集聚，进一步扩大了园区内服务外包产业优势，促进产业优化，形成更高层次、更大规模的接包网络，为园区企业做大做强提供了强有力的资源支持。

（三）拓展总部基地，推进高端创新进程

文思、软通动力、博彦科技、东软（北京）公司、TCS（中国）等全国服

务外包领先企业总部均落户中关村软件园，国际巨擘汤森路透、银联研发中心等企业在园区形成了强大的金融信息服务、金融后台服务企业群体，形成了中国最大的服务外包产业集群，具有国内最强大的服务外包交付能力。

在软件园二期规划与建设中，联想、百度、腾讯、网易等一大批行业领军企业将落户软件园。软件园产业集聚的规模与内涵在一期的基础上再上新台阶，园区创新能级和产业层次得到进一步提升，成为北京北部高端研发与高新技术产业带，并为核心区建设及服务外包产业发展提供了更有力的支撑。

（四）完善服务体系，优化企业发展环境

从产业聚集扩展到完整生态系统的聚集是园区发展的重要模式，中关村软件园一直致力于打造完整、互动的软件与信息服务业生态系统，形成了自己较为完整的服务体系，为服务外包企业提供六大方面的一站式服务。即高效匹配的投资融资服务、随需而变的办公环境服务、快捷精准的人才顾问服务、专业实效的营销咨询服务、全球通用的知识产权服务，以及国际一流的产业协作服务。

目前，软件园已形成了由创新源头、创新资源集聚和扩散、创新应用三个部分组成的产业生态体系，即公共产业服务体系、公共技术支撑体系和公共商务服务体系。并逐步形成了三大服务特色：搭建行业交流平台、提供专业人才服务和健全技术服务体系。通过园区主导的新型产业促进组织、开展多元化交流活动等多种方式极大促进了园区服务外包生态体系间知识和技术的相互流通及企业间的产业链上下游合作，园区服务外包大中小企业呈现出融合互通、协同创新的发展态势。

（五）成立第三方服务机构，积极促进产业发展

为促进北京服务外包产业持续发展，在北京市商务委的大力支持下，2007年底，中关村软件园发起成立了北京服务外包企业协会，到 2011 年底，协会共有会员 150 多家，不仅覆盖了 ITO、BPO、KPO 等不同服务外包及相关领域，更是汇聚了全国 60% 以上的服务外包领军企业，其中包括业界规模较大具有影响力的博彦科技、文思、软通动力等大型企业。

协会充分发挥桥梁、纽带和支撑作用，重创新、求突破，找准"服务于

会员单位，服务于有关政府部门，服务于行业发展"切入点，在协调政企关系、参与行业管理、制定行业标准、加强行业诚信建设、促进行业规范和谐发展、服务会员单位、协调会员沟通、收集行业信息、组织产业研究、提供政策咨询培训服务、推动国际交流、提升服务外包交付能力、完善行业自律机制等方面均发挥了积极作用。

在具体工作推进中，协会一是紧密跟踪、研究与服务外包企业相关的各项产业政策，为企业提供及时、详尽的政策解读以及政策咨询服务。二是积极协助企业享受各项政策服务，如组织企业申报政府贴息资金工作、组织企业申报海淀区促进服务外包产业支持资金、协助企业获得参加国内外展会的政府补贴、积极组织推动全国十大服务外包领军企业评选活动等。三是积极开展第三方行业研究，全方位解析产业发展特点与趋势，把对服务外包产业的战略研究置于重要地位，通过权威、客观的研究引领北京服务外包产业逐步进入价值创造的高端产业领域，为政府和企业决策提供支撑。四是组织企业参加国际、国内大型展会，打造北京服务外包整体国际品牌。

协会一方面积极贯彻和落实国家、北京市有关服务外包产业发展的政策，认真履行职责，真正起到政府平台与企业之间的桥梁和纽带的作用；另一方面积极推进创新机制的建立，协调各方资源，充分发挥市场力量推进各项改革，为服务外包企业传递政策信息、开展咨询服务、培训专业人才和提供技术支持，打造北京服务外包品牌，为北京市服务外包产业的快速发展发挥了应有的作用。

（六）推进产业政策落实，加大产业支持力度

软件园积极承担政府相关部门交办的多项任务，为政府工作的顺利开展，相关政策的有效落实做了大量的工作。

在［国办函（2010）69号］文出台后，迅速制定了相关细则，对69号文以及企业申报过程中遇到的问题进行详细解读；在有关技术出口贴息的［财企（2010）96号］文发布后，第一时间邀请政府相关部门领导为企业做政策解读，确保了北京地区企业及时了解政策内容，完成申报工作。另外，还通过组织召开海淀区金融政策培训说明会、海淀区服务外包政策宣讲会等活动，宣

讲海淀区扶持领军企业、高成长企业、骨干企业、杰出贡献人物奖励政策，以及房租补贴等政策，积极进行政策宣传。

2010 年，软件园协助海淀区商务委针对海淀区服务外包促进政策，多次召开座谈会，走访企业，征求意见，数易其稿后，该政策最终获得区政府批准，现已发布。该政策与国家政策、北京市政策衔接配套，主要针对领军企业、高成长性企业、杰出贡献人才分别给予 100 万、50 万、20 万元奖励，给予房租补贴、兼并重组、上市等资金补贴，区政府、协会与骨干企业签署 5 年期共建协定等。

软件园还协助海淀区商务委完成政策执行的《指南》编制，积极落实相关政策，配合区商务委承担全部申报资料的初审工作，帮助企业对申报材料进行修改和完善，使 17 家企业共获得 1900 万元的政府奖励资金支持。

（七）搭建市场平台，协助企业扩大市场管道

软件园协调国家相关部委、北京市相关机构，积极寻找开拓海外市场的管道，为企业参与国际竞争创造便利条件。在国际上，软件园与主要服务外包发包国和接包国——美、日、韩、印等国家的政府部门、研究机构及中介咨询机构有着广泛且良好的合作关系，与美、欧、日、韩、印度等 16 个国家和地区相关机构建立了业务联系，与芬兰、韩国仁川、印度班加罗尔、马来西亚多媒体走廊等 10 余个国际园区建立了友好园区关系，与英国、芬兰、印度等国家开展项目级合作。通过这些管道，对国内服务外包企业开拓国际市场起到了积极的作用。

软件园一方面组织企业参加京交会、大连软交会、服博会、NASSCOM 年会、Gartner 服务外包峰会等国际国内重要服务外包活动；另一方面，组织企业进行海外推广活动，如日韩服务外包路演活动、京港服务外包论坛等。在组织各种路演、洽谈会、交流会的过程中，得到了各地使领馆的大力支持和援助，并与美国信息产业机构（USITO）、JISA、IPA 等美、日国家的软件和信息服务机构长期保持着紧密的联系，对中国优秀的服务外包企业寻求全球合作伙伴起到了有力的推动作用。

2011 年，园区企业在国际市场中取得了一系列优异成绩。很多企业在获得国内市场的同时也凭借创新的产品与技术走出去参与国际竞争，成为全球产业链的重要一环。

三 今后的目标与计划

综上所述，中关村软件园在发展服务外包产业方面具有"总部企业集中、国际接包企业研发中心集聚、行业中介组织成熟、外包人才培养与供给体系完善"等先天优势，这是其他城市及软件园区所难以取代的。在二期的规划建设中，软件园紧紧依托这些优势，重点考虑服务外包产业的发展空间，做好外包产业及其产业服务体系的规划与建设，致力于把中关村软件园打造成全国服务外包的总部基地、市场交易中心和高端咨询中心。

本着"高水平规划、高质量建设、高水平管理、高效率服务"的原则，软件园将聚集一批国际国内顶级发包机构，形成中国服务外包市场交易中心，并在园区内建设"国际服务外包交易中心"大厦。拟将软件园建成中国国际服务外包新市场交易中心，抢占全国服务外包产业的制高点。

中关村软件园二期还将建设30万～35万平方米的服务外包发展专业园中园，形成20万平方米的聚集国内前10位服务外包龙头企业的服务外包总部基地和共计10万～15万平方米的中小服务外包企业、人才服务公共平台、可控转移交付中心以及相关中介组织。服务外包发展专业园的建设，将在园区已聚集国内服务外包龙头企业的基础上，进一步汇聚一批高成长性的中小服务外包企业，形成以大带小的产业格局。

与此同时，在接包中心和发包中心汇聚的基础上，中关村软件园还统筹建立5万平方米的服务外包公共服务平台，进一步发挥北京服务外包企业协会或联盟的作用，聚集一批更多地服务于外包企业的中介服务机构。通过设立人才实训、人才测评等人才服务机构，构建一整套完善的卓有成效的服务外包人才服务体系，通过积极实施高端人才战略，引进、培养一批国内最顶尖的行业咨询专家和中高端外包专业技术人才、项目管理人才，为服务外包产业发展提供源源不断的人才储备和高端智力支持。

今后，这一系列重大举措的实施必将会产生聚合效应，从而形成北京战略竞争优势，进一步推动北京服务外包产业在更高层次上实现跨越式发展，为北京乃至全国软件与信息服务产业发展做出积极贡献。

权威报告　热点资讯　海量资源

当代中国与世界发展的高端智库平台

皮书数据库 www.pishu.com.cn

　　皮书数据库是专业的人文社会科学综合学术资源总库，以大型连续性图书——皮书系列为基础，整合国内外相关资讯构建而成。包含七大子库，涵盖两百多个主题，囊括了近十几年间中国与世界经济社会发展报告，覆盖经济、社会、政治、文化、教育、国际问题等多个领域。

　　皮书数据库以篇章为基本单位，方便用户对皮书内容的阅读需求。用户可进行全文检索，也可对文献题目、内容提要、作者名称、作者单位、关键字等基本信息进行检索，还可对检索到的篇章再作二次筛选，进行在线阅读或下载阅读。智能多维度导航，可使用户根据自己熟知的分类标准进行分类导航筛选，使查找和检索更高效、便捷。

　　权威的研究报告，独特的调研数据，前沿的热点资讯，皮书数据库已发展成为国内最具影响力的关于中国与世界现实问题研究的成果库和资讯库。

皮书俱乐部会员服务指南

1. 谁能成为皮书俱乐部会员？

- 皮书作者自动成为皮书俱乐部会员；
- 购买皮书产品（纸质图书、电子书、皮书数据库充值卡）的个人用户。

2. 会员可享受的增值服务：

- 免费获赠该纸质图书的电子书；
- 免费获赠皮书数据库100元充值卡；
- 免费定期获赠皮书电子期刊；
- 优先参与各类皮书学术活动；
- 优先享受皮书产品的最新优惠。

社会科学文献出版社 SOCIAL SCIENCES ACADEMIC PRESS (CHINA) 皮书系列

卡号：5480819015869368
密码：

（本卡为图书内容的一部分，不购书刮卡，视为盗书）

3. 如何享受皮书俱乐部会员服务？

（1）如何免费获得整本电子书？

　　购买纸质图书后，将购书信息特别是书后附赠的卡号和密码通过邮件形式发送到pishu@188.com，我们将验证您的信息，通过验证并成功注册后即可获得该本皮书的电子书。

（2）如何获赠皮书数据库100元充值卡？

　　第1步：刮开附赠卡的密码涂层（左下）；

　　第2步：登录皮书数据库网站（www.pishu.com.cn），注册成为皮书数据库用户，注册时请提供您的真实信息，以便您获得皮书俱乐部会员服务；

　　第3步：注册成功后登录，点击进入"会员中心"；

　　第4步：点击"在线充值"，输入正确的卡号和密码即可使用。

皮书俱乐部会员可享受社会科学文献出版社其他相关免费增值服务

您有任何疑问，均可拨打服务电话：010-59367227　QQ:1924151860

欢迎登录社会科学文献出版社官网(www.ssap.com.cn)和中国皮书网（www.pishu.cn）了解更多信息

法律声明

社会建设蓝皮书

2013 年北京社会建设分析报告（赠阅读卡）

陆学艺　唐　军　张　荆/主编　2013 年 5 月出版　估价 :69.00 元

◆　本书由著名社会学家陆学艺领衔主编，依据社会学理论框架和分析方法，对北京市的人口、就业、分配、社会阶层以及城乡关系等社会学基本问题进行了广泛调研与分析，对广受社会关注的住房、教育、医疗、养老、交通等社会热点问题做了深刻了解与剖析，对日益显现的征地搬迁、外籍人口管理、群体性心理障碍等进行了有益探讨。

政治参与蓝皮书

中国政治参与报告 (2013)（赠阅读卡）

房　宁/主编　2013 年 7 月出版　估价 :58.00 元

◆　本书是国内第一本运用社会科学数据对"中国公民政策参考"进行持续研究的年度报告，依据全国性问卷调查数据，对中国公民的政策参与客观状况和政策参与主观状况作了总体说明，并对不同性别、不同年龄、不同学历、不同政治面貌、不同职业、不同区域、不同收入的公民群体的政策参与客观状况和主观状况作了具体说明。

社会心态蓝皮书

中国社会心态研究报告 (2012~2013)（赠阅读卡）

王俊秀　杨宜音/主编　2012 年 12 月出版　估价 :59.00 元

◆　本书由中国社会科学院社会学研究所社会心理研究中心编撰，从社会感受、价值观念、行为倾向等方面对于生活压力感、社会支持感、经济变动感受、微博使用行为、心理危机干预等问题，用社会心理学、社会学、经济学、传播学等多种学科的方法角度进行了调查和研究，深入揭示了我国社会心态状况。

城乡统筹蓝皮书

中国城乡统筹发展报告 (2013)（赠阅读卡）

程志强　潘晨光/主编　2013 年 3 月出版　估价 :59.00 元

◆　全书客观地总结了各地城乡统筹发展进程中的经验，详细论述了统筹城乡经济社会发展的理论基础，从多个角度对新时期加快我国城乡统筹发展进程进行了深入的研究与探讨。

环境绿皮书

中国环境发展报告 (2013)（赠阅读卡）

杨东平 / 主编　　2013 年 4 月出版　　估价 :69.00 元

◆　本书由民间环保组织"自然之友"组织编写，由特别关注、生态保护、宜居城市、可持续消费以及政策与治理等版块构成，以公共利益的视角记录、审视和思考中国环境状况，呈现2013 年中国环境与可持续发展领域的全局态势，用深刻的思考、科学的数据分析 2012 年的环境热点事件。

环境竞争力绿皮书

中国省域环境竞争力发展报告(2010～2012)（赠阅读卡）

李建平　李闽榕　王金南 / 主编　　2013 年 3 月出版　　估价 :148.00 元

◆　本报告融马克思主义经济学、环境科学、生态学、统计学、计量经济学和人文地理学等理论和方法为一体，充分运用数理分析、空间分析以及规范分析与实证分析相结合的方法，构建了比较科学完善、符合中国国情的环境竞争力指标评价体系，对中国内地 31 个省级区域的环境竞争力进行全面、深入的比较分析和评价。

反腐倡廉蓝皮书

中国反腐倡廉建设报告 No.3（赠阅读卡）

李秋芳 / 主编　　2013 年 8 月出版　　估价 : 59.00 元

◆　本书从"惩治与专项治理、多主体综合监督、公共权力规制、公共资金资源资产监管、公职人员诚信管理、社会廉洁文化建设"六个方面对全国反腐倡廉建设进程与效果进行了综述，结合实地调研和问卷调查，反映了社会公众关注的难点焦点问题，并从理念和举措上提出建议。

行 业 报 告 类

行业报告类皮书立足重点行业、新兴行业领域，
提供及时、前瞻的数据与信息

金融蓝皮书

中国金融发展报告 (2013)（赠阅读卡）

李 扬　王国刚/主编　2012 年 12 月出版　估价：59.00 元

◆　本书由中国社会科学院金融研究所主编，对 2012 年中国
金融业总体发展状况进行回顾和分析，聚焦国际及国内金融
形势的新变化，解析中国货币政策、银行业、保险业和证券
期货业的发展状况，预测中国金融发展的最新动态，包括投
资基金、保险业发展和金融监管等。

房地产蓝皮书

中国房地产发展报告 No.10（赠阅读卡）

潘家华　李景国/主编　2013 年 5 月出版　估价:69.00 元

◆　本书由中国社会科学院城市发展与环境研究所组织编写，
秉承客观公正、科学中立的原则，深度解析 2012 年中国房地
产发展的形势和存在的主要矛盾，并预测 2013 年中国房价走
势及房地产市场发展大势。观点精辟，数据翔实，对关注房
地产市场的各阶层人士极具参考价值。

住房绿皮书

中国住房发展报告 (2012~2013)（赠阅读卡）

倪鹏飞/主编　2012 年 12 月出版　估价:69.00 元

◆　本书从宏观背景、市场体系和公共政策等方面，对中国
住房市场作全面系统的分析、预测与评价。在评述 2012 年
住房市场走势的基础上，预测 2013 年中国住房市场的发展变
化；通过构建中国住房指数体系，量化评估住房市场各关键
领域的发展状况；剖析中国住房市场发展所面临的主要问题
与挑战，并给出政策建议。

旅游绿皮书

2013 年中国旅游发展分析与预测（赠阅读卡）

张广瑞　刘德谦　宋　瑞／主编　2013 年 5 月出版　估价：69.00 元

◆　本书由中国社会科学院旅游研究中心组织编写，从 2012 年国内外发展环境入手，深度剖析 20112 年我国旅游业的跌宕起伏以及背后错综复杂的影响因素，聚焦旅游相关行业的运行特征以及相关政策实施，对旅游发展的热点问题给出颇具见地的分析，并提出促进我国旅游业发展的对策建议。

产业蓝皮书

中国产业竞争力报告 (2013) No.3（赠阅读卡）

张其仔／主编　2013 年 12 月出版　估价：79.00 元

◆　本书对中国产业竞争力的最新变化进行了系统分析，对 2012 年中国产业竞争力的走势进行了展望，对各省、56 个地区和 44 个园区的产业国际竞争力进行了评估，是了解中国产业竞争力、各地产业竞争力最新变化的支撑平台。

能源蓝皮书

中国能源发展报告 (2013)（赠阅读卡）

崔民选／主编　2013 年 7 月出版　估价：79.00 元

◆　本书结合中国经济面临转型的新形势，着眼于构建安全稳定、经济清洁的现代能源产业体系，盘点 2012 年中国能源行业的运行和发展走势，对 2012 年我国能源产业和各行业的运行特征、热点问题进行了深度剖析，并提出了未来趋势预测和对策建议。

文化传媒类

文化传媒类皮书透视文化领域、文化产业，
探索文化大繁荣、大发展的路径

文化蓝皮书

中国文化产业发展报告 (2012~2013)（赠阅读卡）

张晓明　胡惠林　章建刚/主编　2013 年 1 月出版　估价 :59.00 元

◆　本书是由中国社会科学院文化研究中心和文化部、上海
交通大学共同编写的第 10 本中国文化产业年度报告。内容
涵盖了我国文化产业分析及政策分析，既有对 2012 年文化
产业发展形势的评估，又有对 2013 年发展趋势的预测；既有
对全国文化产业宏观形势的评估，又有对文化产业内各行业
的权威年度报告。

传媒蓝皮书

2013 年：中国传媒产业发展报告（赠阅读卡）

崔保国/主编　　2013 年 4 月出版　　估价 :69.00 元

◆　本书云集了清华大学、人民大学等众多权威机构的知名
学者，对 2012 年中国传媒产业发展进行全面分析。剖析传
统媒体转型过程中，中国传媒界的思索与实践；立足全球传
媒产业发展现状，探索我国传媒产业向支柱产业发展面临的
路径；并为提升国际传播能力提供前瞻性研究与观点。

新媒体蓝皮书

中国新媒体发展报告 No.4(2013)（赠阅读卡）

尹韵公/主编　　2013 年 5 月出版　　估价 :69.00 元

◆　本书由中国社会科学院新闻与传播研究所和上海大学合
作编写，在构建新媒体发展研究基本框架的基础上，全面梳
理 2012 年中国新媒体发展现状，发表最前沿的网络媒体深度
调查数据和研究成果，并对新媒体发展的未来趋势做出预测。

国别与地区类

国别与地区类皮书关注全球重点国家与地区，
提供全面、独特的解读与研究

国际形势黄皮书

全球政治与安全报告 (2013)（赠阅读卡）

李慎明　张宇燕/主编　　2012 年 12 月出版　　估价 :59.00 元

◆　本书是由中国社会科学院世界经济与政治研究所精心打造
的又一品牌皮书，关注时下国际关系发展动向里隐藏的中长期
趋势，剖析全球政治与安全格局下的国际形势最新动向以及国
际关系发展的热点问题，并对 2013 年国际社会重大动态作出
前瞻性的分析与预测。

美国蓝皮书

美国问题研究报告 (2013)（赠阅读卡）

黄 平　倪 峰/主编　　2013 年 6 月出版　　估价 :69.00 元

◆　本书由中华美国学会和中国社会科学院美国研究所组织编
写，从美国内政、外交、中美关系等角度系统论述 2013 年美
国政治经济发展情况，既有对美国当今实力、地位的宏观分析，
也有对美国近年来内政、外交政策的微观考察，对观察和研究
美国及中美关系具有较强的参考作用。

欧洲蓝皮书

欧洲发展报告 (2012~2013)（赠阅读卡）

周 弘/主编　　2013 年 3 月出版　　估价 :79.00 元

◆　欧洲长期积累的财政和债务问题，终于在世界金融危机的
冲击下转变成主权债务危机。在采取紧急应对危机举措的同时，
欧盟还提出一系列经济治理方案。正当欧盟内部为保卫欧元而
苦苦奋战之时，欧盟却在对外战线上成功地完成对利比亚的一
场战争。关注欧洲蓝皮书，关注欧盟局势。

地方发展类

地方发展类皮书关注大陆各省份、经济区域，
提供科学、多元的预判与咨政信息

北京蓝皮书

北京经济发展报告 (2012~2013)（赠阅读卡）

赵 弘 / 主编   2013 年 5 月出版   估价：59.00 元

◆   本书是北京蓝皮书系列之一种，研创团队北京市社会科学院紧紧围绕北京市年度经济社会发展的目标，突出对北京市经济社会发展中全局性、战略性、倾向性的重点、热点、难点问题进行分析和预测的综合研究成果。

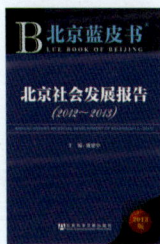

北京蓝皮书

北京社会发展报告 (2012~2013)（赠阅读卡）

戴建中 / 主编   2013 年 6 月出版   估价：59.00 元

◆   本书是北京蓝皮书系列之一种，研创团队以北京市社会科学院研究人员为主，同时邀请北京市党政机关和大学的专家学者参加。本书为北京市政策制定和执行提供了依据和思路，为了解中国首都的社会现状贡献了丰富的资料和解读，具有一定的影响力，因持续追踪社会热点问题而引起广泛的关注。

上海蓝皮书

上海经济发展报告 (2013)（赠阅读卡）

沈开艳 / 主编   2013 年 1 月出版   估价：59.00 元

◆   本书是上海蓝皮书系列之一种，围绕上海如何实现经济转型问题展开，通过对复苏缓慢的国际经济大环境、趋于紧缩的国内宏观经济背景的深入分析，认为上海迫切需要解决而又密切相关的现实问题是"增长动力转型"与"产业发展转型"两大核心。

上海蓝皮书

上海社会发展报告 (2013)（赠阅读卡）

卢汉龙　周海旺／主编　　2013年1月出版　估价：59.00元

◆　本书是上海蓝皮书系列之一种，围绕机制创新、社会政策、社会组织等方面，对上海近年来的社会热点问题进行了调研，在总结现有状况及成因的基础上，提出了一些建议与对策，关注了上海的主要社会问题，可为决策层制订相关政策提供借鉴。

河南蓝皮书

河南经济发展报告 (2013)（赠阅读卡）

喻新安／主编　　2013年1月出版　估价：59.00元

◆　本书是河南蓝皮书系列之一种，由河南省社会科学院主持编撰，以中原经济区"三化"协调科学发展为主题，深入全面地分析了当前河南经济发展的主要特点以及2012年的走势，全方位、多角度研究和探讨了河南探索"三化"协调发展的举措及成效，并对河南积极构建中原经济区建设提出了对策建议。

甘肃蓝皮书

甘肃省经济发展分析与预测 (2013)（赠阅读卡）

朱智文　罗　哲／主编　　2012年12月出版　估价：69.00元

◆　本书是甘肃蓝皮书系列之一种，近年来甘肃经济社会发展的年度综合性研究成果之一，是对不同时期甘肃省实现区域创新和改革开放的年度总结。全书以特有的方式将经济运行情况、预测分析、政策建议三者结合起来，在科学分析经济发展形势的基础上为甘肃未来经济发展做出了科学预测及提出政策建议。

经济类

城市竞争力蓝皮书
中国城市竞争力报告No.11
著(编)者:倪鹏飞 2013年5月出版 / 估价:69.00元

城市蓝皮书
中国城市发展报告NO.6
著(编)者:潘家华 魏后凯 2013年8月出版 / 估价:59.00元

城乡一体化蓝皮书
中国城乡一体化发展报告(2013)
著(编)者:汝信 付崇兰 2013年8月出版 / 估价:59.00元

低碳发展蓝皮书
中国低碳发展报告(2012~2013)
著(编)者:齐晔 2013年7月出版 / 估价:69.00元

低碳经济蓝皮书
中国低碳经济发展报告(2013)
著(编)者:薛进军 赵忠秀 2013年7月出版 / 估价:98.00元

东北蓝皮书
中国东北地区发展报告(2013)
著(编)者:张新颖 2013年8月出版 / 估价:79.00元

发展和改革蓝皮书
中国经济发展和体制改革报告No.6
著(编)者:邹东涛 2013年7月出版 / 估价:75.00元

国际城市蓝皮书
国际城市发展报告(2013)
著(编)者:屠启宇 2013年1月出版 / 估价:69.00元

国家竞争力蓝皮书
中国国家竞争力报告No.2
著(编)者:倪鹏飞 2013年4月出版 / 估价:69.00元

宏观经济蓝皮书
中国经济增长报告(2012~2013)
著(编)者:张平 刘霞辉 2013年7月出版 / 估价:69.00元

减贫蓝皮书
中国减贫与社会发展报告
著(编)者:黄承伟 2013年7月出版 / 估价:59.00元

金融蓝皮书
中国金融发展报告(2013)
著(编)者:李扬 王国刚 2012年12月出版 / 估价:59.00元

经济蓝皮书
2013年中国经济形势分析与预测
著(编)者:陈佳贵 李扬 2012年12月出版 / 估价:59.00元

经济蓝皮书春季号
中国经济前景分析——2013年春季报告
著(编)者:陈佳贵 李扬 2013年5月出版 / 估价:59.00元

经济信息绿皮书
中国与世界经济发展报告(2013)
著(编)者:王长胜 2012年12月出版 / 估价:69.00元

就业蓝皮书
2013年中国大学生就业报告
著(编)者:麦可思研究院 王伯庆 2013年6月出版 / 估价:98.00元

民营经济蓝皮书
中国民营经济发展报告No.10(2012~2013)
著(编)者:黄孟复 2013年9月出版 / 估价:69.00元

农村绿皮书
中国农村经济形势分析与预测(2012~2013)
著(编)者:中国社会科学院农村发展研究所
国家统计局农村社会经济调查司
2013年4月出版 / 估价:59.00元

企业公民蓝皮书
中国企业公民报告NO.3
著(编)者:邹东涛 2013年7月出版 / 估价:59.00元

企业社会责任蓝皮书
中国企业社会责任研究报告(2013)
著(编)者:陈佳贵 黄群慧 彭华岗 钟宏武
2012年11月出版 / 估价:59.00元

区域蓝皮书
中国区域经济发展报告(2012~2013)
著(编)者:戚本超 景体华 2013年4月出版 / 估价:69.00元

人口与劳动绿皮书
中国人口与劳动问题报告No.14
著(编)者:蔡昉 2013年6月出版 / 估价:69.00元

生态城市绿皮书
中国生态城市建设发展报告(2013)
著(编)者:李景源 孙伟平 刘举科 2013年3月出版 / 估价:128.00元

西北蓝皮书
中国西北发展报告(2013)
著(编)者:杨尚勤 石英 王建康 2013年3月出版 / 估价:65.00元

西部蓝皮书
中国西部发展报告(2013)
著(编)者:姚慧琴 徐璋勇 2013年7月出版 / 估价:69.00元

长三角蓝皮书
全球格局变化中的长三角
著(编)者:王战 2013年6月出版 / 估价:69.00元

中部竞争力蓝皮书
中国中部经济社会竞争力报告(2013)
著(编)者:教育部人文社会科学重点研究基地
南昌大学中国中部经济社会发展研究中心
2013年10月出版 / 估价:59.00元

中部蓝皮书
中国中部地区发展报告(2013~2014)
著(编)者:喻新安 2013年10月出版 / 估价:59.00元

中国省域竞争力蓝皮书
中国省域经济综合竞争力发展报告(2012~2013)
著(编)者:李建平 李闽榕 高燕京
2013年3月出版 / 估价:198.00元

中小城市绿皮书
中国中小城市发展报告(2013)
著(编)者:中国城市经济学会中小城市经济发展委员会
《中国中小城市发展报告》编纂委员会
2013年8月出版 / 估价:98.00元

珠三角流通蓝皮书
珠三角流通业发展报告(2013)
著(编)者:王先庆 林至颖 2013年8月出版 / 估价:69.00元

社会政法类

殡葬绿皮书
中国殡葬事业发展报告(2013)
著(编)者:朱 勇 李伯森 2013年3月出版 / 估价: 59.00元

城市生活质量蓝皮书
中国城市生活质量指数报告(2013)
著(编)者:张 平 2013年7月出版 / 估价:59.00元

城乡统筹蓝皮书
中国城乡统筹发展报告(2013)
著(编)者:程志强、潘晨光 2013年3月出版 / 估价:59.00元

创新蓝皮书
创新型国家建设报告(2012~2013)
著(编)者:詹正茂 2013年7月出版 / 估价: 69.00元

慈善蓝皮书
中国慈善发展报告(2013)
著(编)者:杨 团 2013年7月出版 / 估价:69.00元

法治蓝皮书
中国法治发展报告No.11(2013)
著(编)者:李 林 2013年3月出版 / 估价:85.00元

反腐倡廉蓝皮书
中国反腐倡廉建设报告No.3
著(编)者:李秋芳 2013年8月出版 / 估价:59.00元

非传统安全蓝皮书
中国非传统安全研究报告(2012~2013)
著(编)者:余潇枫 2013年7月出版 / 估价:69.00元

妇女发展蓝皮书
福建省妇女发展报告(2013)
著(编)者:刘群英 2013年10月出版 / 估价:58.00元

妇女发展蓝皮书
中国妇女发展报告No.5
著(编)者:王金玲 高小贤 2013年5月出版 / 估价:65.00元

妇女教育蓝皮书
中国妇女教育发展报告No.3
著(编)者:张李玺 2013年10月出版 / 估价:69.00元

公共服务蓝皮书
中国城市基本公共服务力评价(2012~2013)
著(编)者:侯惠勤 辛向阳 易定宏 出版 估价:55.00元

公益蓝皮书
中国公益发展报告(2013)
著(编)者:朱健刚 2013年5月出版 / 估价:78.00元

国际人才蓝皮书
中国海归创业发展报告(2013)No.2
著(编)者:王辉耀 路江涌 2013年6月出版 / 估价:69.00元

国际人才蓝皮书
中国留学发展报告(2013) No.2
著(编)者:王辉耀 2013年8月出版 / 估价:59.00元

行政改革蓝皮书
中国行政体制改革报告(2013)No.3
著(编)者:魏礼群 2013年3月出版 / 估价:69.00元

华侨华人蓝皮书
华侨华人研究报告(2013)
著(编)者:丘 进 2013年5月出版 / 估价:128.00元

环境竞争力绿皮书
中国省域环境竞争力发展报告(2010~2012)
著(编)者:李建平 李闽榕 王金南
2013年3月出版 / 估价:148.00元

环境绿皮书
中国环境发展报告(2013)
著(编)者:杨东平 2013年4月出版 / 估价:69.00元

教师蓝皮书
中国中小学教师发展报告(2013)
著(编)者:曾晓东 2013年3月出版 / 估价:59.00元

教育蓝皮书
中国教育发展报告(2013)
著(编)者:杨东平 2013年2月出版 / 估价:59.00元

金融监管蓝皮书
中国金融监管报告2013
著(编)者:胡 滨 2013年5月出版 / 估价:59.00元

科普蓝皮书
中国科普基础设施发展报告(2013)
著(编)者:任福君 2013年4月出版 / 估价:79.00元

口腔健康蓝皮书
中国口腔健康发展报告(2013)
著(编)者:胡德渝 2013年12月出版 / 估价:59.00元

老龄蓝皮书
中国老龄事业发展报告(2013)
著(编)者:吴玉韶 2013年4月出版 / 估价:59.00元

民间组织蓝皮书
中国民间组织报告(2012~2013)
著(编)者:黄晓勇 2013年4月出版 / 估价:69.00元

民族蓝皮书
中国民族区域自治发展报告(2013)
著(编)者:郝时远 2013年7月出版 / 估价:98.00元

女性生活蓝皮书
中国女性生活状况报告No.7(2013)
著(编)者:韩湘景 2013年10月出版 / 估价:78.00元

气候变化绿皮书
应对气候变化报告(2013)
著(编)者:王伟光 郑国光 2013年11月出版 / 估价:59.00元

汽车社会蓝皮书
中国汽车社会发展报告(2013)
著(编)者:王俊秀 2013年6月出版 / 估价:59.00元

青少年蓝皮书
中国未成年人新媒体运用报告(2012~2013)
著(编)者:李文革 沈 杰 季为民
2013年7月出版 / 估价:69.00元

人才竞争力蓝皮书
中国区域人才竞争力报告(2013)
著(编)者:桂昭明 王辉耀 2013年2月出版 / 估价:69.00元

人才蓝皮书
中国人才发展报告(2013)
著(编)者:潘晨光 2013年8月出版 / 估价:79.00元

人权蓝皮书
中国人权事业发展报告No.3(2013)
著(编)者:李君如 2013年11月出版 / 估价:98.00元

社会保障绿皮书
中国社会保障发展报告(2013)No.6
著(编)者:王延中 2013年4月出版 / 估价:69.00元

社会工作蓝皮书
中国社会工作发展报告(2012~2013)
著(编)者:蒋昆生 戚学森 2013年7月出版 / 估价:59.00元

社会管理蓝皮书
中国社会管理创新报告No.2
著(编)者:连玉明 2013年9月出版 / 估价:79.00元

社会建设蓝皮书
2013年北京社会建设分析报告
著(编)者:陆学艺 唐 军 张 荆
2013年5月出版 / 估价:69.00元

社会科学蓝皮书
中国社会科学学术前沿(2012~2013)
著(编)者:高 翔 2013年9月出版 / 估价:69.00元

社会蓝皮书
2013年中国社会形势分析与预测
著(编)者:汝 信 陆学艺 李培林
2012年12月出版 / 估价:59.00元

社会心态蓝皮书
中国社会心态研究报告(2012~2013)
著(编)者:王俊秀 杨宜音 2012年12月出版 / 估价:59.00元

生态文明绿皮书
中国省域生态文明建设评价报告(2013)
著(编)者:严 耕 2013年10月出版 / 估价:98.00元

食品药品蓝皮书
食品药品安全与监管政策研究报告(2013)
著(编)者:唐民皓 2013年6月出版 / 估价:69.00元

世界创新竞争力黄皮书
世界创新竞争力发展报告(2012~2013)
著(编)者:李建平 李闽榕 赵新力
2013年11月出版 / 估价:79.00元

世界社会主义黄皮书
世界社会主义跟踪研究报告(2012~2013)
著(编)者:李慎明 2013年3月出版 / 估价:99.00元

危机管理蓝皮书
中国危机管理报告(2013)
著(编)者:文学国 范正青 2013年12月出版 / 估价:79.00元

小康蓝皮书
中国全面建设小康社会监测报告(2013)
著(编)者:潘 璠 2013年11月出版 / 估价:59.00元

形象危机应对蓝皮书
形象危机应对研究报告(2013)
著(编)者:唐 钧 2013年9月出版 / 估价:118.00元

舆情蓝皮书
中国社会舆情与危机管理报告(2013)
著(编)者:谢耘耕 2013年8月出版 / 估价:78.00元

政治参与蓝皮书
中国政治参与报告(2013)
著(编)者:房 宁 2013年7月出版 / 估价:58.00元

宗教蓝皮书
中国宗教报告(2013)
著(编)者:金 泽 邱永辉 2013年7月出版 / 估价:59.00元

行业报告类

保健蓝皮书
中国保健服务产业发展报告No.2
著(编)者:中国保健协会　中共中央党校
2013年7月出版 / 估价:198.00元

保健蓝皮书
中国保健食品产业发展报告No.2
著(编)者:中国保健协会
　　　　中国社会科学院食品药品产业发展与监管研究中心
2013年3月出版 / 估价:198.00元

保健蓝皮书
中国保健用品产业发展报告No.2
著(编)者:中国保健协会　2013年3月出版 / 估价:198.00元

保险蓝皮书
中国保险业竞争力报告(2013)
著(编)者:罗忠敏　2013年7月出版 / 估价:89.00元

餐饮产业蓝皮书
中国餐饮产业发展报告(2013)
著(编)者:中国烹饪协会　中国社会科学院财经战略研究院
2013年5月出版 / 估价:60.00元

测绘地理信息蓝皮书
中国地理信息产业发展报告(2013)
著(编)者:徐德明　2013年12月出版 / 估价:98.00元

茶业蓝皮书
中国茶产业发展报告 (2013)
著(编)者:李闽榕　杨江帆　2013年11月出版 / 估价:79.00元

产权市场蓝皮书
中国产权市场发展报告(2012~2013)
著(编)者:曹和平　2013年12月出版 / 估价:69.00元

产业安全蓝皮书
中国保险产业安全报告(2013)
著(编)者:李孟刚　2013年10月出版 / 估价:59.00元

产业安全蓝皮书
中国产业外资控制报告(2012~2013)
著(编)者:李孟刚　2013年10月出版 / 估价:69.00元

产业安全蓝皮书
中国金融产业安全报告(2013)
著(编)者:李孟刚　2013年10月出版 / 估价:69.00元

产业安全蓝皮书
中国轻工业发展与安全报告(2013)
著(编)者:李孟刚　2013年10月出版 / 估价:69.00元

产业安全蓝皮书
中国私募股权产业安全与发展报告(2013)
著(编)者:李孟刚　2013年10月出版 / 估价:59.00元

产业安全蓝皮书
中国新能源产业发展与安全报告(2013)
著(编)者:北京交通大学中国产业安全研究中心
2013年3月出版 / 估价:69.00元

产业安全蓝皮书
中国能源产业安全报告(2013)
著(编)者:北京交通大学中国产业安全研究中心
2013年3月出版 / 估价:69.00元

产业安全蓝皮书
中国海洋产业安全报告(2012~2013)
著(编)者:北京交通大学中国产业安全研究中心
2013年3月出版 / 估价:59.00元

产业蓝皮书
中国产业竞争力报告(2013) NO.3
著(编)者:张其仔　2013年12月出版 / 估价:79.00元

电子商务蓝皮书
中国城市电子商务影响力报告(2013)
著(编)者:荆林波　2013年5月出版 / 估价:69.00元

电子政务蓝皮书
中国电子政务发展报告(2013)
著(编)者:洪　毅　王长胜　2013年9月出版 / 估价:59.00元

杜仲产业绿皮书
中国杜仲种植与产业发展报告(2013)
著(编)者:胡文臻　杜红岩　2013年8月出版 / 估价:78.00元

房地产蓝皮书
中国房地产发展报告No.10
著(编)者:魏后凯　李景国　2013年5月出版 / 估价:69.00元

服务外包蓝皮书
中国服务外包发展报告(2012~2013)
著(编)者:王　力　刘春生　黄育华
2013年9月出版 / 估价:89.00元

工业设计蓝皮书
中国工业设计发展报告(2013)
著(编)者:王晓红　2013年7月出版 / 估价:69.00元

会展经济蓝皮书
中国会展经济发展报告(2013)
著(编)者:过聚荣　2013年4月出版 / 估价:65.00元

会展蓝皮书
中外会展业动态评估年度报告(2013)
著(编)者:张 敏 2013年8月出版 / 估价:68.00元

基金会蓝皮书
中国基金会发展报告(2013)
著(编)者:刘忠祥 2013年7月出版 / 估价:79.00元

基金会绿皮书
中国基金会发展独立研究报告(2013)
著(编)者:基金会中心网 2013年11月出版 / 估价:49.00元

交通运输蓝皮书
中国交通运输业发展报告(2013)
著(编)者:崔民选 王军生 2013年6月出版 / 估价:69.00元

金融蓝皮书
中国金融发展报告(2013)
著(编)者:李 扬 王国刚 2012年12月出版 / 估价:59.00元

金融蓝皮书
中国金融中心发展报告(2012~2013)
著(编)者:王 力 黄育华 2013年10出版 / 估价:59.00元

金融蓝皮书
中国商业银行竞争力报告(2013)
著(编)者:王松奇 2013年10月出版 / 估价:79.00元

金融监管蓝皮书
中国金融监管发展报告(2013)
著(编)者:胡 滨 2013年5月出版 / 估价:59.00元

科学传播蓝皮书
中国科学传播报告(2013)
著(编)者:詹正茂 2013年6月出版 / 估价:69.00元

口岸生态绿皮书
中国口岸地区生态文化发展报告No.1(2013)
著(编)者:胡文臻 刘 静 2013年8月出版 / 估价:78.00元

"老字号"蓝皮书
中国"老字号"企业发展报告No.3(2013)
著(编)者:张继焦 丁惠敏 黄忠彩
2013年10月出版 / 估价:69.00元

"两化"融合蓝皮书
中国"两化"融合发展报告(2013)
著(编)者:曹淑敏 工业和信息化部电信研究院
2013年8月出版 / 估价:98.00元

流通蓝皮书
湖南省商贸流通产业发展报告No.2
著(编)者:柳思维 2013年10月出版 / 估价:75.00元

流通蓝皮书
中国商业发展报告(2012~2013)
著(编)者:荆林波 2013年4月出版 / 估价:89.00元

旅游安全蓝皮书
中国旅游安全报告(2013)
著(编)者:郑向敏 谢朝武 2013年5月出版 / 估价:78.00元

旅游绿皮书
2013年中国旅游发展分析与预测
著(编)者:张广瑞 刘德谦 宋 瑞
2013年5月出版 / 估价:69.00元

贸易蓝皮书
中国贸易发展报告(2013)
著(编)者:荆林波 2013年5月出版 / 估价:49.00元

煤炭蓝皮书
中国煤炭工业发展报告No.5(2013)
著(编)者:岳福斌 2012年12月出版 / 估价:69.00元

煤炭市场蓝皮书
中国煤炭市场发展报告(2013)
著(编)者:曲剑午 2013年8月出版 / 估价:79.00元

民营医院蓝皮书
中国民营医院发展报告(2013)
著(编)者:陈绍福 王培舟 2013年9月出版 / 估价:89.00元

闽商蓝皮书
闽商发展报告(2013)
著(编)者:李闽榕 王日根 林 琛
2013年3月出版 / 估价:69.00元

能源蓝皮书
中国能源发展报告(2013)
著(编)者:崔民选 2013年7月出版 / 估价:79.00元

农产品流通蓝皮书
中国农产品流通产业发展报告(2013)
著(编)者:贾敬敦 王炳南 张玉玺 张鹏毅 陈丽华
2013年7月出版 / 估价:98.00元

期货蓝皮书
中国期货市场发展报告(2013)
著(编)者:荆林波 2013年7月出版 / 估价:69.00元

企业蓝皮书
中国企业竞争力报告(2013)
著(编)者:金 碚 2013年11月出版 / 估价:79.00元

汽车蓝皮书
中国汽车产业发展报告(2013)
著(编)者:国务院发展研究中心产业经济研究部
中国汽车工程学会 大众汽车集团(中国)
2013年7月出版 / 估价:79.00元

人力资源蓝皮书
中国人力资源发展报告(2012~2013)
著(编)者:吴 江 田小宝 2013年6月出版 / 估价:69.00元

软件和信息服务业蓝皮书
中国软件和信息服务业发展报告(2013)
著(编)者:洪京一 工业和信息化部电子科学技术情报研究所
2013年6月出版 / 估价:98.00元

商会蓝皮书
中国商会发展报告 No.5 (2013)
著(编)者:黄孟复 2013年8月出版 / 估价:59.00元

商品市场蓝皮书
中国商品市场发展报告(2013)
著(编)者:荆林波 2013年7月出版 / 估价:59.00元

私募市场蓝皮书
中国私募股权市场发展报告(2013)
著(编)者:曹和平 2013年10月出版 / 估价:69.00元

体育蓝皮书
中国体育产业发展报告(2012~2013)
著(编)者:江和平 张海潮 2013年5月出版 / 估价:69.00元

投资蓝皮书
中国投资发展报告(2013)
著(编)者:杨庆蔚 2013年3月出版 / 估价:79.00元

物联网蓝皮书
中国物联网发展报告(2013)
著(编)者:黄桂田 张全升 2013年10月出版 / 估价:80.00元

西部工业蓝皮书
中国西部工业发展报告(2013)
著(编)者:方行明 刘方健 姜 凌 等
2013年7月出版 / 估价:69.00元

西部金融蓝皮书
中国西部金融发展报告(2013)
著(编)者:李忠民 2013年10月出版 / 估价:69.00元

信息化蓝皮书
中国信息化形势分析与预测(2013)
著(编)者:周宏仁 2013年7月出版 / 估价:98.00元

休闲绿皮书
2013年中国休闲发展报告
著(编)者:刘德谦 唐 兵 宋 瑞
2013年5月出版 / 估价:59.00元

中国林业竞争力蓝皮书
中国省域林业竞争力发展报告No.3(2012~2013)(上下册)
著(编)者:郑传芳 李闽榕 张春霞 张会儒
2013年8月出版 / 估价:139.00元

中国农业竞争力蓝皮书
中国省域农业竞争力发展报告No.2（2010~2012）（上下册）
著(编)者:郑传芳 宋洪远 李闽榕 张春霞
2013年7月出版 / 估价:128.00元

中国总部经济蓝皮书
中国总部经济发展报告(2013~2014)
著(编)者:赵 弘 2013年9月出版 / 估价:69.00元

住房绿皮书
中国住房发展报告(2012~2013)
著(编)者:倪鹏飞 2012年12月出版 / 估价:69.00元

资本市场蓝皮书
中国场外交易市场发展报告(2012~2013)
著(编)者:高 峦 2013年2月出版 / 估价:79.00元

文化传媒类

传媒蓝皮书
2013年:中国传媒产业发展报告
著(编)者:崔保国 2013年4月出版 / 估价:69.00元

创意城市蓝皮书
北京文化创意产业发展报告(2013)
著(编)者:张京成 王国华 2013年3月出版 / 估价:69.00元

创意城市蓝皮书
青岛文化创意产业发展报告(2013)
著(编)者:马 达 2013年5月出版 / 估价:69.00元

动漫蓝皮书
中国动漫产业发展报告(2013)
著(编)者:卢 斌 郑玉明 牛兴侦
2013年4月出版 / 估价:69.00元

广电蓝皮书
中国广播电影电视发展报告(2013)
著(编)者:庞井君 2013年6月出版 / 估价:88.00元

广告主蓝皮书
中国广告主营销传播趋势报告NO.8
著(编)者:中国传媒大学广告主研究所
        中国广告主营销传播创新研究课题组
        黄升民 杜国清 邵华冬
2013年11月出版 / 估价:98.00元

纪录片蓝皮书
中国纪录片发展报告(2013)
著(编)者:何苏六 2013年10月出版 / 估价:78.00元

两岸文化蓝皮书
两岸文化产业合作发展报告(2013)
著(编)者:胡惠林 肖夏勇 2013年7月出版 / 估价:59.00元

全球传媒蓝皮书
全球传媒产业发展报告(2013)
著(编)者:胡正荣 2013年1月出版 / 估价:79.00元

视听新媒体蓝皮书
中国视听新媒体发展报告(2013)
著(编)者:庞井君 2013年6月出版 / 估价:69.00元

文化创新蓝皮书
中国文化创新报告(2013)No.4
著(编)者:于 平 傅才武
2013年7月出版 / 估价:79.00元

文化蓝皮书
中国文化产业发展报告(2012~2013)
著(编)者:张晓明 胡惠林 章建刚
2013年1月出版 / 估价:59.00元

文化蓝皮书
中国城镇文化消费需求景气评价报告(2013)
著(编)者:王亚南 2013年5月出版 / 估价:79.00元

文化蓝皮书
中国公共文化服务发展报告(2013)
著(编)者:于 群 李国新 2013年10月出版 / 估价:98.00元

文化蓝皮书
中国文化消费需求景气评价报告(2013)
著(编)者:王亚南 2013年6月出版 / 估价:79.00元

文化蓝皮书
中国乡村文化消费需求景气评价报告(2013)
著(编)者:王亚南 2013年6月出版 / 估价:79.00元

文化蓝皮书
中国中心城市文化消费需求景气评价报告(2013)
著(编)者:王亚南 2013年5月出版 / 估价:79.00元

文化品牌蓝皮书
中国文化品牌发展报告(2013)
著(编)者:欧阳友权 2013年6月出版 / 估价:75.00元

文化软实力蓝皮书
中国文化软实力研究报告(2013)
著(编)者:张国祚 2013年7月出版 / 估价:79.00元

文化遗产蓝皮书
中国文化遗产事业发展报告(2013)
著(编)者:刘世锦 2013年9月出版 / 估价:79.00元

文学蓝皮书
中国文情报告(2012~2013)
著(编)者:白 烨 2013年1月出版 / 估价:59.00元

新媒体蓝皮书
中国新媒体发展报告No.4(2013)
著(编)者:尹韵公 2013年5月出版 / 估价:69.00元

移动互联网蓝皮书
中国移动互联网发展报告(2013)
著(编)者:官建文 2013年4月出版 / 估价:79.00元

国别与地区类

G20国家创新竞争力黄皮书
二十国集团（G20）国家创新竞争力发展报告(2013)
著(编)者:李建平 李闽榕 赵新力
2013年12月出版 / 估价:118.00元

澳门蓝皮书
澳门经济社会发展报告(2012~2013)
著(编)者:郝雨凡 吴志良 2013年4月出版 / 估价:69.00元

德国蓝皮书
德国发展报告(2013)
著(编)者:李乐曾 郑春荣 2013年5月出版 / 估价:69.00元

东南亚蓝皮书
东南亚地区发展报告(2013)
著(编)者:王 勤 2013年11月出版 / 估价:59.00元

东盟蓝皮书
东盟发展报告(2013)
著(编)者:黄兴球 庄国土 2013年11月出版 / 估价:59.00元

俄罗斯黄皮书
俄罗斯发展报告(2013)
著(编)者:李永全 2013年9月出版 / 估价:69.00元

非洲黄皮书
非洲发展报告No.15(2012~2013)
著(编)者:张宏明 2013年7月出版 / 估价:79.00元

港澳珠三角蓝皮书
粤港澳区域合作与发展报告(2012~2013)
著(编)者:梁庆寅 陈广汉 2013年8月出版 / 估价:59.00元

国际形势黄皮书
全球政治与安全报告(2013)
著(编)者:李慎明 张宇燕 2012年12月出版 / 估价:59.00元

韩国蓝皮书
韩国发展报告(2013)
著(编)者:牛林杰 刘宝全 2013年6月出版 / 估价:69.00元

拉美黄皮书
拉丁美洲和加勒比发展报告(2012~2013)
著(编)者:吴白乙　2013年5月出版 / 估价:79.00元

美国蓝皮书
美国问题研究报告(2013)
著(编)者:黄 平 倪 峰　2013年6月出版 / 估价:69.00元

欧亚大陆桥发展蓝皮书
欧亚大陆桥发展报告(2012~2013)
著(编)者:李忠民　2013年10月出版 / 估价:59.00元

欧洲蓝皮书
欧洲发展报告(2012~2013)
著(编)者:周 弘　2013年3月出版 / 估价:79.00元

日本经济蓝皮书
日本经济与中日经贸关系发展报告(2013)
著(编)者:王洛林 张季风　2013年5月出版 / 估价:79.00元

日本蓝皮书
日本发展报告(2013)
著(编)者:李 薇　2013年5月出版 / 估价:59.00元

上海合作组织黄皮书
上海合作组织发展报告(2013)
著(编)者:李进峰 吴宏伟　2013年7月出版 / 估价:79.00元

世界经济黄皮书
2013年世界经济形势分析与预测
著(编)者:王洛林 张宇燕　2013年1月出版 / 估价:59.00元

香港蓝皮书
香港发展报告(2013)
著(编)者:薛凤旋　2013年6月出版 / 估价:49.00元

新兴经济体蓝皮书
金砖国家发展报告(2013)——合作与崛起
著(编)者:林跃勤 周 文　2013年3月出版 / 估价:69.00元

亚太蓝皮书
亚太地区发展报告(2013)
著(编)者:李向阳　2013年1月出版 / 估价:59.00元

印度蓝皮书
印度国情报告(2012~2013)
著(编)者:吕昭义　2013年9月出版 / 估价:59.00元

越南蓝皮书
越南国情报告(2013)
著(编)者:吕余生　2013年7月出版 / 估价:65.00元

中亚黄皮书
中亚国家发展报告(2013)
著(编)者:孙 力　2013年6月出版 / 估价:79.00元

地方发展类

北部湾蓝皮书
泛北部湾合作发展报告(2013)
著(编)者:吕余生　2013年7月出版 / 估价:79.00元

北京蓝皮书
北京公共服务发展报告(2012~2013)
著(编)者:张耘　2013年3月出版 / 估价:65.00元

北京蓝皮书
北京经济发展报告(2012~2013)
著(编)者:赵弘　2013年5月出版 / 估价:59.00元

北京蓝皮书
北京社会发展报告(2012~2013)
著(编)者:戴建中　2013年6月出版 / 估价:59.00元

北京蓝皮书
北京文化发展报告(2012~2013)
著(编)者:李建盛　2013年4月出版 / 估价:69.00元

北京蓝皮书
中国社区发展报告(2013)
著(编)者:于燕燕　2013年6月出版 / 估价:59.00元

北京旅游绿皮书
北京旅游发展报告(2013)
著(编)者:鲁 勇　2013年10月出版 / 估价:98.00元

北京律师蓝皮书
北京律师发展报告NO.3(2013)
著(编)者:王隽 周塞军　2013年9月出版 / 估价:70.00元

北京人才蓝皮书
北京人才发展报告(2012~2013)
著(编)者:张志伟　2013年5月出版 / 估价:69.00元

城乡一体化蓝皮书
中国城乡一体化发展报告·北京卷(2012~2013)
著(编)者:张宝秀 黄序　2012年7月出版 / 估价:59.00元

大湄公河次区域蓝皮书
大湄公河次区域合作发展报告(2012~2013)
著(编)者:刘 稚　2013年4月出版 / 估价:69.00元

甘肃蓝皮书
甘肃省经济发展分析与预测(2013)
著(编)者:朱智文 罗 哲　2012年12月出版 / 估价:69.00元

甘肃蓝皮书
甘肃省社会发展分析与预测(2013)
著(编)者:安文华　包晓霞　2012年12月出版 / 估价:69.00元

甘肃蓝皮书
甘肃省舆情发展分析与预测(2013)
著(编)者:陈双梅　郝树声　2012年12月出版 / 估价:69.00元

甘肃蓝皮书
甘肃省县域社会发展分析与预测(2013)
著(编)者:魏胜文　柳民　曲玮
2012年12月出版 / 估价:69.00元

甘肃蓝皮书
甘肃省文化发展分析与预测(2013)
著(编)者:刘进军　周晓华　2012年12月出版 / 估价:69.00元

关中天水经济区蓝皮书
中国关中—天水经济区发展报告(2013)
著(编)者:李忠民　2013年7月出版 / 估价:59.00元

广东外经贸蓝皮书
广东对外经济贸易发展研究报告(2012~2013)
著(编)者:陈万灵　2013年3月出版 / 估价:65.00元

广西北部湾经济区蓝皮书
广西北部湾经济区开放开发报告(2013)
著(编)者:广西北部湾经济区规划建设管理委员会办公室
广西社会科学院　广西北部湾发展研究院
2013年7月出版 / 估价:69.00元

广州蓝皮书
2013年中国广州经济形势分析与预测
著(编)者:庾建设　郭志勇　沈奎
2013年6月出版 / 估价:69.00元

广州蓝皮书
2013年中国广州社会形势分析与预测
著(编)者:易佐永　杨秦　顾涧清
2013年7月出版 / 估价:69.00元

广州蓝皮书
广州城市国际化发展报告(2013)
著(编)者:朱名宏　2013年4月出版 / 估价:59.00元

广州蓝皮书
广州创新型城市发展报告(2013)
著(编)者:李江涛　2013年4月出版 / 估价:59.00元

广州蓝皮书
广州经济发展报告(2013)
著(编)者:李江涛　刘江华　2013年4月出版 / 估价:69.00元

广州蓝皮书
广州农村发展报告(2013)
著(编)者:李江涛　汤锦华　2013年4月出版 / 估价:59.00元

广州蓝皮书
广州汽车产业发展报告(2013)
著(编)者:李江涛　杨再高　2013年4月出版 / 估价:59.00元

广州蓝皮书
广州商贸业发展报告(2013)
著(编)者:陈家成　王旭东　荀振英
2013年4月出版 / 估价:69.00元

广州蓝皮书
广州文化创意产业发展报告(2013)
著(编)者:甘新　2013年3月出版 / 估价:59.00元

广州蓝皮书
中国广州城市建设发展报告(2013)
著(编)者:董皞　冼伟雄　李俊夫
2013年8月出版 / 估价:69.00元

广州蓝皮书
中国广州科技与信息化发展报告(2013)
著(编)者:庾建设　谢学宁　2013年8月出版 / 估价:59.00元

广州蓝皮书
中国广州文化创意产业发展报告(2013)
著(编)者:王晓玲　2013年8月出版 / 估价:59.00元

广州蓝皮书
中国广州文化发展报告(2013)
著(编)者:徐俊忠　汤应武　陆志强
2013年8月出版 / 估价:69.00元

贵州蓝皮书
贵州法治发展报告(2013)
著(编)者:吴大华　2013年4月出版 / 估价:69.00元

贵州蓝皮书
贵州社会发展报告(2013)
著(编)者:王兴骥　2013年4月出版 / 估价:59.00元

海峡经济区蓝皮书
海峡经济区发展报告(2013)
著(编)者:李闽榕　王秉安　谢明辉(台湾)
2013年10月出版 / 估价:78.00元

海峡西岸蓝皮书
海峡西岸经济区发展报告(2013)
著(编)者:福建省人民政府发展研究中心
2013年7月出版 / 估价:85.00元

杭州都市圈蓝皮书
杭州都市圈经济社会发展报告(2013)
著(编)者:辛薇　2013年7月出版 / 估价:59.00元

河南经济蓝皮书
2013年河南经济形势分析与预测
著(编)者:刘永奇　2013年2月出版 / 估价:65.00元

河南蓝皮书
2013年河南社会形势分析与预测
著(编)者:刘道兴　牛苏林　2013年1月出版 / 估价:59.00元

河南蓝皮书
河南城市发展报告(2013)
著(编)者:谷建全　王建国　2013年1月出版 / 估价:69.00元

河南蓝皮书
河南经济发展报告(2013)
著(编)者:喻新安　2013年1月出版 / 估价:59.00元

河南蓝皮书
河南文化发展报告(2013)
著(编)者:谷建全　卫绍生　2013年3月出版 / 估价:69.00元

黑龙江产业蓝皮书
黑龙江产业发展报告(2013)
著(编)者:于 渤　2013年5月出版 / 估价:69.00元

黑龙江蓝皮书
黑龙江经济发展报告(2013)
著(编)者:曲 伟　2013年5月出版 / 估价:69.00元

黑龙江蓝皮书
黑龙江社会发展报告(2013)
著(编)者:艾书琴　2013年1月出版 / 估价:65.00元

湖南城市蓝皮书
城市社会管理
著(编)者:罗海藩　2013年5月出版 / 估价:59.00元

湖南蓝皮书
2013年湖南产业发展报告
著(编)者:梁志峰　2013年5月出版 / 估价:89.00元

湖南蓝皮书
2013年湖南法治发展报告
著(编)者:梁志峰　2013年5月出版 / 估价:79.00元

湖南蓝皮书
2013年湖南经济展望
著(编)者:梁志峰　2013年5月出版 / 估价:79.00元

湖南蓝皮书
2013年湖南两型社会发展报告
著(编)者:梁志峰　2013年5月出版 / 估价:79.00元

湖南县域绿皮书
湖南县域发展报告No.2
著(编)者:朱有志　袁 准　周小毛
2013年7月出版 / 估价:69.00元

江苏法治蓝皮书
江苏法治发展报告No.2(2013)
著(编)者:李 力　龚廷泰　严海良
2013年7月出版 / 估价:88.00元

京津冀蓝皮书
京津冀区域一体化发展报告(2013)
著(编)者:文 魁　祝尔娟　2013年3月出版 / 估价:89.00元

经济特区蓝皮书
中国经济特区发展报告(2013)
著(编)者:陶一桃　钟 坚　2013年3月出版 / 估价:89.00元

辽宁蓝皮书
2013年辽宁经济社会形势分析与预测
著(编)者:曹晓峰　张 晶　张卓民
2013年1月出版 / 估价:69.00元

内蒙古蓝皮书
内蒙古经济发展蓝皮书(2012~2013)
著(编)者:黄育华　2013年7月出版 / 估价:69.00元

浦东新区蓝皮书
上海浦东经济发展报告(2013)
著(编)者:左学金　陆沪根　2012年12月出版 / 估价:59.00元

青海蓝皮书
2013年青海经济社会形势分析与预测
著(编)者:赵宗福　2013年3月出版 / 估价:69.00元

人口与健康蓝皮书
深圳人口与健康发展报告(2013)
著(编)者:陆杰华　江捍平　2013年10月出版 / 估价:98.00元

山西蓝皮书
山西资源型经济转型发展报告(2013)
著(编)者:李志强　容和平　2013年3月出版 / 估价:79.00元

陕西蓝皮书
陕西经济发展报告(2013)
著(编)者:杨尚勤　石 英　裴成荣
2013年3月出版 / 估价:65.00元

陕西蓝皮书
陕西社会发展报告(2013)
著(编)者:杨尚勤　石 英　江 波
2013年3月出版 / 估价:65.00元

陕西蓝皮书
陕西文化发展报告(2013)
著(编)者:杨尚勤　石 英　王长寿
2013年3月出版 / 估价:59.00元

上海蓝皮书
上海传媒发展报告(2013)
著(编)者:强 荧　焦雨虹　2013年1月出版 / 估价:59.00元

上海蓝皮书
上海法治发展报告(2013)
著(编)者:潘世伟　叶 青　2012年12月出版 / 定价:69.00元

上海蓝皮书
上海经济发展报告(2013)
著(编)者:沈开艳　2013年1月出版 / 估价:59.00元

上海蓝皮书
上海社会发展报告(2013)
著(编)者:卢汉龙　周海旺　2013年1月出版 / 估价:59.00元

上海蓝皮书
上海文化发展报告(2013)
著(编)者:蒯大申　2013年1月出版 / 估价:59.00元

上海蓝皮书
上海文学发展报告(2013)
著(编)者:陈圣来　2013年1月出版 / 估价:59.00元

上海蓝皮书
上海资源环境发展报告(2013)
著(编)者:张仲礼　周冯琦　2013年1月出版 / 估价:59.00元

上海社会保障绿皮书
上海社会保障改革与发展报告(2012~2013)
著(编)者:汪　泓　2013年1月出版 / 估价:65.00元

深圳蓝皮书
深圳经济发展报告(2013)
著(编)者:吴　忠　2013年5月出版 / 估价:69.00元

深圳蓝皮书
深圳劳动关系发展报告(2013)
著(编)者:汤庭芬　2013年5月出版 / 估价:69.00元

深圳蓝皮书
深圳社会发展报告(2013)
著(编)者:吴　忠　余智晟　2013年11月出版 / 估价:69.00元

温州蓝皮书
2013年温州经济社会形势分析与预测
著(编)者:胡瑞怀　王春光　2013年1月出版 / 估价:69.00元

武汉城市圈蓝皮书
武汉城市圈经济社会发展报告(2012~2013)
著(编)者:肖安民　2013年5月出版 / 估价:59.00元

武汉蓝皮书
武汉经济社会发展报告(2013)
著(编)者:刘志辉　2013年5月出版 / 估价:59.00元

扬州蓝皮书
扬州经济社会发展报告(2013)
著(编)者:张爱军　2013年1月出版 / 估价:78.00元

长株潭城市群蓝皮书
长株潭城市群发展报告(2013)
著(编)者:张　萍　2013年6月出版 / 估价:69.00元

浙江蓝皮书
浙江金融业发展报告(2013)
著(编)者:刘仁伍　2013年4月出版 / 估价:69.00元

浙江蓝皮书
浙江民营经济发展报告(2013)
著(编)者:刘仁伍　2013年4月出版 / 估价:59.00元

浙江蓝皮书
浙江区域金融中心发展报告(2013)
著(编)者:刘仁伍　2013年4月出版 / 估价:79.00元

浙江蓝皮书
浙江市场经济发展报告(2013)
著(编)者:刘仁伍　2013年4月出版 / 估价:79.00元

郑州蓝皮书
2012~2013年郑州文化发展报告
著(编)者:王　哲　2013年5月出版 / 估价:69.00元

中国省会经济圈蓝皮书
合肥经济圈经济社会发展报告No.4(2012~2013)
著(编)者:王开玉　等　2013年7月出版 / 估价:79.00元

中原蓝皮书
中原经济区发展报告(2013)
著(编)者:刘怀廉　2013年3月出版 / 估价:68.00元

社会科学文献出版社
SOCIAL SCIENCES ACADEMIC PRESS (CHINA)

社会科学文献出版社成立于 1985 年，是直属于中国社会科学院的人文社会科学专业学术出版机构。

成立以来，特别是 1998 年实施第二次创业以来，依托于中国社会科学院丰厚的学术出版和专家学者两大资源，坚持"创社科经典，出传世文献"的出版理念和"权威、前沿、原创"的产品定位，走学术产品的系列化、规模化、数字化、国际化、市场化经营道路，社会科学文献出版社先后策划出版了著名的图书品牌和学术品牌"皮书"系列、《列国志》、"社科文献精品译库"、"全球化译丛"、"气候变化与人类发展译丛"、"近世中国"等一大批既有学术影响又有市场价值的图书。

在国内原创著作、国外名家经典著作大量出版的同时，社会科学文献出版社长期致力于中国学术出版走出去，先后与荷兰博睿出版社合作面向海外推出了《经济蓝皮书》、《社会蓝皮书》等十余种皮书的英文版；此外，《从苦行者社会到消费者社会》、《二十世纪中国史纲》、《中华人民共和国法制史》等 11 种著作入选新闻出版总署"经典中国国际出版工程"。

面对数字化浪潮的冲击，社会科学文献出版社力图从内容资源和数字平台两个方面实现传统出版的再造，并先后推出了皮书数据库、列国志数据库、中国田野调查数据库等一系列数字产品。

在新的发展时期，社会科学文献出版社结合社会的需求、自身的条件以及行业的发展，提出了新的创业目标：精心打造人文社会科学成果推广平台，发展成为一家集图书、期刊、声像电子和数字出版物为一体，面向海内外高端读者和客户，具备独特竞争力的人文社会科学内容资源经营商和海内外知名的专业学术出版机构。